识干家

企業閱讀　學以致用

成功并购 300 问
一本书搞定并购难题

浩德并购军师联盟 ◎ 著

MERGERS AND ACQUISITIONS

中国青年出版社

律师声明

北京市中友律师事务所李苗苗律师代表中国青年出版社郑重声明：本书由著作权人授权中国青年出版社独家出版发行。未经版权所有人和中国青年出版社书面许可，任何组织机构、个人不得以任何形式擅自复制、改编或传播本书全部或部分内容。凡有侵权行为，必须承担法律责任。中国青年出版社将配合版权执法机关大力打击盗印、盗版等任何形式的侵权行为。敬请广大读者协助举报，对经查实的侵权案件给予举报人重奖。

侵权举报电话

全国"扫黄打非"工作小组办公室　　　中国青年出版社
010 –65233456　65212870　　　　010 –50856057
http://www.shdf.gov.cn　　　　　　E-mail: bianwu@cypmedia.com

图书在版编目（CIP）数据

成功并购300问：一本书搞定并购难题/浩德并购军师联盟著. —北京：中国青年出版社，2019.1
ISBN 978 –7 –5153 –5483 –5

Ⅰ.①成… Ⅱ.①浩… Ⅲ.①企业兼并 Ⅳ.①F271.4

中国版本图书馆 CIP 数据核字（2019）第 010721 号

成功并购300问：一本书搞定并购难题

浩德并购军师联盟/著

出版发行：	中国青年出版社
地　　址：	北京市东四十二条21号
邮政编码：	100708

责任编辑：	刘稚清
封面制作：	久品轩

印　　刷：	河北宝昌佳彩印刷有限公司
开　　本：	710×1000　1/16
印　　张：	23.5
版　　次：	2019年4月北京第1版
印　　次：	2019年4月第1次印刷
书　　号：	ISBN 978 –7 –5153 –5483 –5
定　　价：	118.00元

编 委

(排名不分先后)

沈永锋	尚永海	崇雨晨	陈澍	高竞	陈嵩
陈继展	王爱民	万征	雷振斌	李军	刘汉文
车玲	丁沙沙	许瑄瑄	杨华年	张敏	刘永晓
朱鱼翔	程迎春	郑刚	陈庆广	兰海涛	郭志宇
黄富青	杨松城	葛恒敏	程秉琴	蓝飞腾	刘雷
严燕霞	唐建人	林清城	王延甫	龚清华	廖滔滔
庞华东	陆红霞	袁维民			

导读

并购重组业务一直被誉为资本市场"皇冠上的明珠",收益高而难度大。加之我国的并购重组起步较晚,很多机制和条款照搬了国外的理论。但是由于个别并购双方的交易习惯、思想观念等的差异,导致了水土不服。并购究竟是块"肉"还是个"坑",如果没有专业的思考,还真的很难说。

并购军师沈永锋"唯精唯一",自2012年便率先在国内开始进行适合本土企业并购业务的研究,在尽职调查、并购谈判、并购文件、并购交易撮合、并购纠纷处理等方面积累了丰富的经验。

独木不成林,为凝聚智慧,打造精品,由并购军师发起,国内多名业内知名的教授、律师、会计师、税务师、企业家、投资人、投行人士参与,共同编写了本书,旨在帮助大家近距离接触并熟悉并购。

本书就是一本帮助我国数千万企业经营者、企业股东、创业者、股权投资人系统学习资本运作和企业并购知识的金融工具书。全书共分为16章。

第一章详细介绍了正确并购给企业发展带来的可观利益,不当并购给企业造成的巨大风险。

第二章至第四章介绍提高并购成功率的方法和注意事项。

第五章从如何寻找到正确的目标公司开始,顺应第六章中并购交易的典型程序,依次展开并购的尽职调查(第七章)、估值等确定交易价格的方法(第八章)、并购谈判的技巧(第九章)、并购的内部审批和外部审批(第十章)、并购交易环节中如何避免风险的方法(第十一章)、并购整合阶段的注意事项(第十二章)。

在此基础上,本书第十三章围绕资本市场的热点事件,比如宝万之争、上市公司修改公司章程抵抗门口的"野蛮人"等收购与反收购事件,从并购视角进行解读。

对市场存在的违规问题，在第十四章予以介绍和披露。

在海外并购方面，第十五章提供了独特的视角。

此外，本书编委们将自己操盘的并购案创作并融汇为第十六章的并购故事，力图以小见大，启迪读者如何成功地操盘并购。

如何成功并购，让并购助力企业发展，成为一台"印钞机"，而不是"绞肉机"？并购的成功究竟有没有规律可循？本书的编委们带着这样的问题进行研究和讨论。

本书不一定完美，但是一定实用。

书中观点或者分析若有不透彻之处，欢迎读者朋友给予批评指正，积极与我们联系、交流，以资共同进步！

前言

近年来,并购在我国的资本市场上从鲜为人知到炙手可热,从以前的专业词汇变成了现在普通百姓耳熟能详的热门话题。事实上,从分工制产生开始,并购便无时无刻不影响着我们的生活。世界历史上经历过几次著名的并购浪潮,诞生了一大批世界知名的跨国公司和企业集团,现存的大型企业集团也无一不是靠着一系列复杂的并购走上发展壮大之路的。我国正处于并购重组业务快速发展的历史机遇期,作为并购产业链上的一员,身为并购双方的企业家、律师、会计师、投资顾问、普通投资者的我们又如何能在这次并购浪潮中分享红利,不负时代呢?

对收购方而言,并购能够消除过度竞争、打通上下游产业链,降低企业成本,拓宽市场渠道,为股东创造更多的价值,同时企业承担更大的社会责任,大家为之点赞喝彩;对被收购方而言,并购则实现价值的兑现,盘活资产,拥有更多的资金和渠道去经营自己的事业和梦想,或是开展新的事业,实现转型升级。此外,专业人士在并购业务中拓宽自己的专业领域,为企业提供更多的法律、会计、投资顾问服务,获得报酬。投资者们在并购热潮中,如果眼光准,就能在对并购双方企业的投资中获取回报。每一个人都能在并购中找到自己的位置。

笔者的一位朋友便是在五年前果断与上市公司谈成了一桩并购,将自己创业公司的实际控制权卖给了上市公司,个人财富实现了数十倍的上升。同时,并购也打开了企业上升的通道,如今他已经成为当地一名小有成就的企业家。相似的例子不胜枚举。

当然,由于各自采取的并购方式方法不同,结果也会千差万别。并购时,很多企业家自己仓促操刀,根本没有聘请专业人员参与,或者所聘请的人员不够专业、不尽责,这些都给并购活动,以及并购后的企业留下了非常大的隐患。2018年最典型的特征就是并购纠纷不断爆发,因并购产生的民事纠纷概率非常高,很多甚至走到了刑事案件和证监会信访等程序。

特别是涉及国有企业的并购，由于法律法规和政策限制较多，内部、外部审批程序庞杂，稍有不慎，便会产生不良的后果。如粤传媒并购香榭丽一案，最终以并购失败告终，买方、卖方、第三方中介机构也有7人因此而被追究刑事责任。

如何让并购成为价值创造的"印钞机"，而不是价值毁灭的"绞肉机"？大家需要重点关注并购的三个主要阶段：尽职调查阶段、并购实施阶段和并购整合阶段，哪一个环节做不好，都会前功尽弃。如同一场婚姻，相处、相知、相恋、谈婚论嫁，以及后面的真实的生活，都需要倾注全身心的努力。我们编写此书就是为了给大家在并购的各个环节给予提示，让大家真正地成功并购。

编委会

2018 年 7 月

导　读　Ⅲ
前　言　Ⅴ

第 1 章　并购中的利益与风险
【话题】并购究竟是"印钞机"还是"绞肉机" …………… 001
1.1　并购中的利益 …………………………………………… 003
1.2　并购的典型风险有哪些 ………………………………… 007
1.3　海外并购的六大风险 …………………………………… 011

第 2 章　哪些并购成功率更高
【话题】跨界并购靠谱吗？什么样的并购更容易成功 ……… 015
2.1　并购的种类有哪些 ……………………………………… 017
2.2　什么样的并购更容易成功 ……………………………… 018
2.3　上市公司为何热衷跨界并购 …………………………… 020
2.4　跨界并购靠谱吗 ………………………………………… 022

第 3 章　并购的参与者与受益者
【话题】并购的主要参与者有哪些 ………………………… 029
3.1　并购的主要参与者都有哪些 …………………………… 031
3.2　并购的其他参与者都有哪些 …………………………… 031
3.3　做并购为何一定要找"老司机" ……………………… 037

第 4 章　成功并购的关键
【话题】做并购最重要的三件事情是什么 ………………… 039
4.1　做并购最重要的事情之一——请个专业律师 ………… 041

4.2 做并购最重要的事情之二——做好保密工作 ············ 047
4.3 做并购最重要的事情之三——防止内幕交易 ············ 050

第 5 章 并购标的的选择

【话题】并购中如何找到合适的目标公司 ················ 053
5.1 什么样的公司会选择卖掉 ·························· 057
5.2 如何把握并购的时机 ······························ 060

第 6 章 并购的主要程序

【话题】成功并购三部曲是什么？成功并购的
起点在哪里 ···································· 061
6.1 成功并购第一曲——并购准备与尽职调查 ············ 063
6.2 成功并购第二曲——谈判签约 ······················ 073
6.3 成功并购第三曲——审批、交割和整合 ·············· 073

第 7 章 并购尽职调查实务

【话题】并购尽职调查是如何开展的？第三方不公开尽职
调查有哪些优势 ································ 075
7.1 并购尽职调查概述 ································ 077
7.2 并购尽职调查有哪些原则和方法 ···················· 081
7.3 并购尽职调查前你要了解哪些事项 ·················· 082
7.4 并购尽职调查是如何收费的 ························ 087
7.5 并购财务尽职调查 ································ 089
7.6 并购财务尽职调查需要注意哪些具体问题 ············ 095
7.7 并购法律尽职调查 ································ 100
7.8 并购法律尽职调查的基本方法有哪些 ················ 106
7.9 并购法律尽职调查包括哪些重点内容 ················ 118
7.10 法律尽职调查的其他注意事项 ····················· 127
7.11 网络尽职调查工作流程指引 ······················· 134
7.12 第三方不公开尽职调查 ··························· 137

第 8 章　并购的交易价格与税收

【话题】并购交易中的价格是怎样形成的？支付方式有哪些？涉及哪些财税问题 ······ 143

- 8.1　并购交易中的价格 ······ 145
- 8.2　并购交易中的支付方式 ······ 152
- 8.3　并购交易中的对赌 ······ 157
- 8.4　并购中的财税问题 ······ 163

第 9 章　并购谈判

【话题】并购谈判谈什么？并购谈判中的七大要点是什么 ······ 169

- 9.1　并购谈判的内容和准备 ······ 171
- 9.2　并购谈判的七大要点 ······ 173

第 10 章　并购合同与审批

【话题】收购合同包括哪些内容？收购合同签署前需履行哪些审批手续 ······ 183

- 10.1　关于收购合同 ······ 185
- 10.2　公司并购的审批 ······ 186

第 11 章　并购交易环节中的注意事项

【话题】为什么并购交易要进行资金监管？收购新三板公司有哪些"坑" ······ 195

- 11.1　并购资金监管 ······ 197
- 11.2　新三板公司收购交易中的注意事项 ······ 201

第 12 章　并购整合

【话题】并购整合中有哪些注意事项 ······ 207

- 12.1　监管部门对并购整合是否关注 ······ 212
- 12.2　并购整合的基础是什么 ······ 214

第 13 章　收购与反收购

【话题】如何从收购与反收购角度解读万科控股权大战和体检行业"三国杀"？反收购策略在我国都能适用吗 219

13.1　从万科控股权大战看中国的反收购策略 221

13.2　从万科控股权大战看"白衣骑士"策略的中国实践 225

13.3　爱康国宾私有化收购争夺战：健康体检行业三国杀 231

13.4　从法律视角看我国上市公司章程反收购条款 245

第 14 章　秘密收购上市公司

【话题】如何看待秘密收购上市公司？秘密收购上市公司都隐瞒了什么 257

14.1　为何有秘密收购上市公司的现象 259

14.2　秘密收购上市公司都是如何操作的 262

14.3　对于秘密收购上市公司行为，监管有什么应对措施 268

第 15 章　海外并购

【话题】海外并购中应注意哪些问题 271

15.1　海外并购如何找到合适的并购对象 273

15.2　海外并购要注意哪些要点 273

15.3　我国对美投资并购的效果如何 274

第 16 章　并购经验与故事

16.1　上市公司并购 283

16.2　房地产并购 304

16.3　行业并购 312

16.4　并购调查 321

16.5　并购谈判 337

16.6　交易方案 344

16.7　并购纠纷 351

第 1 章
并购中的利益与风险

【话题】并购究竟是"印钞机"还是"绞肉机"

1.1 并购中的利益

1.1.1 2018年5月,最危险的并购案浮出水面

【并购案例】粤传媒并购香榭丽,5亿元亏光三方7人将坐牢

广东广州日报传媒股份有限公司(以下简称"粤传媒")于2018年5月25日收到广东省广州市中级人民法院出具的《刑事判决书》【(2017)粤01刑初228号】。

判决书为我们勾勒出如下的并购故事:

上海香榭丽公司及叶玫等人在与粤传媒签订、履行购买资产协议及盈利预测补偿协议过程中(即粤传媒并购香榭丽),虚构事实、隐瞒真相,骗取粤传媒现金、股份等并购对价共计4.5亿元及后续增资4500万元。最后这些钱基本亏光了。

被告单位香榭丽公司以非法占有为目的,在签订、履行合同过程中,骗取对方当事人(指粤传媒)财物,数额特别巨大,其行为已构成合同诈骗罪,被告人叶玫、乔旭东作为单位直接负责的主管人员,被告人周思海作为单位其他直接责任人员,积极参与被告单位的前述行为,其行为亦构成合同诈骗罪。

被告单位香榭丽公司为谋取不正当利益向国家工作人员行贿,其行为构成单位行贿罪,被告人叶玫作为单位直接负责的主管人员,积极参与被告单位的前述行为,其行为亦构成单位行贿罪。对被告单位香榭丽公司、被告人叶玫依法应予数罪并罚。

至此阶段,这起收购案,一审被判刑的人有买方、卖方、中介,共7人,被称为最危险的并购案。

此次并购前,上海香榭丽广告传媒股份有限公司曾是最主要的户

外大型 LED 媒体网络运营商之一，由叶玫担任董事长、总经理和大股东，另一重要股东是乔旭东，担任公司副总经理。

隐患一：香榭丽虚增业绩提估值。

2013 年 6 月，香榭丽公司经东方花旗证券公司郑剑辉介绍，与粤传媒开始洽谈并购事宜。同时，为了尽可能提高公司的估值，叶玫等人开始安排制造虚假业绩。

隐患二：尽职调查走马观花，中介机构出具错误报告。

2013 年 9 月，原股东叶玫、乔旭东代表香榭丽公司与粤传媒签订并购意向书。粤传媒随即委托第三方中介机构进驻香榭丽公司进行尽职调查，但香榭丽公司提供虚假财务资料，中介机构也相应出具了错误的报告。

隐患三：轻信业绩承诺，收购 100% 股权。

2013 年 10 月，香榭丽公司全部股东与粤传媒签订协议，粤传媒同意以 4.5 亿元并购香榭丽公司。证监会批准后，粤传媒及其子公司正式以 4.5 亿元的价格买下香榭丽 100% 的股权。此次并购中，香榭丽的净资产为 2.9 亿元，交易价格为 4.5 亿元。原股东业绩承诺为：香榭丽在 2014 年、2015 年和 2016 年分别实现 5683 万元、6870 万元和 8156 万元的扣非净利润，合计为 2.07 亿元。交易后，叶玫分得粤传媒股票 750 万余股，乔旭东分得 206 万余股及现金 808 万余元，香榭丽公司其他股东分得剩余的现金及股票。此后的 2014 年 9 月和 2015 年 1 月，粤传媒继续分两次增资香榭丽公司共计 4500 万元。

隐患爆发：持续亏损致破产，巨额损失难挽回。

香榭丽业绩完成情况：承诺 3 年实现扣非净利润 2.07 亿元，实际亏了 4.04 亿元。2014 年、2015 年和 2016 年实现的扣非后净利润分别为亏损 1.54 亿元、亏损 1.33 亿元和亏损 1.17 亿元。2016 年 9 月，香榭丽申请破产。直至 2017 年 6 月 30 日，香榭丽的净资产为 -5.2 亿元，最终在 2017 年 9 月被粤传媒以 1 元的价格转让出去。至此，上市公司花了 4.95 亿元（并购 4.5 亿元、增资 4500 万元）买来的公司已经一文不值，而且亏损 5.2 亿元，所有的投资都打了水漂。

而对于对赌补偿的执行，叶玫、乔旭东等人所持有的粤传媒股票早已被他们质押给券商提前套现了，这些质押的股票也因为纠纷被法院司法冻结，上市公司根本拿不到任何业绩补偿。于是，走投无路的粤传媒选择了向公安报案。经过公安机关刑事侦查，以行贿罪为突破口，进而查出合同诈骗行为，买方、卖方、中介方共有 7 人已经被一审判决有罪，最长的叶玫被判 15 年半。

1.1.2　为什么是 2013 年

粤传媒并购香榭丽，可以说是源自 2013 年。为何是这一年？世界上许多发达国家都经历过几次著名的并购浪潮，并从中诞生一大批规模巨大的知名企业和集团。由于我国在并购领域的研究和实践方面起步较晚，企业家们往往欠缺经验和专业团队的辅导，同时并购能够给企业创造的巨大价值又充满诱惑，2013 年一大批企业开始踏上了并购的道路，从而在国内掀起一波并购潮。但这些并购究竟是真正实现了价值的增长还是陷入了无尽的"泥潭"？笔者及团队从 2012 年率先开展国内本土企业并购领域的研究，陆续跟踪了近 5 年来许多并购案例。这里笔者就以始于 2013 年而终于 2018 年的粤传媒并购香榭丽纠纷案为引，来回顾当年的"并购潮"。中国并购市场 2013 年呈现爆发性增长，交易数量与金额双双冲破历史记录，形成了并购潮。清科研究中心数据显示：2013 年并购市场共完成交易 1,232 起，较 2012 年的 991 起增长 24.3%；披露金额的并购案例总计 1,145 起，涉及交易金额共 932.03 亿美元，同比涨幅为 83.6%；平均并购金额为 8,140.02 万美元。如图 1 - 1 所示。

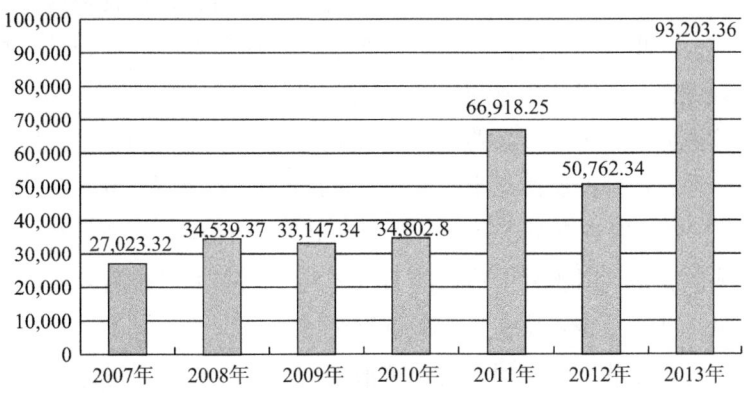

图 1 - 1　中国并购市场总额发展趋势（US＄M）

（数据来源：清科研究中心《2013 年中国并购市场年度研究报告》）

那么，是什么原因导致了中国并购市场2013年的爆发式增长？亲历了中国并购元年以来并购潮的笔者认为，核心原因有三个：

一是IPO（Initial Public Offerings，即首次公开募股）"不开闸"。在2012年，IPO排队的企业高峰时达到800多家，但在境内A股市场最终完成上市的企业仅有154家。理论上很多企业都符合上市的条件，但漫长的排队等待及证监会持续的"不开闸"，导致这些企业短期内无法上市，给这些企业和辅导券商带来了巨大的压力。苦等一年无果的情况下，有一些企业和券商自然就撑不住了，选择"另辟蹊径"。

二是2013年宏观经济本身进入下行趋势。这导致很多企业迫于经营压力，萌生了"卖身"的想法。

三是一些上市公司此前资金"超募"。这类上市公司往往手上有钱但花不掉，同时面对业绩持续增长的压力，于是有了并购的动力。很多上市公司大额的并购案就是抓住了这次机会，得以最终完成的。

1.1.3 并购的驱动力是什么

2014年是一个马年，当年大家相互问候都是"马上有钱""马上有对象""马上升职"等，企业家、上市公司和资本市场也不例外，"马上并购"成了潮流，中国并购市场也在这一年迎来快速增长。此后数年，中国企业连续出现并购热和并购潮，从国内并购走到跨国并购，大单不断，并购金额也屡创新高。

企业发展只有两条道路：一条是"内生式"增长，也就是依靠企业的自我发展，一步一步扩大再生产，甚至上市。这种做法的好处是可控，坏处是进程缓慢，还没有等企业成长起来，别人已经快速发展、扩大规模，把市场抢占完了。另外一条路是"外延式"扩张，走并购重组之路，许多财富500强企业都经历过几十次甚至几百次的并购，比如2013年排名财富500强第三名的埃克森美孚公司，就是在1998年由埃克森公司和美孚公司合并而成的，是当时世界上最大的石油公司，现在世界排名第二的石油公司。可见，并购是企业快速发展的重要路径之一。

国内有很多的上市公司，之前市值也就百亿左右，通过短短几年的并购，竟然市值上千亿，可见并购的确创造了发展的奇迹。2015年股市高点的时候，上市公司只要有并购消息出来，一复牌股票就连续七八个涨停板，股民为之欢呼雀跃。所以，从股东价值创造的角度讲，并购只要得当，就如同一台印钞机一样，神奇地为股东创造财富。

1.2 并购的典型风险有哪些

中国企业家在并购大路上狂奔的同时，也发现这条"康庄大道"充满"地雷阵"、陷阱重重、荆棘密布，稍有不慎，就会损失惨重，甚至直接破产倒闭。并购失败的案例比比皆是、不胜枚举，本章过后就有笔者精心挑选的经典并购失败案例供读者探讨。

笔者根据多年实践和研究经验，总结出中国企业国内并购四大风险、海外并购六大风险。本书的目的就是为了通过这些经验的总结启发智慧，提供"控制风险、成功并购"的方案。

1.2.1 盲目并购风险

财富迅速积累的诱惑大大刺激了企业家们的欲望，大多数国内并购仍然发生在上市公司与非上市公司之间，上市公司仍然是并购中最大的买家。因为上市公司依靠自身"内生式"增长还是太慢，大型企业都希望通过并购实现跨越式发展。上市公司一有钱，二有业绩压力，两者一结合就自然有并购欲望、并购冲动，而有冲动就可能不慎落入陷阱。无论对买家还是卖家而言，并购之路既甜蜜又痛苦，"闪电战"式的并购很容易使上市公司陷入各种尴尬的境地并导致巨额亏损。例如无法实现并购目的而"买错了"企业，没有预见政策变化而"搞砸了"交易，采取高估值、高业绩承诺、高溢价带来"商誉减值"等。

> 【术语解读】商誉减值与商誉
>
> 是指对企业在合并中形成的商誉进行减值测试后，确认相应的减值损失。商誉作为企业的一项资产，是企业获取正常盈利以外收益的一种能力，是企业未来超额收益的现值。在并购中，商誉往往表现为买家购买企业所支付的超过卖方企业净资产公允价值的部分对价，所以大多数商誉减值主要是之前的并购行为造成的。

1.2.2 跨界并购风险

跨界实际上与企业多元化发展密切相关。由于中国经济前些年一直处于高速发展阶段，企业家们都认为自己能快速发展，喜欢在多元化的道路上狂奔，一有机会就上马新项目、新公司，再加上之前有政府在"托底"，企业更加没有经济危机意识，比较放心、大胆。经济下滑后，上市公司为了摆脱利润下滑风险，跨界并购更是火热，双主业的上市公司比比皆是。笔者曾经做过一个课题：百家上市公司进入医药大健康领域。也就是很多过去与医药、医疗、健康行业"八竿子打不着"的公司都来搞医药、办医院、做健康产业。这样的药你敢吃吗？这样的医院你敢去吗？这样的健康产业靠谱吗？如图1-2所示。

图1-2 跨界

【**笔者谏言**】"与收购方产业链不相关的并购在中国多以失败告终，而这些买进来的不相关的公司最终将成为其他专业公司的并购目标。"

多元化经营或者跨界不相关领域进行并购，在美国也时有发生，第三次并购浪潮就是典型的例子①。然而从结果上来看，美国的第三次并购浪潮显然是失败的，美国联邦贸易委员会对20世纪60年代企业并购的研

---

① 美国在20世纪共发生过五次并购浪潮。

究表明,有 3/4 的并购企业收益少于并购前两个独立企业的收益之和。集团企业更是从 1968 年开始不断遭受打击,从 1968 年 1 月利顿工业公司宣布盈利大幅下滑开始,美股集团企业板块急速下跌。20 世纪 70 年代末开始,许多集团企业已经解散,有的通过卖掉一些所属的公司筹集资金来拯救另外一些所属的公司,有的干脆卖掉一些不盈利的公司。如表 1-1 所示。

表 1-1 企业盈利大幅下滑

股票名称	1967 年最高估价（美元）	1967 年市盈率（倍）	1969 年最低价（美元）	1969 年市盈率（倍）
A-T-O 公司	73.625	51.0	10.875	13.4
利顿工业公司	120.5	44.1	55	14.4
特利达因公司	71.5	55.8	28.25	14.2

数据来源:[美]伯顿 G·马尔基尔,《漫步华尔街》

笔者研究发现,多元化投资是可行的,而多元化经营效果往往不佳,更多的是失败案例。例如 2013 年神州泰岳收购游戏公司天津壳木,实际实现净利润不到业绩承诺的两成;禾盛新材收购影视公司金英马,实现净利润只有承诺值的 4.44%。(关于跨界并购与多元化经营问题,本书在第二章中会有进一步阐述。)

【术语解读】多元化、多元化经营与多元化投资

多元化是指企业的一种投资或者经营模式,多元化发展的企业往往从事多种不相关业务的直接经营或投资。多元化经营是指一个控制者旗下的企业同时从事多种不相关业务的经营。多元化投资是指在不同的领域进行投资,而不参与其中的直接经营。

1.2.3 尽职调查风险

国外投行为何能够赚大钱? 这些成功的投行会对并购目标公司进行充分的尽职调查和准确估值,在尽职调查方面舍得投入。而在中国,很多企

业家根本没有意识到要进行尽职调查，认为请律师写个收购合同就万事大吉了。有一些企业盲目自信，认为自身具备尽职调查能力，可以做好尽职调查工作。

一些公司收购标的时，手笔之大，不是一掷千金，而是一掷亿万资金，从不吝啬出价，但在聘请投行、律师、会计师、评估师做尽职调查方面却是能省则省，对尽职调查的重视度和投入都不够。此外，企业家们看好某项目时往往急于出手，给出的尽职调查时间往往十分短暂，不足以对目标公司进行深入透彻的了解，以至于很多事情并没有安排好就匆匆并购了，给将来留下了无数隐患。

> **【术语解读】并购尽职调查**
>
> 并购尽职调查是指为了达到并购目的，对交易对手、标的企业全部情况进行调查和了解。尽职调查的目的在于让买方尽可能发现与他们要购买的股份或者资产的全部情况，提前发现风险，判断风险的性质、程度以及对并购活动的影响和后果，通常包括商务尽职调查、财务尽职调查和法律尽职调查。

1.2.4 接管整合风险

买家的钱付了，卖家手续也办了，但两方却在接管时发生激烈的冲突，这种情况屡见不鲜。在并购中一旦发生接管战役，对双方来说都是巨大的损失。很多时候，虽然企业从股权架构和法律意义上完成了并购，但管理和经营整合层面的并购却任重道远。新老股东交替时的利益纷争大量存在，整合过程中的内耗往往会把本该获得的并购红利消耗殆尽。例如2009年，民企建龙集团并购吉林通钢集团后，受少数利益方蛊惑，担心改制后会发生大规模裁员和减薪的当地员工爆发群体性事件，将建龙集团派驻通钢集团的管理代表群殴致死。该事件可以说是并购史上的一次极端事件，但笔者认为今后此类事件很可能再次发生，因为只要有并购，就始终伴随着接管整合的风险。

> **【术语解读】接管**
>
> 并购中的接管是指标的公司实际控制权的交接和转移,卖家退出公司及买家对标的公司实施控制的过程。

1.3　海外并购的六大风险

海外并购的风险:

1.3.1　空洞战略风险

我们为何进行海外并购?是为了"某某战略"。这个太空洞,我们把它落地,并购首先要实现的就是效益的增加。企业在计划海外并购之前都应该问自己几个问题:收购完成后买方和目标公司能不能增加收入?是两方都增加还是单方增加?能增加多少?能不能量化增加值?或者并购后双方的成本是否能够降低?(如果能够节约成本,也是有价值的并购。)这些问题都是发起并购最简单的需要直接回答的问题,单单强调战略往往没有意义。

1.3.2　投机的风险

外资并购国内企业,主要是谋求产业链的定价权,按照产业链和产业发展规律进行的并购。例如雀巢并购徐福记,雀巢作为另一家大型糖果供应商,通过并购徐福记后实现跨越式发展,获得对市场的定价权,剥夺经销商与他的议价资格,从而在商超价格战中处于绝对优势地位。任何企业要做得好,都需要抓住"两头"定价权:一个是市场终端定价权;另一个是供应链和供应商议价定价权。俗话说:"买啥啥便宜,卖啥啥贵。"这样的企业一定能做好。所以我们往往看到,外资企业国内并购的目标就是产业链的定价权,我们接手过很多外资企业并购中国原材料的案例,如并购矿山,都是进行供应链的并购。

而中国企业海外并购更看重的是赚钱机会。这不像投资思维而更像投机，哪边赚钱投哪边，如购买美国资产，并没有考虑到能否把自己的产业链延伸到国外，只是投机赚钱。"走出去"的动机本身就隐藏了巨大风险，中国企业家出去的思路可能跟中国大妈买黄金的思路一样，如买酒庄、买土地、买银行等。笔者曾听过某大型企业 G 总的一个讲座，当时他们去法国考察酒庄，一路上向导给他们热情地介绍：这是国内某某明星买的酒庄，那是国内某某明星买的酒庄，仿佛一路上所有的酒庄都给国内的明星买走了。而一年后他们再去法国时，发现那些中国明星购买的酒庄一片萧条，显然这种以投机为主的并购，看似"馅饼"却可能是"陷阱"。可能有朋友说："这是明星投资，他们不专业，更不靠谱。"笔者告诉读者，曾经也有国内某著名投资机构在欧洲收购银行，但马上转手又卖掉了，这说明"不靠谱"的并购不仅发生在明星身上，还发生在专业机构身上。

1.3.3 赢者诅咒的风险

与大多数国内并购不同的是，海外并购往往采取竞拍模式，卖家通常会邀请多个意向买家，要求买家报出价格及交易条件。而所有的竞拍活动中都存在一个现象，那就是举牌举得很高兴，"啪"的一下中标，以"地王"的价格取得胜利，但胜利者往往没有好下场。原因很简单，就是因为溢价太高，过高的溢价足够侵蚀掉多年经营的获利。买家支付了过高的价格，但得不偿失，这就是赢者诅咒。

中国企业在海外并购谈判中，基本上都会遭遇竞价，一旦中国企业来并购，马上有其他买家举牌，这中间有两个原因：一是国外成熟市场机制下的虚假竞价，也就是我们常说的"做局"——帮忙举牌并把价格拉高，"走出去"的企业此时仿佛是被拉到火架上烤；二是国内买家的不良竞争，有时候人家没"做局"，我们已经开始内部竞争，有的企业自己不买但生怕别人买，所以就同时去海外并购，无端哄抬了价格。目前，中国企业海外并购很多都是高溢价收购，有人称之为"中国溢价"。

1.3.4 海外政治风险

因为我国地方政府有招商引资的压力，所以外资企业到国内投资时，大多一路绿灯。海外并购则不一样,收购方往往要面临更大的政治风险,许多国家经过产业的变革与发展之后,更加重视对本国产业的保护。目前国内企业在海外并购中遭遇政治陷阱的很多,华为和三一集团的美国遭遇都是典型的案例。

1.3.5 劳资与工会风险

不管在哪个国家并购,首先要熟悉当地的法律,而法律方面一个比较普遍且突出的问题就是劳工和工会问题。遗憾的是,中国企业海外并购因为求胜心切,未能在这些问题上寸土必争,一旦出现问题就无法在法律上占有优势。一些中国企业入主海外企业之后,经常遭遇劳工和工会的谈判,而外国法律大多保护劳方利益,中国企业不得不被迫同意过高的薪酬和更低的劳动时间等条款,甚至在遭遇问题员工时根本无法承担解雇成本,最终发现这个企业的雇佣现状根本无法盈利。

例如上汽曾斥资5亿美元并购韩国双龙汽车,本以为是一场双赢交易,没想到韩国工人罢工频繁,收购4年后就宣告破产,上汽不得不放弃股东管理权,中国车企第一宗海外并购案以失败告终。

1.3.6 文化冲突风险

文化的巨大差异也可能是一个常见的风险,很多在国内被认为是正确的管理方法,在国外可能完全行不通。我们的海外并购往往是资金输出,但没有管理输出。采取"只控股不管理"的方式很容易放大文化冲突,使并购之后的整合阶段困难重重。

【笔者谏言】"面对十大并购风险,需要我们回归并购的本质。并购是企业成长的需求,其本质是一种交易,控制交易的风险、学习并掌握并购的规律,才能驾驭并购这辆快车。"

【并购案例】打工皇帝做顾问,一句话损失八十亿

事件回顾:

2009年9月10日,云南红塔集团有限公司(以下简称:云南红塔)与陈发树签订《股份转让协议》。如图1-3所示。

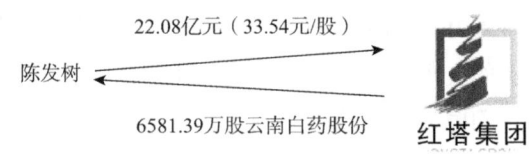

图 1-3 《股份转让协议》

但这份《股权转让协议》关键条款中却藏了一个"定时炸弹"。如图 1-4 所示。

"《股份转让协议》自签订之日起生效,但须获得国务院国有资产监督管理机构审核批准后方能实施"

协议签订后 —— 陈发树支付22亿元,而云南红塔并没有将相应的股权过户,只回复"正在等待上级单位审批"

2011年12月8日 —— 陈发树向云南省高级人民法院起诉云南红塔集团,索赔11.6亿

2012年3月15日 —— 在与云南红塔方面交换证据时才得知,中烟总公司2012年1月批复不同意本次股份转让

2013年2月 —— 云南省高级人民法院一审判决陈发树败诉,并支付1690万元诉讼费

2015年6月28日 —— 最高法院裁定陈发树败诉,至此陈发树收购云南白药部分股权失败

图 1-4 《股权转让协议》关键条款的隐患

2015 年 6 月 26 日的云南白药市值为 836.3 亿元,按照陈发树 2009 年收购的股权比例计算,该部分股份市值超过 100 亿元,减去买入成本 22 亿元,损失近 80 亿元人民币。

另据媒体报道,交易经手人某某说:"整个收购过程,我们只跟红塔方面见了一面,我花了十分钟时间读了一下股权转让协议,觉得没有问题,就让陈总签字了。当时谈判只持续了半小时。"

面对巨额交易,如此草率的签订合同,缺乏应有的风险意识,留下极大隐患。合同没签好,选的项目再好也会发生损失(陈发树 22 亿元资金的机会成本被耽误了)。所以要想成功并购,一定要找专业律师看合同!

第 2 章
哪些并购成功率更高

【话题】跨界并购靠谱吗？什么样的并购更容易成功

2.1 并购的种类有哪些

并购的种类：

2.1.1 横向并购

横向并购往往就是并购竞争对手，从而提高市场份额和市场支配地位，提升议价权，试图往垄断方向发展，如雀巢和徐福记、可口可乐和汇源。横向并购的好处是：市场上竞争对手多时，消费者受益，价格上不去，但只剩下几家公司时，售价就有提高的机会了。并购后的企业规模扩大了，跟供应商谈价格时有更大的压价空间。

2.1.2 纵向并购

纵向并购可以理解为原来有买卖关系的双方之间进行整合。一种是买供应商，又称为"前向并购"——为了储备资源，以保证稳定可靠的原料供应，这种例子在能源行业特别常见，如电力企业收购煤矿；另一种就是买客户，又称为"后向并购"——目的是整合渠道，收购方有产能优势，希望购买自己下游的公司以直接面对客户。纵向并购可通过市场交易行为的内部化，减少市场风险，节省交易费用，可以保证原材料的供给及产品销售渠道的畅通。

2.1.3 混合并购（跨界并购）

购买与自身行业领域不相关的公司，实现多元化经营。

2.1.4 承债并购

不同于前面几种按照并购产业的分类方式，承债并购往往是以融资为目的的并购，即以并购为形式，承接债务或各种不良资产为实质，期间金融机构放大比例进行配资贷款。承债并购的特点：一是并购价格远低于市场价格；二是并购为手段，融资为目的。这种业务能解决三个需求：一是使资产方寻找接盘者并实现资产变现；二是使金融机构化解不良资产，由国有企业或上市公司代替现有债务人；三是使收购方解决资产增值和融资需求。这个模式最大的风险是，一旦融资速度或规模跟不上偿债需求，就容易出现崩盘。所以承债并购要成功：一看买方的偿债能力；二看目标公司未来的造血能力，净利润必须至少覆盖利息；三看其他风险剥离的程度。

比如一家上市公司通过此类并购，贷款20亿元，把市值十个亿的资产用5亿元买到手，同时还获得了15亿元的可支配资金。因为资产价格很低，资产注入后，资产负债率并没有出现更大问题，而总资产增加了，间接拉高了估值，在资本市场上又是一笔增益。一直复制下去，就可以达到财报很好看、资产持续增值、可支配资金宽裕的目的，掩饰了很多问题。但是，一旦造血能力不足，覆盖不了贷款利息，就意味着瞬间崩盘。这种并购已经很常见了，对宏观经济来说是个隐患，在并购领域也算是"堰塞湖"，故在此仅作介绍不做展开。

2.2　什么样的并购更容易成功

成功并购的注意事项：

2.2.1　要有清晰的战略目标

企业并购一般都是重大交易，不能盲目没有目标，像女人逛街一样走走看看，一会儿想做互联网金融，一会儿想做手机、汽车，没有一个清晰的战略。这类企业家是叶公好龙，真正的并购机会出现的时候反而优柔寡断，无法下定决心。

2.2.2　追求协同效应

什么是协同效应？打个比方，你有一头牛，然后在市场上看见一辆马车并买了下来，这样你就可以用牛车运输赚取利润，这就是协同效应。但这种协同不能过于牵强，笔者曾看过一家房地产企业收购LED工厂的项目策划，其称商业地产开发有 LED 灯的需求，此次收购符合商业逻辑，未免太过牵强。

协同效应的本质是 1+1 大于 2，具体而言，就是并购后短时间内双方或一方实现销售额增长或者利润增长，即便没有增长，如果并购带来了成本下降，也可以间接创造价值。例如许多企业并购以收购牌照或资质为目的，这实际上就是降低了成本，因为自身没有相关资质的企业往往需要支出额外的挂靠成本和承担经营风险，如税费成本和第三方应收账款风险。

2.2.3　高关联度的多元化并购

前文已述，并不是所有的多元化经营和跨界并购都不靠谱，一些关联度极高的跨界实际上建立在共同的客户、共同的渠道、共同的资源等基础上进行的合作共赢，最后把自身企业的产品"装进去"、文化传播开，这种并购也是符合商业逻辑的。

2.2.4　横向并购好处多

长期以来，横向并购都是最普遍的并购形式。笔者认为，横向并购最大的好处就是买方"懂行""在行"。因为买家本身长期经营的产业与被收购的标的公司是一样的，同业之间更容易了解标的公司的各种信息，如产品质量、市场占有率、技术力量、信誉情况等。这些信息对于尽职调查而言十分有利，避免了因"外行"而陷入信息不对称的境地。

横向并购的第二大好处就是便于并购整合。由于买方"懂行""在行"，买家直接可以把副总经理派去担任标的公司的负责人，乃至所有部门的副手都可以去标的公司任部门负责人，且往往到岗即可胜任，免去了二次培训成本，整合过程高效便利。

此外，横向并购显然可以迅速扩大市场占有率，提升经营规模，还可以实现一定的共享经济效应（协同效应）。比如并购后一个销售团队就可以实现原来两个公司分别建立的销售部门的全部功能，企业从而利用共享资源大大节约了成本，同时产能提高和市场占有率上升，大幅度提高企业的议价能力。如此一来，利润也就提升了。

2.3　上市公司为何热衷跨界并购

既然横向并购优势明显,为何企业仍然热衷于混合并购,也就是跨界并购?笔者研究认为,有如下几方面原因:

首先,宏观政策调整。前些年监管层对上市公司并购重组的政策环境不断改善,陆续出台了多项鼓励并购重组的政策,从大环境上提升了并购重组的活跃度。例如一些游戏、VR、互联网金融等热门虚拟经济概念被上市公司争相追捧。但政策环境总在不断变化,跨界并购被发现并不是那么"靠谱"后,政策马上进行了相应调整:2016年5月起,互联网金融、游戏、影视、VR四个行业的并购开始被"特别关注",直到后来采取"一事一议"的模式,跨界并购成为监管的重点。①

其次是企业转型的需要。传统的企业发展模式是基于旧的大环境和经济基础形成的,而近年来大环境发生了改变,人人都知道我国已经进入产能过剩阶段,企业家仍然"闭着眼走老路"估计就只有"死路一条"。转型升级是国家提倡的发展战略,也可以使企业脱离原来低利润率的行业,同时改善自身股价。例如某上市公司原来从事高端餐饮行业,而"八项规定"出台后,"公款吃喝"明显减少,公司生意冷清、连续亏损、频频关店。眼看互联网、大数据、高科技等领域的迅速发展和丰厚的利润回报,公司管理层难免"见异思迁",谁都不愿"炒一辈子的菜,做一辈子的厨子"。后来该公司通过收购影视、游戏、环保等多元化公司,完成并购转型并改名,成为一家高科技企业。

但笔者在这里想提醒读者的是:公司改名就一定灵吗?改名为高科技

---

① 2016年5月13日,证监会召开新闻发布会,针对有媒体报道"监管层已经叫停上市公司跨界定增,涉及互联网金融、游戏、影视和VR四个行业。"这一新闻的真实性给出了十分耐人寻味的答复:"证监会积极支持符合条件的上市公司再融资和并购重组,以有效发挥资本市场服务实体经济的功能。目前,再融资和并购重组相关规定及政策没有任何变化。今后若有修改或调整,将通过正式渠道向社会公布。"而实际上,前述四个行业的并购重组在这之后已经被监管部门牢牢看死,名存实亡了。

企业就真有技术含量了吗？如果真的这么简单，企业经营的核心竞争力只是起个好名字而已。而现实中"顺势"改名的事情还真不少，众所周知有一个上市公司直接改名叫匹凸匹股份有限公司，后来结果却与其预期大相径庭。如图2-1所示。

匹凸匹金融信息服务（上海）股份有限公司
关于公司更名的风险提示公告

本公司董事会及全体董事保证本公告不存在任何虚假记载、误导性陈述或重大遗漏，并对其内容的真实性、准确性和完整性承担个别及连带责任。

2017年7月31日，匹凸匹金融信息服务（上海）股份有限公司（以下简称"公司"）发布了《关于变更公司名称的公告》（公告编号：2017-081），公司关注到公司股价今日涨停，现将公司更名事项相关风险提示如下：

一、公司现有经营业务正在逐步恢复中，尚未完全恢复正常。目前尚未形成比较稳定的主营业务，盈利能力存在不确定性，公司经营业务能否完全恢复正常存在一定的不确定性。

图2-1 匹凸匹更名风险

【笔者谏言】"第一，我们不反对企业转型；第二，转型往哪里转至关重要，转型必须要做那些关联度高的，又有未来市场空间的领域，这样成功率才比较高；第三，长远来看，真正能够创造高利润的行业都有高门槛，而高门槛背后都离不开长时间的积淀，互联网金融、游戏、影视、VR这些行业只是看似门槛低，其实大多数项目虚大于实，没有一定的行业经验应少碰为妙。"

最后是炒作的需要。2015年2月，一家停牌许久的传统物流行业上市公司公告复牌，宣布收购了一家物联网概念的公司，被收购方当时每股价格20元左右。到了3月份，笔者在海口讲课时该公司股价提高到50元每股，4月份笔者在广西南宁讲课时该公司股价已经飙升至70元每股，而后5月份一度越过百元大关……其实"讲故事、炒概念"在股市里早已不是新鲜事情了，那么虚拟行业为何仍然如此火爆？因为在中国，大多数人还很难在短时间内搞懂一个新生概念。普通投资者基本上可以看懂一家实体企业的盈利模式，比如一家工厂也就是"产供销、人财物"六大方面，多年不变。企业说自己很厉害，厉害在哪里？是研发比别人投入多，还是市场渠道比别人广？说出一个子丑寅卯很不容易。但是互联网金融、游戏、影视这些产业就比较特殊，尤其是曾经红极一时的VR技术领域，这些都是对大众而言较为"神秘"的概念，可以设计充分的想象空间，"市梦率"就有了基础，股民"被忽悠"的概率就可以很高。

有些新生概念别说是普通股民，就连专业的投资机构，在这些领域的投资失败概率估计也很高。这些公司资产轻、看不见、摸不着，高收益只是少数人的、虚幻的，而高风险却是普遍的、真实的、"亲民"的。如果一家上市公司连主营业务都做不好，还跨界做跟主营业务完全不沾边的虚拟产业，通常都是打着并购重组的旗号进行概念炒作，从而不断吹高泡沫，最终损害的还是广大股民的利益。

> **【术语解读】市梦率**
>
> 市梦率是由"市盈率"演变过来的。市盈率即股价与每股收益的比率（市盈率=股价/收益）。如果当一个企业股票的市盈率高得吓人的时候，就可以说"梦"了，这就是"市梦率"。

2.4 跨界并购靠谱吗

对此，笔者先阐明观点：多数跨界并购都不靠谱。本节会有很多活生生的真实案例供我们仔细品味，相信各位读者一看便知。

【并购案例】浙江广厦收购福添影视

2014年6月，浙江广厦通过资产置换方式收购福添影视，其收购的溢价率达到374.90%。在2014年的并购大潮中，"浙江广厦"的这一跨界并购无疑是引人注目的大手笔。

收购模式：资产置换如图2-2所示。

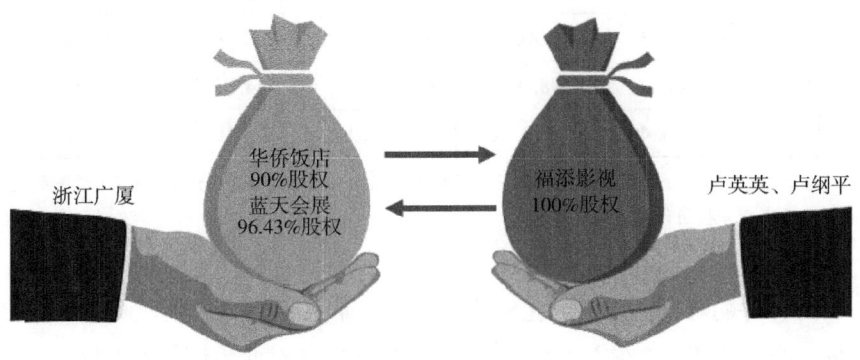

图2-2 资产置换

浙江广厦通过资产置换，将公司持有的杭州华侨饭店有限责任公司90%的股权和浙江蓝天白云会展中心有限公司96.43%的股权，与卢英英、卢纲平（二人系浙江广厦控股股东广厦控股董事长楼明先生的妻子与亲属，该交易构成关联交易）持有的东阳福添影视有限公司100%的股权进行置换。在交易完成后，浙江广厦完全控股福添影视，福添影视成为浙江广厦旗下的子公司。

值得一提的是，交易双方在并购时达成了业绩承诺协议，而实际对赌结果却让人大跌眼镜。如表2-1所示。

表2-1 相关业绩补偿款

相关业绩补偿款项的支付情况及后续补偿支付的时间安排。

公司董事会意见如下：

根据公司与广厦控股签订的《利润补偿协议》，"公司应当在年度报告披露之日起五个工作日内，以书面方式通知广厦控股，广厦控股需在接到书面通知后三十个工作日内向公司支付补偿金"。

广厦传媒相关业绩补偿款项各年支付情况如下：

单位：万元

年度	广厦传媒实现净利润	广厦传媒扣非后净利润	置换承诺数	大股东补偿数	补偿款收到时间
2014 年	3,663.34	3,290.00	5,221.77	1,931.77	2015 年 2 月 9 日
2015 年	760.44	98.49	6,272.96	6,174.47	2016 年 5 月 30 日
2016 年	2,676.40	2,392.60	7,815.31	5,422.71	2017 年 4 月 27 日

（摘自《浙江广厦股份有限公司关于回复〈上海证券交易所关于对公司 2016 年年度报告的事后审核问询函〉的公告》）

跨界并购可以实现多元化经营、"双主业"模式，所谓"不把鸡蛋放在同一个篮子里""东方不亮西方亮"，那么笔者对此为何仍不看好？

前文已述，笔者认为多元化经营与多元化投资是两个不同的概念。从投资角度说，企业是需要通过多元的投资组合来分散风险的，这个无可厚非，"不要把鸡蛋放在同一个篮子里"所指的也应该是投资领域的经验。而经营是指企业的运营、商业的经营。社会越进步，分工就越细，分工能够提升效率是众所周知的经济学原理。很多企业的成功都是因为长期专注于细分市场，最终成为细分市场的行业冠军。近年来，笔者听到和接触到的因为多元化经营导致失败的案例太多了，这里再试举几例进行说明。

【并购案例】拒绝"跑路"的庄吉集团和一路狂奔的乐视

2015 年年底，庄吉集团掌门郑元忠曾公开表示："不跑路，欠钱慢慢还！"笔者也在微信里看到许多文章对"不跑路的庄吉"给予了正面评价，这一言论一度成为"正能量"被广泛转发。但是，庄吉集团最终还是陷入了破产的深渊。如图 2-3 所示。

庄吉集团作为曾经的服装生产明星企业，因服装行业利润逐年下滑，为增加公司利润而不断盲目扩张。郑元忠与庄吉集团从 2003 年开始多元化，曾在天津投资建设庄吉购物中心，去云南圈地上千平方公里投资有色金属矿等。2006 年，庄吉集团因冒险涉足造船业这一重资产行业，最终被吸走了 17 亿元的资金。在十多年时间里，庄吉集团先后投资六大产业，子子孙孙的公司超过 90 余家，每年雇佣工人总数约

图 2-3 拒绝"跑路"的庄吉集团

2万人。庄吉集团正是因为盲目多元化,最后酿成了苦果,郑元忠在多个行业的投机最终都以失败而告终。可见,多元化从来都是企业经营最大的陷阱,庄吉的故事绝不是唯一的个案,类似的故事每天都在发生。

2017年7月4日,乐视网发布公告称收到贾跃亭的通知,获悉其本人及其所控制的乐视控股所持有的公司部分股份被司法冻结,原因系贾跃亭为乐视手机业务融资承担个人连带担保引发的财产保全所致。如图2-4所示。

此前,贾跃亭在乐视网2016年度股东大会上就曾表示,资金问题主要集中在乐视移动等非上市公司体系。那么,"非上市公司体系"又是什么?其实就是企业家盲目多元经营的结果。

乐视网信息技术（北京）股份有限公司
关于控股股东股份被冻结的公告

> 本公司及董事会全体成员保证信息披露的内容真实、准确和完整，没有虚假记载、误导性陈述或重大遗漏。

2017年7月27日，乐视网信息技术（北京）股份有限公司（以下简称"乐视网"、"公司"）收到公司控股股东贾跃亭先生通知，获悉其本人及其控制的乐视控股（北京）有限公司（以下简称"乐视控股"）持有本公司的股份被冻结的最新情况，具体如下：

一、股东股份冻结的基本情况

1、股东股份被冻结基本情况

截至2017年7月27日，贾跃亭先生新增被北京市第三中级人民法院等轮候冻结股份数量3,584,933,254股，轮候期限为36个月，占公司总股本179.72%；乐视控股所持公司股份新增被北京市第三中级人民法院等轮候冻结股份数量66,705,780股，轮候期限为36个月，占公司总股本3.34%。本次股份被司法冻结，主要系贾跃亭先生为乐视手机业务融资承担个人连带担保引发的财产保全所致，冻结仅限于贾跃亭先生与乐视控股自身持有的股份，不会对其他股东股份造成影响。

图2-4　乐视网发布公告

互联网时代，人们忙碌了一天回到家里，手机一挥，未播放完的乐视网高清影片便出现在客厅的乐视超级电视上继续播放，这时喝一杯在网上订购的法国红酒，通过乐视网观看乐视影业出品和发行的电影《小时代》……贾跃亭的理想很"丰满"，但商业逻辑的现实往往很"骨感"。试问：乐视和千万家红酒电商抢单，和苹果、三星、小米、华为比拼做手机，和做了几代汽车的人PK造汽车，和13亿人民抢所有的生意，能成功吗？结果是乐视不但选择了竞争，最可怕的是选择了同时和前面所有人竞争。从商业英雄到庞氏骗局，从一路狂奔到资金困境，这可能是绝大多数盲目扩张带来的末路。

那么，如何识别一家公司是否多元化经营了？其实很简单，我们通过网络就能够查询到公司关联企业的基本情况，以及公司控制人投资其他产业的情况，相关的网站和移动端应用程序也有很多，如天眼查等，在此就不一一列举了。如图2-5所示。

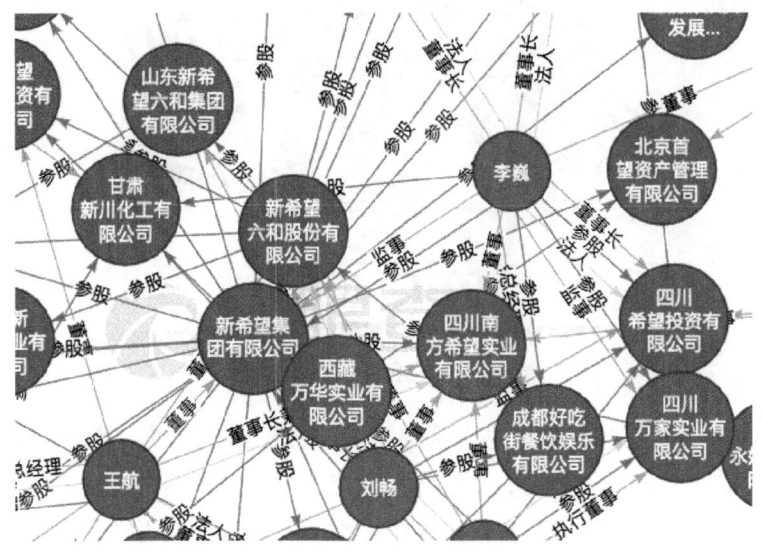

图2-5　识别公司是否多元化经营

注：图中涉及信息为"天眼查"网络随机查询的结果形成，并非暗指其为多元化经营企业

其实，说到多元化经营，大多数人身边就有许多类似的例子，笔者就经历过一个名片上有6个公司头衔的老板"拖欠"几十元的小故事。曾经有一个老板，在笔者过去办公的写字楼里面租了一整层楼面。一次见面，这个老板发给笔者一张名片，上面有6个公司的头衔——PVC工厂、茶叶公司、餐饮公司、担保公司、商贸公司等，可谓事业有成。后来该老板名下的PVC工厂每况愈下，于是找笔者参加厂里的重组会，老板在会上发言时称："今年生意不好，银行贷款也还不上了，我和妻子都是连带责任人，工厂的骨干跟了我们这么多年，现在不能亏了大家。你们可以自谋出路，也可以想办法接手原来工厂的业务，继续经营……"如图2-6所示。

而该老板的另一家餐饮公司开在写字楼里面，是一家生意还不错的中式快餐，每天中午吃工作餐的人能从十一点半排到下午两点半，只是晚市没什么生意，因为写字楼里的人晚上大都下班回家了。作为一家在上海写字楼群中比较常见的连锁快餐店，其经营模式往往需要用餐者在店里办卡并存入一定数额的现金再进行消费，当然充值越多优惠越大，周边的白领

图 2-6　PVC 工厂每况愈下

不乏一些"千元户"。笔者是学法律出身,且深知多元化经营的风险和该老板 PVC 工厂的经营状况,所以每次只充一百元。果然,突然有一天写字楼里的快餐店人去楼空,消费者们卡上的"余额"也就无从追索了,就连笔者卡中也有几十元被"拖欠"至今。故事虽小,但能够看出:多元化经营就是一个美丽的陷阱,听起来不错,但往往陷入"拆了东墙补西墙"的尴尬境地,一个人头衔太多往往就会忘记自己是谁了。

读者会好奇,那究竟有没有多元化经营成功的案例?其实是有的,但这种案例多数发生在过去市场竞争不充分的时代,通用电气公司就被认为是一个多元化成功的典范。

【并购案例】通用电气的"断臂式"多元化发展之路

> GE 公司通过历史上不断地并购,成长得非常快,最终成为世界财富 500 强。GE 公司有一条做得非常好,就是他们只收购市场中的龙头企业,对于自身不盈利的公司则立即剥离,毫不犹豫。2016 年 GE 公司断臂金融业务,剥离金融板块回归工业,这也说明 GE 的多元化是建立在专业化经营基础上的,并不"盲目"。[①]

---

① 有关 GE 公司的多元化发展模式及企业战略思维可参看:杰克·韦尔奇,《赢》,第 3 版,北京:中信出版社,2013 年 6 月;杰克·韦尔奇,《杰克·韦尔奇自传》,北京:中信出版社,2001 年 10 月;尤里奇,《通用电气模式》,北京:机械工业出版社,2011 年 3 月。

第 3 章
并购的参与者与受益者

【话题】并购的主要参与者有哪些

3.1　并购的主要参与者都有哪些

简而言之,在并购案中,主要参与者为买方、卖方和目标公司。并购中最主要的就是这三方参与者。

(1) 买方:多数是集团、产业行业的实体运营公司。

(2) 卖方:因各种目的将公司股权、资产出售的公司或个人。

(3) 目标公司(资产):是并购交易的对象,也可称为标的公司或者标的资产、资产等。

买方:在并购参与者中,买方通过并购获得快速的发展。如果是上市公司,则会表现为市值普遍提升,因此产生了市值管理的概念。有很多机构声称能够帮助上市公司进行市值管理,方法上都是将并购作为上市公司市值增长主要路径。当然,买方在并购中也并非总是受益方,买错了,买亏了的,比比皆是。

卖方:在并购中,多数的卖方获得了套现的机会,拿到了现金或股票。如果运气好,手中的股票升值后也可以套现走人。当然也有人"赔了夫人又折兵",既失去了公司的控制权,又没有真正地取得相应对价。那些造假严重者,也因此官司缠身,面临牢狱之灾。

目标公司:通常情况下,考虑到多数交易会有 3~4 期的业绩承诺,目标公司会存续 3~5 年。之后的情况就十分复杂,有继续独立存在的,也有被剥离的,还有被关闭的。

3.2　并购的其他参与者都有哪些

参与整个并购过程和并购市场的机构还包括:投资银行、财务顾问、商业银行、私人资金提供者、会计师事务所、税务师事务所、律师事务所、评估机构、调查机构(类似私人侦探)、保险机构、并购基金、其他服务提供者。

3.2.1 投资银行在并购中发挥什么作用

伴随着中国并购市场的持续快速发展，活跃于企业交易背后的投资银行（简称"投行"），在频繁的并购交易中获得了丰厚回报。在我国，这些投行大多为券商投行，拥有牌照优势，从事并购重组的财务顾问业务、发行股份购买资产业务、定向增发业务等，因为并购交易获得监管部门的批准必不可少。

除了财务顾问业务外，投资银行还为公司并购提供融资服务。有一些投行与上市公司进行深度合作，上市公司负责基本的运营，投行则从中包揽了上市公司所有的资本市场需求，包括提供过桥资金、介绍并购项目、担当并购重组财务顾问等全套服务，分享了上市公司并购重组的大部分利益环节。

3.2.2 收购上市公司一定要请财务顾问吗

按照《上市公司收购管理办法》第九条的规定，收购人进行上市公司的收购，应当聘请在中国注册的具有从事财务顾问业务资格的专业机构担任财务顾问。收购人未按照该办法规定聘请财务顾问的，不得收购上市公司。

3.2.3 财务顾问在上市公司收购中的具体职责是什么

按照《上市公司收购管理办法》第六十五条规定，收购人聘请的财务顾问应当履行以下职责：

（1）对收购人的相关情况进行尽职调查。

（2）应收购人的要求向收购人提供专业化服务，全面评估被收购公司的财务和经营状况，帮助收购人分析收购所涉及的法律、财务、经营风险，就收购方案所涉及的收购价格、收购方式、支付安排等事项提出对策建议，并指导收购人按照规定的内容与格式制作申报文件。

（3）对收购人进行证券市场规范化运作的辅导，使收购人的董事、监事和高级管理人员熟悉有关法律、行政法规和中国证监会的规定，充分了解其应当承担的义务和责任，督促其依法履行报告、公告和其他法定义务。

（4）对收购人是否符合本办法的规定及申报文件内容的真实性、准确性、完整性进行充分核查和验证，对收购事项客观、公正地发表专业意见。

（5）接受收购人委托，向中国证监会报送申报材料，根据中国证监会的审核意见，组织、协调收购人及其他专业机构予以答复。

（6）与收购人签订协议，在收购完成后12个月内，持续督导收购人遵守法律、行政法规、中国证监会的规定、证券交易所规则、上市公司章程，依法行使股东权利，切实履行承诺或者相关约定。

3.2.4　何种情况下需要聘请独立财务顾问

（1）按照《上市公司重大资产重组管理办法》规定，上市公司在重大资产重组过程中应当聘请独立财务顾问就重大资产重组出具意见、申报证监会、持续督导等。

（2）按照《上市公司收购管理办法》规定，被收购上市公司的董事会在对股东是否接受要约提出建议，应聘请独立财务顾问提出专业意见。

（3）按照《上市公司收购管理办法》规定，上市公司面对管理层收购时，独立董事发表意见前，应当聘请独立财务顾问就本次收购出具专业意见。

（4）按照《国有股东转让所持上市公司股份管理暂行办法》规定，国有控股股东拟采取协议转让方式转让股份并不再拥有上市公司控股权的，应当聘请在境内注册的专业机构担任财务顾问，财务顾问应当具有良好的信誉及近三年内无重大违法违规记录。财务顾问应当勤勉尽责，遵守行业规范和职业道德，对上市公司股份的转让方式、转让价格、股份转让对国有股东和上市公司的影响等方面出具专业意见，并对拟受让方进行尽职调查，出具尽职调查报告。

（5）按照《国有单位受让上市公司股份管理暂行规定》规定，国有单位通过协议方式受让上市公司股份并成为上市公司控股股东的，应当聘请在境内注册的专业机构担任财务顾问，针对本单位受让上市公司股份的方式、受让价格、对本单位及上市公司的影响等方面发表专业意见。财务顾问应当具有良好的信誉及且近三年内无重大违法违规记录。

3.2.5 商业银行在并购市场中的功能有哪些

对任何经营行为而言，资本的作用无处不在。同样针对以资本运作为主要特征的中国并购市场，商业银行不可或缺。通常，商业银行在并购重组中的功能主要包括如下方面：

（1）作为中介为企业提供各种服务。

（2）并购其他银行或企业。

（3）联手共同并购其他企业。

（4）商业银行的信息资源优势可以为企业提供咨询意见和中介服务。

（5）协助完成资产评估、清理债务、调度资产等，协助落实目标公司的债权债务。

（6）并购中的资金监管服务。

（7）并购融资服务（并购贷款）。

尽管商业银行有以上能力，但是从实际作用看，商业银行更多的是进行上述（2）和（7）的业务。例如第（2）项业务方面，许多银行进行了海外布局，一些海外布局就是通过直接并购国外当地的银行直接进入当地市场。

同时，商业银行在第（7）项并购融资服务方面的并购贷款业务也比较多，例如2008年12月25日，上海联合产权交易所与工行上海分行、上海银行签订了《开展商业银行并购贷款合作协议》，联合推出总金额达100亿元的企业并购贷款额度。同年12月9日，中国银监会发布了《商业银行并购贷款风险管理指引》。这是并购贷款"开闸"后，中国银行界首次推出并购贷款。银监会规定的并购贷款基本原则是：既要在最大限度上满足市场需求，又要有利于商业银行控制贷款风险。在2017年融创中国收购万达商业的项目中，根据最初公开的双方框架协议约定：600多亿元收购款是分期支付的，其中第四期款项295.75亿元是由卖家万达通过指定银行向买家融创房地产发放贷款人民币296亿元进行支付的，贷款期限为三年，利率为银行三年期贷款基准利率。融创房地产应在收到该贷款后2日内，向大连万达商业支付剩余对价人民币295.75亿元。

而其他几项服务，比如第（6）项资金监管服务，尽管并购双方基于对银行的传统信任适用非常普遍，但从笔者实务中来看，商业银行所提供的此类服务还有很多不足之处,更多的是仅仅提供一个共管账号,而没有主动发挥作为独立第三方监管机构的职能。

无论如何,商业银行在并购潮中也获得了相应的收益,其所开展的主动并购和并购贷款业务,为他们带来了应有的回报。

3.2.6 私人资金提供者如何参与并购市场

私人资金通过民间借贷的合规操作,可以参与并购的融资环节,如提供过桥资金、并购借款,并从中收取高于银行贷款利息的利息回报。这些私人资金的提供者虽然收取了高息回报,但也面临着高风险。

3.2.7 会计师事务所在并购中的作用有哪些

会计师事务所在并购中主要从事审计服务及其他财务服务,如对目标公司进行财务尽职调查、并购财务咨询服务、并购后的财务规范服务等,同时依据《上市公司收购管理办法》《上市公司重大资产重组管理办法》等的规定,出具审计报告。例如《上市公司重大资产重组管理办法》中就规定:

(1) 上市公司在重大资产重组过程中应当聘请具有相关证券业务资格的会计师事务所就重大资产重组出具意见。

(2) 上市公司自愿披露盈利预测报告的,该报告应当经具有相关证券业务资格的会计师事务所审核。

(3) 采取收益现值法、假设开发法等基于未来收益预期的方法对拟购买资产进行评估或者估值并作为定价参考依据的,上市公司应当在重大资产重组实施完毕后 3 年内的年度报告中单独披露相关资产的实际盈利数与利润预测数的差异情况,并由会计师事务所对此出具专项审核意见。

3.2.8 税务师在并购中的作用有哪些

税务师在并购中主要提供税务调查和税务筹划服务,对目标公司进行税务问题的尽职调查、并购税收筹划,为企业合理节税并安排税务解决方案。

3.2.9 律师事务所在并购中的作用有哪些

律师事务所在并购中主要负责法律尽职调查、交易方案设计、商务条款谈判、交易合同起草、法律文件准备、政府审批事项办理、并购纠纷处理等。同时依据《上市公司收购管理办法》《上市公司重大资产重组管理办法》等的规定向委托方出具相关的法律意见书。如按照《上市公司重大资产重组管理办法》规定：

（1）上市公司应当聘请律师事务所就重大资产重组出具意见。律师事务所应当审慎核查重大资产重组是否构成关联交易，并依据核查确认的相关事实发表明确意见。

（2）上市公司应当在股东大会做出重大资产重组决议后的次一工作日公告该决议，以及律师事务所对本次会议的召集程序、召集人和出席人员的资格、表决程序及表决结果等事项出具的法律意见书。

（3）上市公司聘请的律师事务所应当对重大资产重组的实施过程、资产过户事宜和相关后续事项的合规性及风险进行核查，发表明确的结论性意见。

3.2.10　评估机构在并购中的作用有哪些

评估机构在并购中主要是对资产进行定价，以确定一个各方能够接受的合理的交易价格。具体而言，更多的是应客户的需要，提供合规的评估报告。同时依据《上市公司收购管理办法》《上市公司重大资产重组管理办法》等规定，出具资产评估报告。例如《上市公司重大资产重组管理办法》第十七条明确规定，资产交易定价以资产评估结果为依据的，上市公司应当聘请具有相关证券业务资格的资产评估机构出具资产评估报告。

3.2.11　并购中需要聘请私人侦探吗

这类专业调查机构能够通过其他方法获得关于目标公司及相关人员更多的真实信息，以避免欺诈的发生。通常情况下，客户并不会聘请这类公司从事这类服务，但笔者建议客户要舍得花这笔钱去做这项工作。

3.2.12　并购保险是怎么回事？有必要购买吗

并购保险服务商为并购交易提供商业保险服务，化解双方，尤其是买家的风险。并购也能买保险，这听起来很新鲜，但这种服务机构的确存在。例如在有些海外并购案中，卖家往往会买一份并购保险，这相当于一种增信行为，会让买家放心不少，因为比起交易完成后已经拿钱走人的卖家来说，买家一旦发现购买的公司有问题，向保险公司索赔将更有保障。

3.2.13　并购基金或者私募基金在并购中如何获利

这些基金通常与上市公司进行合作，成立并购基金，力图扩大资产管理规模并从中获得高回报，其中有一些基金属于投行。同时，也有一些私募机构直接参与上市公司定增，从而获得利益。

3.2.14　如何利用专业机构为并购服务

企业如果是偶然开展一次并购交易，从节约经费的角度讲，起码也要聘请律师、会计师协助其完成。但如果企业将并购作为一项长期发展战略，开疆拓土，则需要聘请更多的机构加入并与他们建立长期的合作关系。如果是上市公司或者新三板企业进行相关收购，则一定要请专业机构按照相关规范来操作。

3.3　做并购为何一定要找"老司机"

并购是一件非常专业的事情，如果不是真正长期操作并不断关注复杂并购交易的业内人士，往往会走很多弯路，甚至是陷入对手方有意无意设置的"地雷阵"中。所以，做并购一定要请有丰富并购经验的"老司机"，才不至于走弯路。

以并购中的尽职调查为例，近年来尽职调查团队的人员配备往往是新手居多，资历不够，具体表现为：公司内部团队方面，很多时候指派资历比较浅的员工进行现场尽职调查；外部律师事务所、会计师事务所方面，往往安排资历比较浅的律师或初级会计人员进行现场尽职调查，而资深合伙人更习惯于在办公室听汇报、看报告。

此等做法虽然降低了客户的成本，然而全然由资历浅的人员进行的现场尽职调查风险极大。

首先，由于缺乏深层次经验，新手很难判断行业的相关风险，往往单纯依靠书本上载明的法律、法规、规则的知识生搬硬套，"填表式"作业。

其次，新人缺乏对目标公司企业运营中涉及的方方面面风险进行沟通、分析、验证所需的社会阅历和人情世故，这一点是非常重要的。

最后，接受尽职调查的一方看到全是"娃娃兵"，往往一些不该"糊弄"的问题也就一笔带过，重视度和配合度都大打折扣。

这就是为什么一些老总们明明请了"大牌机构"，却还是睡不着觉。笔者曾经听国内某知名企业的老总谈并购聘请专业机构的问题：一开始他们不懂，接触的律师事务所、会计师事务所来谈合同的都是知名合伙人，从资历到业绩都是响当当的，等到海外开展并购尽调时，用老总的话说就是"现场干活的全是实习生"。这让老总们睡不着觉，因为巨额的海外并购即便是小小的瑕疵，都可能会出大问题，老总们往往需要承担个人责任。后来老总们弄明白了，签合同时就要明确要求合伙人必须到现场工作，而不是盲目追求"大牌机构"。

另外，术业有专攻，一些名头较大的机构实际上并不擅长某些需要的业务，或是仅仅徒有虚名。所以，在甄选专业机构时还需要仔细辨别。

第 4 章
成功并购的关键

【话题】做并购最重要的三件事情是什么

【笔者谏言】"并购的本质是交易,是买方和卖方之间的一场复杂的交易博弈。"

4.1 做并购最重要的事情之一——请个专业律师

有交易就需要制定交易的规则,交易合同要可靠,交易架构要合规,否则交易风险极大,这些都离不开专业商业律师的参与。

1999年10月1日,《中华人民共和国合同法》正式生效,商业律师比以往更频繁地制作合同,与交易规则打交道。从公司设立过程中的出资协议、公司章程,到公司运营过程中的董事会议事规则、股东会流程,再到公司股权转让时的股权转让协议、股东会决议、股东放弃优先购买权的声明等,都少不了商业律师背后的默默劳动。有交易就有纠纷,公司股东发生纠纷以后的股东知情权诉讼、股东会决议效力纠纷、公司僵局纠纷、公司解散纠纷等,也都是商业律师最擅长和最拿手的领域。

想一想现在还有哪家公司没有律师呢?从大公司到小公司,或多或少都与律师打过交道。许多公司还会建立自己的法务部门,专门负责公司的法律事务。有的公司有几十个律师,甚至几百个律师为企业发展过程中的各项法律实务绞尽脑汁。为什么会这样呢?因为有交易就有风险,有风险就有纠纷,有了纠纷必然需要律师介入。

然而在并购中,为什么说律师天生是举足轻重的"军师"?

从并购风险管理的角度讲,并购作为一项十分复杂的交易,并不是去菜市场买菜,只要谈好商品和对价就可以了。每一项并购交易都需要做交易风险的事前防范、事中控制和事后救济。而律师们整天和各种各样的纠纷打交道,与各种各样的公司打交道,最熟悉交易的规则,也熟谙交易背后纠纷的真正原因。在任何国家,没有人比律师更了解法律、更了解规则的了。在美国,许多法律规则都是由律师创设的,比如反收购策略中的"毒丸计划"就是由马丁律师发明的。在中国也是一样的,在并购领域,公司客户是离不开律师的。所以,律师是企业进行并购交易的最佳顾问,是不可替代的，在并购中是当之无愧、举足轻重的"军师"。笔者本人也是律师出身，这里举两个笔者"四两拨千斤"的案例。

【并购案例1】识破收购意向书中的三大漏洞

笔者曾在2014年一起并购案中担任3K公司的并购法律顾问，期间3K公司的股东不断收到来自各大企业各式各样的收购意向文件。下面这份《收购意向书》就是其中一家大型企业向3K公司发出的，由于涉及商业秘密，部分条款已做处理。

收购意向书

甲方：A公司

法定代表人：略

住所及邮编：略

乙方：3K公司

法定代表人：略

住所及邮编：略

鉴于：

甲方是……（此处为公司主要介绍）。乙方是一家专业设计公司，具有建筑行业（略）设计甲级。甲乙双方经友好协商，在平等自愿、依法合规的基础上，甲方决定整体收购乙方。为合法、有效实现上述目的，就甲方拟对乙方收购有关事宜，初步达成以下意向，以资共同信守。

第一条　甲、乙双方同意并确认，由甲方收购乙方100%的股权。

第二条　甲方承诺并保证：

1. 甲方具备整体收购乙方股权的资格和能力，并且有受让乙方股权的诚意；

2. 甲方愿意在收购条件成熟时与乙方协商签订正式的股权转让协议；

3. 甲方保证对乙方股权的收购不违反国家法律、行政法规的强制性规定和甲方公司章程的相关规定。

第三条　乙方承诺并保证：

1. 乙方有诚意并积极促成，在收购条件成熟时与甲方协商签订正式的股权转让协议；

2. 乙方同意自本意向书签订之日起积极配合甲方完成由甲乙双方共同聘请、国务院国资委认可的中介机构对乙方进行财务审计及尽职调查，负责真实、准确、完整地披露和提供为完成本次收购所需要的所有相关文件、证照及其他资料，并保证其真实性、完整性，保证不存在未经披露的其他负债、侵权责任或其他任何欠缴的税费、罚款等；

3. 在办理股权收购报批过程中，负责提供应由乙方提供的法律文件及签章，以及应由乙方负责办理的各种手续。在股权收购过程中，保证现有人员的相对稳定。

第四条 甲、乙双方同意并确认，在本意向书签订之日起的8个月内，甲、乙双方均保证不与除对方以外的任何第三方进行有关与本协议第二条、第三条的履行违背或冲突的股权收购或转让等事项的协商谈判及签约；但8个月期满后，甲、乙双方如无新的约定，则双方均有权放弃本意向书约定的股权转让，且无须向对方承担任何法律责任。

第五条 甲、乙双方互相承诺，对双方签订本意向书及与本次股权转让有关的信息及文件、资料等互负保密义务，未经对方同意，不得向甲、乙双方、股东及其所聘中介机构以外的单位和个人披露。但依照国家法律、行政法规规定和司法机关、行政机关及其他监管机构的强制性要求所做出的披露除外。

第六条 甲、乙双方同意并确认，本意向书约定事项的完成将作为双方协商签订股权转让协议的基础，但双方之间的权利、义务及责任以双方最终协商签订的股权转让协议约定为准。

第七条 本意向书自甲、乙双方法定代表人或其授权代表签字和加盖公司公章之日起生效。

（以下无正文）

甲方：公司（盖章）

法定代表人或其授权代表（签字）：

    年 月 日

乙方：公司（盖章）

法定代表人或其授权代表（签字）：
年　月　日

这家大企业在这份收购意向书里面提出了七个条款，内容表述上也比较丰富，但笔者根据以往经验在审核这份意向书时给卖方股东提了下面三个问题。

问题一：协议中规定的8个月排他期是不是太长了？

资本市场千变万化，交易机会稍纵即逝。作为卖方的3K公司成立时间短、经营状况好、利润正处于上升期，就好比是一名妙龄女子待字闺中，在最好的年华中如果能够嫁人，一定会嫁一个好人家同时收获一份丰厚的彩礼。一旦同意这个排他期，就好比是这名妙龄未婚女子8个月不能与别人接触、交友、谈婚论嫁，这样非常被动。一个长达8个月的排他期必然会把交易时间和交易机会全部浪费掉。因此，我们给客户最后的建议是：不接受长达8个月的排他期要求。

问题二：为何对定价方式只字不提？

这份收购意向书通篇没有涉及卖方关注的核心问题，即交易定价，也就是如何给股权进行定价，采取什么方法给股权进行定价的问题。对此我们建议客户做进一步沟通。

问题三：买方心理预期价位是多少？

这份收购意向书没有透露出买方的心理价位，这个必须与买方做进一步的沟通。如果双方心理价位差异太大，就没有必要开展后续的工作，否则必然浪费双方的时间精力和交易机会，最终不欢而散。

其实，律师作为一个高度职业化的群体，往往会在审查合同时陷入条款字眼和细微法律风险上的斟字酌句，而忽视从宏观上审视合同能否达到客户的交易目的，合同是否欠缺达成交易最重要的条款内容。这也正是律师需要锻炼自己商业思维的原因，真正站在交易的角度上思考问题才能成为企业家背后的"军师"。

【并购案例2】巧说避免篡改合同日期

2015年年初，笔者到中国中部的S省进行并购，期间担任卖方

SN公司的并购顾问。SN公司是一个从事环保工程类型的公司,正在与一家上市公司接触,SN公司管理层的一位副总征求我们的意见,询问是否可以通过修改与客户签订的工程合同日期来伪造净利润增长指标?因为客户听说上市公司喜欢收购的标的都是业绩连续平稳增长的公司,而受国家宏观政策变化的影响,SN公司销售收入和利润在最近三年里是有波动的,因此很担心收购方不能接受波动的财务报表而错失交易机会。如图4-1所示。

图4-1 篡改合同日期

遇到这种情况,一般的法律顾问都会十分敏感,认为这是不诚信的,不合法的,于是从这个角度来进行解答并建议客户不要做这种事情。但是律师应该牢牢记住,对于企业家最重要的永远是经济效益,其次才是风险防范,面对收购交易的良机,难免有些企业家会不理睬律师意见而选择铤而走险。我们是如何给客户提供意见的呢?如图4-2所示。

其实像SN这类公司的财务采用的是权责发生制,简单地说,就是以实际完工量来计算年度的销售收入。因此,签订合同的日期并不代表当年就实现了销售收入,合同的日期也就完全没有修改的必要了。

图 4-2 给客户提供意见

4.2 做并购最重要的事情之二——做好保密工作

保密工作很重要,参加并购工作的人要注意。

4.2.1 保密为什么如此重要

因为许多并购失败就是因为保密工作没有做好,发生了泄密事件造成的。比如一旦涉及上市公司,并购重组就是一个很敏感的事件,因为会对股票造成重大的影响,《证券法》也禁止泄露内幕信息、禁止内幕交易。

如前文所说,参加并购重组的主体和人员众多,有上市公司、目标公司、目标公司股东方、券商、独立财务顾问、会计事务所、律师事务所、评估公司等各方面的机构和人员,稍有不慎,就会造成泄密。而且监管部门对此非常重视,采取"异动即调查、立案即暂停、违规即终止"的措施,很多上市公司并购重组被叫停的原因就是发生了保密方面的问题。

4.2.2 并购中要注意哪些方面的保密事项

除了事关上市公司外,卖方还要考虑:在并购完成前,不能让员工、客户、供应商、竞争对手、公众知悉并购的任何情况,否则会造成一系列的负面事件。可以试想,如果员工知道公司要被出售,公司内部一定人心惶惶,有人可能已经开始考虑跳槽,没等新的买家进来就已经离职了。根据博弈论,原来员工在职时,基本上会考虑劳动合同的延续,因为雇主和员工之间属于"无限重复性博弈"。一旦并购消息泄露,就意味着博弈的结束,员工们肯定各自打着算盘,公司利益会受到严重伤害。

所以笔者指导并购时,往往是以企业要进行 IPO 上市,或者新三板挂牌的名义,开展尽职调查,或者有投资机构要向目标公司投资,这样可以稳定很多员工的心态,争取让员工积极配合各项工作。毕竟每一个尽职调查都涉及公司的方方面面,从人事、财务到生产、经营,都需要提供资料或当面访谈,员工难免会猜测外部人员前来访问的目的。

至于目标公司的客户就更不用说了，如果老客户知道公司要被卖掉、换主人，估计一些订单就没有下文了。紧接着，供应商会前来催讨债务，从而影响正常的供应，融资方会缩小授信，竞争对手会故意捣乱，事端一个接着一个，一场谈好的并购交易也许就这么被搅黄了。所以，小心驶得万年船，并购还是保密点好。

4.2.3 进行并购尽职调查前为什么要签署保密协议

在收购方开始接触资料之前，目标公司及其股东通常需要收购方及其聘请的顾问，或中介机构承诺对其获得的资料和信息保密。在并购尽职调查阶段，目标公司及其股东往往担心一旦并购交易未成功，其向收购方及其聘请的顾问披露的信息将失密。如果收购方及其聘请的顾问主动提出并签署保密协议，往往能够降低被收购方的顾虑，取得目标公司的配合。而保密协议的签署同时为被收购方提供保障，以确保在泄密时得到有效的权益保护，获得补偿。

需要特别说明的是，基于并购尽职调查的特殊性和行业竞争的复杂性等原因，目前仍然存在以并购尽职调查名义进行的商业调查，其目的并不是以收购为目的，而是一种类似获取目标公司"商业秘密"的一种"间谍"形式，这种情况在改革开放初期，尤其在外资收购国内企业中不乏其例。这种以并购为由所进行的商业调查其目的通常包括：

一是为达到垄断目的，获取目标公司的商业秘密。

二是获取竞争对手的销售网络和客户信息。

三是为挤压竞争对手，获得竞争对手的弱点等。

垄断往往意味着行业的定价权和控制权，会因此获得巨大的好处，而并购既是一种消除竞争的手段，也是一种不断树立自己企业行业地位的措施。通过并购尽职调查进行商业调查，不仅具有合法的形式，还可以导致目标公司疏于防范，更有利于接近核心机密。同时，并购尽职调查只是并购过程中的一环，并不是一定保证收购。正因为这样，并购尽职调查才可能沦落成"间谍意义"的商业调查。这种情况并非普遍，但也不可忽视，目标公司应对此予以警惕并有效防范。而严格的保密协议和保密措施将大大降低上述风险。

当然签署保密协议也不可能从根本上杜绝上述风险，但我们也不应

"因噎废食"，仅仅基于担心就放弃因此获益的机会。消除这种担心，需要社会信用体系、行业监督者、立法者和中介机构等付出更多的努力，来营造出更好的营商环境、社会诚信体系、法律监管体系。

保密协议通常如何签署？中介机构拟开展的并购尽职调查工作，可能涉及目标公司的各项商业秘密，需要目标公司的自愿合作和全面配合。因此，各方就收购达成意向后，收购方和中介机构应当立即主动提出与目标公司签署保密协议，或单方签署保密函，或在意向书、框架协议中约定保密条款。

保密协议的内容通常包括保密主体、保密内容、保密义务、资料的保存和使用约定、保密期限及违约责任等。其中：

（1）保密内容：通常包括披露方所提供的所有数据、报告、说明、预测及记录等文件所包含或反映的信息，而接收方有责任保证保密内容不会被用以伤害目标公司利益，将会被独立用于收购目的。

（2）保密义务：通常包括接收方有责任和义务严格保守目标公司商业秘密，并且应尽到合理的注意义务，不向任何第三方披露商业秘密。此等注意至少应等同于接收方在保护其自身的商业秘密时所尽到的注意。包括非经披露方书面同意，接收方不得在任何时间以任何形式将保密内容披露或提供给任何第三方；除了接收方为执行披露方所安排或委托的有关工作外，接收方不得将保密内容用于其他目的；且非为工作需要，接收方不得以任何方式复制被目标公司列为商业秘密的信息；非经披露方书面同意，接收方不得将含有商业秘密的资料带离披露方之办公地点；接收方不得在公共场合或通过公共媒介（包括但不限于电话、电子邮件、报社、电台或电视台、出版物、互联网等）谈论涉及商业秘密的内容。须通过公共媒介传递机密信息时，接收方应先取得披露方事先的书面同意，并按照披露方的保密要求采取适当的保密措施，尽其一切努力防止任何第三方窃取由其所掌握之商业秘密。

（3）保密资料的保存和使用：并购尽职调查中的任何一方有权保存必要的保密资料，以便在履行其在项目工作中所承担的法律、规章与义务时使用该等保密资料，但其存储和使用将受到严格限制。

（4）违约责任：应明确协议双方应当严格遵守保密协议约定，如有违约，则应向守约方承担损害赔偿责任。

（5）保密期限：根据具体情况确定，通常会约定在协议任何一方公开所列保密信息前，各方均负有永久保密义务。

4.3 做并购最重要的事情之三
——防止内幕交易

下面评述有关内幕交易的内容。

4.3.1 什么是内幕交易

根据《证券法》规定，内幕交易是指证券交易内幕信息的知情人和非法获取内幕信息的人，利用内幕信息从事证券交易活动。证券交易活动中，涉及公司的经营、财务或者对该公司证券的市场价格有重大影响的尚未公开的信息，称为内幕信息。

4.3.2 与并购有关的内幕信息都有哪些

并购中的下列信息皆属内幕信息：
- 公司的经营方针和经营范围的重大变化。
- 公司的重大投资行为和重大的购置财产的决定。
- 公司订立重要合同，可能对公司的资产、负债、权益和经营成果产生重要影响。
- 公司发生重大债务和未能清偿到期重大债务的违约情况。
- 公司发生重大亏损或者重大损失。
- 公司生产经营的外部条件发生的重大变化。
- 公司的董事、三分之一以上监事或者经理发生变动。
- 持有公司百分之五以上股份的股东或者实际控制人，其持有股份或者控制公司的情况发生较大变化。
- 公司减资、合并、分立、解散及申请破产的决定。
- 涉及公司的重大诉讼，股东大会、董事会决议被依法撤销或者宣告无效。

- 公司涉嫌犯罪被司法机关立案调查，公司董事、监事、高级管理人员涉嫌犯罪被司法机关采取强制措施。
- 公司分配股利或者增资的计划。
- 公司股权结构的重大变化。
- 公司债务担保的重大变更。
- 公司营业用主要资产的抵押、出售或者报废一次超过该资产的30%。
- 公司的董事、监事、高级管理人员的行为可能依法承担重大损害赔偿责任。
- 上市公司收购的有关方案。
- 国务院证券监督管理机构认定的对证券交易价格有显著影响的其他重要信息。

4.3.3 内幕信息的知情人都包括哪些

证券交易内幕信息的知情人包括：

- 上市公司的董事、监事、高级管理人员。
- 持有公司百分之五以上股份的股东及其董事、监事、高级管理人员，公司的实际控制人及其董事、监事、高级管理人员。
- 上市公司控股的公司及其董事、监事、高级管理人员。
- 由于所任公司职务可以获取公司有关内幕信息的人员。
- 证券监督管理机构工作人员，以及由于法定职责对证券的发行、交易进行管理的其他人员。
- 保荐人、承销的证券公司、证券交易所、证券登记结算机构、证券服务机构的有关人员。
- 国务院证券监督管理机构规定的其他人。

4.3.4 为什么说内幕交易是"捡了芝麻，丢了西瓜"

对上市公司来说，做并购一定要防止内幕交易，因为一旦发生了内幕交易，可能直接导致并购重组被叫停，相关人员被处罚，甚至追究刑事责任的情况。曾经有一家上市公司的董事长就是因为在筹划重大事项前内幕交易了自己公司的股票、泄露了内幕信息，于是被判刑三年，十多个亿的交易方案在已经被证监会批准的情况下也不得不放弃实施。他利用内幕消息一共炒股两次，一次赚了500万元，一次还赔了10万元，真是"捡了芝麻，丢了西瓜"，得不偿失。但是这样的事情还真不是个案。

监管部门对于上市公司在并购重组停牌前股价出现异常波动（前20个交易日公司股价涨跌幅超过同期大盘涨跌幅20%）的，还要求申请人对其自身及关联方是否存在内幕交易进行充分举证，并要求律师等中介机构发表明确意见，就不同评估方法下评估参数取值等是否存在重大矛盾进行说明。

4.3.5　上市公司如何防范并购中发生内幕交易事件

上市公司防范并购交易中发生内幕交易的措施通常包括如下方面：

- 并购活动要符合保密制度的要求。
- 简化决策流程，缩短决策时限，尽可能缩小内幕信息知情人的范围。
- 研究并购事项，尽可能在相关股票停牌后或者非交易时间进行。如果需要向有关部门进行正常咨询、方案论证的，应当在相关股票停牌后进行。
- 上市公司及其他信息披露义务人应当做好内幕信息知情人登记工作，以及分阶段信息披露和风险提示工作。
- 上市公司应当通过签订保密协议、禁止内幕交易告知书等必要方式将禁止内幕交易的义务告知有关人员。

第 5 章
并购标的的选择

【话题】并购中如何找到合适的目标公司

第5章 | 并购标的的选择

股神巴菲特在谈到自己对婚姻的理解和认识时，曾提过这样一个故事……

"我年轻时曾与我们州最漂亮的女孩儿约会，但最后没有成功。"

图 5-1　如何找到合适的目标

如图 5-1 所示,如果我们把并购比作恋爱、婚姻,那么道理一样,选择对的人就是成功的关键。一项并购的开始,一定要找到合适的目标公司,否则事倍功半,得不偿失,还可能损失惨重。

5.1 什么样的公司会选择卖掉

可以断定，市场上出售的企业多数都是一般性的公司，因为有问题的或者经营不善的公司经常会被优先卖掉。要是遇到了因为发展瓶颈而出售的目标公司，或者是多元化经营公司需要剥离的资产，就都算是比较难得的机会了。毕竟谁又会把一只下金蛋的老母鸡卖掉呢？

笔者看到过很多投行发布的信息，称某上市公司需要收购，对目标公司的要求是净利润 3000 万元以上，还有的要求净利润 5000 万元以上。这些条件就如同男生找女朋友一律要求"白富美"一样，不仅容貌必须倾国倾城，还得是富家千金，或者超级能赚钱的"安迪女神"。要知道，这样的企业自己都可以去 IPO 谋求几十倍、几百倍的市盈率了，有什么理由卖给别人赚取 15 倍以下的市盈率？俗话说："宁为鸡头，不为牛后。"创业当老大的人，怎么可能轻易放弃老大位置给别人去打工？

当然，如果买家出足够高的价钱，也的确可以买到下金蛋的老母鸡，同时也不排除卖家自己误判形势，在母鸡"下金蛋"之前就仓皇出售的情形。但现实中往往是"买的没有卖的精"，期待淘到大便宜的买家们，往往掉进"天坑"里。

5.1.1 买家的并购机遇在哪里

麦肯锡的一项研究结果表明：只有 30% 的企业能够传承到第二代，只有 5% 的企业在第三代时还能为股东创造价值。中国人也聪明，早就流传"富不过三代"这句话。当下中国的第一代创业家们基本上都要退休了，由于后继无人或"子不肯承父业"等原因，70% 的优质企业只能选择对外出售这条道路，这对买家来说是一个很好的机会。笔者认为，因为退休而卖掉工厂，是可以接受的"捡到便宜"的唯一合理理由，其他都可能是忽悠人的包装。

【**笔者谏言**】"创始人退休而后继无人的企业往往是难得的优质并购标的。"

5.1.2 什么情况下才能靠自己找到合适的目标公司

如果你是真心做产业并购的企业家,就比较容易找到合适的目标公司。因为前面提到过,横向并购的对象不外乎就是你的竞争对手或者同行。在你死我活的商战搏杀中,我们经常看到那些过去的竞争对手成了现在的合作伙伴。这种例子不胜枚举:东方航空和上海航空、优酷和土豆、58同城和赶集网、优步和嘀嘀、饿了么和百度外卖……没有永远的敌人,只有永远的利益。同行业之间的并购产生了明显的协同效益:一是再也不用互相残杀了;二是经营规模扩大了,产生了良好的规模效应。而纵向并购对象就是你的供应商或者客户,这些人你都认识,把它们买下来可以取得资源,形成完整的价值链。

5.1.3 从哪儿可以找到你想要的目标公司

寻找并购对象的渠道很多,归纳下来主要包括以下方面:

(1)政府机关或行业主管部门:可能比较了解辖区企业的情况,这是一个收集信息的重要途径。

(2)行业协会:这里汇聚了同行业众多的企业,一些供应商和客户也可能加入行业协会,可以通过协会的秘书长去了解究竟哪些企业有出售的意向。

(3)专业展会:这些地方你会看到他们的产品和服务,你想要的东西一看便知。

(4)交易所:新三板挂牌企业都公开了他们的信息和财务数据,已经成为国内上市公司并购标的池。海外上市中概股也是潜在的标的池。各地的产权交易中心,也会有出售的产权信息。

(5)各类中介机构:投行、律师事务所、会计师事务所长期服务他们的客户,也可能给你提供可靠的消息。

5.1.4 什么方法可以让你获得优质的目标公司

很多上市公司的老总抱怨:"想做并购,但是找不到好的资产,出现了'资产荒'。"如何找到所谓好的资产呢?

让我们看看华人巨商李嘉诚是如何做的。过去20年,李嘉诚共做了

400多起并购交易，处理资产金额达2200亿美元之多。李嘉诚投资的逻辑其实很简单：长线投资＋低买高卖。据汤森路透数据显示，过去十几年来，李嘉诚的公司一直是其在亚洲的第四大付费公司。李嘉诚做了投资银行家们的上帝，是他们的"黄金客户"。他旗下的集团积极进行海外并购，着眼于欧洲的基础设施建设、电信和零售业，并启动新的航空租赁，使银行业从业者获得了更多业务。2000年至2014年年底，高盛集团累计从其公司获利2.2亿美元（高盛全球业绩的14%是李嘉诚贡献的），汇丰银行从其中获利1.36亿美元，美国银行则为1.31亿美元。李嘉诚找到好标的之诀窍就是肯付财务顾问费给专业团队，并依靠这些投资银行家帮他找标的，同时也帮他卖资产。

无利不起早，如果你想买到好的资产，别忘了慷慨地对待投资银行，成为他们的黄金客户。因为与并购创造的巨大收益相比，交易之初所吝啬的那笔财务顾问费用实在是不值一提。

5.1.5 建立并购标的筛选标准有哪些好处

想要寻找到优质的收购标的，买到优质的资产，就应该先建立并购标的筛选标准，其益处包括但不限于：

（1）可以避免盲目并购、乱并购、为并购而并购的情况。并购是为了追求协同效益，创造价值。没有筛选标准，在市场中难免会随波逐流、犯错误。

（2）可以避免造成资源浪费。做并购，企业就要投入大量的人力、物力进行调研、接触，同时聘请中介机构和专业机构做尽职调查、做方案。如果遇到一个就谈一个，高昂的成本根本吃不消。

（3）可以避免错过好的标的。即使是上市公司，资源也是有限的，有的放矢，才能精准地收获猎物。精准的筛查标准，就提供了这样的优势。

5.1.6 如何建立有效的并购标的筛选标准

并购标的的筛选标准需要契合买方自身的情况综合设定，比如买方的战略、发展方向、管理能力，以及支付手段和资源。标的便宜的不一定好，目前利润高的也不一定好，标的的筛选应以并购目的为导向，如协同效应、产业布局、增加资产、优化财务报表等，并在此基础上确定筛选标准，具体可以参考如下指标：

(1) 标的企业的市场份额、行业地位。

(2) 标的企业的资产及负债要求。

(3) 标的企业的盈利水平。

(4) 标的企业的出售原因。

(5) 标的企业的要价。

(6) 标的企业的客户群体。

(7) 标的企业的技术水平、无形资产情况。

(8) 标的企业的地理位置、主要市场地理位置。

5.2 如何把握并购的时机

如果明确了自身企业并购的目的，不忘并购的初心，这个问题就会变得简单。并购是随时开展的，好的标的是可遇不可求的，做好长线投资，才有光明的未来。

牛市时，并购会异常活跃，并购消息可能会刺激投资者行为，尤其是涉及一些"新鲜概念"的并购标的。这会让投资者感觉公司未来无限美好，从而推高股价，提高上市公司的市值。其实这样的并购并不长远，同时牛市时卖家的期望值也比较高，会出现高估值、高溢价、高风险的"三高现象"。"出水才见两脚泥"，高成本带来的危害迟早会显现。相反熊市的时候，并购交易虽不活跃，但是交易成本会低很多，往往是并购的最佳时机。

第6章
并购的主要程序

【话题】成功并购三部曲是什么？成功并购的起点在哪里

两个企业的并购全过程,有点类似人们从恋爱到结婚再到感情磨合的漫长过程。为了使读者简易、轻松地掌握企业并购的主要程序,笔者根据实务经验,将复杂的并购交易拆分、总结为三大步骤。

6.1 成功并购第一曲
——并购准备与尽职调查

主要是指从交易各方第一次面谈到专业团队进场开展全面尽职调查的一个阶段。这个阶段有两件事至关重要:签订意向书与尽职调查。前者旨在检测交易对手和项目的真实性,后者则是对被并购的目标公司进行充分了解、全面掌握目标公司情况、发现目标公司的问题和风险、提前判断风险可控性的必要手段,也是应该贯穿该阶段始终的"重头戏"。具体而言,这一阶段包含如下步骤:

6.1.1 "相遇"——交易方的首次沟通

前面说过,并购的本质是交易,只不过相对于一般的交易更复杂。既然是交易,就必须是一个愿买、一个愿卖,而且还能够遇到。这个过程看似容易,其实已经相当复杂了,许多专业书籍也经常忽略并购交易撮合的重要性和操作方法。试想在茫茫的商海企业中能够彼此"相遇",同时又恰巧"相见恨晚",是多么难得的事情。

> 【术语解读】并购交易撮合
>
> 并购交易撮合是投行的一项古老业务。在国内,这类业务通常是服务方以财务顾问的身份介入并购交易,撮合者不但要熟知商业谈判技巧、谈判心理学、逻辑学等,同时还要对交易各方的细分领域有充分的研究和理解,甚至有时促成交易,运气也是必不可少的。

最近几年,上市公司的并购欲望十分强烈,但是每一个上市公司都有不同阶段的特殊考虑。上市公司究竟会买什么样的企业?是发力于产业整合，还是跨界转型？是在国内找标的，还是进行海外并购？除了既定的战略外，也有一定的随机性，也不排除"临时起意"的情形。卖家就更难寻找了，按照中国传统文化，企业家往往"宁为鸡头，不为牛后"，除非到了非退不可的时候，终归难以割舍自己一手创办的公司。所以，卖家中究竟谁是真想卖的？谁是三心二意、心猿意马的？市场上的情况千差万别。无论如何，两家公司在市场上的"相遇"，是并购可能发生的第一步。

6.1.2 "相知"——简单尽调与初步谈判

能够在商海中彼此相识只是缘分的开端，能否真正走到一起还需要双方对彼此的进一步了解，这就是简单尽调与初步谈判的过程。实际上，简单尽调从交易方第一次沟通那一刻起就已经开始了，因为人们往往在第一次见面时就能够通过对方的言谈举止来对项目是否"靠谱"做一个初步的判断。

在业务实践中，简单尽调往往要注意以下几个方面：

一是对每次谈话沟通的随时记录，制作谈话笔录、会议纪要或备忘录，这有利于后续调查中所收集信息的交叉核对，从而判断交易对方的诚信度、交易意向的真实性。

二是充分利用互联网资源，检索目标公司的股权结构、股东背景、管理层、涉诉情况、工商年报、负面新闻等信息，判断是否对并购交易构成重大阻碍。

三是针对本次并购的交易目的进行专门调查，例如有些收购是为了获得目标公司专利技术，此时就要留意知识产权的权利人等关键信息，有些目标公司的核心竞争力是专业团队，这时就要关注劳动合同履行情况等有关事项。

为了提高效率，简单尽调往往与初步谈判是同步进行的。由于这个阶段双方尚未开展更加深入的合作，所以谈判应着眼于两个重点方向：一是交易结构的设计，以及交易方案的制定，不妨探讨一个大致的时间表，使各方有一个参照和期望，同时也有助于提高工作效率；二是初步的交易对价或条件，由于是谈判初期，切记不要把条件和对价说得太死，应该更多地了解对方的想法和条件，再相应思考自身有哪些有利的"底牌"。

6.1.3 "确定恋爱关系"——签订意向书

许多朋友都问过笔者一个问题：基于当今各种各样便利的信息传播与交流方式，经常会碰到各种各样的并购"大项目"。然而深入接触后就会发现大多数都属于务虚谈判，不是遇到"套信息"就是对接了"假老板"。这种情况下如何避免无用功，成功开展有效并购项目呢？接下来笔者就结合一个案例讲讲，如何判断并购项目的真实性，或者说成功并购的起点究竟在哪里？

【并购案例】H 公司四次并购的经验教训

2015 年，笔者帮助客户 H 公司做并购，期间前后深入接触了四家目标公司，最终成功收购了第四个谈判对象。由于前三家公司的并购都没有谈成，不论是作为买方的 H 公司，还是笔者团队，都投入了大量的时间、精力、人力、差旅费用，但也收获了独到的经验。

H 公司主营环保，其核心竞争力是自主研发了"降霾利器"——一项以超低氮燃烧设备为核心，结合"脱硫、脱硝、除尘"一体化的世界领先水准大气污染综合治理技术。如此牛的公司，在 2015 年成功并购之前，其实也是有一个战略短板的：公司成立时间短，缺少一项大气污染工程资质，而如果按照正常的申请流程处理，则时间周期会很长。如果能够通过收购有资质的公司，从而实现快速取得资质的目标，同时增加业务量，这一短板问题便迎刃而解。因此，H 公司在 2015 年年初确立了并购计划，在并购计划实施的过程中却一波三折。

H 公司选取的第一目标是南方某省会城市的一家公司，并购的事情双方已经接触很长时间了，彼此还有业务合作往来，大方向很快形成一致，交易眼见就可以"开花结果"。然而，在关键时刻对方的一次突然跳价，导致双方产生了极大分歧，最终 H 公司只能放弃。

山穷水尽疑无路，柳暗花明又一村。经过朋友牵线搭桥，很快出现了第二个目标公司，前期接触效果不错，一切看上去都是那么完美，我们甚至提前准备了收购意向书。于是八月份的一天，H 公司董事长带项目组前往目标公司进行会谈，各方当天上午就一些宏观安排达成了一致，会议进行的也格外顺利，但下午谈到具体意向书条款时，分歧开始显现，比如对方提出不签排他条款，双方都保留选择的权利等。后来，双方合作的氛围越来越淡，最终在回上海的高铁上，董事长决定放弃这个并购对象。

第三个并购对象进展比较迅速，由于对方直接开放资料，双方也就跳跃步骤直接进入了尽职调查阶段。H公司财务总监与笔者律师团队也一起去过第三家公司的驻地，对方人员配合度很高，甚至财务资料与业务合同都已经按照我们的要求准备好了。这时笔者意识到与第三家标的公司还没有签订收购意向书，于是马上提醒客户H公司与对方尽快签订收购意向书。就在签意向书过程中，对方又一次提出了涨价要求，客户从战略角度考虑勉强接受了新的价格，之后对方又进一步提出了新的要求，客户仍然选择了退让。可曾想，在签订收购意向书的当天，对方还是找了一个很牵强的理由拒绝了签字，交易夭折。

第四家公司出现后，我们迅速与对方签订了收购意向书，很快达成了交易，H公司终于在2015年年底拥有了完整的行业资质，业务障碍消除。

6.1.4　成功并购的起点在哪里

从H公司四次并购案中，笔者总结出：收购意向书是关键中的关键，是成功并购的起点、试金石。如果不能签订收购意向书，接触时间再长的并购对象也可能是白费功夫。通过收购意向书的谈判，各方能够迅速进入问题的实质，否则表面上诚意再足——如第三家目标公司，把财务资料和业务资料都敞开给你看，还连续提涨价条件，但他们最终的心理是不想卖的——浪费彼此的时间精力和人力、物力。即便谈判失败，提出收购意向书也存在诸多好处：这能够使大家无用的时间、精力投入降到最少，同时确保"买卖不成仁义在"，不至于因双方投入太多而"撕破脸"。第二家目标公司最痛快，原因是一开始就接触到了收购意向书，所以双方的分歧能够很快显现，并迅速结束项目。

6.1.5　一份收购意向书应该包括哪些关键内容

一份收购意向书，主要包括如下内容：

（1）收购意向方和出售意向方（目标公司的股东）的信息。

（2）目标公司的名称和基本情况。

（3）购买价格：这个往往是卖方非常关注的问题，双方在意向书订立时一定要对价格的交易区间进行沟通，避免心理价位相差悬殊，做无用功，浪费成本。

（4）人员的保留：对于轻资产公司来说，团队是最重要的，因此买方需要事先向卖方提出要求，避免买到的只是一个空壳公司，那样意义就不大了。

（5）竞业禁止：为了避免卖家套现走人，做出损害买家利益的事情，多数情况下，需要有竞业禁止的条款，以约束卖家能够信守承诺，避免"身在曹营心在汉"。

（6）尽职调查：这是整个收购意向书的核心条款，为尽调做安排和准备，双方对尽调细节要达成共识，避免出现误解。

（7）排他条款：为了避免卖方心猿意马、朝三暮四，同时与多个买家接触和交流，避免买方投入了大量的时间、精力、人力、物力后得不到目标公司，非常有必要加入这个条款，保证卖方在规定的期限内只能与买方谈并购。

（8）意向书的法律约束力。

6.1.6　收购意向书具备法律效力吗

关于收购意向书法律效力的问题，交易各方可以在意向书中做出约定，具体分为三种情况：

（1）具备法律效力并受其约束，同时依照法律规定和双方约定承担违约损害赔偿责任。

（2）不具备法律效力：如果大家不想做太强的约束，可以考虑约定意向书不具备法律效力，但至少强调保密条款是有效的。因为双方在接触过程中，肯定获知了对方的商业秘密，此时如果发生泄密事件，对一方或者双方都是一种损失和麻烦。比如上市公司并购重组中，本身法律法规和规范性文件就要求保密，一旦消息泄露引起股价异动或者监管部门调查，交易就可能无法继续进行。在尽职调查中，意向买方往往获知了目标公司大量的信息，这些信息中难免没有一些技术秘密或经营秘密，意向买方一旦恶意使用或者泄露，都会损害到目标公司的利益和卖方利益。此外，有一些信息虽然不构成法律上的商业秘密，但是如果泄露，会引起卖方内部或者目标公司的内部波动，造成不良的影响。

（3）部分有效：对保密条款、排他条款等一系列核心条款单独约定为有效，甚至规定与之相对应的违约条款。

【笔者谏言】"究竟签署哪种类型的收购意向书取决于具体情况，但笔者往往倾向建议客户签订有法律约束力或部分有效的收购意向书。因为强调法律有效性会让买卖双方认真对待交易，慎重考虑交易条件，从而更有利于后续工作的开展。此外，在并购过程中，双方毕竟都要投入大量成本，一旦中途违约，收购意向书对守约方来说也可以是保护自身合法权益的工具，至少可以救济并购已经发生的各项费用和成本损失。"

6.1.7　在收购意向书中可以约定"分手费"吗

有时卖方想拥有更多灵活性、主动性，避免在排他期内丧失其他的交易机会，则可以在收购意向书中规定：如果在排他期内选择其他交易机会，则给买方一笔赔偿金作为解除合同的条件，只要双方自愿达成一致，这样"分手费"（Breakup Fee/Termination Fee）的约定也是可以的。"分手费"是国际并购交易中最重要的交易保护机制条款之一，起源于对交易买方利益保护的需要。

随着国际并购实践的发展，买方支付"反向分手费"（Reverse Breakup Fee/Reverse Termination Fee）也成为近十年来国际并购交易中常见的标准条款和行业惯例。"反向分手费"指买方终止并购协议需支付卖方的费用，是指在公开宣布的并购进入尽职调查环节后无法实现最终的收购，需要向被收购方支付一定的分手费或违约金。

反向分手费可由多种原因触发，具体每个并购不同，需参照并购协议确定其发生的原因：

（1）对于需要用贷款支付的并购，原因是收购方不能在一定时间内完成融资。

（2）对于国际并购，原因可能是收购方不能在一定时间内取得政府审批。例如一中国大陆公司购买美国公司，并购协议中可能包括需获得中国审批（国家发改委、商务部、外汇管理局）、美国审批（美国外资投资委员会 CFIUS）。

（3）在美国，需通过反垄断机构审批而未能获得批准。

（4）部分并购需要收购方股东会决议通过但未能获得股东投票通过。

（5）其他收购方对保证或承诺违约的行为。

大部分并购（国际或境内）反向分手费大约是分手费的 100%～200%。涉及中美的国际并购中，由于政府审批存在较大风险，一般会约定较高的反向分手费。以科技领域举例，近几年中美并购的反向分手费大约是股权价值的 4%～8%，远高于科技行业美国境内并购分手费的 3%～5%。

在中国建银投资有限责任公司与凤凰网、清华大学中国与世界经济研究中心联合主办的"海外投资：全球视野与中国潜能"投资论坛上，建投华科投资股份有限公司首席投资官单学指出："中方企业在收购时往往需要签订巨额的'反向分手费'协议，即如果买方不能完成一项已宣布的收购交易，就需要向卖方支付一笔费用，而且金额普遍在数千万甚至上亿元的规模。"由于许多西方企业的董事会对中国发起的竞购十分警惕，伴随针对中国企业的监管审查的风险升高，再加上中国大公司向海外投资的意愿越来越强，使西方卖家获得了更大的话语权。"中方企业收购时如果不签'反向分手费'协议，谈判通常很难进行下去"。

另外，为有效避免卖方的损失、保守商业秘密和促成并购交易，在收购意向协议中约定保证金，或定金，或意向金等保障条款，也是一种有效的防范手段。

【并购案例】北斗星通收购欧洲资产"交学费"

2016 年，北斗星通收购欧洲汽车电子与导航业务资产之重大资产重组事项因种种原因未能达成，该笔交易被收购方即设定了 500 万欧元的收购意向保证金。由于交易双方进行了多轮磋商，未能就交易保证金支付时间和方式、境内外审批风险等达成双方满意的解决方案，预计短期内无法签署附有生效条件的股权收购协议。为此北斗星通被迫中止了交易。终止筹划上述交易事项让北斗星通付出了不菲的"学费"。其公告显示，"若交易对手方在 2017 年 3 月 30 日前未与其他第三方签订标的公司股权转让协议，公司将损失 500 万欧元的意向保证金"。

【股权收购意向书模板】

本意向书由以下双方签订：

甲方（收购意向方）：甲公司

联系地址：

乙方（出售意向方）：目标公司的股东们

联系地址：

"双方"指甲方和乙方合并称；

"一方""另一方""各方"均指甲方或乙方中的一方。

鉴于：

（1）甲方有意收购乙方在 A 有限公司（以下简称"目标公司"）持有的全部股权，乙方亦愿意转让该部分股权。

（2）双方就上述股权转让和收购事宜进行了初步接触。

（3）乙方须先行完成其在目标公司的股权确权事宜。

因此，双方就此股权转让和收购事宜达成共同意向如下（由于乙方包括多名个人股东，甲方有理由认为乙方中的任何个人所做出的陈述、保证等均为乙方一致意见）：

1. 期限

除非由双方书面同意延长本意向书的期限，本意向书及其内容和条件将自签署之日起 2 个月内有效。

2. 意向目标

双方在该期限内的主要意向是为了确定、跟进、解决和同意有关股权转让和收购的所有事宜，并以正式签订有约束力的股权收购协议为意向目标。

3. 意向内容

双方达成以下意向内容，该内容视尽调情况，有条件地作为后续谈判的基础，并在最终股权收购协议中有所反映。

3.1 股权转让

双方意向按照第 3.2 条约定的价格，由甲方购买乙方在目标公司中合法持有的全部股权，乙方确保该部分股权亦为目标公司的全部股权。

3.2 购买价格

双方初步同意，股权转让的购买价格根据上市公司管理的相关要求，以审计调整后的近两年平均净利润（扣除非经常性损益）的 X 至 Y 倍定价。最终价格及股权转让价款支付方式将根据甲方依照第 3.6 条做出的尽职调查的结果，并根据审计和评估结果，由双方进一步协议决定。

3.3 利润保证

甲方希望在股权转让完成后，乙方应在一定期限内保证目标公司营业收入、利润额等生产指标，对此乙方予以理解并同意就具体时限和指标与甲方做进一步协商。

3.4 人员保留

乙方同意按照甲方提议，在股权转让完成后的约定时期内就职于目标公司，并在这段时期内确保甲方指定的高管及高级技术人员就职于目标公司。

3.5 竞业禁止

股权转让完成后，乙方中的个人股东承诺在任职期间及离职后两年内不再直接或间接地从事任何与目标公司相竞争、关联竞争或关联的业务及活动，也不成立或投资于此类与目标公司会产生业务竞争或关联的公司等各类实体。乙方中的公司股东承诺不再直接或间接地从事任何与目标公司相竞争、关联竞争或关联的业务及活动，也不成立或投资于此类与目标公司会产生业务竞争或关联的公司等各类实体。

3.6 尽职调查

双方同意，在签署本意向书后，甲方将对乙方及目标公司进行全面的技术、税务、财务和法律的尽职调查。乙方应该为该全面尽职调查提供所有必要的协助，特别是（但不仅限于）提供必要的文件和信息。

4. 排他性

双方在此同意，在本意向书的期限内，双方不会与任何对股权转让已经表示或可能表示兴趣的第三方达成股权转让协议。

5. 历史遗留问题

乙方有义务清理并承担目标公司及有关的历史遗留问题，历史遗留问题的内容及范围，主要由甲方根据尽职调查结果予以界定；尽职调查没有发现的历史遗留问题，乙方同意清理并承担。

6. 保留权利

双方保留各自独立和绝对的权利，拒绝任何或全部的提议。

7. 保密

双方同意对本意向书，以及所有已获取或将会获取的另一方所有文件及信息予以保密，对它们的使用应仅限于有关股权转让，且未经另一方的事先书面同意，不得公布或披露该信息。

8. 实施本意向书的时间安排

本意向书签署之后，双方或各方应立即采取行动，初定按照以下时间安排实施本意向书：

行动	时间
尽职调查	2018 年 1 月至 2 月启动
审计、评估	2018 年 1 月至 2 月启动

9. 最大努力

双方在此承诺将尽最大努力实现本意向书的目标和达成有关股权转让的具有法律约束力的协议。

10. 不约束

双方理解本意向书仅为双方推动股权转让与收购的意向性文件，并不具有法律约束力。无论本意向书的其他条款如何规定，若在第 1 条所述的期限到期时，双方未能签订正式的和具法律效力的协议来完成股权转让，或者本意向书根据第 6 条而终止，则本意向书将被视为终止。意向书终止之后，任何一方不得向另一方要求赔偿、补偿、成本或其他费用。但第 7 条规定的保密义务继续有效，不受本条款影响。

11. 其他

本意向书一式两份，自双方签字盖章后生效。双方各执一份。

签订时间：　　　　　　　　　签订地点：
甲方：　　　　　　　　　　　授权代表：
乙方：　　　　　　　　　　　授权代表：

6.1.8 "相熟"——全面尽职调查

判断目标公司是否适合自己的关键是对其的了解程度。同时，被收购方为了控制自身的风险，避免被"忽悠式"并购，也应该对收购方开展反向尽职调查。前面提到过，尽职调查分为商业尽职调查、财务尽职调查和法律尽职调查等，调查进行得越仔细，进行调查的人员越专业，并购就越容易成功。有关尽职调查的详细论述，请参见本书第七章的有关内容。

6.2 成功并购第二曲——谈判签约

如果对前期尽职调查的结果基本满意，则各方能够进入并购谈判阶段，就交易的主要事项进行细化沟通，以求达成一致并签订交易合同。并购谈判中包含各种各样利益的博弈、风险的防范及谈判心理的较量，涉及的具体内容本书会在其他相关章节中分别予以详细阐述，此处不赘言。

6.3 成功并购第三曲——审批、交割和整合

审批、交割和整合要注意：

6.3.1 "面见家长"——内部审批

在企业并购方面，内部审批的具体程序需要结合买卖双方各自章程规定的具体情况分别处理，同时严格依照《公司法》等商事法律规范之规定进行梳理，确保程序合法合规。此外，内部审批设置过程中要注意关联交易的回避等问题。

6.3.2 "领证"——签约审批

并购合同签订了，并不代表就一定生效，或者说一定可以完成并购交易。就像之前提到的陈发树和云南红塔的案件里，涉及国资的合同约定了生效限制条款，有时因涉及"三资企业"或其他严格监管行业，这时候交

易合同的审批还很漫长。此外，在上市公司或一些非上市公众公司的并购重组项目中，证监会各委员会及相关证券交易场所也要对其进行严格的审查、问询和批准，任何环节的审批问题都会导致整个交易无法进行。

6.3.3 "举办婚礼"——交割

即依照合约进行产权交割，包括股权、资产过户、收购款支付、公司印章、证照、材料的交接等；管理权的移交，包括财务资料、会计账簿、董事会改选、法人变更等，以完成收购方对目标公司的实际控制。

6.3.4 "婚后生活"——整合

并购交易的完成，可以说只是"婚姻生活"的开始，后面的路还很长，双方要整合，更要融合，最终形成一个新的整体。其中，涉及经营战略、资金资源、业务客户、组织机构、管理制度及监督制度、企业文化、员工制度及激励等方方面面，好比"柴米油盐酱醋茶"。

从以上步骤看，一个大型并购要想成功还真不简单，任何一个环节出问题，都会导致功亏一篑。并购过程中的不当操作导致项目搁浅，有损失金钱的，有损失声誉的，有触犯刑法坐牢的，有官司缠斗无休止的……总而言之，做并购一定要谨慎，一定要专业。

第 7 章
并购尽职调查实务

【话题】并购尽职调查是如何开展的?
第三方不公开尽职调查有哪些优势

7.1　并购尽职调查概述

并购尽职调查有关内容如下:

7.1.1　什么是并购尽职调查

尽职调查,英文是 Due Diligence Investigation/due diligence,简称"DD",又称谨慎性调查,通常是指在收购兼并、股票或者债券发行与上市、资产转让、风险投资、股权投资等资本运作中,针对交易对象和移交事项的财务、经营、法律等事项,由委托人委托律师、会计师、专业技术咨询等中介机构,按照其专业准则所进行的审慎和适当的调查和分析。

在并购活动中,并购方在与目标公司股东达成初步合作意向后,经协商一致,并购方会对目标公司一切与本次并购有关的事项进行现场调查、资料分析等一系列活动,该活动即为并购尽职调查。并购尽职调查通常会包括财务尽职调查和法律尽职调查。

7.1.2　并购尽职调查的起源

"尽职调查"起源于美国《1933 年证券法》中规定的"尽职抗辩"("Due Diligence Defense")。《1933 年证券法》确立了"以信息披露为核心"的证券发行注册登记制度(有人习惯称此为"注册制")。在"注册制"审核模式下,尽职调查是证券发行人或承销商免责的工具之一(即尽职抗辩):如果证券注册声明所披露的任何部分存在不真实、遗漏,除非购买人在购买时已知这种虚假和遗漏,否则,任何购买人都可依法起诉。因此,证券经纪和交易商必须对交易中的公司进行调查并披露有关信息,从而避免被诉。

2001 年 3 月,中国证券监督管理委员会发布并实行了《证券公司从事股票发行主承销业务有关问题的指导意见》,在该意见中首次明确规定了担任股票公开发行主承销商的证券公司"应当遵循勤勉尽责、诚实信用的原则,认真履行尽职调查义务",并对担任股票公开发行的主承销商关于新股发行尽职调查报告的必备内容做了详细规定，为证券公司进行股票发行业务的尽职调查提供了基本的工作指引和规范。自此以后，"尽职调查"在中国开始正式运用。

7.1.3 并购尽职调查分为哪些种类

并购尽职调查的通常目的是帮助并购方在做出投资决定前，获得与被收购企业有关的及与其做出该投资决定有关的其他重要信息，协助收购方做出相对正确的决定。而针对上市公司收购，并购尽职调查还是一种强制性的规定，其目的在于排查目标公司的潜在风险，为上市公司并购活动的交易估值、方案设计、出具专业意见等提供信息基础及依据，从而有效维护证券市场秩序，保护投资者的合法权益。通常根据尽职调查需求主体的不同，并购尽职调查分为收购方尽职调查和目标公司尽职调查，其中最常见的是收购方尽职调查。收购方尽职调查是指由收购方提出的针对目标公司的尽职调查，以保证收购方可以更深入地了解目标公司的实际情况。

而目标公司尽职调查是指由目标公司或其股东提出的针对目标公司的尽职调查，这种调查通常会出现在目标公司股东拟出售公司的时候。例如2012年笔者参与的大连某集团并购。该集团股东因自身原因拟出售正在快速发展且资产总额30多亿元的目标公司，而且希望可以快速地将其出售。为掌握主动权，目标公司委托四大会计师事务所之一出具了财务尽职调查报告，并委托笔者律师事务所进行了法律尽职调查。这就是典型的目标公司尽职调查，其目的是为了提高交易效率，并寻求在并购谈判中掌握主动，同时也有利于确保目标公司利益在并购中得到最大体现，有利于目标公司提前发现自己的短板和不足，继而予以改进。目标公司尽职调查尽管不常见，但最少具有两点优势：一是尽管不会取代收购方的尽职调查，但会有效地影响收购方的尽职调查，最起码为收购方的尽职调查缩短周期；二是会有助于展现目标公司合法合规的正面健康形象，以及体现目标公司及其股东的诚意和自信。

7.1.4 并购之前为什么要进行并购尽职调查

"知彼知己，百战不殆。"并购前尽职调查是并购风险管理的一部分。对并购方或融资方来说，收购本身就存在各种各样的风险，并购尽职调查可以帮助并购者了解目标公司的财务状况的准确性，了解核心技术的行业地位和可继承性，了解与此相关人员的去留意愿，明确目前存在的重大风险和法律问题等。这在一定程度上消除了收购双方间客观存在的信息不对称问题，使收购方了解到目标公司的一些核心问题，明确交易风险，继而可就此设计交易结构，并就交易风险承担和解决与被收购方展开谈判，收购方也可就此掌握自主权，决定在何种条件下继续收购活动或停止收购。

并购尽职调查实际上起到承上启下的作用。一般来讲，收购方对目标公司感兴趣，只是具备了收购的基础，至于收购能不能继续进行下去、交易模式怎么设定、交易结构和交易条款如何订立等，所依据的就是并购尽职调查结论。改革开放初期，中国以国有企业为主体的企业不太接受并购尽职调查模式或者说财务尽职调查的模式，而以财务审计的模式作为进行交易的基础，但审计模式具有天然的缺陷。例如审计只是财务上的审查，甚至不能涵盖财务上的风险，其他如无形资产、人力资源、技术和高管的资源等在国外被非常看重的内容，往往被忽视。在此方面，中国企业吃了很多亏。

【并购案例】徐工集团"贱卖"案

2005年10月，美国凯雷投资集团收购徐工集团工程机械有限公司，这在当时是中国最大的一宗外资收购国有企业的交易，交易价格为3.75亿美元。但根据2006年发布的《中国500最具价值品牌》排行榜，"徐工"品牌排行第59位，品牌价值83.82亿元人民币，是工程机械的行业龙头。上述并购似乎并没有考虑徐工的无形资产价值，可以说是一个惨痛的教训。尽管导致上述交易的如此结果的原因很多，甚至不能因此定义"贱卖国有资产"，但对国际规则的不熟悉，对目标公司的并购尽职调查不彻底和对收购方并购的目的缺乏全面的理解是导致上述结果不可或缺的一环。

综上，并购尽职调查的核心是要解决两个并购中的关键问题，或者为此提供依据：其一，是否可以进行收购；其二，如果可以进行收购，在什么价格和条件下收购更符合收购方的利益。

7.1.5 目前并购尽职调查有哪些新形式

近几年，随着中国经济的蓬勃发展，尤其是统一税法的颁布，导致外国投资者一改以往为追求中国税收优惠的绿地投资策略，转而实施并购投资，公司并购业务已经逐渐成为投资的主旋律。作为公司并购的衍生品，并购尽职调查亦获得了快速发展，已经逐渐发展成为极具独立性的业务。与此同时，实践中伴随委托人需求的不断增加逐渐产生了新的尽调形式，并购尽职调查在内容上从传统的局限于财务尽职调查和法律尽职调查的形式分类，逐渐有所创新。例如税务尽职调查、商业尽职调查、物业尽职调查、运营尽职调查、环境尽职调查、人力资源尽职调查、文化尽职调查、内控尽职调查、信息技术尽职调查等。其中，近几年比较普遍的创新形式是人力资源尽职调查和公司文化尽职调查。

人力资源尽职调查主要是调查目标公司员工的具体情况，管理团队的领导人调查是重中之重。在天使投资或 PE、VC 投资领域，有一个说法是"盯住人，盯住神"。意思是投资本质上投的是人，钱反而是次要的。如果团队不行或团队的领导人不被看好，资方可能根本就不会投资，反之甚至会因为一个优秀的团队领导人而迁就项目的缺陷。所以，并购尽职调查中介机构非常看重一些东西，比如资产负债、债权债务关系、产权清不清晰、主体结构独不独立、法律操作过程中公司的运作体制和管理体制完不完善等，这些往往不是最主要的，而人这一方面才是最重要的，在某些并购项目中占据很大的比重。

近几年，中国比较有名的在海外并购的失败案例，致命"伤"往往都不在公司治理，也不在商场、营销和产品上，而是在"人"上。正因为有深刻的经验教训，我国海外并购普遍包含了两个尽调形式：一个是人力资源的尽调，主要是调查员工的具体情况；另一个是文化的尽调，对于并购企业的历史传承和文化传承做一个尽调。目的：一是寻求历史上的传承；二是寻求收购方和目标公司在文化上的契合点，不至于因为并购而发生基于观念和文化差异导致前功尽弃。

这些形式在欧洲并购中也尤其被看重。目前在欧洲和美洲，甚至韩国和非洲，被收购方国内并购的前提条件是非常限制中国劳动力进入的，主张保证本地工人的就业率。这个限制条件要求收购方并购了目标公司资产之后，必须与当地的劳动力和文化完全切入。这种情况下，进行这些方面的尽调尤为重要。

7.2 并购尽职调查有哪些原则和方法

并购尽职调查的原则和方法如下:

7.2.1 并购尽职调查的原则有哪些

根据中国证监会、中国证券业协会的规定,以及《证券法》等现行法律法规的要求,并购尽职调查的原则通常包括:

(1) 依法进行,即尽职调查要遵循现行法律法规和部门规章的规定,遵守中国证监会的规定和行业规范。

(2) 真实、准确、完整,即并购尽职调查的服务机构和人员,必须严格履行法定职责,保证其所出具文件的真实性、准确性和完整性。

(3) 诚实守信,勤勉尽责。

7.2.2 并购尽职调查的方法有哪些

为了实现并购尽职调查的目的,并购尽职调查通常采用的方法包括:

(1) 现场盘点及查看。现场尽调是并购尽职调查不可或缺的一环,主要是对目标公司进行现场调查,包括对具体资产的核实盘点、环境的具体查看、证书和文件的核对等。

(2) 查阅相关资料。包括目标公司提供的原始资料、第三方机构出具的证明资料、权威机构出具的意见、相关政府机关出具的资料等。

(3) 访谈。包括对目标公司股东、高管、董事、监事、员工、客户、经销商、同行业竞争对手、原材料供应商、其他中介机构等进行访谈。

(4) 网络搜索及取证。随着网络的发展,目标公司越来越多的在网上曝光和被社会评价,有的拥有自己的网站和网络商店。通过对网络内容的搜索和取证,有助于加深对目标公司的了解,甚至可以捕捉到目标公司隐藏的财务问题和人事危机等。而目前越来越多的监管机构和政府管理部门推出的网上办公软件和公示内容,则可以直接解决例如工商登记等基本信息的查询，也能获得公司资质、专利、商标、股权质押和商誉及行政处罚、诉讼仲裁信息等资料。

（5）走访政府部门及相关机构。通常要走访法院、仲裁、公安、质检、环保、安全、税务等政府部门，了解目标公司的涉诉情况、行政处罚情况及是否存在犯罪情况等。如涉及上市公司并购，通常会要求一些政府部门对无法提供证据支持的相关事实予以说明或背书。

（6）问卷调查和询证。针对并购对象存在的一些突出问题，向目标公司的"董监高"发出调查问卷，以获取关联交易、同业竞争等相关信息，以弥补客观书证的不足。而债权债务余额、银行存款余额等亟须查明的事实，也会通过中介机构向相关单位或金融机构发出询证函的方式予以确认。

（7）计算、研究和分析。一份结论明确的并购尽职调查，通常会要求对一些数字进行计算，从而得出结论，例如资产负债率、市盈率、市净率等，而综合调查的结果最终要经过研究和分析向委托人提供最终的结论。

（8）各种方法的综合运用及彼此验证。并购尽职调查通常不会采用单一的方法，往往是多种方法的综合运用。另外，各种方法之间要彼此验证，证明相关事实的真实、准确和有效。而通过彼此验证，有时会发现目标公司刻意隐藏的一些事实，往往会有意外收获。

7.3　并购尽职调查前你要了解哪些事项

并购尽职调查前的注意事项：

7.3.1　哪些主体可以进行并购尽职调查

根据并购尽职调查的调查目的、手段和主体等的不同，并购尽职调查可以分成很多种类，如商业尽职调查（评估业务前景）、财务尽职调查（评估资产负债等状况）、税务尽职调查（评估税负风险）、人事尽职调查（评估管理层及员工积极性及工作技能）、环境尽职调查（评估环境污染状况）、技术尽职调查（评估技术水平及发展前景）、物业尽职调查（评估不动产市值及建筑物维护状况）、法律尽职调查（对受托事项的合法性出具法律意见）等。如此一来，不同的并购尽职调查就需要选择不同的专业中介服务机构。目前从事并购尽职调查的中介机构主要有三类，分别是会计师事务所、证券机构、律师事务所，而劳动、税务、技术、物业、财务咨询等专业公司也逐渐开展相关业务，并成为专业领域的并购尽职调查者。

7.3.2 并购尽职调查的披露的责任主体是什么

从并购的对象来区分，并购又分为股权并购和资产并购。并购尽职调查的披露主体与并购的交易主体密切相关，这要从并购的对象进行区分：

（1）股权并购：股权并购中，收购方要与目标公司股东进行并购交易，故目标公司只是并购尽职调查披露的对象，并非责任主体，责任主体为目标公司股东。

（2）资产并购：收购方收购的是目标公司资产，故与其交易的对象是目标公司，其并购尽职调查披露的责任主体也是目标公司。

7.3.3 并购尽职调查何时启动

收购方尽职调查：由于并购尽职调查的风险管理属性，通常在收购方初步确定目标公司或几个备选收购公司的时候就应该启动，并可以贯穿收购的整个过程，包括但不限于项目筛选、收购谈判、交易结构设计、并购协议的起草和修改、并购实施及并购整合等。由于收购方尽职调查往往需要被收购方和目标公司的配合，正式的并购尽职调查要等到并购双方签署收购意向书和保密协议后才能进行。

目标公司尽职调查：通常是在目标公司或其股东产生出售意愿时进行，以便在潜在买家出现时及时提供企业信息，加快出售进程，缩短收购方进行尽职调查和交易谈判的时间。

7.3.4 为什么要通过中介机构进行并购尽职调查

"让专业的人做专业的事。"并购尽职调查通过中介机构进行，首先在于其专业性，其次在于客观性。主要好处如下：

（1）专业性。由于并购尽职调查所涉及的相关领域都非常专业，自然衍生出相应的专业服务的中介机构，如券商、会计师事务所、律师事务所、税务师事务所、评估机构等。由于财务、税务、法律等具有较强的专业性，这些专业的中介机构较之收购方自行组建的收购团队更专业，更有利于识别和控制交易风险。

近年来，中资企业的海外并购风起云涌，而海外并购面临的主要问题是中国企业，包括中资中介机构对国外规则的不熟悉，由此带来的经验教训不胜枚举。其中，著名的案例包括阿拉伯国家的"反以色列条款"和中国中铁股份有限公司投标波兰 A2 高速公路施工投标中的"青蛙通道"设计缺失等。这就对相关中介机构提出了更高、更专业的要求。

另外，专业型的并购需要多专业的并购人才，收购方往往不能拥有足以支撑收购全面性的人才队伍，而专业的中介机构则弥补了其中的不足，可以调派足够的专业人才，以满足企业的需求。而多个专业机构的组合能够提供综合的结论，可以有效打通不同专业间的壁垒，避免片面。

（2）客观性。收购方往往怀着一定的主观性对待收购，其收购容易受到收购目的、企业间的关系、企业内部业绩考核等因素的影响，从而会影响收购方对交易的判断，忽视交易风险。而中介机构是中立的，其观点和立场往往是客观的和独立的，不容易受到影响，其结论更可信。

（3）更富有经验。专业的中介机构经手的并购案例多，随着其提供服务量的增多，积累了丰富的经验，往往会发现更多的并购风险。中介机构往往明悉最容易发生风险的环节，富有解决问题的手段。这些都将对交易的达成和风险的有效避免提供有效帮助。

（4）保密性。普通的收购，企业员工往往没有保密意识，即使有严格的保密规定也很难得到遵守，这导致并购机密的泄露和企业内部的传播，往往会产生困扰，甚至会对收购价格产生消极影响。而中介机构往往具有执业规范，首先法律法规和行业规章等对其规定有严格的保密义务，而相关人员往往具有优秀的职业操守。这些都有利于收购项目的保密。即使在因此泄密后，收购方仍可根据其与中介机构间的保密协议或保密条款追究其违约责任，并可获得有效的赔偿。

7.3.5 并购尽职调查清单如何制作，通常包含哪些内容

并购尽职调查往往具有内容广、时间紧、文件资料多、涉及的环节和

部门多等特点。并购尽职调查工作对于被调查对象正常的生产经营而言，在某种程度上是一种不受欢迎的干扰，甚至因被调查对象员工认为其职业前途因并购交易存在极大的不确定性而受到一定的抵制。为做好并购尽职调查工作，提高工作效率，除与调查对象做好充分的沟通外，起草一份操作性强的并购尽职调查清单就显得非常重要。

并购尽职调查清单在多年的发展中已经形成了固有的规律，具有通用的格式，因此并购尽职调查清单往往可以选取一个通用的模板，并根据每一个案例的不同，主要是收购方需求不同和目标公司特殊性等相应做调整，并特别制作。尽职调查清单主要包含四部分内容：前言、指引、正文及附表。其主要制作的方法和所涉及的内容分别介绍如下：

（1）前言：主要说明中介机构受托从事本次尽职调查的目的，将采取的调查方法，以及希望得到被调查对象的理解和配合等内容。通常会要求目标公司提供的资料真实、准确、完整、及时，尤其要确保所披露的财务会计资料有充分的依据。有的若无现成的资料可提供，要求尽快收集、整理和撰写，力求详尽完整。所有重要的文件应注明来源，并加盖目标公司公章或部门章。为提高工作效率，在提供文字材料的同时，要求尽可能提交电子版本资料，并要求其与原件保持一致。

通常前言部分会涉及提供资料的目标公司董事会，以及全体董事应保证所提供的资料及其摘要内容的真实性、准确性、完整性，承诺其中不存在虚假记载、误导性陈述或重大遗漏，并就其保证承担个别和连带的法律责任。当然承诺的主体要根据目标公司的实际情况确定，执行董事或其他法定代表人、股东和高管都可以成为承诺和保证的主体。

（2）指引：包含被调查对象的范围、材料收集的范围、尽职调查清单的填写要求、资料整理归档及装订要求、清单中特定用语的解释性说明、提交尽职调查文件的时间、答疑、清单内容的调整及其他内容。

需要特别说明的是，必须在该部分对"实际控制人""重大合同""关联方"、主要客户范围等特定用语予以解释说明，力求通俗易懂，避免歧义，否则被调查对象提供的资料会因为没有统一标准难以满足中介机构的要求。

> **【术语解读】实际控制人**
> 即实际控制公司的人,对于控制公司的含义,可参考本书第十二章相关内容。

并购尽职调查的中介机构通常会要求目标公司以书面形式并按清单所列的顺序,答复其中的各项问题,并要求其提供所有的相关协议、文件及材料(包括任何附件和附录)的完整、齐全的原件或复印件。如无尽调清单所列的任何一类文件,则在答复中注明"无";对不适用的项目,在答复中注明"不适用"。如因任何原因无法取得的项目应注明并说明原因。如果文件和/或材料稍后才能提供,也要注明。如果在按清单的要求提供了相关资料或回答了相关问题后,在本项目进行期间出现任何新的协议、材料或文件,且该等新情况或文件对先前做出的答复起到说明、补充、修改、肯定或否定作用的,也会要求及时完整地以书面形式将该材料或文件及解释补充提供给调查者。通常会要求目标公司指定专人负责制作尽职调查文件目录和提供文件资料,要求目标公司提供给各个中介机构尽职调查小组的资料应保持一致、由同一联系人负责提供,并要求提供协调并购尽职调查工作的相应负责人及其联系方式。

(3)正文:主要是对并购尽职调查所涉及的内容分门别类,并对每一项内容提出具体的要求。该部分要做到分类合理、内容全面、层次分明。

并购尽职调查清单的发送对象是目标公司等被调查对象,向被调查对象提供清单,是要求被调查对象提供文件资料,该文件资料既包括目标公司现存或者可能存在的,如要求目标公司提供的"公司最近三年的纳税申报表"等,也可能是要求目标公司做出书面说明,如要求目标公司提供的"公司的税收优惠政策、财政补贴是否面临重大不利变化""公司是否存在行政处罚"等。

正文的内容通常包括对目标公司进行并购尽职调查所涉及的十几个方面,包括但不限于历史沿革、股东、资产、财务情况、税务、业务、重大合同、生产安全、质量监督、员工及董监高、涉诉情况等。由于此部分内容将在以后的尽职调查内容里涉及,在此不再赘述。

(4)附表:针对并购清单所制作的参考表格。

除了在正文要求提供相关的文件资料外,为了获得被调查对象特定情况的概括性信息，为后续的尽职调查工作提供便利，通常会根据项目的具体情况在并购尽职调查清单中附上统一制作的附表，要求调查对象工作人员填写。附表的优点在于对被调查对象的指导性，需求内容和需要调查的项目一目了然，也有利于随后进行的计算、研究和分析等。

7.3.6 撰写尽职调查清单的注意事项

对尽职调查清单的编撰反映了中介机构对尽职调查的理解和对本项目的客户化需求，因此不能生搬硬套，应针对每一个项目进行细致研究和客观分析，量体裁衣制作。具体撰写注意事项包括以下方面：

（1）了解并购的目的、基本要求、目标公司出售的原因及基本情况，并以此为基础制作清单，要切合并购交易目的、交易方式、目标公司所处的行业特点，以及目标公司或者目标资产自身的特点。

（2）要就尽职调查的对象和范围及侧重点等征求委托人的意见，以满足并购尽职调查目的。

（3）制作尽调清单时，可以参考下列线索：
- 目标公司的组织结构。
- 目标公司的官方网站和全国企业信息公示系统信息。
- 证券交易所公开资料（若目标公司为上市公司）。
- 客户提供的其他背景资料。

（4）用词简练但通俗易懂，对特定用语应进行解释性说明，有利于被调查对象理解并配合。

（5）要对所需要的文件的内容、形式提出明确具体的要求。

（6）尽可能多地提供参考附表，有利于提高工作效率。

7.4 并购尽职调查是如何收费的

并购尽职调查的收费内容：

7.4.1 尽职调查收费的通常标准是什么

目前并购尽职调查的中介机构中有行业通常标准的主要是律师、会计师和财务顾问。

（1）通常财务顾问的收费为交易标的的2%，如果标的较小，可以收3%~5%。

并购尽职调查中财务顾问较出名的是四大国际会计师事务所。以某大为例，一个标的为20亿元人民币的并购，其收费除采用上述比例外，还约定封顶500万元。收费中分固定收费和风险收费两部分，其中固定类的基本收费为一百万元，风险类的收费以成功交易为前提条件，根据成交价的2%收取，最高收费为400万元。

（2）律师费，最普遍的是在10~50万元，不尽相同。最近几年由于并购业务增多和能够参与并购的律师事务所增加，低端并购尽职调查竞争比较激烈，收费有走低趋势。

并购尽职调查的律师费一般由以下部分组成：
- 基本收费。
- 调查服务费用。根据并购尽职调查涉及的财产标的数额，由律师与收购方具体协商，根据标的额累进制收费。
- 会计师的收费通常比财务顾问和律师低一点，会根据目标公司的情况和收购条件相应调整。部分收购项目会针对审计报告和财务尽调报告协商一个固定价格，往往会根据项目和会计师事务所实际执行的收费标准协商确定。

7.4.2　什么是并购尽职调查进场费，如何收费

由于企业并购具有不确定性，中介机构通常不以收购成功作为收费的基础。为规避相关风险，中介机构在进行现场尽调前通常会收取一笔预付款，该款项在委托协议中签署，中介机构进场实地实施并购尽职调查后不予退还。这笔费用由于与进场实施尽调密切相关，通常称为进场费。

目前并购尽职调查进场费通常为该机构总尽职调查收费额的10%~30%，也有约定具体数额的，往往根据并购尽职调查的复杂性、目标公司的规模和并购标的额等综合考量。

7.5 并购财务尽职调查

并购财务尽职调查的内容：

7.5.1 什么是并购财务尽职调查

并购财务尽职调查是收购方在与目标公司及其股东达成收购意向后，委托财务专业人员针对目标公司中与投资有关的财务状况进行的调查、审阅、分析等系列活动，以帮助收购方在做出投资决定前甄别目标公司财务情况的真实性和可靠性，获取有关该并购决定的重要信息，协助收购方做出相对准确的收购决定。

7.5.2 并购财务尽职调查的目的是什么

并购财务尽职调查以甄别目标公司财务情况的真实性和可靠性为核心，其目的是为了分析目标公司的资产状况、现金流、盈利能力等，掌握其内部控制、业务及管理的真实情况，以揭示并购中的财务风险，保护收购方的合法权益，为并购的交易估值、结构设计、谈判、决策、整合方案设计等提供基础及依据，并以此预测目标公司未来前景，判断并购是否符合其财务战略。

7.5.3 并购财务尽职调查的方法和重点都有哪些

并购财务尽职调查的方法很多，根据不同的专业机构和并购侧重的内容的不同，采用的方法也不尽相同。并购财务尽职调查通常采用的方法包括：访谈、查阅资料、现场盘点、问卷调查、询证、走访、计算、研究分析等。其中，财务尽职调查访谈通常涉及管理、决策和业务等方面，其重点是对目标公司股东、高管、员工、客户、经销商、同行业竞争对手、原材料供应商进行访谈。而询证则是并购财务尽职调查的常用手段。下面以浑水公司为例做一个简要的介绍。

在尽职调查领域，美国浑水公司是一个值得学习的对象。该公司是由美国律师卡尔森·布洛克2010年创办的，主要业务是做空在国外上市的中国概念股，并取得了很好的业绩，成功率很高。为什么浑水做空的成功率如此之高？一方面，很多中国概念股本身就存在或多或少的道德风险；另一方面，浑水在攻击一家上市公司前做了大量的尽职调查，为猎杀做了充分的准备。归纳总结浑水的报告，可以看出其主要尽职调查方法包括如下方面：

（1）查阅资料。在选定攻击对象后，浑水公司必对上市公司的各种公开资料做详细研读。这些资料包括招股说明书、年报、临时公告、官方网站、媒体报道等，时间跨度常常很大。比如在调查分众传媒时，浑水查阅了2005-2011年这六年时间的并购重组事件，从中摘录了重要信息，包括并购时间、对象、金额等，并根据这些信息做了顺藤摸瓜式的延伸，进一步查阅了并购对象的官网、业务结构等。根据这些公开信息，浑水公司层层挖掘出了分众传媒收购案中涉及的众多高层的关系图，为揭开分众传媒收购案例内幕提供了重要线索。

（2）调查关联方。关联方一般是掏空上市公司的重要推手。关联方包括大股东、实际控制人、兄弟公司等，还包括那些表面看似没有关联关系，但实际上听命于实际控制人的公司。浑水在查阅绿诺国际的资料时，发现上市公司2008年和2009年所得税率应该为15%，但实际纳税为零。经过进一步查证，发现该上市公司仅为一个壳，所有资产和收入均在关联方的名下，上市公司利润仅为关联方账面"腾挪"而得来，属于过账的"名义利润"，并发现实际控制人向上市公司"借"了320万美元买豪宅，属于明令禁止的"掏空上市公司"的行为。

（3）公司实地调研。浑水公司的尽职调查工作做得非常细致，调查周期往往持续很久，比如对分众传媒的调查时间长达半年。尽职调查的形式包括但不限于电话访谈、当面交流和实地观察，实地调研的结果往往会大大超出预期。浑水一般会去上市公司办公地点与其高层访谈，询问公司的经营情况。浑水更重视的是观察工厂环境、机器设备、库存，与工人及工厂周边的居民交流，了解公司的真实运营情况，甚至偷偷在厂区外观察进出厂区的车辆运载情况，拍照取证。浑水将实际调研的所见所闻与公司发布的信息相比较，其中逻辑矛盾的地方就是上市公司被攻击的软肋。比如在调查东方纸业时，浑水发现工厂破烂不堪，机器设备是20世纪90年代的旧设备，办公环境潮湿，不符合造纸厂的生产条件，更发现库存基本是一堆废纸，并惊呼："如果这堆废纸值 490 万美元，那这个世界绝对比我想象得要富裕得多。"

（4）调查供应商。为了解公司真实的经营情况，浑水多调研上市公司的供应商，印证上市公司资料的真实性。同时，浑水也会关注供应商的办公环境，供应商的产能、销量和销售价格等经营数据，并且十分关注供应商对上市公司的评价，以此作为与上市公司公开信息对比的基准，去评判供应商是否有实力和被调查公司进行符合公开资料的商贸往来。浑水甚至假扮客户去给供应商打电话，了解情况。比如在调查东方纸业时，浑水发现所有供应商的产能之和远小于东方纸业的采购量。调查嘉汉林业时，则发现其供应商和客户竟然是同一家公司，公司干的是自买自卖、体内循环的把戏。除了传统意义上的供货商，浑水的调查对象还包括给上市公司提供审计和法律咨询服务的会计师和律师事务所等机构。如在调查多元环球水务时，浑水去会计师事务所查阅了原版的审计报告，证实上市公司篡改了审计报告，把收入至少夸大了 100 倍。

（5）调研客户。浑水公司尤其重视对客户的调研，调查方式亦包括查阅资料和实地调研，包括网络调查、电话询问、实地访谈等。浑水重点核实客户的实际采购量、采购价格，以及客户对上市公司及其产品的评价。核对下游客户的实际采购量能较好地反映上市公司公布信息的真实性。以东方纸业为例，浑水通过电话沟通及客户官网披露的经营信息，逐一核对各个客户对东方纸业的实际采购量，最终判断出东方纸业虚增收入。虚增的方法其实很简单，即拟定假合同和开假发票，这也是国内上市公司造假的通用方法。

（6）倾听竞争对手。浑水公司很注重参考竞争对手的经营和财务情况，借以判断上市公司的价值，尤其愿意倾听竞争对手对上市公司的评价调查，这有助于了解整个行业的现状，不会局限于上市公司的一家之言。在调查东方纸业的时候，浑水把东方纸业的工厂照片与竞争对手晨鸣纸业、太阳纸业、玖龙纸业和华泰纸业等做了对比后发现：东方纸业只能算一个作坊。再对比东方纸业和竞争对手的销售价格和毛利率发现，东方纸业的毛利率水平处于一个不可能达到的高度，盈利水平与行业严重背离。在调查绿诺国际和中国高速频道时，它们都宣称在本行业里有某些竞争者——这些竞争者基本都是在行业内知名度很高的企业，然而浑水去访谈这些竞争对手时发现，这些竞争对手竟然都不知道他们的存在。

（7）请教行业专家。在查阅资料和实地调研这两个阶段，浑水公司有一个必杀技——请教行业专家。正所谓"闻道有先后，术业有专攻"，请教行业内的专家有利于加深对行业的理解。该行业的特性、正常毛利率、某种型号的生产设备市场价格，从行业专家处得到的信息效率更快，可信度更高。浑水在调查嘉汉林业时请教税务专家、调查东方纸业时请教机械专家、调查分众传媒时请教传媒专家、调查绿诺国际时请教脱硫技术专家、调查多元环球水务时请教过制造业专家。援引专家的言论，总是比自己的判断更有说服力，这也是浑水乐于请教专家的原因之一。

（8）重估公司价值。在整个调研过程中，浑水常会根据实际调研的结果来评估公司的价值。如对东方纸业大致重估了存货的价值，并且拍摄工厂照片和DV，请机械工程专家来评估机器设备的实际价值，还观察工厂门口车辆的数量和运载量来评估公司的实际业务量。浑水亦善于通过供应商、客户、竞争对手，以及行业专家提供的信息来判断整个行业的情况，然后根据相关数据估算上市公司真实的业务情况。价值重估不可能做到十分准确，但是能大致计算出数量级，具有极强的参考意义。为了达到做空的目的，浑水在狙击上市公司的时候，不排除有恶意低估其资产价值的可能，但就调研方法而言，确有值得借鉴之处。

浑水的调研方法说白了只是正常的尽职调查，在方法论上确实并无重大创新，他们极少运用复杂的估值模型去判断一家公司的价值。然而最简单的方法往往是最有效的方法，调研的收获远远大于办公室里的数据处理。在实施层面上，他们把工作做得很细致，偶尔也会使用些"投机取巧"的方法获取真实信息——比如假冒潜在客户骗取上市公司信任。

并购财务尽职调查涉及目标公司的整体财务状况，可谓千头万绪，如何能从中抓住重点，则是有效财务尽职调查的关键。通常财务尽职调查的重点主要包括以下方面：

（1）并购目的、目标公司及其控股股东和实际控制人的控制关系结构。

（2）资产权属的真实性、清晰性、完整性。

（3）公司经营的独立性。

（4）业务的持续性和盈利预测的可实现性。

（5）公司估值分析和定价的公允性。

（6）目标公司及其管理层的管理经验、资信情况、诚信记录等。

（7）税务及其他行政管理风险及可能存在的涉诉风险。

7.5.4　并购财务尽职调查对调查人员的要求有哪些

由于收购方通常根据财务尽职调查的结果来预测目标公司的未来前景，判断并购是否符合其财务战略，并为目标公司估值、交易方案设计等提供不可或缺的基础资料。因此，财务尽职调查是一项非常重要的工作。由于目标公司从客观和主观上都不可能对收购方的财务风险予以揭示，这些风险必须通过财务尽职调查去发现，所以财务尽职调查的成果十分依赖调查人员的专业素质和专业经验，这主要体现在以下方面：

（1）获取目标公司真实而详尽的资料。这一目标在实务中并非依靠签署的一纸收购意向书和保密协议就会顺利实现，目标公司趋利避害的根本属性决定了目标公司针对其不利的内容总有不坦诚的可能。在并购过程中信息往往是不对称的，虽然可以用严密的收购协议来约束目标公司，但收购方及其财务尽职调查人员仍需要投入大量的精力以获取目标公司真实而详尽的信息。

（2）去伪存真。即甄别目标公司财务资料的真实性和可靠性。财务尽职调查要求相关人员具有丰富的经验，善于发现虚假的内容，及时甄别呆账、死账，通过调减有效确认目标公司估值的真实性和有效性，从而为最终定价提供确切的依据。

（3）精准的结论。收购方需要的是有重点、有针对性和有价值的财务尽职调查报告，而不是大而全的报告。这就要求财务尽职调查人员要使用多种专业工具对取得的资料进行分析加工，以提供给决策者尽可能多的有用信息，而不是简单的数据和文字堆砌。报告结论的精准性将依赖调查人员的专业性。

7.5.5 如何处理好审计报告和并购财务尽调报告的关系

在中国目前所进行的并购中，委托中介机构对目标公司进行审计是最常用的做法，从改革开放至今一直沿袭使用。那么已经有了审计报告的情况下，还需要进行财务尽职调查吗？答案是肯定的，其原因就在于审计和财务尽职调查具有本质的不同，其自身的价值和在并购中所能起到的作用明显不同。二者的主要区别如下：

（1）目的不同。审计的目的是根据企业会计准则审验企业的财务报表是否合规编制，是否公允地反映了其财务状况、经营成果和现金流量；而财务尽职调查的目的是甄别目标公司财务状况的真实性和可靠性，以在投资决策前更充分地了解企业情况。

（2）工作范围不同。审计是根据审计准则和会计准则设定工作范围，相对固定，被审计对象提供的信息一般不受限制；而财务尽职调查则根据并购的交易需求设计，非常灵活，目标公司所提供的信息往往受尽职调查清单等收购方的需求限制。

（3）调查对象不同。审计通常是对历史数据进行审查，而财务尽职调查则不限于此，也包括对未来预测数据的调查分析。

（4）工作成果不同。审计的工作成果是针对财务报表发表审计意见，有固定的交付方式，即审计报告；而财务尽职调查则可以针对商业、财务、税务等综合事实发表调查意见，主要通过数据分析提醒收购方注意相关风险和必要事项，并提出建议，形式上也没有固定的要求，主要根据收购方的需求决定。

（5）结论的可靠性不同。财务尽职调查的结论更多依赖于数据分析、资料研究、管理层陈述等，具有一定的主观性，而审计的结论严格执行审计程序获得，客观性较强，可靠性要强于财务尽职调查。

从上述比较可以看出，审计和财务尽职调查不能互相替代，二者都是并购中不可或缺的一环。通常收购方会在尽职调查结束，基本确定要收购目标公司时才会委托审计，以保证或验证目标公司的财务报表所有重大方面按照企业会计准则的规定编制，能够公允地反映目标公司的财务状况和经营成果，并最终根据审计报告调整交易定价。

7.6 并购财务尽职调查需要注意哪些具体问题

并购财务尽职调查需要注意以下问题：

7.6.1 针对财务不规范的目标公司，需要采取哪些措施

目标公司存在瑕疵是很普遍的事情，重要的是判断这些瑕疵是否会导致并购失败。并购失败的原因主要有三个：目标选择错误、并购价格过高、并购整合失败。企业首先要从财务战略的角度考虑目标公司存在的上述瑕疵能否进行有效整改，以及规范的成本能否承受。如果答案是否定的，那么就应该果断放弃收购。如果答案是肯定的，那么就可以对目标公司的估值进行调整并重新谈判交易价格，制定有针对性的整合方案。因此针对财务不规范的公司，不能因为其存在瑕疵就根本否定收购，而应该评判该瑕疵是否会根本影响到收购。

通常针对存在会计基础工作薄弱及财务不规范等情况的目标公司，应重点考察其经营模式和上下游客户情况。对于存在大量现金交易及客户集中度不高的目标公司，如果其主要优势在于渠道，则其规范成本可能很高，整合难度也较大，尽早放弃可能是最佳选择。而对于那些经营模式不受财务规范影响，上下游客户议价能力不强的目标公司则可推动下一步工作，但也要考虑整合的难度和时间成本，对此应该首先做出预判。

7.6.2 如何发现目标公司财务黑洞

发现和避免财物黑洞是财务尽职调查的目的之一，如何发现财务黑洞充分体现了中介机构的水平。但需要纠正的是，财务黑洞并非都是目标公司刻意隐瞒的结果。目标公司内部控制制度不健全、会计基础工作薄弱、财务税务不规范、法律意识淡薄等都是产生财务黑洞的原因。有些财务黑洞甚至连目标公司的管理层都不一定掌握，不能简单将其归结为目标公司刻意隐瞒。发现财务黑洞的方法，主要包括以下方面：

（1）通过对目标公司的资产结构、债务结构、盈利能力进行分析，尤其是对同行业企业的相关财务指标进行对照分析，不仅能够对目标公司的资产流动性和经营能力进行评价，还能发现其存在的财务黑洞。

（2）通过对目标公司内部控制制度的分析，不仅能发现其经营管理中存在的问题，也可能发现出现财务黑洞的地方。比如通过分析发现存货周转率过低、存货结构不合理，结合仓库管理制度不健全有可能发现部分存货已经损毁跌价，或者库管员舞弊等情况。

（3）通过对目标公司客户、供货商、竞争对手的调查，其估值水分的分析，可以发现目标公司经营环节中的虚假内容，找到其财务造假的依据，发现财务黑洞。

7.6.3　收入和盈亏的分析通常要关注哪些方面

并购财务尽职调查中对于收入和盈利的分析是非常重要的一环，也是财务尽职调查的重点结论意见的一部分，其分析通常会关注以下问题：

（1）业务的成长性如何，是依赖一次性的大额订单还是持续的订单，是否具有偶然性，成长的驱动因素是什么，是否具有可持续性。

（2）主要产品/客户在销售和毛利层面的贡献比重，是否严重依赖个别产品或个别客户，并购后会对这些产品和客户带来什么有利/不利影响。

（3）收入和利润来源是否存在大额的一次性/非经常性项目；收入变化趋势及毛利率与同行业进行比较，是否存在重大不合理，是否与其在行业内的排名相符。

（4）价格上涨/下调对收入及成本的影响，是否存在行业调整的可能，有无不利因素存在，可做敏感性分析。

（5）负面的业务趋势，例如利润率下降或客户流失对目标公司的影响，以及目标公司正在采取的措施。

（6）是否存在大量不开发票的交易，如果收购完成后规范运作，采购、销售都据实开票对收入和利润的影响如何、是否存在违法犯罪的可能等。

根据调查，如发现目标公司的收入和盈利并不具备成长性，甚至处于下滑趋势，则可能终止交易或调低预期、调整购买价格。同时，如果发现并购可能引发一些不利因素，则应采取适当措施予以防范，例如对于目标公司可控的因素，在收购协议中要加以约定。

以笔者参与的一起广告公司收购为例，其目的是获得美国可口可乐某区域的广告代理权，而被收购方则具备相关资质，且已运营多年。在委托笔者进行并购尽职调查前，并购双方已就合同主要条款和交易价格及交易方式达成一致。笔者介入进行并购尽职调查后，发现目标公司存在严重的虚开增值税发票等财务问题，可能涉嫌犯罪且相关风险无法排除。最终该宗收购因一个税务细节问题而被迫终止。由此可见，并购财务尽职调查在发现交易风险、决定交易模式方面有着举足轻重的作用。

7.6.4 并购财务尽职调查如何发现隐性债务

发现隐性债务是避免财物黑洞的直接方法，也是财务尽职调查的目的之一。或然负债会导致目标公司现时或将来的义务履行，从而导致支付或损失。对于现时义务，目标公司需要进行合理估价和计提，这会影响到其资产净值，进而影响并购价格；而隐性债务所可能造成的公司财务损失和赔偿责任，则需要进行风险量化评估，其中需要目标公司承继的要相应调节交易价款。尽职调查发现隐性债务通常包括如下方式：

（1）在债权中发现负债。目标公司的主要债务人是否对目标公司债权存在特别约定、是否附有条件、是否存在目标公司违约行为。

（2）抽屉协议。目标公司是否存在没有公开披露、没有记载在财务账目中的或然负债、担保、没有被登记的抵押。

（3）合并和分立债务。是否存在一定周期的连带责任，其延续期限是否届满或延长等。

（4）并购负债。是否存在与并购有关的负债。

（5）其他承诺和周期性支出。是否存在以周期性支付为形式的大额支出，包括但不限于长期购买合同、租赁合约、工程款、应付货款、维修和保养费用、大股东借款等。

（6）记载于财务账目的大宗其他应付和其他应收款项。该部分债务往往与财务不规范或在正常的财务科目中无法记载而采用的权宜之计相关，细查之下往往会有意外发现。此一节除调取相关文件外，还应特别关注评估或审计等财务报告中的财务报表与附注部分对此的特别说明。

（7）未经披露的税务偷漏税、行政罚款、诉讼或仲裁等。

7.6.5 是否有必要进行交割日审计

并购尽职调查完成了，收购协议也签订了，但仍然需要进行交割日审计。

收购协议的履行，以及可能的政府审批会导致收购协议签署到最终的交割日还有一段较长的时间。协议签订日到交割日之间目标公司的财务状况可能发生预期之外的变化，或者已存在的事项有新的发展、出现新的证据等，这些都可能影响买卖双方的利益。这段时间同时为买卖双方提供了进一步调查了解、防范风险的机会。通常收购协议中会对过渡期的利润归属，以及过渡期发现或发生的事项做出约定，杜绝管理上的非正常决策，避免利益输送和抽逃，并可以据此调整交易价格，甚至可以终止协议。由于目标公司的经营、财务状况等在交割日与协议签订日存在客观差异，交割日审计不仅可以保障交易的公平，还可以使交易各方的利益得到最大限度的保护，同时也将并购过程中不可预知的风险降到最低，因此是必要的。

7.6.6 目前财务尽职调查有哪些局限性

必须说明的是，尽管并购财务尽职调查的作用毋庸置疑，但有其局限性。在一些并购案例中，财务尽职调查实际是无效的，因其未能正确地评价目标公司及为收购方做出正确决策提供必要的信息。

出现这一结果的原因可能是多方面的，然而最重要的原因是调查中忽视了部分重要信息及获取的信息质量不高，以致不能做出具有价值的调查报告。虽然财务尽职调查所需的原始资料大部分是由目标公司提供的，但财务尽职调查人员更应该重视外部信息和自己通过其他渠道获取的信息。此外，限于时间等原因，并购财务尽职调查有时不会采用函证、实物盘点、复算等审计方法对企业提供的资料进行核实，这就决定了财务尽职调查的结论可靠性比审计报告差。鉴于目前国内企业现状，民营企业存在一些不规范的问题，国有企业也可能存在内控缺失等问题。虽然这些问题在以后的审计中会被发现，但如果审计后的财务数据与原始报表差异较大，必然影响对目标公司的估值，甚至直接影响并购进程和结果，这都是对并购方不利的方面。

应对财务尽职调查缺陷的直接办法是委托更专业的中介机构,会有效破解目标公司设定的"陷阱"和"雷区",而对中介机构而言,有效的"防雷"则是应对财务尽职调查局限性的不二良药。具体来说,应对目标公司"布雷"的有效"防雷"手段主要包括以下方面:

(1) 关注对赌条款项下的利润增长。近几年,由于 PE/VC 的介入,对赌条款在公司并购中也开始大量出现,往往不同的业绩目标实现情况对目标公司的后续收购价格影响很大。因此,目标公司可能因此殚精竭虑,力图实现对赌目标,无法实现时则可能会出现粉饰财务报表和虚增业绩的情况。

(2) 关注同一客户与目标公司既存在销售也存在采购的情况,尤其是关联客户。通过虚构交易来捏造虚假的财务信息是通常的财务造假手段,这尤其在平台类公司中较为普遍。而为了达到财务的平衡,往往其采购和销售的额度是高度一致的,而通过两家以上的关联公司实现销售和采购,实现资金的闭环达到虚增收入、减少成本的目的是通常的手段。

(3) 关注毛利率的较大变动。如果企业本身并没有技术更新换代,但却出现了短时间内的毛利率大幅度提升的情况,应特别关注。

(4) 小心在建工程和预付款陷阱。目标公司如果想实现体外补充成本的目的,则在建工程和预付款是其实现资金闭环的有效手段。

(5) 关注业绩受政策影响较大的行业。如新能源汽车、太阳能、风力发电等国家重点扶持的行业,其在初创期因受到国家政策的扶持,往往会扩大生产,并因此获得巨额的补贴和订单。而一旦市场趋于成熟和理性,政策红利就不再存在,届时往往就会出现业绩大幅跳水的局面。因此,针对过于依赖政策的行业之目标公司,应重点分析行业政策红利对业绩的影响,不能盲目得出乐观结论。

(6) 关注财务数据和非财务数据之间的逻辑关系。不能仅根据财务数据做出调查结论,应同时关注非财务数据与此的逻辑关系,这些数据包括现场考察的情况、生产情况、物流情况、客户情况、市场反馈等,从现金流、票据流、物流和信息流综合判断目标公司业绩的逻辑性,往往会有意外发现。

对财务尽职调查的局限性的有效补充是法律尽职调查和税务尽职调查、物业尽职调查、人力资源尽职调查等,综合更多专业公司的意见更容易发现目标公司的财务问题，也有利于全面掌握目标公司的整体情况。

7.7 并购法律尽职调查

并购法律尽职调查，是指律师事务所及律师接受收购方之委托，就拟议的收购事项，从法律角度进行审慎和适当的调查和审核，并在此基础上进行法律分析，出具尽职调查报告，为收购人做出判断提供法律方面的依据。实务中，客户通常会要求律师在尽职调查结束之后就尽职调查中发现的某些问题（如房地产瑕疵、关联交易、同业竞争等）出具专项法律意见书，尽职调查报告也是律师后续出具法律意见书的基础和依据。

7.7.1 并购法律尽职调查与财务尽职调查有什么区别

在同一个并购项目中，委托人往往既委托律师进行并购法律尽职调查，也委托会计师进行并购财务尽职调查。律师与会计师的尽职调查工作在一定范围内是并行的，各自承担不同的调查任务和责任，分工和责任划分都是明确的，但是在某些部分则是协作的关系。

并购法律尽职调查与财务尽职调查的分工和责任划分主要体现在以下两个方面：

（1）调查范围不同。律师尽职调查的范围主要是目标公司的历史沿革、组织结构、资产和业务的法律状态和诉讼纠纷等方面的法律风险；财务尽职调查的范围主要是目标公司的资产、负债等财务数据上的财务风险和经营风险。

（2）对同一事实的调查角度不同。由于进行尽职调查的工作范围、目的等不同，尽管在调查清单的设定和调查项目、调查内容等方面，二者有共同之处，但即使针对同一事实的调查，二者的角度也是不一样的。比如法律尽调和财务尽调都包括目标公司享有地方政府给予的各种税收优惠政策，会计师审核的是数额、时间、账务处理的合理性等问题，而律师则审查该税收优惠政策的合法性问题。

然而，术业有专攻。律师要做好法律尽职调查工作，必须借助会计师的专业经验才会达到事半功倍的效果；会计师要发现更多的财务黑洞和隐性债务又要依赖律师对风险的敏感度和对具体领域风险防范的经验。二者相得益彰。

中国"法律尽职调查"的起源是什么？2001年3月6日，中国证监会发布《公开发行证券公司信息披露的编报规则第12号——律师法律意见书和律师工作报告》。该规则第5条规定："律师在律师工作报告中应详尽、完整地阐述所履行尽职调查的情况，在法律意见书中所发表意见或结论的依据、进行有关核查验证的过程、所涉及的必要资料或文件。"这是最早在中国大陆的规范性文件中出现"法律尽职调查"这一概念。

"法律尽职调查"是一个非常广泛的概念，并不局限在并购领域。通常情况下，法律尽职调查会出现在私募融资、风险投资、公司并购、IPO、定向增发、债券发行、新三板挂牌、私募基金管理人登记等交易中，由购买方或其委托的律师事务所对目标公司进行详细的法律尽职调查，以作为委托方决定是否进行交易及最终交易定价的依据，而根据尽职调查报告所出具的法律意见书将成为证券管理机构、债券发行管理机构、国有资产管理机构、基金业协会等相关机构审批的依据和要件。

7.7.2 法律尽职调查有哪些衍生义务

我国目前法律规定中并没有具体针对并购法律尽职调查的规定，其衍生义务基本参照资本市场的尽职调查规定。证券公开发行上市中所涉及的尽职调查行为比较规范，这主要是因为我国现行法律法规对证券公开发行上市过程中各中介机构应承担的勤勉尽责义务有着严格的规定。为了保证出具的文件的真实性和可靠性，各中介机构均会自觉地进行尽职调查。

我国现行法律法规已做出明确的要求，在公司证券发行过程中，各中介机构必须承担勤勉尽责义务。其中涉及的法律如下：

《证券法》第二百二十三条规定："为证券发行出具有关文件的证券服务机构和人员，必须严格履行法定职责，保证其所出具文件的真实性、准确性和完整性。"

《证券法》第二百二十三条规定："证券服务机构未勤勉尽责，所制作、出具的文件有虚假记载、误导性陈述或者重大遗漏的，责令改正，没收业务收入，暂停或者撤销证券服务业务许可，并处以业务收入一倍以上五倍以下的罚款。对直接负责的主管人员和其他直接责任人员给予警告，撤销证券从业资格，并处以三万元以上十万元以下的罚款。"

《律师事务所从事证券法律业务管理办法》第三十五条规定："律师、律师事务所被中国证监会及其派出机构、司法行政机关立案调查或者责令整改的，在调查、整改期间，中国证监会及其派出机构暂不受理和审核该律师、律师事务所出具的法律意见书等法律文件。"

根据上述规定，勤勉尽责是并购法律尽职调查的衍生义务，如律师在进行并购法律尽职调查过程中未能尽到勤勉尽责，可能面临非常严重的处罚甚至承担赔偿责任。尽管如此，我们依然认为并购法律尽职调查工作作为非诉律师的核心业务，既是最基本的工作手段，也是必要的免责工具（一份详细的能够体现律师履行勤勉尽责义务的尽职调查底稿会从主观上和客观上均证明律师不存在主观恶意，从而避免承担法律责任，甚至免除处罚），各从业人员必须以审慎的原则，勤勉的态度完成并购法律尽职调查。

按照我国目前的法律规定，各中介机构在从事尽职调查业务中，均应遵守勤勉尽责的义务，律师在进行尽职调查业务时也不例外。作为律师，其在尽职调查业务中应负有以下责任：

（1）律师应当具有审慎、尽职的态度，并同时具备应有的职业素养。

（2）律师必须遵守现行法律法规的规定，审慎开展尽职调查业务。

（3）律师应当保守其在尽职调查过程中获知的客户，以及目标公司的商业秘密。

（4）律师应结合尽职调查工作的目的全面细致地完成尽职调查工作。

（5）律师有必要在尽调过程中采取一定的风险防范措施，以确保尽职调查文件的真实性和有效性，如要求目标公司出具承诺函、声明等。

（6）尽职调查应制作工作底稿并留存，独立、客观、公正地出具法律意见书，保证法律意见书不存在虚假记载、误导性陈述及重大遗漏。

（7）另外，由于尽职调查工作最终必然涉及律师出具其他相关的法律文件，所以律师还会因此承担一定的法律责任。

7.7.3 并购法律尽职调查有哪些特点

并购法律尽职调查的"职责"来源：一是法律上的定位；二是当事人

的授权。然而作为法律业务的一种，其不仅具有专业特征，还有其固有的行业特点。

（1）并购法律尽职调查具有专业特征，主要体现在以下几点：

- 目的性。

开展并购法律尽职调查工作的律师事务所应紧紧围绕当事人拟进行的收购计划目标而进行有针对性的调查，并制定具体的查验计划，根据业务类型的不同，调查的对象、采取调查的方式及调查的重点都会有所不同。并购法律尽职调查应仅从法律的角度对目标公司做出合法与否的评判，对目标公司的其他方面不做评判。

- 专业性。

并购法律尽职调查一般由律师进行，从法律专业的角度，对目标公司的合法性及是否存在法律风险等相关方面做出自己的专业评判。

- 独立性。

并购法律尽职调查一般由律师事务所作为独立的服务中介机构完成。在尽职调查过程中，参与调查的人员应当独立的进行调查，不受委托方或目标公司的制约，对外出具的调查报告及其法律意见应当是律师独立的判断，并独立承担责任。

（2）并购法律尽职调查具有其行业特点，主要体现在如下几个方面：

- 涉及面广泛。

从行业来看，并购法律尽职调查涉及面很广，通常会调查目标公司的各个方面，涉及其历史沿革、股东、资产、业务、财务、重大合同、劳动关系、税收、质量、安全、环保、诉讼或仲裁等最少12个方面，可谓面面俱到。

- 责任重大。

法律尽职调查的责任无论是从证监会、股转系统、基金业协会等行业监管机构，还是从律师协会的行业指导要求来看均体现出严厉的特点，要求律师勤勉尽责。这种要求类似于企业的"IPO"，律师面临深重的督查和赔偿责任。如发生重大疏漏，轻则受到行政惩戒，连续多年无法从事证券类业务，重则会承担巨额的赔偿责任，甚至承担"连带赔偿责任"。

如《律师事务所从事证券法律业务管理办法》第三十五条规定："律师、律师事务所被中国证监会及其派出机构、司法行政机关立案调查或者责令整改的，在调查、整改期间，中国证监会及其派出机构暂不受理和审核该律师、律师事务所出具的法律意见书等法律文件。"又如基金业协会的私募基金管理人登记法律意见书业务中，中国基金业协会负责人公开指出："律师事务所接受基金管理人、基金托管人的委托，为有关基金业务活动出具法律意见书，有虚假记载、误导性陈述或者重大遗漏，给他人财产造成损失的，还应当与委托人承担连带赔偿责任。"

7.7.4 并购法律尽职调查的渊源有哪几类

规范法律尽职调查的法律法规和部门规章主要包括两大类：一是监管类；二是操作类。

（1）监管类的法律法规和部门规章中，涉及法律尽职调查的主要包括：

- 《公司法》（1993年通过，2013年修订）。
- 《证券法》（1998年通过，2019年修订）。
- 《非上市公众公司监督管理办法》（证监会2013年）。
- 《律师事务所从事证券法律业务管理办法》（证监会、司法部，2007年）。
- 《全国中小企业股份转让系统业务规则（试行）》（股转公司制定，证监会批准2013年）。
- 《中国基金业协会关于进一步规范私募基金管理人登记若干事项的公告》（中基协发〔2016〕4号）及其系列解答。

（2）操作类的部门规章较多，主要包括：

- 《公开发行证券公司信息披露编报规则第12号——公开发行证券的法律意见书和律师工作报告》（证监会，2001年）。
- 《律师事务所证券法律业务执业规则（试行）》（证监会、司法部2011年）。
- 《律师从事证券法律业务尽职调查指引（征求意见稿）》（全国律协2014年）。
- 《律师办理国有企业改制与相关公司治理业务操作指引》（全国律协2013年）。
- 《律师办理有限责任公司收购业务操作指引》（全国律协2013年）。

- 《律师办理风险投资与股份激励业务操作指引》（全国律协 2013 年）。
- 《挂牌审查一般问题内核参考要点（试行）》（股转系统 2015 年 6 月）。
- 《全国中小企业股份转让系统挂牌业务问答——关于挂牌条件适用若干问题的解答（一）》（股转系统 2015 年 9 月）。
- 《全国中小企业股份转让系统主办券商尽职调查工作指引（试行）》（股转系统 2013 年）。
- 《私募基金管理人登记法律意见书指引》（基金业协会 2016 年）。

7.7.5　并购法律尽职调查的目的是什么

并购法律尽职调查根本上是从法律角度对并购进行的审慎和适当的调查与审核，并在此基础上进行法律分析，出具尽职调查报告，为委托人做出法律判断提供依据。并购法律尽职调查就应该紧紧围绕委托拟进行的交易事项而展开，并对此进行充分的研究和调查，其主要目的在于：

（1）发现、分析并评估目标公司或目标资产存在的各方面的法律问题。

（2）揭示或者提示与拟进行交易相关的法律风险。

（3）为客户判断拟进行的交易是否可以继续提供线索和判断依据。

（4）对目标公司存在的相关法律问题向客户提出解决方案或者补救措施。

（5）为交易结构、收购价格、先决条件、交割后义务，以及交易各方的其他义务等之确定、并购交易设计与交易进程之调整，向客户提供法律上的依据和支持。

7.7.6　如何合理的确定并购法律尽职调查的对象和范围

确定并购法律尽职调查的对象和工作范围，律师首先必须要充分了解客户的交易目的，交易方的特殊需求，并结合目标公司或目标资产所处的行业特点、委托的时间要求等各方面的因素与客户方充分沟通后确定，以得到尽可能全面、合理和有效的调查结论为标准。

近几年，并购法律尽职调查已经发展成极具独立性的一门业务，调查工作范围也不断拓展，在通常的项目以外，逐渐开始注重对团队和产品优势的尽调，而重中之重是团队的领导人。

综上，法律尽职调查之前需与并购方、目标公司管理层做好沟通，合理确定尽调目的、对象及范围。

7.8 并购法律尽职调查的基本方法有哪些

并购法律尽职调查的方法：

7.8.1 并购尽职调查的常用方法有哪些

结合目前的并购法律尽职调查实务，归纳现有的尽职调查方法与其他尽职调查基本相同，包括书面资料收集，查验原件，访谈，实地调查，查询，制作书面笔录，录音、录像，网络检索等。具体主要包括以下方法：

（1）取得目标公司的配合，调阅目标公司的档案资料及其他文件文字材料。

（2）约见目标公司的管理层或业务人员配合调查有关情况，并制作谈话笔录。

对高管进行访谈，做询问笔录，是法律尽职调查不可或缺的一环。高管的级别要相对高一点，最起码是财务负责人和主管副总及总经理、董事长等，涉及技术优势和销售渠道等情况，还要访谈具体的技术人员或业务人员。当然通常约谈一把手是困难的，这种困难不是沟通上而是形式上的，这就要求我们在访谈时不要囿于正规访谈形式，不要过于僵化和执着。询问要注意常规项和非常规项的交叉，最好对多个高管的访谈同时进行，内容上要有共同点，以便于对比，注意时间上不要让他们有沟通的机会，这往往会有意外收获。现场尽调期间也可到职工食堂吃饭，把工作的架子放下来，体验生活之余喝茶闲聊都能发现"蛛丝马迹"。

（3）通过互联网、纸质媒介公开披露的有关目标公司的宣传介绍及其他资料等。

（4）根据目标公司提供的线索、信息及其他渠道进行调查。

（5）通过目标公司注册登记机关调查目标公司的成立、变更、年检、注销、吊销等情况。

（6）通过相应的主管机关调查不动产的转让、抵押和权益的质押等情况。

（7）通过目标公司所在地政府及所属相关职能部门调查，同时律师可以依法通过收集文字资料、约谈并记录，走访、查阅政府相关职能部门的档案。

（8）通过并购方或目标公司聘请的其他中介机构调查。

（9）通过目标公司的债权人、债务人调查，与其他相关方核对事实。

（10）实地考察，进行现场尽调。

（11）委托其他律师事务所、相关专业机构进行调查。

上述各调查方法，在相关管理办法、执业规则中均有明确规定，与前面提及的尽职调查方法异曲同工，在此不做赘述。需要强调的是，目标公司及提供书面凭证的其他主体应以书面方式说明其提供的资料真实、准确、完整，律师也应亲自到目标公司进行现场的核查，尽到勤勉尽责的义务。

比如中国证监会在对某律师事务所的行政处罚决定中一个重要理由，即是该所对于其尽职调查法定义务的违反，"……存在未亲自到现场索取的情形""……存在未亲自去现场进行实地调查和访谈的情形。工作底稿中没有律师前往现场调查的工作记录、访谈笔录及合同或相关财务账簿信息。在查验程序尚未充分履行，待查事项仍存在不确定性的情况下，律师未采取进一步的手段进行查验，仅在有限的合同范围内，对交易对方中是否存在共同方进行比对，并据此出具了不存在实质性关联交易的法律意见。"另外，伴随着现代科技的不断发达，录音、录像是一种非常便捷的取证方式，作为其他尽职调查手段的重要补充，也逐渐被广泛应用。《律师从事证券法律业务尽职调查指引（征求意见稿）》第十条对此做出了明确的规定："就需要其他第三方进行确认的事项，律师应通过访谈、函证的方式进行。访谈、函证可与其他中介机构的尽职调查共同进行，但必须做独立调查及判断。第三方接受访谈但不愿出具确认文件的，或第三方不接受访谈的，律师应制作笔录并通过摄影等方式进行作证。"

7.8.2 常用的尽职调查网站有哪些

规避公司风险,并购法律尽职调查是非常关键的一步。而在当今的信息化时代,网络信息已呈爆炸式增加,能有针对性地选择出真正有效的信息便显得尤其关键,而通过相关网站查询获取有价值的信息是目前进行尽职调查的重要手段。按照待查询的信息类别,如主体基本信息、涉诉信息、财产信息及投融资信息等进行梳理,常用的尽职调查网站主要有以下几类:

(1) 待查信息为主体基本信息。

● 国家工商总局全国企业信用信息公示系统。

网址:http://gsxt.saic.gov.cn/,主要用途:查询市场主体信用信息。该系统 2014 年 3 月 1 日正式运行,目前已经能查询全国范围内任一家企业的工商登记基本信息,具体包括公司注册号、法定代表人、类型、注册资本、成立日期、住所地、营业期限、经营范围、登记机关、经营状态、投资人信息、公司主要备案的高管人员名单、分支机构、股权质押、清算信息、行政处罚信息、工商年报等。

● 中国证监会指定信息披露网站"巨潮资讯网"。

网址:http://www.cninfo.com.cn/,该网站仅适用于上交所、深交所上市的公众公司。该网站无需注册,可查询内容十分丰富,包括该公司就各重大事项发布的公告、排名靠前的股东情况、分红情况、财务指标、公司年报等。

● 上海证券交易所网站。

网址:http://www.sse.com.cn/,该网站仅适用于上交所上市的公众公司,与巨潮资讯网信息有所交叉,但侧重点略有不同。

● 深圳证券交易所网站。

网址:http://www.szse.cn/,该等网站仅适用于深交所上市的公众公司,与巨潮资讯网信息有所交叉,但侧重点略有不同。

● 启信宝。

尽职调查人员常用的"神器",启信宝作为一种公众均可下载的 APP 软件,已经广为熟悉和使用。不仅可以查出主体信息,更可在商标、专利、失信信息、涉诉等环节综合查询。

（2）待查信息为涉诉信息。

- 最高人民法院"中国裁判文书网"。

网址：http://www.court.gov.cn/zgcpwsw/，主要用途：用以查询尽职调查对象涉诉信息。根据《最高人民法院关于人民法院在互联网公布裁判文书的规定》，自2014年1月1日起，除涉及国家秘密、个人隐私的、未成年人犯罪、调解结案以外的判决文书，各法院判决文书均应在该网站上公布。因该网站为"裁判文书网"，故仅适用于已经判决的案件。

- 最高人民法院"全国法院被执行人信息查询"系统。

网址：http://zhixing.court.gov.cn/search/，主要用途：用以查询尽职调查对象被执行信息。该网站可查询2007年1月1日以后新收及此前未结的执行实施案件的被执行人信息。在实际查询中可能因某些地方法院迟延上报数据，导致一些查询信息落后的问题。同时，许多案件查询显示结果为已结，这可能是地方法院为了完成案件考核而技术上的处理结果，实际上标注"已结"的案件可能仅仅是本次执行程序终结或者根本还在执行中。

- 最高人民法院"全国法院失信被执行人名单信息公布与查询"系统。

网址：http://shixin.court.gov.cn/，主要用途：用以查询尽职调查对象被执行义务的履行情况，以及是否被列入失信被执行人名单。对于不履行或未全部履行被执行义务的被执行人，自2013年10月24日起，可于该系统中查询失信被执行人的履行情况、执行法院、执行依据文书及失信被执行人行为的具体情形等内容。但实践中仍有偏差，因为部分法院还会根据当事人的申请上传数据，或上传有所迟延，或中途撤回公告。

- 各省级高院网站。

除了最高人民法院"中国裁判文书网"外，之前的判决文书或未判决的到哪里查询呢？一般省级法院都建有自己的网站，这些网站可以查询2014年之前的部分判决书、开庭公告、执行信息、开庭信息等。如北京法院网网址：http://bjgy.chinacourt.org/；上海法院网网址：http://www.hshfy.sh.cn/；浙江法院网网址：http://www.zjcourt.cn/等。因为最高人民法院"中国裁判文书网"仅限于已判决文书的查询，且2014年1月1日之后才试行，而且数据取决于地方上报，而地方法院上网已经很多年了，部分法院的法律文书早就上网。因此，全国裁判文书网查不到的，地方法院或许可以查到。有开庭公告、执行信息等情况，这些信息或许正是法律尽职调查所需要的涉诉信息。

- 中国法院网"公告查询"。

网址：http://www.live.chinacourt.org/fygg/inde×/kindid/1.shtml，按目前我国法院管辖的现状和公告要求，需要公告送达的，如果被告不属于本省的，一般要求在人民法院报公告，据此可以查询到大量公告信息，了解调查对象的涉诉情况。同时对于被告是省内的，则可以到地方的法制报之类的网站查询公告，也可以了解到一些在地方法院的涉诉情况。

- 北大法律信息网"北大法宝"。

网址：http://www.pkulaw.cn/，这虽然是民间的网站，但收录案例比较全，因为建站比较早，很多官方找不到的裁判文书这里都有收录，因此值得推荐。

- 汇法网。

网址：http://www.lawxin.com/，这个网站也是民间的，也可以去看看。目前为止，号称收录的当事人总数已经超过4亿人，作为民间网站也是相当了不起的。

（3）待查信息为财产信息。

- 国家知识产权局。

"专利检索与查询"，网址：http://www.sipo.gov.cn/zljs/，主要用途：用以查询尽职调查对象的专利信息。该网站无需注册，除专利基本信息（如发明/设计人、专利权人、公开日等）外，还可查询各专利权法律状态、专利证书发文、年费计算及全国大部分省市的专利代理机构名录等内容；

- 国土资源部子网站"中国土地市场网"。

网址：http://www.landchina.com/，除国土资源部所示的全国范围内土地抵押、转让、招拍挂等信息外（http://www.mlr.gov.cn/），可于土地市场网查询全国范围内的供地计划、出让公告、大企业购地情况等。

- 国家工商总局商标局"中国商标网"。

网址：http://www.ctmo.gov.cn/，根据查询提示可确定拟查询商标的商品分类，具体可查注册商标信息及申请商标信息。"商标注册信息查询"又分为商标相同或近似信息查询、商标综合信息查询和商标审查状态信息查询三类。需要注意的是，商标局明确该网站查询内容仅供参考，具体的商标注册信息还应以国家工商行政管理总局商标局编辑出版的《商标公告》为准。

- 人民法院诉讼资产网。

网址：http://www.rmfyssfzc.gov.cn/，可以查询全国范围内法院正在执行拍卖的资产情况，通过这个网站可以侧面了解涉诉当事人的一些信息；

- 淘宝司法拍卖。

网址：http://sf.taobao.com/，网上拍卖减少了拍卖费用，竞价方便，越来越多的法院把没有争议的、比较干净的资产都通过这个方式进行拍卖。2017年开始，法院已经将网络拍卖作为首先推荐的拍卖手段，并成为法定程序和执行手段，相信涉诉的信息会越来越多。

（4）待查信息为投融资信息。

- 中国人民银行征信中心。

网址：http://www.pbccrc.org.cn/，主要用途：尽职调查对象的信用信息。可查询企业应收账款质押、转让登记信息，具体包括质权人名称、登记到期日、担保金额及期限等。

- 中国证监会指定信息披露网站"巨潮资讯网"，证券类相关信息发布平台。

- 私募会，私募基金类的登记和发布平台。

- 中国银行间市场交易商协会，网址：http://www.nafmii.org.cn/，短融等债券类信息发布平台。

- 中国货币网，网址：http://www.chinamoney.com.cn/。

- 中国债券信息网，网址：http://www.chinabond.com.cn/。

- 和讯网，网址：http://www.hexun.com/。

除了这些网站，还有许多地方股权交易中心网站，如浙江省股权交易中心网站（http://www.zjnpse.com/），均可查询相关企业的投融资信息。企业上市的毕竟不多，但为了融资除了证券市场还得寻求其他的方式，如发行债券、短期融资券、中期票据、集合票据等非金融企业债务融资工具进行融资，因此也可披露一些企业的信息及经营状况、融资方式、融资规模等。

(5) 其他。

- 文件混搜，网址：http://www.zhaofile.com/，这个网站号称文件混搜，可以查寻各网盘资料、文档书籍等。
- 混合搜索，网址：http://www.baigoogledu.com/，这个网站集合了最大的两个搜索引擎——谷歌和百度，同时显示。

律师在开展并购法律尽职调查时，需充分利用网络尽可能全面收集资料，充分利用上述尽职调查网站会快速有效地查询到关键的公示信息，将事半功倍。

7.8.3　并购法律尽职调查的重点内容有哪些

如前文所述，并购法律尽职调查在公司并购交易中起着无可替代的重要作用，因其不同的并购案涉及行业各不相同，范围也不同。所以，尽职调查的重点内容亦因交易类型、行业分类和委托人需求的不同而有所区别，不能千篇一律。但作为同一种业务类型，始终有其普遍的规律可循。按照笔者的从业经验，并购法律尽职调查的重点内容大致总结如下：

- 合法合规性调查。
- 对目标公司的业务和历史沿革进行审核。
- 核实目标公司的资产及其他财产状况。
- 核实目标公司重大债务及或然负债。
- 对目标公司的关联交易进行审查。
- 对目标公司是否存在同业竞争进行审查。
- 对目标公司的独立性进行核查。
- 对目标公司及其股东、高管涉诉及处罚情况进行核查。

7.8.4　并购法律尽职调查是否有普遍的工作流程可循

法律尽职调查所涉及的调查范围很广，目标公司的情况及规模亦千差万别。从仅有一间房屋的私营企业到办公地点遍布世界各地的大型跨国企业，每一个尽职调查项目均是独一无二的。但是，对于一项极具独立性的尽职调查业务来说，其通常有普遍的流程可循，基本程序如下：

（1）确定调查目的、对象和范围。该部分内容应在接受委托后立即进行，并与委托方共同确定。

（2）设计、制定尽职调查清单及其附表。

（3）编制查验计划。查验计划的编制是整个尽职调查过程的规划和纲领，应区分不同的层次和门类编制。通常会针对所需调查的内容将任务分解成不同的环节，并明确不同的调查方法和所需调查核实的内容，查验计划将根据尽调工作任务的调整和尽职调查清单的补充而相应调整。

（4）收集整理尽职调查资料。这里面既包括对相关文件的收集和核实，也包括对具体数字和权证的调查，其形式包括但不限于文件、资料、录音、录像、照片、访谈笔录、相关单位证明等。

（5）现场尽调和访谈。需要特别说明的是，很多律师事务所基于对被调查对象的熟悉和信任，往往轻信目标公司资料而忽视现场尽调，这也是许多被处罚律师事务所普遍存在的问题。

（6）与项目其他中介的沟通。沟通首先是互通有无，发现问题和疑点，另外也包括对评估报告、审计报告等同时进行的其他中介调查成果的借鉴和使用，并确定被调查对象基本信息的基本一致。

（7）评估总结查验计划的落实情况。通常会分多层次的总结每个查验任务的完成情况，落实相关问题，并予以补充。

（8）尽职调查初稿的撰写和反馈。尽职调查初稿应在调查开始时撰写。通常尽职调查团队会有不同的分工，不同的部门和人员会完成不同的调查，并一边调查一边完成尽职调查基本信息的录入工作，等到全部尽职调查工作基本完成便可予以汇总，由项目主要负责律师完成初稿的撰写，并就发现的问题及时向委托人和目标公司反馈。

（9）尽职调查报告定稿和提交。尽职调查初稿完成后，经过审定后即完成定稿，并需尽早向委托人提交。这里要注意以下几点：

其一，尽职调查报告的内容首先把摘要放到首部，这是因为老板们不会有时间去看你长达几百页的尽调报告，因此要把尽调结果，尤其是关乎本次并购核心的内容，尤其是通过尽职调查发现的一些问题要放到首部，而以前我们通常的做法是把它放到结尾部分。

其二，出报告之前应尽可能等到财务尽调报告的结果，而且要采用该财务尽职调查结果并尽可能不相冲突，但这并不是说我们不能发现问题，不能在财务上有所突破，这一点大家要特别注意。

其三，报告的主文是对尽调的内容进行分门别类地罗列，并逐项给出分析，一般分为十二个部分，最后要给出结论，这基本构成了一本报告的基本部分。结论之外还要求就不足之处给出特别意见，尤其是对已经发现存疑的方面而又没有实际取得相关证据的，可以大胆推测，但对此应特别说明，避免引起误解。

举一个例子，2012年笔者在东北做一个羊奶企业并购的尽调时发现，目标公司生产的实际情况跟外界宣传的内容是不一样的，目标公司对外界宣传其羊奶原料全部是天然的，且原料采购全部采用公司加农户的模式。但是实际上目标公司真正和农户签订的合同很少，产量很小，这也和全国的羊奶市场很小的实际情况相吻合。同时，笔者发现目标公司存在大量的购入奶粉的合同。

为此，在撰写尽职调查报告初稿的时候笔者就大胆假设：目标公司根本没有形成一个稳固的如其宣传的产业链，也没有一个稳定的原料来源，外界所盛传的在奶里加奶粉的情况可能是存在的。这个报告初稿一出，目标公司的整个董事会成员全部立即到收购方去解释。结果如何姑且不论，这最起码说明我们做的这个假设是成立的。即使他说明各种理由来论证这种推测不存在，也用不着整个董事会都去解释，这恰恰说明了企业的症结所在。

这里也需要特别说明一下，法律尽职调查不一定是一成不变的，要想体现你的与众不同，就要对调查所涉相关的专业有充分的研究，就要关注一些市场、行业惯例、人力资源等一些并行的、软领域的东西，写到你的法律尽调中往往更专业，更切乎目标公司的症结所在。

（10）制作尽职调查报告底稿。

当然，上述仅为基本流程，实践中法律尽职调查往往是团队合作进行，可能对调查的内容进行分工，不同的流程往往由不同的人员完成，部分程序是同时或交叉进行的，不能将上述流程简单理解为严格的循序渐进的工作流程。

7.8.5 如何设计、制定法律尽调清单

在确定了尽调的交易目的、交易方的特殊需求之后，就可以开始着手尽职调查清单的起草工作。为了提高尽职调查效率，律师需要就尽调清单的内容与项目单位管理层、经办人员进行充分沟通，同时要求对方提供指

定的联系人以便配合律师开展尽职调查工作。另外，作为被调查的目标公司，在公司并购尽职调查时，最好在目标公司设定一个固定的办公室。这个办公室只针对尽职调查清单提供具体资料，设立固定办公室主要基于两种目的：一个是所有材料的流转都要通过这个办公室进行，可有效降低尽职调查对目标公司及其员工的消极影响；另一个是反向调查的问题，主要针对保密性比较强的企业，他们对尽职调查一般有所防范，可能会要求中介机构不得把材料带离办公室。

尽职调查清单是一个不断补充的过程，这就要求律师尽快取得股东及"董监高"填写的《信息采集表》，并尽快启动现场尽调和访谈，以便律师据此制定补充清单。

7.8.6　尽职调查业务中编制查验计划的必要性

编制查验计划是整个尽职调查过程中最容易疏漏的环节，其重要性在《律师事务所从事证券法律业务管理办法》《律师事务所证券法律业务执业规则》中均有规定。

《律师事务所从事证券法律业务管理办法》第十三条规定："律师事务所及其指派的律师从事证券法律业务，应当依法对所依据的文件资料内容的真实性、准确性、完整性进行核查和验证；在进行核查和验证前，应当编制核查和验证计划，明确需要核查和验证的事项，并根据业务的进展情况，对其予以适当调整。"

《律师事务所证券法律业务执业规则》第九条规定："律师事务所及其指派的律师应当按照《律师事务所从事证券法律业务管理办法》编制查验计划。查验计划应当列明需要查验的具体事项、查验工作程序、查验方法等。""查验工作结束后，律师事务所及其指派的律师应当对查验计划的落实情况进行评估和总结：查验计划未完全落实的，应当说明原因或者采取的其他查验措施。"

因该环节的疏漏而遭受行政处罚的已有先例。中国证监会曾对北京某律师事务所下达行政处罚决定书，其理由之二就是"在进行核查和验证前未编制查验计划"，"截至调查日，律师未编制查验计划，在律师电脑中存储的历次尽职调查文件清单中仅列出接收方需提供的材料，未包含查验工作程序、查验方法等内容，未能反映律师为查验工作所做的准备及对工情况的记录。"而上述律师事务所为此被证监会没收业务收入 15 万元，并处以 30 万元罚款；相关律师给予警告，并分别处以 10 万元罚款。

7.8.7　为何要不断评估和总结查验计划的落实情况

并购法律尽职调查其本质就是根据尽职调查目的发现问题的过程，提供并购双方交易的依据。其过程本应就是一个需要不断评估、不断总结的过程。因此，尽职调查所做的查验计划应不断审查、不断调整，要善于对此进行评估总结，以保证计划不断得到充实，调查不断完善，为实现尽职调查目的服务。

另外，不断地评估和总结查验计划会使调查者始终有一个全局观，有利于对项目整体情况的掌握，更有利于根据发现的问题统筹安排，及时发现并购风险。

7.8.8　尽职调查中的材料如何获得

对尽职调查材料的收集、整理和分析，是真正考验律师基本功的阶段。实施的材料一般是从第三方获得的。比如从财务、财务顾问、财会机构、审计机构获得的财务资料；从工商局获得公司登记注册、变更等方面的资料；从税务局获得企业税务方面的资料；从环保局、安监局获得环评、安全质量方面的资料；从公检法、土地和房管等部门获得诉讼、土地房产等资料。实际上在通常的尽职调查过程中，这些是律师做的主要工作，但囿于形式，从这些资料里获得的往往都是企业最表面的东西，并不会触及企业的核心部分。

在这里分享一个相对成熟的经验，在尽职调查过程中，笔者不仅仅做分内的律师尽调，同时也会配合一些财务、人力资源等中介机构做调查。这样做的目的就是更容易发现问题，比如是否存在关联关系、关联交易等。从行业敏感性来说，人力资源调查机构和财务尽职调查机构更专业、更容易发现问题，而这些仅仅从提供给律师的企业财务报表上是很难发现的。因此，在做尽职调查的过程中，除了勤勉尽责地完成基本调查内容外，要善于发挥主观能动性，多观察、多访谈、多比较分析研究、多横向和纵向比对，要注意对企业的每个经营环节的统筹调查和研究，善于从细节掌握端倪，往往会有意外惊喜。

尽职调查中对所需资料的收集整理，将在本章节后续的分项中论及，这里不再赘述。

7.8.9 尽职调查中是否有必要与其他中介沟通

在尽职调查的一般程序中，与其他中介机构的沟通是很重要的一个环节，在法律尽职调查中是否真的有必要与其他中介进行沟通？一般来讲，在企业并购的尽职调查中都会组织专家调查小组，包括会计师的尽调、财务顾问的尽调和其他咨询顾问的尽调，律师的尽调只是其中一个部分。各调查机构在调查手段、调查方式上可能不尽相同，但是各机构都是围绕同一个目的展开的，与各机构保持沟通，并站在不同的角度进行分析、判断，将会使法律尽职调查更全面，并更有利于对目标公司做出综合判断。

【笔者谏言】兼听则明，注意与其他中介的沟通将有助于弥补短板，互相促进。而保证各中介机构对同一事实的认定基本一致或不互相矛盾，则是尽职调查的基本要求。

另外，根据笔者的经验，与其他中介机构良好沟通也是协助律师发现问题的有效途径，有利于发现目标公司隐形的风险。

7.8.10 法律尽职调查报告通常包括哪些内容

顾名思义，法律尽职调查报告是律师提供非诉法律事务的基础性文件，并以此书面报告的形式供委托人参考，从而有效减少或最大限度消除由于信息不对称对交易双方所造成的风险。因此，法律尽职调查的结果对双方是否最终达成交易起着非常关键的作用。在律师做尽职调查时，一定要本着解决问题、促成交易、实现双赢的目的去做。因此，与委托人的全面沟通是非常重要的。

尽职调查进场工作完成后，律师即应开始尽职调查报告的撰写。初稿完成后，律师应将尽职调查报告的初稿与相关单位进行沟通，并根据反馈不断完善，有益于交易目的的实现。

一份完整的法律尽职调查报告，通常有释义与定义、前言、正文、结论、报告用途及责任限制声明及附件等部分组成。

正文是尽职调查的主体部分。该部分律师应针对尽职调查目的，就法律尽职调查过程中发现的具体问题进行陈述、评论与分析，指出可能潜在的法律风险并提供切实有效的解决方案。

结论部分是尽职调查的核心，是律师对本次并购所出具的结论意见。根据项目需求，律师也可另行起草就本次尽职调查的专项《法律意见书》。不论是尽调报告结论还是针对尽调的《法律意见书》，其目的都是要向委托人总结本次尽职调查所发现的问题，对目标公司的运作是否合法规范，其人员、机构、资产是否具有独立性等得出结论，同时对相关问题的解决提出建议。

附件部分要求将尽职调查报告所采用的依据罗列出来成为报告的附件，原则上律师写到尽职调查报告中的每一句话都要有依据，成为依据的材料要附到后面，每一份材料都要求目标公司盖章，并由其法定代表人签字，要求联络人签字，同时应要求目标公司出具材料真实的承诺函。

7.9　并购法律尽职调查包括哪些重点内容

并购法律尽职调查包括以下内容：

7.9.1　合法合规性审查包括哪些内容

合法合规性尽职调查涉及内容很多，主要包括股东主体适格、出资合法合规、公司设立与变更合法合规、决策合法合规、公司股权明晰、公司及子公司股权变动与股票发行合法合规，以及公司经营的合法合规情况等。出于篇幅原因，下面仅以章程审查为例说明。

众所周知，在尽职调查清单中，目标公司章程是必不可少的资料，那么在章程的审核中需要注意哪些问题？下面以收购方尽职调查为例，希冀有画龙点睛之用。

公司章程的审核涉及很多细节的问题，这就要求每一个做尽调的律师必须熟读《公司法》的相关条款，了解公司治理和组织结构中应注意的主要问题。通常我们要审核目标公司章程内容的合法性、完整性，包括现行章程及曾生效的章程；审核章程是否履行了必要的批准手续及是否在公司登记机构登记备案等。目前国内尽职调查的三个指引性文件（一个是律师协会做的指引，另外两个是证监会出的券商的尽职调查指引和保荐人的尽职调查指引。其中，保荐人和证券公司的指引文件，因为尽职调查方式不一样，他们面临的往往是一些主体独立性、业务独立性、合规及内部控制等方面的通常调查的内容，但是他们做得非常规范），对此有明确的调查范围和方法上的指引，可参考借鉴。其深层次的审核内容通常包括以下内容：

第一，审核章程中是否有反并购条款。例如审核章程中有没有约定股权的转让仅在股东内部进行，这就是反并购条款。如果存在且双方仍有意继续目前的并购，那么有必要先进行目标公司章程的修改。

第二，审核章程中是否有超级多数条款。比如公司法规定公司出售、合并或分立表决需要股东三分之二通过即可，但是目标公司章程要求股东须百分之百表决通过，那么百分之百的情况下百分之零点零零一的股东不同意就会导致表决无法通过，这就是超级多数条款。

第三，审核章程中是否有限制条款。例如目标公司章程虽然要求了三分之二表决，但是A是公司股东，章程规定了是包含A在内的三分之二股东表决才能通过，即尽管现在的表决通过率甚至是五分之四，但是恰恰是A这百分之五不同意，照样行不通。

另外，我们要留意目标公司章程内容中是否有特别授权条款，比如授权董事长在一定条件下的一票否决权条款；留意章程内容是否有特别程序条款，并评估其意义。比如德国大众章程中为保护持股20.1%的政府权益，德国政府专门制定了《大众法案》，德国公司法规定持股75%即构成取得该公司控制权，但《大众法案》规定，持有大众公司股份20%以下时，按实际持股比例计算投票权，当持股比例超过20%，其投票权不再增加，除非持有股份总额超过80%。而这种超越法律和行业管理的规定，无疑是对收购方极为不利的。

第四，审核是否有高管辞退的补偿条款和职工辞退条款。如果在企业并购成功后，一般来讲都会进行管理层的更换，那么就需要注意是否有高管的补偿条款。

第五，还要注意关于董事会的任期条款，一般的公司条款规定董事的任期是三年，三年之后连选连任。但是仍有部分公司为保证大股东对公司的控制权，限制改选董事会成员，从而人为延缓"门口野蛮人"进入公司董事会的进程。比如国美的董事会任命条款中即规定，每一次只能改选三分之一，也就意味如果将原董事会成员全部替换完少则需要几年，多则需要十几年。实践中，我们要关注目标公司章程内容是否有董事会分期、分级选举条款、累积投票制度、禁止更换董事条款等，并评估其意义。

当然，针对不同的尽调类型，其着重关注的内容亦不尽相同，这就需要做尽职调查的律师能够适时调整，关注重点调查内容。

【术语解读】"门口的野蛮人"

20世纪90年代，美国畅销书作家布赖恩·伯勒一本《门口的野蛮人》轰动美国，文中翔实叙述华尔街历史上最著名的公司争夺战——对美国RJR纳贝斯克公司的争夺战。"门口的野蛮人"从此成为那些不怀好意的股权收购者的代名词。

7.9.2 关注目标公司的历史沿革问题有哪些

主要关注目标公司成立、历次增资时股东出资是否到位，是否履行了合法有效的决策程序；关注股权合法性及权利限制，是否存在委托持股、信托持股等股权代持的情况，是否存在股权争议及潜在的股权纠纷，股权是否被设定了质押或其他第三方权益，是否被依法扣押、查封、冻结或其他瑕疵。如涉及国有股权，则关注国有产权占有单位转让国有股权是否取得国有资产管理部门或政府的批准，是否履行了评估、审计、备案、挂牌交易等程序。如目标公司为外商投资企业，则关注设立以来的历次增资、股权转让是否取得外商投资主管部门有效批准，资金来源是否合法有效等。

在出资方面应重点审查出资方式、出资比例与数额，是否有虚报注册资本或虚假出资情况，出资是否被抽逃、挪用；用于出资的有形财产的权属有无争议，是否经评估作价，是否移交及过户；用于出资的无形资产的类别、产权归属及权属证书，关注无形资产的剩余有效期、评估作价，是否移交及过户,有无出资争议,有无用于出资的有形、无形资产的权属争议,有无潜在出资诉讼或仲裁,是否被抵押、质押,是否履行了法定手续。

审查目标公司对外投资情况包括:设立分公司情况,投资参股子公司情况、出资额、所占比例或股份,投资控股子公司情况、出资额、所占比例或股份,股本变动及相应合同、章程、决议、批文、变更登记情况;目标公司及其关联企业的兼并、分立、合并、破产、清算情况等。

最近几年,由于公司法修改,公司注册资本实施认缴制,这导致全国大多数行业不再要求公司注册时对注册资本金进行验资,社会上也开始逐渐淡化对公司注册资本金的关注,而注册资本金对企业实力判断的影响力也逐年弱化。但认缴制并不意味着注册资本金可以不缴或抽逃,股东对目标公司投资资金的实缴金额仍然是对目标公司历史沿革调查的一个重要项目。律师在进行尽职调查时要调取公司工商档案,包括企业年报,并要求目标公司提供股东出资的财务凭证,并进行必要的核实。

另外,目标公司历史沿革的合法合规性还表现在对变更的决策上,律师需要对相应环节的决策文件进行审核,确定是否符合法律和公司章程及股东会、董事会议事规则的要求。

7.9.3　法律尽职调查关注的资产问题有哪些

其一,主要关注目标公司资产的合法性,主要资产是否取得合法权属证书,或证明其拥有合法所有权的其他文件,产权归属及证书与实际是否相符,是否存在产权纠纷或潜在争议,是否依法履行取得资产的法律程序。

其二,关注资产的有效性和适配性,是否具有满足其生产经营的设备设施,主要机械设备、设施的相对性及与实际是否相符,数量、品质和效能等能否支撑其经营需求。

其三,关注资产的独立性和有效性。目标公司的商标、专利、专有技术等是否拥有独立的产权,审核专利、商标、版权类别、数量、权属、存续及剩余有效期,是否存在共有或侵权的情形;主要资产是否设定抵押、质押等权利限制等,土地、房屋、设备等是否存在对外租赁的情况,明确租赁的类别、性质、期限;审核无形资产是否存在授权他人使用的情形,关注企业财产的保险及年检情况等。

其四，关注资产的价值情况，收集目标公司经营性资产评估报告、企业财务会计报表、资产评估报告等。

7.9.4 法律尽职调查关注的债权债务问题有哪些

首先，对目标公司债权债务的关注应对目标公司的债权情况进行核查，查核债权的性质、合法性、有效性、数量及实现债权的障碍，论证企业债权质量状况。

其次，要关注目标公司的债务情况，是否存在逾期未偿还的借款、是否存在债务人无法偿还债务情况下的对外担保责任等，查核债务性质，合法性、有效性，数量及履行情况，审查债务偿还期限、附随义务及债权人对其是否有特别限制；审查贷款文件、贷款数额、还款期、逾期利息及罚金情况，审查其对外担保和远期票据签发情况，并通过调取企业银行征信报告来进行核实；涉及外贸企业的要核实其外债情况、合法性、批文及登记证明，审核外债担保文件、履约保证书情况及批准登记手续等。

最后，要关注目标公司债务所可能引发的后果，主要关注企业资产抵押、质押清单及文件履行情况，企业负债是否已被追索、是否已被提起诉讼或仲裁、是否有潜在的重大诉讼或仲裁；企业及分支机构、子公司财产保险情况（包括保险人、险种、保额、有效期、保险范围、理赔额）、正在进行及可能的保险索赔或争议；是否存在拖欠税款、是否存在因产品质量问题导致侵权的情况，以及是否存在环境违法行为导致的侵权责任等。

7.9.5 对税务问题的关注重点有哪些

尽管通过目标公司的审计报告，收购方可以了解目标公司的税种和税率、税务成本、应缴税金等税务信息，但是仍然建议收购方在收购前对目标公司进行税务尽职调查。主要原因是：

其一，目标公司的税务合规无法通过审计取得或排除，需要了解潜在的税务负担和风险，通过税务尽职调查可以充分了解目标公司的税务事项，从而为收购定价、收购方案设计提供重要信息。

其二，税务尽职调查还可以了解企业在税务效率方面是否合理，以便在收购完成以后做出提高税务效率的安排，通过税务尽职调查可以对这些问题有更准确的评估。

并购法律尽职调查在涉税方面通常关注以下事项：

（1）目标公司的各项税费是否合规计提或代扣并依法申报和缴纳，重点是企业所得税、流转税（主要为营业税和增值税）、个人所得税、土地增值税等。

（2）目标公司是否与当地税务机关存在口头约定，享受非正式的税项减免。

（3）存在大量关联交易的目标公司是否存在转移定价并由此引发的税务风险。

（4）过往税务检查的结果。

（5）历史期间收购合并和内部重组有关的税务风险。

（6）营改增的影响。

（7）企业内部重组税务合规事宜等。针对一些中小企业，特别需要关注内账外账差异带来的税务风险。

并购法律尽职调查中识别出的税务风险可能导致目标公司需要计提额外税负，影响历史财务数据，也可能影响并购后的盈利预测，从而影响交易价格。同时，针对已识别的或潜在的税务风险，在收购协议中应明确有关的保障或赔偿机制，尽量降低并购风险，上述调查同时有利于并购方在收购以后部署税务修正计划，以规避或降低以后的营运出现同类风险，规范企业运营。

7.9.6 对人力资源方面的关注重点有哪些

并购法律尽职调查在涉及人力资源方面通常关注以下事项：

（1）与目标公司有劳动合同关系的职工人数、劳动合同的期限、岗位分布及现状，是否存在劳务派遣及其他事实劳动关系的情形。

（2）目标公司可分流人员范围、数量及构成，病、残、离、退职工的数量，目前状况及相应协议和执行情况。

（3）目标公司的五险一金是否按时足额缴纳，目标公司下岗失业人员的基本生活费是否按时足额发放，是否建立并持续缴纳失业保险金，是否有最低生活保障制度。

（4）目标公司需新签、变更、解除、终止劳动关系的情况，目标公司职工与企业解除或终止劳动关系后，社保关系是否已接续好，相互间债权、债务关系状况及是否已解决；停薪留职、内退、请长假、长期学习、参军入伍、挂名、自谋职业、因私出国、女职工"三期"职工数量及目前状况。

（5）目标公司职工持股、管理层持股状况、职工激励计划情况、职工福利制度计划安排。

（6）目标公司职代会（工会）建立及运作情况、工会费用缴纳情况。

工会问题尤其在民营企业是一个普遍性的问题，大部分企业是没有建立自己的工会组织的，这有可能成为并购实施的隐患。根据劳动法和劳动合同法，工会问题解决不好，目标公司将来会面临规章制度无法生效并无法约束职工，甚至没有办法开除和辞退职工等情况，因此建议建立工会。

（7）目标公司劳动卫生、劳动安全、劳动保护、劳动保险制度建立及执行情况。

（8）目标公司劳动法律、法规及政策的执行情况，有无处罚，有无潜在处罚的可能性。

7.9.7 对目标公司的业务核查应关注哪些内容

业务的合法性和市场运作的合规性是法律尽职调查必查的内容。

（1）需要重点核查目标公司的重大合同，审查日常业务经营合同及其他重大合同是否存在违约情形，是否存在较大的或有负债风险，应对其购销排名前十位的客户所涉及合同和标的超过50万元以上的重大合同进行核查，重点核查合同的主体及内容的合法性、有效性，对公司有关内部订立合同的权限规定，核查合同的订立程序是否存在瑕疵，是否履行了内部审批程序，是否超越权限决策，分析重大合同履行的可能性，关注因不能履约、违约等事项对公司产生或可能产生的影响。另外，应重点核查合同在目标公司控制权改变后是否仍然有效或合同约定是否产生变更；合同中是否存在纯义务性条款或其他限制性条款；重大合同有关解除、终止合同的约定对并购会产生何种影响。

（2）要审查目标公司主营业务情况，包括主营业务的分类、比重、市场情况，企业的经营是否有政府或法律、法规上的限制或管制；主要产品状况、主要构成、国内外主要厂家生产状况、产品销售率等，核查企业拥有的技术的性质、来源、权属，产品（服务）的技术含量大小、技术敏感性、产品（服务）对技术的依赖程度，所获的技术奖项、级别、类别等情况；核查企业使用的非自有技术的性质、来源、使用条件及期限，核查开发新产品的人员能力、设施、设备情况及科研组织情况等。

（3）关注目标公司生产经营资质情况，核实是否依法取得了必要的经营资质、强制生产许可、特许经营许可等，是否取得了必要的政府审批等；了解目标公司环保标准、排污和治理情况，是否取得环评报告和排污许可；企业目前实行的产品质量标准、级别及质量控制与检验系统；企业特许经销保护、广告与促销、客户情况、竞争战略与评价、销售方式等。

（4）要关注企业实际经营状况，了解企业经营性资产与非经营性资产的比例分类与现状，核查经营状况、业绩、资产总额、负债总额、所有者权益等。

7.9.8 对目标公司财务规范性核查如何进行

首先，需要了解的是目标公司的一些基本财务情况。核查企业的财务管理模式，以及财务部财务人员构成、目标公司的电子记账程度、企业信息管理系统的应用情况等，了解其财务运作是否规范。

其次，在获得上述信息之后，还应对目标公司的会计政策和税费政策进行全面的了解：目标公司现行的会计政策、近3年会计政策的重大变化、现行会计报表的合并原则及合并范围，近3年会计师事务所名单和近3年审计报告的披露情况。目标公司的税费政策主要包括：现行税费种类、税费率、计算基数、收缴部门；税收优惠政策；税收减免负担；关联交易的税收政策；集团公司中管理费、资金占用费的税收政策；税收汇算清缴情况等。根据上述内容的分析，对目标公司是否规范执行财税政策做出基本的判断。

由于涉及财务调查事项属于财务专业，并不是律师擅长的专业事项，通常律师进行的法律尽职调查不会直接得出结论，往往会引用财务尽职调查相关报告及审计报告和评估报告等。因此，在调查中应对其他中介机构所提供的上述文件进行必要的收集。

在对财务规范性核查上通常会遭遇阻力和困难，可以借鉴一些非常规的办法和技巧。这里介绍一个类似商业间谍的做法，就是潜伏在敌人内部的调查,其实这种做法是很普遍的,至于怎么去做方法可能各不相同。比如做现场尽调,同时找百分之九十以上的董事来谈话,就是打入敌人内部,在对比中发现问题;而一旦遇到一个对公司不满的董事,可能就会有意外收获,就会敌为我用。比如初先生在目标公司担任过一个很资深的职位,现在离开公司甚至对公司还有怨言,在这种情况下去找初先生谈,这个环节不能做出格的事情,如商业贿赂,也不要不舍得花钱,请人吃饭或喝茶还是有必要的。

最后,不要局限于圈内去调查,在尽调现场一头扎到财会、人力资源部、总经理室和人家谈,是不会有意外发现的,不要局限在圈子里访谈,一定要绕开去外围调查,做一个旁观者,"旁观者清",往往会跳出目标公司为你设定的藩篱。那么外围包括什么呢?包括他的客户、朋友、合作伙伴等,注意不要仅限于找和目标公司及其股东、法定代表人关系比较亲密的人或企业去谈。当然,亲密的一定要谈,但是不能局限于亲密的层面。

7.9.9 对目标公司关联交易和同业竞争的核查应重点关注哪些内容

需要重点审核目标公司是否存在关联方和关联交易及其具体情况,重点核查关联交易数量及现状,对目标公司的影响、制约、辅助程度,核查报告期内的关联交易内部决策程序履行及规范情况,是否有规范的关联交易制度及切实履行,以及关联方资金占用情况,股东间、股东与目标公司间、股东与目标公司客户间是否存在规避关联交易的承诺和声明等,以此判断企业关联交易的合法性、交易条件的公允性。

在同业竞争方面,要核查目标公司与控股股东、实际控制人及其控制的其他企业是否存在同业竞争,同业竞争规范措施是否充分、合理,是否有效执行,是否影响公司经营。目标公司是否有关于消除或避免同业竞争的协议、承诺等。

7.9.10 对目标公司独立性的核查应重点关注哪些内容

主要审查的内容包括"五独立",即公司的财务、机构、人员、业务、资产与控股股东、实际控制人及其控制的其他企业是否分开或独立,公司是否依赖关联方,其是否影响公司的持续经营能力。

我国企业尤其是民营企业中的家族企业，往往容易在公司独立性上出现问题，因此律师在对相关企业，以及其他财务运作不规范和规章制度不健全的目标公司进行尽职调查应重点予以关注。笔者在山东做的一宗并购中，所收购的集团公司下设 7 家子公司，竟然用的是一个管理团队，不仅人员、财务和机构无法区分，连具体的资产和业务也掺杂不清，无法细分权属，是典型的混同。这些直接导致了公司关联交易的大面积滋生，出现管理团队中互相间有亲属关系的达到三分之二以上的非正常情况，公司利益输送和公私不分的情况普遍存在，给整个收购工作造成了巨大的困扰。

7.10　法律尽职调查的其他注意事项

法律尽职调查的其他注意事项有那些？

7.10.1　法律尽职调查工作底稿的重要性

"工作底稿是判断律师是否勤勉尽责的重要证据。中国证监会及其派出机构可根据监管工作需要调阅、检查工作底稿。"根据相关法律法规规定，律师在尽职调查时应当制作工作底稿。《律师事务所证券法律业务执业规则》第三十九条规定："律师事务所应当完整保存出具法律意见书过程中形成的工作记录，以及在工作中获取的所有文件、资料，及时制作工作底稿。"

《律师事务所证券法律业务执业规则》第四十一条规定："工作底稿内容应当真实、完整，记录清晰，表明目录索引和页码，由律师事务所指派的律师签名，并加盖律师事务所公章。"

《律师事务所从事证券法律业务管理办法》第十九条规定："工作底稿由出具法律意见的律师事务所保存，保存期限不得少于 7 年。"

7.10.2　法律尽职调查工作底稿应包括哪些内容

《律师事务所证券法律业务执业规则》第四十一条规定："工作底稿内容应当真实、完整，记录清晰，表明目录索引和页码，由律师事务所指派的律师签名，并加盖律师事务所公章。"根据上述要求和通常惯例，法律尽职调查工作底稿基本应包含以下内容：

- 律师接受委托事项的基本情况，包括委托人名称、事项的名称。
- 与委托人签订的委托协议。
- 查验计划及其操作程序的记录。
- 与查验相关的文件，如设立批准证书、营业执照、合同、章程等文件、变更文件或者上述文件的复印件。
- 与查验相关的重大合同、协议及其他重要文件和会议记录的摘要或者副本。
- 与政府有关部门、司法机关、中介机构、委托人等单位及相关人员相互沟通情况的记录和访谈笔录，对委托人提供资料进行调查的访问记录、往来函件、现场查验记录、查阅文件清单等相关的资料及详细说明。
- 委托人及相关人员书面保证或者声明与承诺书的复印件。
- 法律意见书草稿。
- 内部讨论、复核的记录。
- 其他与出具法律意见书相关的重要资料。

上述资料应注明来源，按照相关规定签名、盖章，或者对未签名、盖章的情形注明原因。另外，基于执业风险性的要求和追求细节上的精细化，律师通常会把不同阶段的文稿，以及尽调过程的心得、访谈人员和联系人员的联系方式等入卷。

7.10.3 法律尽职调查中文件资料的取得与保管应注意哪些问题

尽职调查的过程是一个资料不断取得和保管的过程，注意对相关资料的取得和保管之技巧尤为重要，相关注意事项主要包括如下方面：

（1）尽职调查所取得的应是原件、正本，不是原件的或原件不便保留在律师卷中的，应及时将彩印件、复印件、传真件、副本、节录本与原件、正本核验，并由提供人在复印件、传真件（非热敏传真纸）、副本、节录本上签字或盖章，或以其他方式确认，以证明彩印件、复印件、副本、传真件、节录本与原件、正本相一致。

（2）建立尽调文件的交接清单，要求明确提供人的真实性承诺，并严格落实签收工作，严格遵守交接要求，并保管好所收到的文件、资料、证明、图片等，建立并严格遵守借阅、复制规定。

（3）律师对所提供的文件、资料、证明等的确认应注意：

- 由谁提供，来源要明确具体。
- 形成方式和过程要求提供者给予明确说明。
- 签发或签署的时间是否清楚。
- 以何种载体存在或保存应明确。
- 是否获得确认要注明。
- 内容和形式要求提供者给予明确说明。
- 资料之间的内在联系要特别说明。
- 资料要证明的事实应该明确、具体、翔实。

（4）对以电子文本、电子邮件等形式由律师提供的文件、资料、证明等，律师必须进行备份归档，并应当转换成纸面形式，由提供人或相关人员签字或盖章确认。

7.10.4 律师在法律尽职调查中如何注意自我保护

法律尽职调查作为非诉律师的核心业务，既是基本的工作手段，也是必要的免责工具，所以律师在进行尽职调查时要充分注意保护律师的权益。这体现在两个方面：一是保密义务的设定；二是尽调报告的撰写，当然其前提是必须遵守相关法律法规的规定。

通常情况下，在公司并购业务中，专家调查小组成立之后，会要求并购方和聘请的中介机构与卖方签署保密协议。保密协议的内容一般包括保密的范围、保密期限、保密责任等，通常的保密期限最少两年。保密责任既是针对律师和中介机构的，同时也会要求能够接触到提供这些资料的人员，其中包括被提供方的董事、职员、高级雇员及代表承担一定的保密责任。

保密协议中通常还有失败条款，即经过尽职调查后双方的并购并没有进行下去，这种情况下通常会要求被提供方返还全部的书面资料，不保留相关文件的复印件摘录或其他任何的复制品，包括电子文档。然而现实中是很难做到的，为了避免出现不利的情况，通常就会有一个保密承诺，如果泄露目标公司机密，违反诚实信用的行为将会导致赔偿，通常会要求中介方和收购方承担连带责任。

在保密协议的设定上，律师要学会保护自己，尽可能和并购方作为一个利益的共同体，共同承担保密责任，让并购方承担相关义务和责任，避免被动。

在尽职调查报告的撰写上的风险规避。律师在撰写企业并购法律尽职调查报告时一般会充分利用两个武器：一个是假设，一个是限制，以避免承担相关风险。

所谓的假设即是真实性的假设：

一是要把目标公司所提交的作为依据的所有材料做一个真实性的假设，假设提交的所有材料是真实有效全面无遗漏的，那么据此所做出的结论如果不真实，律师不承担责任。

二是要假设所有现场尽调的材料和与律师谈话的人是真实的，包括个人身份和所做的陈述是真实的，这要求我们做与企业联络单的时候要跟进，记录清楚相关细节，访谈后及时传真给相关人员，签字后要求目标公司盖章。

三是写到尽调报告中的每一句都要有依据，而且成为依据的材料一定要附到报告后面，每一份材料都要求盖章，董事长（或其他身份的法定代表人）签字，要求联络人签字，这是关于假设的问题。

如何限制利用尽职调查报告？限制利用通常包括：

一是限制用途。只能用于并购环节，且仅用于对目标公司的本次并购。

二是只能由并购方使用，限制用于本次并购，而且严格限制除了并购方之外的第三方使用。

7.10.5 律师在法律尽职调查中应保持什么样的心态

因法律尽职调查所涉及的事项繁多，极易出现浮躁的情绪，所以做尽调工作中律师一定要摒弃"走过场""走形式""视死如归""非此即彼"等不正常的应对心态。尽职调查目的就是要"知彼"，就尽职调查过程中发现的问题，一则要及时发现问题，二则要提出相应的解决之策。只有发现问题并在随后的并购文件中解决目标公司存在的问题，才能双赢。实现交易双方的目的，这才是尽职调查的终极目的。所以，双赢才是尽调的最好结果。因此，律师在尽职调查中要把握好心态，时刻把对并购双方的双赢作为终极追求的目标，既要发现问题，又能分析问题，更要解决问题。在不涉及原则性、禁止性等法律法规规定的情况下，应尊重当事方的意愿，在涉及重大问题时要及时征求委托人的意见。

在尽调过程中一定要与其他机构保持沟通与友好往来，也要与交易的双方保持良好的互动。资料提供方自不必言，针对委托方，律师需及时向其汇报调查工作的进展及调查中发现的问题，并且就发现的每一个问题和他进行充分的沟通。

律师要注意适当的调整，关注重点，不要在细枝末节上过于计较，从而"因瑕掩玉"，人为地给整个并购进程制造障碍或延缓进程，这是不必要的，但涉及原则性问题并触犯禁止性规定的除外。

细节决定成败，对一些涉及股权无效或涉及人员任用、资产效力等至关重要的环节，必须在细节上下功夫。例如通常最简单的尽调就是工商信息的查询，如果这个企业存在一个抽逃注册资金、虚假注册的问题，如果通过尽调没有发现就会是一个硬伤。对目标公司三期妇女的调查，这是一个很细节的问题，如果收购方提出来就一定要查仔细。如果该类人群尽职调查时本来是 30 个人，但却只查出 3 个人可能会很麻烦、3 个人不影响决策，30 个人一定会对并购有影响。

7.10.6 什么是并购尽职调查管理的八二原则

如果尽职调查完全按照给目标公司提供的尽职调查清单面面俱到，事无巨细都要调查，那么一个完整的并购法律尽职调查少于三个月到六个月是完成不了的。实际情况是，并购方委托律师进行法律尽职调查的时间通常很短，基本不会超过一个月，甚至只有几天，这就要求律师在进行调查时关注调查重点，适当根据项目特点调整调查内容和方法。这就是尽职调查管理中的八二原则。

法律尽职调查上的八二原则是上述定律在管理学上的应用，要求尽职调查建立目标体系后，运用八二原则识别和确立主要风险。

首先，按尽职调查体系识别目标公司各层级调查目标面临的各种风险因素，并广泛、系统地收集与风险因素相关的内、外部信息，并对可能导致的各种潜在风险事件及影响后果分门别类地进行分析。

其次，采用定量和定性的方法，逐个或逐类评估风险因素发生的概率及其影响程度，并按照优先原则划分和确立必须进行管理和控制的20%的主要风险。通俗地讲，八二原则是指尽职调查机构将时间、精力、金钱和人事优先花在必须进行调查的项目中前面的百分之二十，那么优先的百分之二十就会得到百分之八十的产出，这种排定和优先朝向明确目标的能力，反映了对尽职调查过程管理上的合理分配，体现了抓大放小的管理智慧。八二原则要求尽职调查律师首先应明白并购方真正关心的是什么东西，就他关心的东西事无巨细，一定要深抠，与此没有关系的，就不一定面面俱到。

如果尽职调查的内容是并购调查的主要目的，就一定要去做，但不一定亲自去做。如税务的问题和财务的问题，甚至包括合同和重大债权债务的问题，这些东西实际上在财务尽调过程中其他尽职调查机构做得比律师更细、更专业，在这个环节上律师就不一定非得投入过多的精力。

而区分哪些内容需要集中主要精力去调查，就需要在制定查验计划时突出重点。法律尽调通常的重点就是：

一是发现隐形债务，同时摒除在发现隐形债务时候出现的可能性。

二是目标公司资产是否合法性和有效性的问题，有瑕疵不要紧，关键是要发现瑕疵。

三是涉及关系到并购方核心利益问题，比如产业结构、供应链、销售链等问题，我们没有直接的数据，但针对尽职调查中发现的相关问题和疑点，应如实披露，必要时可以做出一些合理的假设和推断。

7.10.7 律师在尽职调查中还应注意哪些事项

律师进行并购法律尽职调查，除注意以上问题外，还应注意以下事项：

（1）对于尽职调查过程中重要但缺少相关有效证据支持的事实，应当取得相关单位或人员对该事实的书面确认，并对相关职能部门负责人和目标公司的董事、监事、高管进行必要的访谈。律师应在尽职调查报告中说明此情况，充分披露。

（2）对于特殊事项应委托公证机关公证或委托律师见证，并通知有关单位及人员办理。

（3）应注意土地、房产及关键设备有无使用权益限制，如有，应充分披露。

（4）凡涉及国有股权转让、专营、许可经营的并购，需要事先审查一下目标公司有无批准的批文，以及审批是否符合国有资产管理相关规定，注意该批文的真实、合法、有效性审查。

（5）针对知识产权及以专有技术等为代表的企业商业秘密，要重点审查其来源、有效期、保密措施、被公知的可能程度，以及有无许可、何种许可、权属等。

（6）对关键合同的审查应注意长期购买合同、供应合同、技术许可合同等的安排及其中是否有特别承诺、特别限制条款，是否会因股权变更、股东更替或变化而解除或变更合同，是否存在一票否决权等异常或权利、义务极不对等的条款，是否存在可能影响收购方并购后整合、自由经营的限制性条款，是否存在可能对收购方不利的重大赔偿条款等。

（7）目标公司是否发生或拟发生代持、信托与托管事项，是股权代持、信托、托管还是业务、资产、经营的托管、信托，判断托管、信托性质的同时注意托管、信托是否经合法程序批准，相应协议（合同）、授权委托等文件是否有效、期限、解除条件等。

（8）目标公司是否存在或拟发生特许经营与代理事项，是何性质的特许经营与代理，其特许经营与代理关系的建立是否合法、有效，注意其具体的期限与解除条件等。

（9）初步完成对目标公司的调查后应及时归纳总结，并尽可能通过统计或建立表格等形式将调查情况汇总，对已经完成的文件和已经取得的资料应尽快建档。

（10）要注意使用一些专业的金融管理软件或计算工具对尽职调查结果做必要的分析研究，保证所得出的结论符合财务管理的规定和资本市场的规律等市场惯例。

综上所述，法律尽职调查是投资并购类业务中必不可少的程序，有助于交易目的实现，在调查中发现的风险和法律事项可能影响交易的框架，通过法律尽职调查、事先察觉交易风险和法律问题的存在，并在协议中将相关问题妥善处理，确保交易的顺利进行是必要的。而随着中国法治程度的提高和经济转型，以及与世界日渐深广的联系，法律尽职调查业务必定迎来快速发展,并成为律师业的一项主要业务。

7.11　网络尽职调查工作流程指引

网络尽职调查工作流程如下:

7.11.1　网络尽职调查开展前应注意哪些工作细节

网络尽职调查报告在预尽调领域应用普遍,一般资产管理公司在进行不良资产包投标前,或为收购不良债权,或进行债权重组时普遍适用。在并购领域,一般在筛选收购对象时应用较多。

尽职调查网络检索工作的目的,是通过网络检索了解到关于目标公司的相关信息,并写成检索报告,报告通常命名为《××公司网络尽职调查报告》。在检索报告各部分的每一节,都应当写明网络检索的时间和使用的具体网站,时间精确到小时;在检索报告的末尾,应当列出报告中使用的全部网站的名称和链接。

7.11.2　网络尽职调查的具体工作流程是什么

网络尽职调查的具体工作流程主要包括以下方面:

(1) 检索目标公司主体信息。

• 通过"全国企业信用信息公示系统"网站,查询目标公司的基本工商信息,并将基本工商信息以表格形式写入检索报告。

• 通过目标公司所在省市的国家税务局、地方税务局网站,进行涉税查询。输入企业名称后,通常可以获得企业的纳税人识别号、纳税人登记状态等信息。通过纳税人识别号,可以继续查询目标公司是否被列入欠税企业名单。

• 通过目标公司所在地的地方信用网(如有),可以查询目标公司的主体信息、信用信息及部分变更信息。目前,我国部分省、市建立了地方的信用网(如"四川信用网"),主管部门会将企业的工商、税务、专利等信息添加到信用网,从该网站可以获得大量有价值的信息。

（2）检索注册资本和股权比例。

• 通过全国企业信用信息公示系统查询目标公司的注册资本和股权比例信息，网页会显示目标公司注册资本及股东情况，有时还会显示股东的出资比例和出资时间。另外，"变更信息"部分有时也会显示企业出资比例及其变更情况。

• 全国企业信用信息公示系统页面的"工商公示信息"中，有时只显示企业的注册资本和股东姓名/名称，不显示股权比例。因此，可以选择页面中的"企业公示信息"，该部分通常会公示企业的年报，企业年报中往往会显示该企业的股权比例及其变更情况，有时还会包含大量的其他信息。

• 以上信息，应当制作成表格形式写入检索报告，表格中尽可能包含股东姓名/名称、认缴出资额、实缴出资额、出资日期、出资方式、出资比例等信息。

（3）检索关联公司。

• 通过目标公司的网站发现关联公司线索，目标公司官方网站上通常会对本公司做企业规模等方面的正面宣传，从这里有时可以透露出关联公司的线索。

• 部分目标公司未建立自己的网站，但会在一些黄页网站上设立自己的页面，公布公司的部分信息，有时也会涉及关联公司的线索。

• 目标公司及其实际控制人的微博、微信公众号上的信息中，有时也会存在关联公司的线索。

• 通过全国企业信用信息公示系统页面的"工商公示信息"中对外投资情况，可以查询到目标公司的关联企业，同时利用股东和高管人员的投资和任职检索也会发现相关线索。

• 通过以上途径获得关联公司的名称等信息后，可通过第一部分的步骤检索关联公司基本信息，并重点关注关联关系、主营业务是否冲突等信息，做好对比并写入检索报告。

（4）检索组织机构及法定代表人。

• 通过"全国企业信用信息公示系统"显示的信息，查询目标公司备案登记的法定代表人、高管等人员信息。

• 通过目标公司官方网站上的信息，查询和了解目标公司机构设置、部门分工、高管人员方面的信息。

• 通过互联网对法定代表人个人的信息进行检索，搜集到尽可能多的信息。

（5）检索主营业务及行政许可。

• 通过全国企业信用信息公示系统显示的经营范围信息，以及目标公司官方网站、网站黄页显示的业务信息，判断目标公司的主营业务。

• 进行公司主营业务所涉法律的检索，根据检索到的法律、法规，判断目标公司经营其主营业务是否需要政府的行政许可，是否需要营业执照以外的证照、批准文件等。

• 如目标公司网站上公示了其持有的行政许可证书，则应当通过证书颁发部门的网站进行检索，查询该证书是否真实、有效。

（6）检索知识产权。

• 通过中国商标网检索目标公司的注册商标信息，以表格形式写入检索报告。

• 通过国家知识产权局专利检索网站检索目标公司的专利信息，以表格形式写入检索报告。

• 通过中国版权保护中心网站检索目标公司的著作权登记公告信息，以表格形式写入检索报告。中国版权保护中心网站链接：

http://www.ccopyright.com.cn/cpcc/index.jsp

• 通过工信部域名备案管理系统网站，检索目标公司的互联网域名备案信息，以表格形式写入检索报告，对于检索到的备案网站网址，要尝试打开进入，若网站可正常打开进入，则简要描述网站内容；若网站不能打开、无法进入，则将该情况记入检索报告。

工信部域名备案管理系统网站链接：

http://www.miitbeian.gov.cn/publish/query/indexFirst.action

（7）检索资产信息和涉诉、被执行信息。

• 若全国企业信用信息公示系统中披露了目标公司的年报，则年报中可能包含目标公司的收入、利润等信息。如有，写入检索报告。

• 通过中国裁判文书网、Open Law 裁判文书检索网站等，检索目标公司及其实际控制人的裁判文书。将检索到的裁判文书进行下载，并对文书内容以表格形式进行简要摘录。

Open Law 裁判文书检索网站链接：http://www.openlaw.cn/

- 通过目标公司所在地、主要经营地法院系统的网站，查询开庭公告，检索目标公司及其实际控制人的其他涉诉信息。
- 通过最高人民法院中国执行信息公开网，检索目标公司及其实际控制人的被执行信息，将被执行信息记录到检索报告中，并计算被执行总金额。同时，查询目标公司及其实际控制人是否已经被列入失信被执行人名单，尽可能通过网络检索到被执行信息中涉及的执行文书和依据的裁判文书。

（8）检索其他信息。

- 通过目标公司网站，有时可检索到目标公司近期参与的重大项目，以及签订的重大合同。
- 通过互联网检索目标公司的环评公示信息，可以了解到公司项目经营、环境保护等方面的信息。
- 通过互联网检索目标公司有无劳动纠纷。

对网络尽职调查所涉及的常用调查网站及其链接请参看本书 7.8.2《常用的尽职调查网站有哪些？》

7.12　第三方不公开尽职调查

为什么要做第三方不公开尽职调查？

7.12.1　传统尽职调查是什么样的模式

传统尽职调查的主体主要由并购方投资团队、律师与会计师组成。在大多数并购活动中，尽职调查是由企业并购部门或投资银行家、律师与会计师共同完成的。企业并购部门或投资银行家开展商务尽职调查，律师开展法律尽职调查，会计师开展财务或税务尽职调查。

7.12.2　传统尽职调查遇到的挑战有哪些

传统尽职调查有其固有的局限性，因此面临诸多挑战，主要包括以下方面：

（1）如果公开信息披露不充分，并购方所能获得的公共信息往往是有限的，甚至资讯本身的准确度也存在疑问。

（2）被收购方总是希望把自己企业或资产的价值拔高，风险缩小，由此导致其提供的信息可能存在水分，或者提供过多无关联信息以干扰收购方的判断。

（3）目标公司股东与高管层可能存在的道德风险。

（4）目标公司股东与高管层可能存在的利益冲突。

（5）并购利益关联方（如工会或环保部门）针对并购的潜在抵触心理与误解。

这些风险，在时间紧张、各方利益高度博弈的大型并购中，往往都不是在短期内通过公开资料研究或简单访谈就能够监测了解得到的。而且传统的尽职调查必须在得到被调查对象的同意与信息披露时才能开始。

所以，开展不公开的第三方尽职调查是一个重要的解决方案。

7.12.3　第三方不公开尽职调查的原理是什么

任何一个企业都必然要和外界进行人流、物流、信息流、资金流的交换，其运营的真实状态、风险因素必然在这种交换中有所显现。通过对目标公司产业链上下游结构的分析，对目标公司不同运营模块（如研发、生产、销售）与外界发生信息流、人流、物流、资金流的监测分析，就有可能比较准确地从与目标公司进行人员、信息、物流和资金交易的上下游关联方中锁定和挖掘出关键信息的外逸节点，结合高度针对性的信息挖掘手段与实地调研，就有可能对于被并购对象的运营实态、产业链地位、真实财务状况、高管道德风险、利益关联方等做出全面、深入的把握。

7.12.4　第三方不公开尽职调查的基础操作方法是什么

开展不公开的第三方尽职调查的基础操作方法通常包括：

（1）收集研究各类公开文献资料。

（2）获得各类关联数据库的数据信息资料并进行分析研究。

（3）通过行业专家、行业协会对被并购企业的历史沿革、现状与发展趋势进行缜密地分析与评述。

(4) 通过所在地法院和仲裁机构了解被并购企业及其高管是否存在任何诉讼纠纷。

(5) 对公开文献进行研究、以当地语言检索互联网数据库信息等。

以上方法是并购投资团队本身就能操作的。

7.12.5 体现第三方不公开尽职调查的能力点在哪儿

在于不公开的审慎访问技巧、实地观察与信息挖掘能力、针对不同行业企业总结形成的分析监测框架与长期建立的情报网络。

第三方调研机构有能力在不惊动被调查对象和不侵犯商业秘密的禁止性规定的前提下，对目标公司工厂、办公场所、所在社区开展不公开实地调查，针对被并购企业在职或离职员工开展审慎访问。既能够从上下游供应商、客户和关联机构处发掘有价值的信息，也能通过所在地政府、警方和各类消息灵通人士了解当地政府对此次并购的真实态度、被并购企业及其股东是否有任何特殊的政府背景，或与任何有组织犯罪存在任何关联。

提供给政府的财务数据有可能造假，但来自目标公司三家最主要的供应商、三家最主要客户的评价一般是准确的，也无从造假；目标公司提供的公开数据与文件有可能杂乱无章，缺乏关联，但第三方尽职调查通过卓越的人际情报技巧，就有可能发掘出数字与文件背后的"行为逻辑"，勾勒出一个个更直观立体的"商业故事"，从而帮助收购方对被收购方运营历史脉络、现实处境、对并购的真实态度与设想有更真切的认识。

7.12.6 第三方不公开尽职调查的常规操作流程

从最常规的角度，一个简化的第三方不公开尽职调查通常按照"桌面研究、实地调查、关联访问、诉讼纠纷查询"四大步骤来具体操作。如图7-1所示。

7.12.7 第三方不公开尽职调查具有哪些优势

如图7-2所示，相对于传统尽职调查来说，开展不公开的第三方尽职调查无疑是具有明显优势的，主要体现在以下方面：

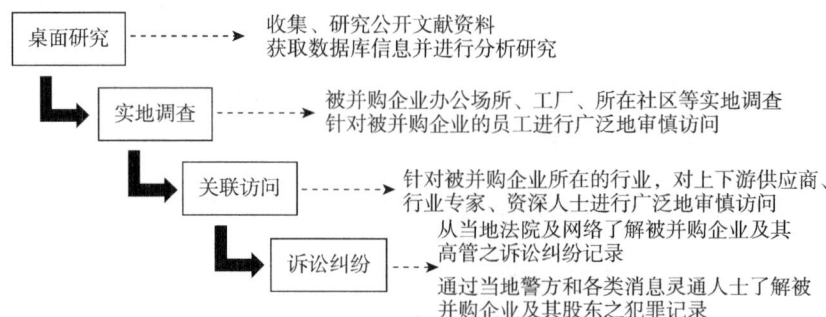

图 7-1　第三方不公开尽职调查的常规操作流程

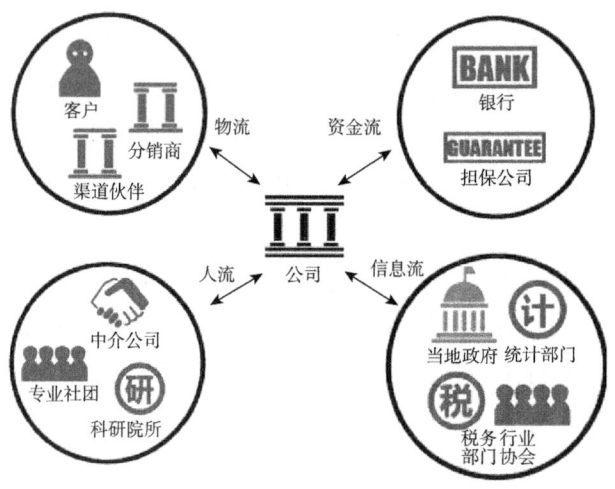

图 7-2　第三方不公开尽职调查框架

（1）覆盖的调研范围往往更宽，而且能挖掘到传统尽职调查较难深入的某些敏感项目。

第三方尽职调研项目一般可以设定为目标公司运营层面、目标公司决策管理层、所在地政治、投资的政策与商业环境、竞争对手和利益关联方的可能干扰四个层面，基本覆盖了传统法律尽职调查、财务尽职调查无力涉及的领域，而且对于收购团队自身开展的调研也是一个非常好的补充。具体包括：

- 公司部分：
- 目标公司的实态运营状况。
- 目标公司的生产经营活动是否正常进行，是否存在影响其正常运作的各种风险因素或负面传闻。

- 目标公司在行业内的地位排名、声誉。
- 目标公司在所在城市、社区的地位、声誉。
- 目标公司是否存在任何诉讼、劳工或环保纠纷。
- 公司管理层部分：
- 法人代表、股东与主要高管的背景、履历、专业资格。
- 法人代表、股东与主要高管在公司内各自承担的职责及其经营管理风格。
- 公司法人代表及主要高管在行业内的声誉。
- 公司法人代表及其高管是否有犯罪、诉讼记录或各种债务纠纷。
- 公司法人代表及其高管是否有特殊的政治背景，或与任何有组织犯罪存在关联。
- 所在地的政策、法律环境部分：
- 当地政府对此次并购的政策态度（公开的和私下的）。
- 当地政治形势是否稳定，政府主要官员换届是否会影响已达成的协议执行。
- 当地政府是否存在各种公开或隐形壁垒。
- 当地政府的运行效率如何，是否有明显的潜规则习惯。
- 竞争对手与利益关联方的可能干扰部分：
- 行业竞争对手对此次并购的态度与可能干扰手段（煽动政治抵制、呼吁安全或反垄断审查等）。
- 目标公司员工对此次并购的态度、是否可能干扰及可能以何种方式干扰。
- 当地主要环保、劳工群体对此次并购的态度、是否可能干扰及可能以何种方式干扰。

这四大层面的调研项目基本覆盖了被并购企业的实态运营状况、高管可能的道德风险、竞争对手及其他利益关联方的可能反应，乃至宏观的政治与安全风险。这就大大弥补了目前多数传统尽职调查主要在法律和财务两个领域的局限，对于影响并购成败更直接的一些风险因素，如被并购企业实际经营状况、环保问题、劳资纠纷、利益关联方可能的抵制等将会起到前瞻性的预测，从而提前预见、化解可能的风险。

（2）调查启动时间与启动方式更灵活。

传统尽职调查一般启动于并购活动正式开始前或操作过程中。第三方尽职调查完全由收购方指定，既可以在并购活动正式启动前操作，也可以启动于目标公司的筛选过程中。通过对特定行业符合初步并购要求的企业进行全面筛选，可以让潜在的买家对目标公司的价值与风险有一个初步的认识，并且不会惊动目标公司和其他利益关联方。由此，既可以起到前期保密、隐蔽意图的作用，又有更多的时间与回旋余地，从而制定更符合实际、更节约的并购计划。

（3）调查成果结合行为分析工具能为并购谈判提供强有力的策略支持。

在重大谈判过程中，如能事先了解谈判对手的现实处境与谈判方案，无疑能在谈判过程中获得针对对手的信息，单向透明，主导谈判的主动权。第三方调查机构一方面可以深入收集被并购企业当前的运营实际状况、现金流水平与各种风险点（与公开资料相印证）；另一方面，可以预先收集目标公司主要高管、谈判组成员的个人教育职业经历、性格特点、之前谈判记录（风格）等方面的资料，建立关键目标人员档案，在谈判前结合对谈判对手现实处境的分析，就可以预测出对方谈判组的几个可能的谈判方案及其底线。如能引入行为科学模式分析，甚至有可能对谈判组成员的具体谈判策略与战术也做出较精确的推断。

（4）监测目标公司企业利益关联方的意图与行为，为可能的危机提供预警。

在并购活动开始、进行及收购协议刚刚签订一段时间内，目标公司企业员工、竞争对手、媒体、环保、劳工组织等任何一方的敌意都有可能对并购本身，乃至并购后的有效整合带来程度不同的风险，甚至有可能直接破坏整个并购。第三方调研一方面事先就将目标公司本身、竞争对手及其利益关联方针对并购活动的态度、动向纳入了调研范围，通过专业分析预测判断其可能的反应，帮助并购项目组准备相应的应对措施；另一方面，各种利益关联方的态度、行为酝酿变化在所在地区的各类媒体、网络论坛、交流群组中或多或少地会有所体现，建立在综合风险控制框架下第三方机构可以通过舆情监测软件和专业的分析人员，对正在酝酿的各种敌意、抵制行为做出恰如其分的分析并划分威胁级别。对于真实可信的抵制威胁，可以进一步了解其发起人与主要成员的背景、决心与能力，当地过往类似事件的处置经过，为并购方采取适当的措施提供一手的参考依据。

第 8 章
并购的交易价格与税收

【话题】并购交易中的价格是怎样形成的？
支付方式有哪些？涉及哪些财税问题

8.1　并购交易中的价格

并购能否成功,价格是重要影响因素。

8.1.1　并购的交易价格形成的四个阶段是什么

并购的本质是一个交易,只要有交易的真实愿望和需求,就没有卖不掉的企业,卖不掉的只有价格。企业家创业不易,经历无数的荣辱之后,出售自己创办的企业,不论是出于无奈还是高价套现,交易价格是影响企业家出售企业意愿的重要因素。

曾经有一个校友问笔者:如何看待估值问题?实际上,大多数企业家并不懂估值模型,所以复杂的估值方法对他们来说并不可行。更多的并购交易价格是以市场的公允价格为基础,经过买卖双方反复讨价还价之后形成的。交易价格的形成基本上可分为四个阶段:

(1)意向阶段。该阶段重在试探对方的心里预期,价格可以参照以往的交易案例进行推算。比较简单的例子就是出售牌照类的公司,过去的一个类似牌照卖了多少钱、现在的市场环境是怎样的。如果市场环境没有太大的变化,基本上可以以过去的价格作为参考。重大的借壳上市项目,"壳"值多少钱,市场大体也会有一个价格,只是交易各方对于价格的预期随政策调整而不断变化。值得一提的是,意向阶段中卖方习惯高开价格,对此买家不要过于担心,该谈的还是要谈。

(2)尽职调查后的价格谈判。在初步达成定价原则、大致价格区间后,就可以开展对企业的尽职调查,充分了解企业的信息。通过详细的尽职调查,企业的真实情况基本浮出水面,这时候再谈定价就有依据了。在一些情况下,按照法律法规的要求对目标公司开展审计、评估,从而得出的评估价格,也是各方进行价格谈判的重要依据。

(3)综合考虑价格阶段。除了基础价格外,还要综合考虑一些其他因素来讨论价格。主要包括如下方面:

- 支付方式。
- 是否有业绩承诺及承诺的情况,即采取对赌模式作为定价调整的工具。
- 支付节奏,是一次性付款还是分期付款。
- 税收问题与合法节税安排。
- 监管审批流程如果过于复杂、时间拖沓,也会影响价格。
- 有无其他竞争性买家,如果意向强烈的竞争者多,价格就会水涨船高。
- 心理因素的变化,各方追求自己利益最大化,获得心理的平衡甚至满足。

(4)成交阶段。多轮谈判博弈的目的是为了成交。为了实现最终成交,即使已经谈好的价格,甚至已经签字的合同,也可能因为某些因素而再次调整。

8.1.2 股权收购的价格怎么算

股权收购时很容易犯晕的问题就是资产负债和现金流相混淆,这里有一个较为简单的算法:股权转让价格=经审计的净资产+收购方可接受的溢价;受让方应支付的现金流=股权转让价格+标的公司欠转让方款项-转让方欠标的公司款项。

8.1.3 上市公司收购目标公司的价格有什么特殊要求

目标公司可简单分为普通公司和上市公司,关于上市公司收购上市公司,我们后续再做进一步介绍,这里先介绍上市公司收购普通公司的情形。

上市公司收购普通的公司时,标的企业规模较小的,可以直接按照市场价格,只要价格公允,不损害上市公司本身的利益,就可以直接交易定价。如果构成重大资产重组,或者收购款支付是采取发行股份的模式,收购价格就需要按照证监会、交易所相关的规范进行操作。

8.1.4 上市公司重大资产重组通常如何处理过渡期损失

> **【术语解读】标的资产损益归属的"过渡期间"**
>
> 标的资产期间损益归属,简单说就是增值归上市公司,减损由交易对方补足。对于标的资产在评估基准日至交割日(指标的资产所有权人变更为公司的工商变更登记办理完毕之日)的期间就是这里所说的"过渡期间"。

对于"过渡期间"的损益归属问题可以约定,通常为:在交割日后 30 日内由公司和交易对方共同委托的具有证券从业资格的审计机构以交割日最近的一个月末为审计基准日,对标的资产在过渡期间内的损益进行审计并出具审计报告。如标的资产在"过渡期间"实现盈利或因其他原因导致净资产增加,则盈利部分或净资产增加部分归上市公司所有;如标的资产在"过渡期间"内发生亏损或因其他原因而导致扣除非经常性损益后净资产减少,则亏损或减少的净资产部分对应的等额金额由交易对方在审计报告出具后的 5 个工作日内以现金方式向上市公司补足。

8.1.5 上市公司重大资产重组中相关资产的定价依据是什么

> **【术语解读】上市公司重大资产重组**
>
> 上市公司及其控股,或者控制的公司在日常经营活动之外购买、出售资产,或者通过其他方式进行资产交易达到规定的比例,导致上市公司的主营业务、资产、收入发生重大变化的资产交易行为,构成上市公司重大资产重组。

上市公司重大资产重组通常包括以下情况:

(1)在上市公司控制权不变的情况下,发生上市公司及其控股,或者控制的公司购买、出售资产,达到下列标准之一的,构成重大资产重组:

● 购买、出售的资产总额占上市公司最近一个会计年度经审计的合并财务会计报告期末资产总额的比例达到 50% 以上。

● 购买、出售的资产在最近一个会计年度所产生的营业收入占上市公司同期经审计的合并财务会计报告营业收入的比例达到 50% 以上。

● 购买、出售的资产净额占上市公司最近一个会计年度经审计的合并财务会计报告期末净资产额的比例达到 50% 以上，且超过 5000 万元人民币。

（2）在上市公司自控制权发生变更之日起 60 个月内，向收购人及其关联人购买资产，导致上市公司发生以下根本变化情形之一的，构成重大资产重组：

● 购买的资产总额占上市公司控制权发生变更的前一个会计年度经审计的合并财务会计报告期末资产总额的比例达到 90% 以上。

● 购买的资产在最近一个会计年度所产生的营业收入占上市公司控制权发生变更的前一个会计年度经审计的合并财务会计报告营业收入的比例达到 90% 以上。

● 购买的资产在最近一个会计年度所产生的净利润占上市公司控制权发生变更的前一个会计年度经审计的合并财务会计报告净利润的比例达到 90% 以上。

● 购买的资产净额占上市公司控制权发生变更的前一个会计年度经审计的合并财务会计报告期末净资产额的比例达到 90% 以上。

● 为购买资产发行的股份占上市公司首次向收购人及其关联人购买资产的董事会决议前一个交易日的股份的比例达到 90% 以上。

● 上市公司向收购人及其关联人购买资产虽未达到本款第一项至第五项标准，但可能导致上市公司主营业务发生根本变化。

● 中国证监会认定的可能导致上市公司发生根本变化的其他情形。

《上市公司重大资产重组管理办法》第二十条对相关资产的定价依据做了明确规定，具体为：

（1）以资产评估结果作为定价依据。资产评估机构应当按照资产评估相关准则和规范开展执业活动；上市公司董事会应当对评估机构的独立性、评估假设前提的合理性、评估方法与评估目的的相关性，以及评估定价的公允性发表明确意见。

（2）相关资产不以资产评估结果作为定价依据的。上市公司应当在重大资产重组报告书中详细分析说明相关资产的估值方法、参数及其他影响估值结果的指标和因素。

上市公司董事会应当对估值机构的独立性、估值假设前提的合理性、估值方法与估值目的的相关性发表明确意见，并结合相关资产的市场可比交易价格、同行业上市公司的市盈率或者市净率等通行指标，在重大资产重组报告书中详细分析本次交易定价的公允性。

前两个情形中，评估机构、估值机构原则上应当采取两种以上的方法进行评估或者估值；上市公司独立董事应当出席董事会会议，对评估机构，或者估值机构的独立性、评估，或者估值假设前提的合理性和交易定价的公允性发表独立意见，并单独予以披露。

> 【术语解读】估值与评估
>
> 评估是指有资质的专业评估机构和评估人员，按照国家法律、法规和资产评估准则，根据特定目的，遵循评估原则，依照相关程序，选择适当的价值类型，运用科学方法，对资产价值进行分析、估算并发表专业意见的行为和过程。而估值不受上述评估资质的要求，非专业人士和没有牌照的机构也可以对资产价值进行评价和发表意见。

8.1.6 并购交易中通常采取哪两种评估方法

并购交易中通常采取的评估方法包括资产基础法和收益现值法。

按照《企业价值评估指导意见（试行）》的要求，资产评估机构在评估企业价值时需采取两种或两种以上的方法进行评估。由于市场法受到我国目前公开信息披露量的制约，资产基础法和收益法成为目前企业价值评估中最常用的两种评估途径。因业内的习惯意识，资产基础法往往被理解为评估单项资产时采用的成本法。显然，它适用于具有控股权的公司或投资公司、资本密集型的企业、经营不善的企业、非赢利性实体的整体价值评估。

而上市公司并购重组采取收益现值法的比较多，由于近年来并购的热点集中在新兴领域，这些领域多属于轻资产的公司，卖方为追求利益最大化，买方为了成交需要，并购交易双方多数采取高估值、高溢价、高业绩承诺的"三高"方案。

虽然《上市公司重大资产重组管理办法》对上市公司向控股股东、实际控制人，或者其控制关联人之外的特定对象购买资产且未导致控制权发生变更的这类并购重组，并不强制要求签订补偿协议，但是因为并购标的估值高、溢价率高，为了保障权益，上市公司还是通常要求交易对象做出对应的业绩承诺，与交易对象订立补偿协议。

> **【术语解读】资产基础法**
>
> 资产价值基础法指通过对目标企业的资产进行估价来评估其价值的方法。其侧重于从静态的角度评估企业价值，并不考量企业的未来发展与现金流量的折现值，也没有考虑到其他未记入财务报表的因素，如行业现状、人力资源、企业文化、组织问题及契约、协同效应等因素，往往使企业价值被低估。

> **【术语解读】收益现值法**
>
> 收益现值法又称收益还原法、收益资本金化法，是指通过估算被评估资产的未来预期收益并折算成现值，借以确定被评估资产价值的一种资产评估方法。从资产购买者的角度出发，购买一项资产所付的代价不应高于该项资产或具有相似风险因素的同类资产未来收益的现值。收益现值法对企业资产进行评估的实质是将资产未来收益转换成资产现值，而将其现值作为待评估资产的重估价值。收益现值法的基本理论公式可表述为：资产的重估价值=该资产预期各年收益折成现值之和。

> **【术语解读】评估与审计**
>
> 先由会计师事务所完成审计，出具审计报告。评估机构的评估报告则需要审计报告作为基础的支持。

8.1.7 收购国有企业的价格有什么特殊要求

收购国有企业的关键性要求是防止国有资产流失。因此，规定和流程就比较复杂，除了必要的审批手续外，对国有企业收购的价格有三个要点：

第一，需要进行资产评估，以确定国有企业产权转让的参考价格。如最新颁布的《上市公司国有股权监督管理办法》第十条规定："上市公司国有股权变动应当根据证券市场公开交易价格、可比公司股票交易价格、每股净资产值等因素合理定价。"第三十三条规定："国有股东为实施资源整合或重组上市公司，并在其所持上市公司股份转让完成后全部回购上市公司主业资产的，股份转让价格由国有股东根据中介机构出具的该上市公司股票价格的合理估值结果确定。"

第二，是原则上①要在依法设立的产权交易机构，经过挂牌公开征集受让人。根据《上市公司国有股权监督管理办法》第二十三条，挂牌的价格一般不得低于"提示性公告日前30个交易日的每日加权平均价格的算术平均值，或者最近一个会计年度上市公司经审计的每股净资产值。"产权转让信息公告期满后，若产生两个及以上符合条件的意向受让方的，由产权交易机构按照公告的竞价方式组织实施公开竞价；公开竞价方式包括拍卖、招投标、网络竞价及其他竞价方式。

第三，在非公开协议转让中，采取"先付款后交割"的原则。《上市公司国有股权监督管理办法》第二十六条规定："国有股东应在股份转让协议签订后5个工作日内收取不低于转让价款30%的保证金，其余价款应在股份过户前全部结清。在全部转让价款支付完毕或交由转让双方共同认可的第三方妥善保管前，不得办理股份过户登记手续。"

【并购案例】 平安收购上海家化（一）

2011年9月，根据上海市国资改革规划，中国本土最大的国有化

---

① 《上市公司国有股权监督管理办法》虽然包括非公开协议转让的方式，但明确限制了一系列前提条件：(1) 上市公司连续两年亏损并存在退市风险或严重财务危机，受让方提出重大资产重组计划及具体时间表的。(2) 企业主业处于关系国家安全、国民经济命脉的重要行业和关键领域，主要承担重大专项任务，对受让方有特殊要求的。(3) 为实施国有资源整合或资产重组，在国有股东、潜在国有股东（经本次国有资源整合或资产重组后成为上市公司国有股东的，以下统称国有股东）之间转让的。(4) 上市公司回购股份涉及国有股东所持股份的。(5) 国有股东因接受要约收购方式转让其所持上市公司股份的。(6) 国有股东因解散、破产、减资、被依法责令关闭等原因转让其所持上市公司股份的。(7) 国有股东以所持上市公司股份出资的。

妆品企业——上海家化集团国资退出,引发平安、海航、复星三大集团争相竞购,最后平安集团旗下平安信托凭借资源优势和相关承诺胜出。

故事一:家化改制

上海家化联合股份有限公司前身是 1898 年成立的香港广生行,历经无数风云变幻,2000 年上海家化集团诞生。2001 年 3 月,上海家化在 A 股主板上市,上海家化作为国内化妆品行业首家上市企业,是国内日化行业中少有的能与跨国公司开展全方位竞争的本土企业,拥有国际水准的研发和品牌管理能力。

但是作为国有企业,进行改制一直是上海家化管理层最迫切的愿望。2010 年 12 月 6 日,上海家化停牌公告称,家化集团按照上级精神正在筹划国资改革事宜。2011 年 1 月 4 日,上海家化的公告:集团上级公司已经与上海市国资委商量确认了家化集团的改制方案,并已上报有关部门审定。最终上海家化以 51 亿元的金额挂牌出售。

故事二:群雄逐鹿,平安胜出

有意收购上海家化的大佬很多,包括中信、鼎晖、红杉、平安等投资基金和金融集团,它们从跃跃欲试到陆续退出,复星、平安、海航三国争霸。复星宣布退出后,上海家化股权竞购进入最后阶段,平安与海航展开了股权竞购,相继递交标书,继海航爆出 50 亿元注资计划之后,平安 70 亿元注资计划也浮出水面。2011 年 11 月 7 日,上海家化母公司家化集团 100% 股权最终被上海平浦投资有限公司通过竞标获得,后者为平安信托旗下平安创新资本全资子公司。2012 年 1 月,平安进驻上海家化。

8.2 并购交易中的支付方式

并购交易的支付方式有哪些?

8.2.1 并购中常见的支付方式都有哪些

并购中的支付方式很多,通常包括如下方式:

(1) 现金支付方式。

(2) 股份支付。

(3) 承债支付。

(4) 现金+股份。

(5) 资产置换。

(6) 其他方式。

8.2.2 选择现金收购还是股份收购

现金收购就是用现金来购买标的公司股权或者资产。这里的现金包括银行转账、票据等货币支付方式，现金收购有许多优点。

(1) 简单明了。只需要对标的公司的资产股权进行评估或者估值定价，与股份支付、资产置换等方式相比较，不需要对作为对价的股份、资产进行评估或者估值定价。可以省去很多的时间、精力和费用．

(2) 清楚明确，便于完成交易。

(3) 不影响并购后的公司资本结构。

同时，现金收购也有缺点：现金收购一般适用一些比较小的标的，一旦标的比较大，买方往往无法筹集到更多的现金，会影响交易。此外，现金收购后卖方已经实现收益，就需要纳税。例如卖方是自然人股东时，由于转让了标的公司的股权，就需要就股权溢价部分缴纳 20% 的个人所得税，1 亿元的股份转让款需要交 2000 万元的税款，谁都会心疼；如果卖方是企业，也涉及一大笔收入到账，需要综合当年度的其他应收和支出情况就当年的盈利缴纳企业所得税，也是不小的负担。此时如果是股份支付，取得股份的一方可以延期缴纳所得税。

> 【术语解读】股份支付
>
> 并购中，价款不用现金支付而是采取收购方等价股份作为对价的一种支付方法称为股份支付。具体的股份支付有三种情况：增发股份（增资）作为支付的对价、库存股作为支付的对价和交叉持股。

相比现金收购，股份支付的优点是：

(1) 买方不需要支付大量的现金、便于开展大规模并购。

（2）交易完后，标的公司的原股东（卖方）不再持有标的公司的股份，而是将其原股份换成了买方公司的股份，可以享有买方公司成长的红利。如果买方是上市公司，卖方在满足一定的限售期限和条件后，可以自由出售其股份，实现股份变现。此时如果上市公司股价在收购后上涨，则卖方的收益也会相应的提高。

（3）标的公司的原股东（卖方）可以申请递延纳税，不必立即缴纳所得税。

（4）对于根据收益法估值定价的标的公司来说，由于存在业绩承诺和对赌问题，如果卖方完不成业绩承诺，相应的股份会被买家以低价（通常以1元价格）回购注销，可以对被收购方形成更有利的约束，从而保护买方的权益。

据Wind数据统计显示，2016年合计有657次收购资产需完成业绩承诺，涉及503家上市公司。从对赌协议承诺盈利完成情况来看，其中133起收购资产未完成业绩承诺，涉及上市公司121家。这就意味着逾24%的上市公司并购标的业绩未达成预期。鉴于并购中存在目标公司业绩变脸的风险，上市公司收购对价的支付方式也发生了重大变化，现金支付得越来越少，发行股份支付则越来越多。相比那些去打官司维权的现金支付公司，1元回购注销股份的模式要划算得多。诉讼过程不仅复杂，还往往出现难于执行的"法律白条"现象，最后"赢了官司输了钱"。

但股份支付也是有缺点的：

（1）对并购方而言，新增发的股票稀释了老股东的股权比例，其结果可能影响原股东对公司的控制权。

（2）股票发行要受到监管部门的监督，以及证券交易所上市规则的限制，发行手续烦琐、迟缓使得竞购对手有时间组织竞购，也使得不同意并购的主体有时间部署反并购措施。

【并购案例】宝万之争——华润举报信"劝退"深圳地铁

在宝万之争中曾发生这样一幕，深圳地铁集团原计划通过万科公司发行股份购买资产的模式实现对万科的并购，但是因为万科当时的大股东华润坚决反对而交易受阻。

在2016年6月17日的董事会会议上，华润派出的三名董事就发行股份问题的议案全部投了反对票,这导致议案是否通过出现了巨大争议。万科虽然宣布董事会决议有效,但是遭到了华润的坚决反击,华润对于万科董事会审议及表决重组预案过程中所存在的问题发函向两地监管机构反映,并质疑议案审议过程的合规性及议案通过的有效性,同时聘请法律专家出具了董事会决议无效的专家意见书。

由于发行股份购买资产的议案还需要股东大会通过,并报证监会审批,万科考虑到华润及宝能的股权比例比较高,股东大会不可能获得通过,监管部门也不会轻易放行,于是在 2016 年 12 月 19 日发布公告宣布:经与深圳地铁协商,决定终止本次交易事项。

(3) 换股收购经常会招来风险套利者,套利群体造成的压力,以及每股收益被稀释的预期会导致收购方股价下滑。

8.2.3 上市公司收购非上市公司时多喜欢采取"现金+股份"的模式是何原因

在上市公司收购一定规模的标的公司时,多数选择现金加股份的模式,其中现金的比例一般在 20%~50%,具体看双方利益博弈的结果。"现金+股份"综合了现金支付和股份支付的优缺点,较好地平衡了各方的利益,因此常常被采用。

8.2.4 如何看待资产置换支付模式

并购时,通常会将一个公司的股权看作是一项资产,如果收购这项资产时,支付的对价是另一项资产,这就是资产置换的模式。

例如浙江广厦收购福添影视一案中,浙江广厦公告的目标是收购福添影视有限公司90%的股权。如果将福添影视有限公司90%的股权看作一项资产,浙江广厦在这起收购中没有支付现金给交易对手(福添影视的股东),也没有拿上市公司的股份作为支付对价,而是以其持有的两个公司的股权(看作是资产)作为支付对价进行了资产置换。

用资产作为支付手段,对于上市公司来说,资产置换减少了现金支付的压力,也不会稀释实际控制人的股权比例,不影响控制权。但资产支付需要对用作支付的资产进行评估定价,这个过程中很容易发生一些争议,比如浙江广厦案中用以支付的资产——杭州华侨饭店有限责任公司90%的股权的定价在当时就引发了很多争议,许多人认为定价过低。

8.2.5 上市公司发行股份购买资产有什么要求

《上市公司重大资产重组管理办法》第四十三条规定,上市公司发行股份购买资产,应当符合下列规定:

(1) 充分说明并披露本次交易有利于提高上市公司资产质量、改善财务状况和增强持续盈利能力,有利于上市公司减少关联交易、避免同业竞争、增强独立性。

(2) 上市公司最近一年及一期财务会计报告被注册会计师出具无保留意见审计报告;被出具保留意见、否定意见或者无法表示意见的审计报告的,须经注册会计师专项核查确认,该保留意见、否定意见或者无法表示意见所涉及事项的重大影响已经消除,或者将通过本次交易予以消除。

(3) 上市公司及其现任董事、高级管理人员不存在因涉嫌犯罪正被司法机关立案侦查,或涉嫌违法违规正被中国证监会立案调查的情形。但是,涉嫌犯罪或违法违规的行为已经终止满3年,交易方案有助于消除该行为可能造成的不良后果,且不影响对相关行为人追究责任的除外。

(4) 充分说明并披露上市公司发行股份所购买的资产为权属清晰的经营性资产,并能在约定期限内办理完毕权属转移手续。

(5) 中国证监会规定的其他条件。

上市公司为促进行业的整合、转型升级,在其控制权不发生变更的情况下,可以向控股股东、实际控制人,或者其控制的关联人之外的特定对象发行股份购买资产。所购买资产与现有主营业务没有显著协同效应的,应当充分说明并披露本次交易后的经营发展战略和业务管理模式,以及业务转型升级可能面临的风险和应对措施。

特定对象以现金或者资产认购上市公司非公开发行的股份后,上市公司用同一次非公开发行所募集的资金向该特定对象购买资产的,视同上市公司发行股份购买资产。

8.2.6 股权收购中现金流应该如何安排

股权转让价格往往是收购方应直接划付给转让方的款项,但若存在转让方欠标的公司款项的情况时，为保证现金流安全，可以通过股权转让方、受让方、标的公司签订三方协议的方式，以确保转让方欠付款项流入项目公司，而转让方实际得到的款项为股权转让价格－转让方欠标的公司款项。反过来，当标的公司欠转让方款项时，同样建议通过三方协议来解决，确保消除项目公司欠转让方的往来，并在交割过程中设置担保、交易保证金等增信方式，以避免交割失败产生损失。

同时，通常由于股权转让方可能存在外部的隐性债务，而交割时可能先要解除标的公司的资产抵押、质押、查封等情形，甚至需解除标的公司股权质押、查封等情形，情况特别复杂，股权转让方应借助律师的工作以防范交易未成却成了"垫背的"。

还有一种情况，假设标的企业净资产为－10000万元，而收购方能接受的溢价是6000万元，则转让价格为－4000万元，这样的交易如何做？若上述交易的前提是标的公司欠转让方款项，假设欠款为8000万元，这时收购方要付的现金流为4000万元，此时应在三方协议中约定由转让方向标的公司让利4000万元或更多，从而通过债务重组方式使得标的公司净资产为0或正数，在此基础上再考虑交易的价格和现金流安排。

8.3　并购交易中的对赌

下面介绍并购交易中的对赌内容。

8.3.1　什么是并购重组中的对赌，有何要求

对采取收益现值法、假设开发法等基于未来收益预期的方法，对拟购买资产进行评估或者估值，并作为定价参考依据的，上市公司应当在重大资产重组实施完毕后3年内的年度报告中单独披露相关资产的实际盈利数与利润预测数的差异情况，并由会计师事务所对此出具专项审核意见；交易对方应当与上市公司就相关资产实际盈利数不足利润预测数的情况签订明确可行的补偿协议。

> **【术语解读】盈利预测**
>
> 盈利预测是指预测主体在合理的预测假设和预测基准的前提下，对未来会计期间的利润总额、净利润等重要财务事项做出的预计和测算。在收益现值法中需要对未来盈利进行预测。

> **【术语解读】假设开发法**
>
> 指预计估价对象开发完成后的价值，扣除预计的正常开发成本、税费和利润等，以此估算估价对象的客观合理价格或价值的方法。在运用现金流量折现法时，不用扣除利润部分。

预计本次重大资产重组将摊薄上市公司当年每股收益的，上市公司应当提出填补每股收益的具体措施，并将相关议案提交董事会和股东大会进行表决。负责落实该等具体措施的相关责任主体应当公开承诺，保证切实履行其义务和责任。

上述交易对方应当与上市公司就相关资产实际盈利数不足利润预测数的情况签订明确可行的补偿协议。此补偿协议被认为就是对赌协议，在并购重组时达成，通常交易对方需要向上市公司做出业绩承诺，承诺一定期限（常规是三到四年）的业绩（每年盈利数或者累计盈利数），如果相关资产实际盈利数不足利润预测数的，需要按照协议规定的方式和内容对上市公司进行补偿。

> **【术语解读】业绩承诺**
>
> 卖方为了把目标公司卖一个好价钱，向上市公司做出承诺，在交易完成后的一定期限内（通常是三到四年），每年完成的业绩指标，如果指标达不到承诺数，则按照约定向上市公司进行补偿。

8.3.2 什么情况下必须对赌

根据《上市公司重大资产重组管理办法》第三十五条，上市公司向控股股东、实际控制人或者其控制关联人购买资产的情况,必须对赌。

上市公司向控股股东、实际控制人或者其控制关联人之外的特定对象购买资产且未导致控制权发生变更的,上市公司与交易对方可以根据市场化原则,自主协商是否采取业绩补偿和每股收益填补措施及相关具体安排。

8.3.3 没有完成业绩承诺怎么处理

没有完成业绩承诺的对赌方,需要按照收购协议约定,向上市公司进行业绩承诺补偿。通常对股份支付的,上市公司对原股份按照1元价格回购,注销对赌方多收取的股份,实现利益的平衡。也有进行现金补偿的,通常是等额现金补偿。

特例:新华医疗并购成都英德补偿方式是双倍现金补偿,其补偿计算公式为:〔当年目标净利润(扣除非经常性损益)－实际实现净利润(扣除非经常性损益)〕×2。

> 【术语解读】非经常性损益
> 非经常性损益是指与公司正常经营业务无直接关系,以及虽与正常经营业务相关,但由于其性质特殊和偶发性,影响报表使用人对公司经营业绩和盈利能力做出正常判断的各项交易和事项产生的损益。

非经常性损益包括如下项目:

(1) 非流动性资产处置损益,包括已计提资产减值准备的冲销部分。

(2) 越权审批,或无正式批准文件,或偶发性的税收返还、减免。

(3) 计入当期损益的政府补助,但与公司正常经营业务密切相关,符合国家政策规定、按照一定标准定额或定量持续享受的政府补助除外。

(4) 计入当期损益的对非金融企业收取的资金占用费。

(5) 企业取得子公司、联营企业及合营企业的投资成本小于取得投资时,应享有被投资单位可辨认净资产公允价值产生的收益。

(6) 非货币性资产交换损益。

(7) 委托他人投资或管理资产的损益。

(8) 因不可抗力因素,如遭受自然灾害而计提的各项资产减值准备。

(9) 债务重组损益。

（10）企业重组费用，如安置职工的支出、整合费用等。

（11）交易价格显失公允的交易产生的超过公允价值部分的损益。

（12）同一控制下企业合并产生的子公司期初至合并日的当期净损益。

（13）与公司正常经营业务无关的或有事项产生的损益。

（14）除同公司正常经营业务相关的有效套期保值业务外，持有交易性金融资产、交易性金融负债产生的公允价值变动损益，以及处置交易性金融资产、交易性金融负债和可供出售金融资产取得的投资收益。

（15）单独进行减值测试的应收款项减值准备转回。

（16）对外委托贷款取得的损益。

（17）采用公允价值模式进行后续计量的投资性房地产公允价值变动产生的损益。

（18）根据税收、会计等法律、法规的要求对当期损益进行一次性调整对当期损益的影响。

（19）受托经营取得的托管费收入。

（20）除上述各项之外的其他营业外收入和支出。

（21）其他符合非经常性损益定义的损益项目。

8.3.4 有信心超额完成业绩承诺时如何设计对赌方案

实践中，很多卖方既是目标公司股东，又是目标公司的实际经营团队，他们对经营还是有一定信心的，他们希望卖个高价格的同时又希望有一定的弹性空间，这时候针对买卖双方的需求，笔者就可以做技术设计了。

（1）业绩承诺不单独年度考核，而是三年或者四年累计考核。

（2）业绩承诺超过部分，收购方给予卖方经营团队奖励。按照规定，奖励总额不应超过其超额业绩部分的90%，且不超过其交易作价的20%。为了平衡双方利益，笔者建议50%的奖励，双方对超出部分平分秋色。

需要注意的是，并购的子公司未能达到承诺业绩需要计提相应资产减值损失，会影响业绩。

8.3.5 "高对赌"对上市公司会产生什么影响

自2013年中国并购元年以来，上市公司并购重组一路高歌猛进，为上市公司创造了高昂的市值和财务，同时因为并购不当，也带来很多负面影响。其中由于并购定价过高问题，经过三年的对赌，许多家公司并购资产因去年业绩不达此前的承诺水平，不得不计提商誉减值，直接导致上市公司由盈转亏，拖累了上市公司。2017年5月，随着2016年年报披露，一轮商业减值的风险集中爆发。据统计，业绩承诺不达标的比例高达到24%，近四分之一的并购案没有实现预定的业绩指标。

【并购案例】勤上股份巨额商誉减值申请停牌

勤上股份由于错误的双主业并举战略，收购龙文教育，导致2016年度修正后业绩亏损达3.96亿元。其中因为龙文教育未能完成年度的业绩承诺，而导致商誉减值4.2亿元。大额的商誉减值和业绩亏损，直接影响了上市公司的市值。2017年4月25日晚间勤上股份公告：因为上市公司控股股东股票已经质押，临近平仓线，向交易所申请自4月26日停牌。

【并购案例】康恩贝高买低卖，1.5亿元"打水漂"

康恩贝公司于2014年12月和2015年6月分别以现金形式收购珍诚医药30.81%和26.44%的股权，合计投资5.04亿元。珍诚医药主要以"医药在线"为平台，进行药品、医疗器材等的批发、分销业务。但两年的时间内，珍诚医药并未给康恩贝交上一份满意的答卷。据康恩贝2015年财报显示，从收购日起至2015年年底，珍诚医药实现营业收入14.33亿元，净利润2059.50万元，与2015年度预测净利润数5295.11万元差距较大，仅达成预测净利润数的51.92%。同样，2016年1月-9月经营业绩也未达预期，亏损1697万元。为了避免收购标的资产继续拖累上市公司业绩，康恩贝公司于2016年12月将珍诚医药以3.45亿元转让，5亿元购买的资产，3.5亿元卖出。

【并购案例】并购双刃剑，新华医疗掉入商誉减值泥潭

曾因频繁收购而屡获资本市场关注的公司山东新华医疗器械股份有限公司发布的2016年度业绩预告显示，公司预计净利同比下降

75%~95%。其中,并购不当是其重要原因之一。曾经期望并购带来业绩增长,如今财务报表反受并购的拖累。新华医疗因为并购标的成都英德2016年业绩未达预期,且未按时履行2016年度业绩补偿义务,一怒之下,将交易对方告上了法庭。

8.3.6 上市公司是如何解决商誉减值问题的

上市公司解决商誉减值问题的手段通常包括以下方式:

(1) 资产剥离(包括退货和对外出售)甩脱"烫手山芋"。

2017年4月上市公司吉艾科技披露,拟作价8亿元向安埔胜利原控股股东郭仁祥出售安埔胜利90%股权,标的公司原控股股东拿出8亿元,其中1.86亿元向吉艾科技支付2016年度业绩承诺未达标的补偿款,6.14亿元用于购买标的资产安埔胜利90%股权。这种重组资产"退货模式"使上市公司实现了出售资产"止损",而且扫除了继续拖累上市公司业绩的地雷,对上市公司有利。

虽然本次出售安埔胜利的实际价格为6.14亿元,比起当初上市公司买入价格低了一些。但是基于标的资产的现实状况,这种处置模式还算是一种较好的处置模式。这个模式基于上市公司与卖方股东的合作基础,双方有利益平衡的机制。

(2) 更改业绩补偿方案(目前已经加强了限制,如重组方不能更改方案)。通常是将业绩承诺期内每个年度单独测算和补偿改为三个或五个年度届满时一次性测算和补偿,或是将现金补偿改为股份补偿等。

(3) 并购时更加慎重。上市公司在主营业务缺乏增长动力时,不应盲目搞跨界并购,不宜追捧热门概念导致资产标的高溢价,并最终形成高额商誉;在并购完成后,经营业绩不应过度依赖并购对象,否则在被收购方业绩大变脸后,将面对商誉减值的冲击。

8.3.7 业绩承诺方案能否变更

在特定情况下,可以变更。

《上市公司监管指引第4号——上市公司实际控制人、股东、关联方、收购人以及上市公司承诺及履行》第五条规定:因相关法律法规、政策变化、自然灾害等自身无法控制的客观原因导致承诺无法履行或无法按期履行的，承诺相关方应及时披露相关信息。除因相关法律法规、政策变化、自然灾害等自身无法控制的客观原因外，承诺确已无法履行或者履行承诺不利于维护上市公司权益的，承诺相关方应充分披露原因，并向上市公司或其他投资者提出用新承诺替代原有承诺或者提出豁免履行承诺义务。

上述变更方案应提交股东大会审议，上市公司应向股东提供网络投票方式，承诺相关方及关联方应回避表决。独立董事、监事会应就承诺相关方提出的变更方案是否合法合规、是否有利于保护上市公司或其他投资者的利益发表意见。变更方案未经股东大会审议通过且承诺到期的，视同超期未履行承诺。

而重组方不能变更业绩承诺。

2016 年 6 月 17 日，证监会发布了关于上市公司业绩补偿承诺的相关问题与解答：

上市公司重大资产重组中，重组方做出的业绩补偿承诺，能否依据《上市公司监管指引第 4 号——上市公司实际控制人、股东、关联方、收购人以及上市公司承诺及履行》的规定进行变更？

答：上市公司重大资产重组中，重组方的业绩补偿承诺是基于其与上市公司签订的业绩补偿协议做出的，该承诺是重组方案的重要组成部分，因此，重组方应当严格按照业绩补偿协议履行承诺。重组方不得适用《上市公司监管指引第 4 号——上市公司实际控制人、股东、关联方、收购人以及上市公司承诺及履行》第五条的规定，变更其做出的业绩补偿承诺。

8.4　并购中的财税问题

在并购过程中，要关注财税问题。

8.4.1　股权收购是否要交增值税

（1）股权转让本身是否要交增值税？

广义的股权转让包括转让未上市企业的股权，转让上市公司股权，转让限售股、转让资管计划、信托计划、契约型基金等。由于相关问题比较复杂，此处所述并购则为狭义，即转让未上市企业的股权，下面均指狭义的股权收购。

股权收购本身不属于增值税的征税范围，不交纳增值税。

（2）股权转让涉及的货物是否要交增值税？

对于在股权转让中被转让企业的存货，其未发生权属变动，不涉及增值税。而对于在股权转让中收购方用作收购对价组成部分的存货，应按其公允价值视同销售处理，由收购方计交增值税。

（3）股权转让过程中涉及的不动产是否要交增值税？

对于在股权转让中被转让企业的不动产，其未发生权属变动，不涉及增值税。而对于在股权转让中收购方用作收购对价组成部分的不动产，应按其公允价值视同处置不动产处理，由收购方计交增值税。此外补充一点，在股权转让中被转让企业的不动产，其未发生权属变动，因此也不用缴纳契税。

8.4.2　股权收购是否涉及土地增值税

股权收购中通常不涉及土地增值税，但在特殊情况下可能涉及土地增值税：根据《国家税务总局关于以转让股权名义转让房地产行为征收土地增值税问题的批复》（国税函［2000］687号），当被转让企业主要资产为土地使用权，而总体转让公司股权时，股权溢价可能会被税务认作土地溢价而要求公司股东缴纳土地增值税。

8.4.3　股权收购前为什么建议先分红

根据《中华人民共和国企业所得税法》第二十六条规定：符合条件的居民企业之间的股息、红利等权益性投资收益免征所得税。根据《中华人民共和国企业所得税法实施条例》第八十三条的规定：企业所得税法第二十六条第（二）项所称符合条件的居民企业之间的股息、红利等权益性投资收益是指居民企业直接投资于其他居民企业取得的投资收益。企业所得税法第二十六条第（二）项和第（三）项所称股息、红利等权益性投资收益，不包括连续持有居民企业公开发行并上市流通的股票不足12个月取得的投资收益。

根据《国家税务总局关于贯彻落实企业所得税法若干税收问题的通知》（国税函（209）79号）规定，企业转让股权收入，应于转让协议生效且完成股权变更手续时，确认收入的实现。转让股权收入扣除为取得该股权所发生的成本后，为股权转让所得。企业在计算股权转让所得时，不得扣除被投资企业未分配利润等股东留存收益中按该项股权所可能分配的金额。

根据上述两个规定，若转让股权的股东为居民企业，被转让企业先分红再转让，可以使得归属于其持股期间与该项股权相关的未分配利润享有免交所得税的优惠；而未先分红，则相应的未分配利润将被征收企业所得税。对于转让方为个人股东的，则其是否先分配再转让，不影响其应缴个人所得税额。

8.4.4 股权收购中的个人所得税如何缴纳

根据国家税务总局关于发布《股权转让所得个人所得税管理办法（试行）》的公告（国家税务总局公告2014年第67号）第四条的规定：个人转让股权，以股权转让收入减除股权原值和合理费用后的余额为应纳税所得额，按"财产转让所得"缴纳个人所得税。合理费用是指股权转让时按照规定支付的有关税费。第三十条规定：个人在上海证券交易所、深圳证券交易所转让从上市公司公开发行和转让市场取得的上市公司股票、转让限售股，以及其他有特别规定的股权转让，不适用本办法。

8.4.5 转让上市公司股票和新三板企业股权的个人所得税如何缴纳

根据《关于实施上市公司股息红利差别化个人所得税政策有关问题的通知》（财税〔2012〕85号）、《关于实施全国中小企业股份转让系统挂牌公司股息红利差别化个人所得税政策有关问题的通知》（财税〔2014〕48号）、《财政部　国家税务总局　证监会关于上市公司股息红利差别化个人所得税政策有关问题的通知》（根据财税〔2015〕91号）的规定：个人从公开发行和转让市场取得的上市公司股票，持股期限在1个月以内（含1个月）的，其股息红利所得全额计入应纳税所得额；持股期限在1个月以上至1年（含1年）的，暂减按50%计入应纳税所得额；持股期限超过1

年的，股息红利所得暂免征收个人所得税，相关政策适用于新三板企业。

8.4.6 资产收购与股权收购在税收方面的优劣

根据上述各点，股权收购不用缴纳增值税、土地增值税，暂时也不涉及所得税、个人所得税，因此可以节省税收成本。但股权收购也有其弱点：

一是其收购的标的是一家公司，公司原先的债权债务得以延续，公司原有债务可能对收购方未来的收益造成重大的影响，因此在收购前应充分开展尽职调查。

二是根据《公司法》，对于股权转让必须有过半数的股东同意并且其他股东有优先受让权，因此股权收购能否成功可能受制于公司的原有股东，即使是收购成功后也同样可能限制其运营管理。

资产收购的缺点则是涉及增值税，在相关资产为房地产时还涉及土地增值税、契税，尤其是当房地产有大额的增值时，转让方也会就其评估增值产生大额的应纳所得额，相关税收成本较高；同时所收购的资产如果涉及对外抵押等情况时，还需要先解除相关抵押。但资产收购的优点也同样明显：

一是可以不管转让方企业的财务状况。

二是在经营管理中可以不受原有股东的制约。

三是当转让方有大额的待弥补亏损时，可以发挥其待弥补亏损的所得税抵税效果。

四是在营改增后，相关的增值税可以抵扣，在一定程度上减轻了资产转让的实际税负。

综上所述，股权收购和资产收购各有所长，具体应视实际情况选择更合适的收购方案，一味地追求避税效果可能让收购方陷入风险。

【并购案例】房地产企业股权收购涉税实例

A公司于2014年将其持有的土地（原值500万元，评估价值8500万元）按评估值作为出资与B公司共同设立了C公司（非房地产企业）；2016年A公司转让其持有C公司的全部60%股权，平价转让给D公司；2017年非关联的E公司拟收购D公司持有的C公司全部60%股权。相关的税收风险：

(1) A 公司以土地出资设立 C 公司时交税情况分析如下：

土地增值税：根据《财政部国家税务总局关于土地增值税一些具体问题规定的通知》（财税字〔1995〕048 号）规定，对于以房地产进行投资、联营的，投资、联营的一方以土地（房地产）作价入股进行投资或作为联营条件，将房地产转让到所投资、联营的企业中时，暂免征收土地增值税。同时根据《财政部国家税务总局关于土地增值税若干问题的通知》（财税〔2006〕21 号）规定，对于以土地（房地产）作价入股进行投资或联营的，凡所投资、联营的企业从事房地产开发的，或者房地产开发企业以其建造的商品房进行投资和联营的，均不适用《财政部、国家税务总局关于土地增值税一些具体问题规定的通知》（财税字〔1995〕048 号）第一条暂免征收土地增值税的规定。由于 C 公司非房地产企业，因此 A 公司未交纳土地增值税。

所得税：公司当年将评估增值记入营业外收入，并在汇算清缴时缴纳了相关的企业所得税。

契税：根据《中华人民共和国契税暂行条例细则》第八条规定：以土地、房屋权属作价投资、入股，视同土地使用权转让、房屋买卖或房屋赠与征税。C 公司于当年缴纳了相关契税。

(2) 2016 年 A 公司转让其持有 C 公司的全部 60% 股权给 D 公司时：

增值税：由于股权转让非增值税的征税范围，因此转让未缴纳相关增值税。

土地增值税：根据《国家税务总局关于以转让股权名义转让房地产行为征收土地增值税问题的批复》（国税函〔2000〕687 号），当被转让企业主要资产为土地使用权，而总体转让公司股权时，股权溢价可能会被税务认作土地溢价而要求公司股东缴纳土地增值税，但公司实际未缴纳土地增值税。

所得税：相关股权为平价转让，未产生应纳所得额。

契税：股权转让未导致土地权属变更，不用交纳契税。

(3) 2017 年 E 公司收购 D 公司持有的 C 公司 60% 股权时带来的风险：

E 公司收购 C 公司后，拟在相关土地上开发房地产项目，相关项目为新项目，开发产品适用11%的税率，但其可抵扣的土地成本只能是原始成本500万元，而非2014年评估值8500万元，导致的增值税差额为（8500－500）×11%＝880万元。

上述开发产品未来土地增值税清算时，土地成本同样只能是原始成本500万元，这样可能导致土地增值税率高，增值额大，构成收购方的高税收成本。

第 9 章
并购谈判

【话题】并购谈判谈什么？并购谈判中的七大要点是什么

9.1　并购谈判的内容和准备

并购谈判的重要内容是什么？要做哪些准备工作？

9.1.1　并购谈判中最重要的内容是什么

笔者总结并购失败或者中止的案例中，原因基本上都是价格和条件的分歧过大而导致无法成交。所以，并购谈判最重要的内容有三点：一是交易价格；二是业绩承诺；三是核心条款。

我们先说交易的价格。交易价格是影响交易成功与否的关键因素并贯穿交易始终。对于交易价格，其基础是企业的估值问题，虽然有评估机构评估或者各种权威人士的估值，但最终的价格还是交易双方经过很多次博弈和讨价还价慢慢谈出来的，所以并购谈判最核心的内容恐怕就是交易价格。笔者有一次做卖方顾问，买方始终和我们谈其他的细节问题，搞了2个多月没有任何进展，最后我们不得不把买方先引入价格谈判这个核心内容上来，价格定了再谈其他的事项。

业绩承诺问题，也就是大家经常提到的对赌条款，这一点属于条件范畴。上市公司购买非上市公司股权时，经常要用到对赌条款，因为收购价格多数是按照业绩来定的，在某个年度的净利润基础上给多少倍的PE值，往往就是收购的价格基础。但是大家如果研究上市公司收购交易中的业绩承诺条款，可以说五花八门，没有统一的标准，正说明在这一点上商量和谈判的空间很大。

什么是核心条款？笔者认为凡是对并购交易构成重大影响、内容直接关系到双方是否愿意签订正式交易合同的条款，都属于重大条款。比如付款时间问题，卖方都想尽早拿到钱，而买方都想晚点付款，大家对此不能达成一致时，可能整个交易就取消了。再如陈发树收购云南白药案件中"须获得国务院国有资产监督管理机构审核批准后方能实施"这一条款，直接导致陈发树并购失败，且红塔集团无需承担违约责任。这样的核心条款大量存在于并购实践中，上市公司乃至新三板公司都会经常给卖方抛出一个类似的条款,如"《股权转让协议》自签订之日起生效,但上市公司须获得董事会、股东会、国有资产监督管理机构、证监会审核批准后方能实施……"这样的合同条款锁定了卖方,却给买方预留了很大的伸缩空间,善意的买方可能最终因为内部董事会过不去而放弃交易,恶意的买方干脆故意搞个内部"不通过决议"撕毁合同也是常有的事。

【笔者谏言】对于并购谈判中的核心条款,签约前一定要慎之又慎、三思而后行。

9.1.2 并购谈判很复杂吗

由于并购交易涉及巨大的利益,并购谈判的复杂程度也就往往超越一般的商业谈判,属于十分专业的领域。可以说每一桩并购背后都有着惊险的谈判,过程或长或短,或快或慢,或如同跑马拉松一样常年累月,千奇百怪、各不相同。每一个交易的参与方,那些土豪老板、雄心壮志的企业家、高管团队,以及券商、律师、会计师们,他们的谈判风格也是因人而异,各不相同。

9.1.3 并购谈判需要什么人参加

笔者认为,并购谈判中律师和会计师是必不可少的,至于其他人员可根据谈判情况而定。这一点作为卖方也不例外。由于谈判之后的起草、审查、修改交易合同必须由律师完成,而律师进行这些工作的前提是了解交易谈判的全过程,这样才知道条款要点在哪儿、哪些要争取、哪些是"陷阱"。此外,会计师对于财务、税务问题的把握,也会给卖家创造不少价值。

9.1.4 组建并购谈判团队十个要点是什么

著名的并购大律师李淳执业数十年间,曾参与各类大规模交易谈判无数,近年来更是参与了许多跨境并购项目的谈判,其对组建跨境谈判团队有一些个人心得,在本书中经笔者邀请与大家分享:

(1)谈判团队规模不能太大,也不能太小。

(2) 谈判团队人员所属专业不能太过单一,也不能太过复杂。

(3) 谈判团队性别不能过于单一,"战争让女人走开,谈判需女性留下"。

(4) 谈判团队组成人员性格不能过于呆板,有些项目恰恰需要"摔杯子的人"。

(5) 首席谈判职务级别不宜过高,也不宜过低。

(6) 谈判团队首席翻译人选确定必须审慎,一旦确定不宜轻易调整。

(7) 谈判团队组成人员可以有进有出,但主要谈判人员应保持相对稳定。

(8) 谈判团队在特殊阶段,可适时邀请境外或业内专业人士参加。

(9) 谈判团队应当准确把握其分级授权、分次授权、分事授权的内涵和外延。

(10) 重大涉外项目谈判,谈判团队必须听取驻外使馆或总商会的指示、意见和建议。

9.2 并购谈判的七大要点

笔者个人十分喜欢研读中国古典文学,于是在各种各样的谈判历练中笔者发现,《孙子兵法》的许多深刻道理非常适用于并购谈判的技巧中,因为并购谈判本身就是一场激烈的利益搏杀。在此基础上,笔者总结了并购谈判的七大要点,希望对各位读者有所帮助。

9.2.1 并购谈判要点一:知彼胜过一切

笔者认为谈判中最重要的就是了解你的对手,即"知彼胜过一切"。很多人谈判前没有做任何准备,这是非常危险的。还有人一上来就直接步入主题,最后却发现什么也谈不拢。笔者告诉大家,谈判前要先做功课,最重要的是全面了解你的交易对手。

一提到《孙子兵法》,大家首先可能想到的一句话就是:"知己知彼,百战百胜。"笔者告诉大家,这句话其实是错的,你去翻翻《孙子兵法》这本书,从头到尾也找不到这一句,因为孙子从来没有说过"百战百胜"。还有的朋友讲了,《孙子兵法》说的是"知己知彼,百战不殆"。这一句就靠谱多了,但笔者告诉大家,还不对,《孙子兵法》是说"知彼知己,百战不殆"。所以,笔者告诉大家:知己不重要,重要的是知彼。笔者经历了无数的谈判,得出了最重要的一点就是知彼胜于一切。你只有掌握交易对手的所有信息,才能做出准确的判断,采取应对之策。《孙子兵法》中还有一句经典:"不可胜在己,可胜在敌。"如图9-1、图9-2所示。

图9-1 《孙子兵法》

图9-2 并购孙子兵法

将这两个理论运用到并购谈判时，大家可以看到这样的场景：谈判前，我方做足功课、准备充分是必须的，但是我们的交易对手可能比我们准备得还要充分。此时"不可胜在己"，我们只能先为"不可胜"而尽量充分准备，而后利用交易对手的漏洞，去争取胜利，即"待敌之可胜"。

可见，知彼是整个并购谈判中最重要的。只有做足了功课，真正全面地了解了你的交易对手到底是怎么考虑的、他的需求是什么、他的痛点在哪里，只有收集到了交易对手的所有信息，我们才能够做出正确的策略性安排。

9.2.2 并购谈判要点二：创造备选方案

笔者经常参加并购谈判，有一次我们的交易对手买方律师对我们说："买方一直都很强势"，因为他们的客户经营好，发展势头好。于是在谈判桌上，买方受到了鼓励，也开始强调自己是强势的一方。这种情况在并购谈判中是经常遇到的，常常双方或者一方都表现出很强势，或者在某个问题上非常坚持、僵持不下，交易也常常因为这样的情况而破裂。是针锋相对让谈判破裂，还是说一些软话做一些利益上的让渡？

如果仅图嘴巴一时痛快，故作强势，这种强势就是"伪强势"，外强中干，嘴巴硬但手中没牌就比较麻烦了。最好的做法是，提前留有"底牌"再表现强势。

那么什么才是谈判中的"好底牌"呢？作为买方，有没有其他目标公司可供选择？作为卖方，有没有其他备选方案或意向买家？如果没有，谈判一定会陷入被动，给对方"牵着鼻子走"。在实践中，卖方团队往往陷入自身标的"无人问津"的思维误区，导致谈判时"无牌可打"。对于这一问题，笔者坚信：我们永远有备选方案，因为至少可以选择不卖，有时自信只是换个角度思考的问题，这也是笔者在一次并购谈判中跟一位老板学到的。如图9-3所示。

对于卖方而言，除了提高谈判自信，引入竞争机制也是不错的选择。其实，在欧美，很多卖方企业都采取竞拍模式进行交易。这种竞拍模式就是为了引入竞争机制，让买家们进行竞争性方案报价，从而形成对出售方最有利的选择。在卖方决定出售企业后，卖方和顾问团

图 9-3 谈判中的"好底牌"

队的首要目标,就是要确保有尽可能多的买家参与竞拍,并鼓励他们彼此竞争。

【并购案例】联合煤炭竞购大战

2017 年 1 月 24 日,力拓和兖州煤业同时宣布,就力拓向后者子公司兖煤澳洲出售"联合煤炭"100% 股权一事,与兖煤达成约束性协议。当时约定的交易方式包括 2 种:一是一次性支付 23.5 亿美元对价;二是采取首期支付 19.5 亿美元,并在随后 5 年每年支付 1 亿美元,总对价 24.5 亿美元(折合人民币近 170 亿元)。

就在这件事情顺利推进的过程中,6 月矿业巨头嘉能可加入对联合煤炭的竞购战,嘉能可在 6 月 9 日首次提出 25.5 亿美元的报价,高出兖煤澳洲 1 亿美元。兖煤澳洲 6 月 20 日紧急反击,将交易方式修改为在交割日一次性支付 24.5 亿美元。同时,兖矿集团也在财务方面给出保障。

不甘心的嘉能可 23 日再次出招,将报价提至 26.75 亿美元,而且是"一次性付清",同时给力拓 2.25 亿美元保证金,如交易失败则放弃保证金。如果到 2017 年 9 月 1 号还未交割,每拖一个月将付给力拓税后2500万美元。对此兖煤澳洲25日迅速反应，再次优化竞购方案，提出除一次性支付24.5亿美元之外，还增加2.4亿美元的特许使用金，将以非或然特许使用权费形式分五年支付。此外，兖矿集团还将押金金额由1亿美元提高至2.25亿美元。

6月29日力拓官网消息，力拓分别于6月27日、29日在伦敦和悉尼举行的股东大会正式通过了关于出售力拓旗下联合煤炭的收购邀约方案。兖州煤业旗下的兖煤澳洲凭借超过180亿元的收购报价及更为明确的融资、交易时间表，成为这场中外资源并购战的赢家。

笔者认为：在这起并购案中，最大赢家是力拓，就是因为多了一个竞价者，卖家多收了10亿元人民币。

9.2.3 并购谈判要点三：谈判级别要对等

大家看到这里，可能会产生疑问：为什么强调级别？笔者在多次谈判中发现，谈判参与者的级别代表着其有没有"拍板"的权力（决定权），而这一点至关重要。

【并购案例】谈判双方不对等，利益拱手相让

> 有一次，笔者陪着客户进行并购谈判，对方阵容可谓豪华，而副总裁却提前离开。一开始大家并未觉得有何不妥，结果当天下午的谈判我方做出了非常多的让步和承诺，反过来我方所期望的承诺没有得到对方任何实质性答复响应。送走对方谈判团队后，笔者团队留下来小结，才发现了实质性的问题：当天谈判的级别有问题，对方谈判团队都是中层和外部专家组成，却没有决定权，所以我们的要求无法得到响应；反观我方团队，人员不多但有老板和财务参加，面对对方团队提到的实际问题，如果不回答则显得我们没有诚意、有意隐瞒；如果回答了，就等于做出了承诺被写进谈判备忘录。如图9-4所示。

图 9-4 谈判双方不对等，利益拱手相让

9.2.4 并购谈判要点四：学会让下属去谈

【笔者谏言】 一把手不要轻易出面，谈判的大部分过程让没有拍板权的下属和顾问去就好。

有人担心这样会大大影响谈判效率，其实恰恰相反。举一个例子：三国演义中诸葛亮出使东吴时有没有拍板的权力？孙权团队有没有拍板权？其中道理除了诸葛亮作为军师的高超谈判技巧，也离不开另一个原因：诸葛亮只管和孙权团队谈判，而无论谈成什么结果，都需要鸿雁传书给刘备，刘备此时可以同意也可以不同意、可以执行也可以不执行、可以部分同意也可以打折扣。而孙权团队就不一样了，君臣齐上阵，答应下来的事情再反悔就显得气度不够，影响面子。这在并购谈判中也叫"有限授权方占据主动"，以"回去请示汇报"为由创造回旋的空间。

此外，"让下属去谈"还有第二层含义：并购谈判中最忌讳老板亲力亲为谈细节。创业艰难，中国的企业家们很多是草根创业或者白手起家，比别人工作时间更长、执行力更强，更喜欢亲力亲为。老板们可能认为自己是最聪明的，因而最擅长谈生意、谈合作，自己直接上阵谈并购效果最好。其实不然，并购实在是太专业的事情，好比高尔夫球赛，职业选手和爱好者之间还是有很大差距的。如果老板亲自上阵谈细节，过于计较则让对方感觉格局太小；如果过于妥协则可能会给自己方带来很大的义务和责任。即便以"还要开董事会研究或者股东会开会讨论"为由换取回旋空间，只要老板在场，也容易给对方造成"这个人对董事会、股东会的影响力有限"的负面印象，对方甚至会怀疑老板是否是合适的谈判对象。

所以，老板们还是在幕后听汇报比较好，象征性出席或者就关键问题内部形成一致意见后再出来拍板卖人情，显示其大度和包容，细节谈判还是交给专业团队吧。

9.2.5 并购谈判要点五：后发制人

看过苏联和德国狙击手对决电影的人都知道，当两方狙击手都是顶尖高手的时候，谁都不敢贸然开第一枪。因为第一枪一开，自己的位置就暴露了，对手立即可以有效反击。

谈判时也一样，谁先开口，就把意图暴露了，对方就掌握了信息，而这些信息往往泄露了你的底牌。中国古话说的好，言多必失，说的太多就把自己的情况、战略计划、目的和动机都告诉对手了。

所以，谈判开始最好的策略是倾听，谈判时尽量多聆听交易对方的阐述而不是夸夸其谈。最初的谈话要尽可能隐藏自己一方的信息，而去寻求对方的信息，听出对方的谈判目标、优势、内部期限、真正决策者、决策流程、判断对方的弱点在哪里，以便内心策划己方的方案。如果对方也不开口，就可以谈一些没有信息量的话题，先营造和谐气氛，多说没有信息量的话。实在没有话题时可以通过问问题继续进行，询问对方想要什么、由谁来最终决定、什么时候会有结果。还有一种方法，就是让对方提供交易方案或者提要求，通过对这些要求和文件的分析，我们可以了解对方的立场而不用担心会过早地暴露自己的立场。

9.2.6 并购谈判要点六：核心条款要交锋

中国人很含蓄，尤其是看了前面内容的读者估计已经把嘴巴闭得紧紧的，不肯轻易表态，更喜欢"绕弯子"了，可能明明资金链已经到了断裂的边缘也不会表现出着急的样子。

其实，在并购谈判过程中，很多条款都是固定的细枝末节，对整个交易不构成实质性的影响。很多人无法判断哪些是重要的，往往对细节斤斤计较，却忽视了重要的核心条款，或者说面对核心条款时不能及时发现问题、据理力争。对这些情况的把握，就体现出一个并购团队的经验与素养。

作为明显占据优势一方——如国有企业、上市公司或者新三板公司——提出的关于合同效力、支付条件、支付时间等核心条款，我们一定要慎重审议，同时要求对方给予合理的补偿机制。具体可以要求以下内容：

- 批准时间的限定（过期不候，另寻交易伙伴）。
- 给予其他合作机会，签约就开始合作，通过合作让自己一方获得实际收益，即使未来交易不成，己方也有收益。

总之，涉及核心条款时需要好好交锋，不要绕弯子，要勇敢地争取利益。

9.2.7 并购谈判要点七：成交才是目的

成交才是并购谈判的目的，千万不能忘记初心。

并购的本质是交易，只有双方完成了交易，才可能实现双方的目的，实现价值。如果让笔者继续说并购谈判的要点，可以说上十几条、几十条，甚至上百条，我们可以专门为谈判技巧出一本厚厚的书。但是如果只记住了技巧，就忘记了并购谈判的初心是什么——是成交！

所有的谈判都应该围绕"成交"这个目的展开。貌似完美的交易，会因为董事会的某一位董事坚决反对而前功尽弃，所有人的努力都会灰飞烟灭，经营部门、投资部门、审计师、律师，上百万元的花费，一年的辛苦谈判，最后都会死在一个董事5分钟的发言里面；一项几亿元的交易，最后会因为几百万元的价格差异不欢而散、分道扬镳……诸如此类，越是接近交易结束，变数就会越大，每笔交易都有一千种"死法"。作为并购顾问，许多时候你真的不知道下一个交易是否能够成功。

如何能够实现成交呢？除了靠运气，有没有其他办法？笔者告诉各位，是有的。

（1）制胜唯诚，只有诚实永远是最佳的策略。

在整个交易过程中，诚实是首要的原则。技巧可以充分使用，但是不能让对方认为我们是不诚实的，任何信息都会有方法被验证，如果只是夸夸其谈，实际上对交易帮助不大，则言多必失。一旦出现虚假陈述，给对方不诚实的印象，会毁掉对方的交易意愿，从而让成交无望。

（2）换位思考。

一旦发现了好的交易对方，此时若没有更佳的可选择空间，我们就需要深入了解对方的诉求和真实需求。如果与己方是匹配的，就要为成交做出最大的努力。有时自己在交易对方的立场上想问题，一切就会迎刃而解。

（3）抱着一定要达成交易的决心去行动。

这样的决心不是放弃我们的原则和风控，而是在坚持原则与风控的基础上努力实现成交的目标。

第 10 章
并购合同与审批

【话题】收购合同包括哪些内容？
收购合同签署前需履行哪些审批手续

10.1 关于收购合同

收购合同的注意事项：

10.1.1 收购合同一般包括哪些内容

我们以单纯的股权转让模式为例，此时卖方将自己持有的目标公司的股份全部或者部分转让给买家，使买家成为目标公司的实际控制人。

（1）买卖双方主体信息。

如果是企业，写明企业名称、地址（注意不要只写注册地址，有很多注册地址是无法送达文件的）。

如果是个人的，一定要写明身份证号码，以便识别具体的人。

（2）鉴于条款。

主要是声明双方订立合同的目的、交易的背景条件、目标公司的基本情况、合法合规承诺、目标公司拥有的核心资源情况，并承诺相关资源会延续，卖方对于股权、目标公司情况的承诺与保证。

（3）定义条款。

对协议中一些用词用语进行规范和限缩，例如：

"重大不利变更"是指就任何事件、变更或影响而言，该等事件、变更或影响对标的公司及其财务状况、经营或经营业绩，以及双方完成本交易极为不利，导致本协议无法继续履行或继续履行显失公平。

"交割"是指双方已经按照本协议的要求办理完毕股权转让所涉及的政府审批（如有）及工商变更登记手续，卖方按照本协议的约定将其持有的标的公司的所有印章、证照、资料、文件及其他等移交给买方，完成对标的公司实际控制权的转移。这里需要注意的是，一定要有一个交接的资料清单，以便交割时按图索骥，否则会留下扯皮的后患。

（4）股权转让程序。

主要是办理转让流程方面的内容。办理转让手续的经办方一定要明确，另外方的配合性义务也要写清楚。

（5）股权转让总价款及支付条件、支付方式、支付时间。

细节包括业绩对赌、业绩承诺内容、价款的调整、税费承担等方面。

（6）交割安排。

包括过渡期的安排、过渡期损益处理。

（7）公司债权债务的处理。

（8）各方的责任与义务。

（9）违约责任。

（10）保密条款。

（11）协议的生效及其他事项。

（12）附件情况。并购合同的附件通常包括标的公司各种证件、财产权益资料（含审计报告、评估报告）、财产清单、债权债务清单、卖方避免同业竞争承诺函、公司印章交接表等。

10.1.2 上市公司重大资产重组何时订立交易合同

上市公司首次召开董事会审议重大资产重组事项的，应当在召开董事会的当日或者前一日与相应的交易对方签订交易合同。

10.1.3 上市公司重大资产重组交易合同有什么特殊要求

附条件生效的交易合同。交易合同应当载明本次重大资产重组事项一经上市公司董事会、股东大会批准并经中国证监会核准，交易合同即应生效。

重大资产重组涉及发行股份购买资产的，交易合同应当载明特定对象拟认购股份的数量或者数量区间、认购价格或者定价原则、限售期，以及目标资产的基本情况、交易价格或者定价原则、资产过户或交付的时间安排和违约责任等条款。

10.2 公司并购的审批

并购审批一般包括两大类，即内部审批和外部审批。

10.2.1 内部审批流程有哪些

根据公司章程的规定，每个公司和并购项目的情况不同，并购内部审批的流程通常也会存在差异，一般先由公司董事会审议，再依据公司章程和相关权限分配情况，提交股东大会审议。

> **【术语解读】优先购买权**
>
> 在公司内部审批的问题上，有限责任公司不能忽视的一个问题是其他股东的优先购买权问题。《公司法》第七十一条规定：有限责任公司的股东之间可以相互转让其全部或者部分股权。股东向股东以外的人转让股权，应当经其他股东过半数同意。股东应就其股权转让事项书面通知其他股东征求同意，其他股东自接到书面通知之日起满三十日未答复的，视为同意转让。其他股东半数以上不同意转让的，不同意的股东应当购买该转让的股权；不购买的，视为同意转让。经股东同意转让的股权，在同等条件下，其他股东有优先购买权。两个以上股东主张行使优先购买权的，协商确定各自的购买比例；协商不成的，按照转让时各自的出资比例行使优先购买权。公司章程对股权转让另有规定的，从其规定。

10.2.2 间接转让规避优先购买权有效吗

【并购案例】 SOHO 间接控股收购被判侵犯优先购买权

2010年年初，上海证大置业以92.2亿元竞得外滩国际金融中心8-1地块。之后，复星集团、证大集团和绿城集团一同加入了该项目，分别以旗下子公司名义合资成立海之门公司，作为实际开发外滩8-1地块的项目公司。

海之门公司股权结构为：浙江复星商业发展有限公司持股50%，证大五道口公司持25%股权，绿城合升持有10%股权。另外，新华信托持股10%，上海磐石公司持股5%。其中，新华信托股权为代持，背后实际控制人是证大五道口公司，上海磐石的实际控股人同样为证大五道口公司。据以上关系，证大方面实际持有该地块40%股权。根据海之门公司相关章程，证大与绿城在项目公司中的所有股权和债权，作为控股方的复兴商业享有优先购买权。

进入2011年，因经营需要，证大集团与绿城集团在2011年年初决定出售其持有的外滩8-1项目股权。从2011年3月至11月，证大集团等与复星集团就复星是否可以回购项目公司股权展开谈判，但多项因素令谈判最终止步不前。

在此背景下，证大集团、绿城集团与SOHO中国达成一致，SOHO中国愿以40亿元的价格受让前者相应股权和债权。这一价格在证大、绿城看来，较复星开出的条件更为合理优越。于是，2011年12月22日和23日，证大方面向复星发函，希望复星最后做出是否购买的决定。在复星没有回应的情况下，2011年12月29日，证大、绿城与SOHO中国签署了股权转让框架协议。操作方面，经过精心筹划，以"买项目公司上一层公司的股权"的方式来规避复星优先购买权。也就是说，SOHO中国买了证大置业持有的证大五道口公司100%股权，买了绿城持有的绿城合升100%的股权。进而间接控股了海之门项目公司50%股权。海之门工商登记资料没有任何变化。因此，在海之门公司的股权层面，SOHO中国等认为，复星所享有的优先购买权"并未被直接侵犯"。

2013年4月24日上午，上海市第一中级人民法院对复星与SOHO中国、绿城、上海证大下属的6家子公司关于"外滩8-1地块"项目公司股权转让纠纷做出了一审判决。判决书认为，SOHO中国与绿城、证大之间的50%股权收购，客观上剥夺了复星集团对于海之门公司股权的优先购买权，并损害了复星的利益。因此法院判定，SOHO中国与绿城中国的合同无效，SOHO中国将此前共持有的50%股权，分别退还给绿城和证大。

笔者认为：SOHO中国的购买行为确实在实质上对项目公司控股结构带来了改变。而这种行为如果不得到制止，通过转让上一级公司股权的方式间接转让项目公司股权，规避公司法72条优先购买权的行为将大行其道，会让优先购买权问题在某些时候成为一纸空文。

10.2.3　如果要做重大资产重组（发行股份购买资产及关联交易），上市公司董事会需要完成哪九大事项

上市公司董事会除了适时对上市公司停复牌并于董事会召开当日或者头一日通过决议、签订交易合同（附生效条件的）、公告、提交股东大会审议之外，在取得股东大会授权后，还要做的具体工作包括：

（1）聘请本次发行股份购买资产的独立财务顾问、律师事务所、会计师事务所、评估事务所等中介机构并决定其服务费用，办理公司本次发行股份购买资产的审计、评估及申报、审核回复等具体事宜。

（2）根据法律、法规和规范性文件的规定及公司股东大会决议，制定、实施本次交易的具体方案，包括但不限于根据具体情况确定，或调整相关资产价格、发行时机、发行数量、发行起止日期、发行价格等事项。

（3）根据中国证监会的核准情况和市场情况，按照股东大会审议通过的方案，全权负责办理和决定本次交易的具体相关事宜。

（4）修改、补充、签署、递交、呈报、执行与本次交易有关的一切协议和文件。

（5）应审批部门的要求或根据监管部门出台的新的相关法规对本次交易方案进行相应调整，批准、签署有关审计报告、评估报告等一切与本次交易有关的协议和文件的修改。

（6）在股东大会决议有效期内，若监管部门政策要求或市场条件发生变化，授权董事会根据监管部门新的政策规定和证券市场的实际情况，在股东大会决议范围内对本次交易的具体方案做出相应调整。

（7）办理标的资产的交割事宜。

（8）本次交易完成后，办理因实施本次交易所发行的股票在证券登记结算机构登记、锁定和在深交所上市、修改公司章程的相应条款、工商变更登记、备案等相关事宜。

（9）在法律、法规、有关规范性文件及《公司章程》允许范围内，办理与本次交易有关的其他一切事宜。

10.2.4　重大资产重组交易对方应做什么配合

重大资产重组的交易对方应当承诺，保证其所提供信息的真实性、准

确性和完整性，保证不存在虚假记载、误导性陈述或者重大遗漏，并声明承担个别和连带的法律责任。该等承诺和声明应当与上市公司董事会决议同时公告。

10.2.5　并购的外部审批流程有哪些

公司并购的外部审批是基于法律法规的规定，需要对公司股权转让取得相关政府主管机关的审批。相关审批主要包括以下方面：

（1）涉及上市公司的，如果构成重大资产重组或者发行股份的，则由证监会审批。

（2）涉及国资的，需要经有权的国有资产监督管理部门批准。

（3）涉及外资并购的，需要有权商委或者商务部批准。

（4）涉及经营者集中、反垄断事项，需要向反垄断部门申报，进行反垄断审查。

（5）涉及海外并购，则根据情况，境外还有一系列的审批。

（6）涉及资金出入境的，根据情况有外汇管理部门审批外汇事宜。

（7）涉及其他行政审批事项的，相关管理部门审批。

10.2.6　国有股东协议转让所持上市公司股份应履行的程序有哪些

为了防止国有股东在转让上市公司股份过程中造成国有资产流失，国务院国有资产监督管理委员会及中国证券监督管理委员会出台了《国有股东转让所持上市公司股份管理暂行办法》（2018年7月1日废止）、《国有单位受让上市公司股份管理暂行规定》《上市公司国有股东标识管理暂行办法》《上市公司国有股权监督管理办法》等政策性文件。根据上述规定，国有股权转让需履行程序如下：

（1）公司内部决策。

国有股东需按照《公司章程》的规定履行内部决策程序，如董事会决议、股东会决议（如有）等。

（2）上报省国有资产监督管理机构申请同意的批复。

国有股东按照规定书面报告省国有资产监督管理机构（以下简称省国资委），同时依照转让方式分别提交材料：

股东通过证券交易系统转让上市公司股份时，应当审核以下文件：

- 国有股东转让上市公司股份的内部决策文件。
- 国有股东转让上市公司股份方案，内容包括但不限于：转让的必要性，国有股东及上市公司基本情况、主要财务数据，拟转让股份权属情况，转让底价及确定依据，转让数量、转让时限等。
- 上市公司股份转让的可行性研究报告。
- 国家出资企业、国有资产监督管理机构认为必要的其他文件。

国有股东所持上市公司股份公开征集转让时，应当审核以下文件：

- 受让方的征集及选择情况。
- 国有股东基本情况、受让方基本情况及上一年度经审计的财务会计报告。
- 股份转让协议及股份转让价格的定价说明。
- 受让方与国有股东、上市公司之间在最近12个月内股权转让、资产置换、投资等重大情况及债权债务情况。
- 律师事务所出具的法律意见书。
- 财务顾问出具的尽职调查报告（适用于上市公司控股权转移的）。
- 国家出资企业、国有资产监督管理机构认为必要的其他文件。

国有股东非公开协议转让上市公司股份时，应当审核以下文件：

- 国有股东转让上市公司股份的决策文件。
- 国有股东转让上市公司股份的方案，内容包括但不限于：不公开征集受让方的原因、转让价格及确定依据、转让的数量、转让收入的使用计划等。
- 国有股东基本情况、受让方基本情况及上一年度经审计的财务会计报告。
- 可行性研究报告。
- 股份转让协议。
- 以非货币资产支付的说明。
- 拟受让方与国有股东、上市公司之间在最近12个月内股权转让、资产置换、投资等重大情况及债权债务情况。
- 律师事务所出具的法律意见书。
- 财务顾问出具的尽职调查报告（适用于上市公司控股权转移的）。

● 国家出资企业、国有资产监督管理机构认为必要的其他文件。

(3) 通知上市公司。

国有股东将拟协议转让股份的信息书面通知上市公司。

(4) 提示性公告。

上市公司依法公开披露国有股东所通知的信息，向社会公众进行提示性公告。

(5) 将省国资委的同意批复通知上市公司。

国有股东经省国资委批复同意后，将同意的批复书面通知上市公司。

(6) 发布公开征集受让方公告（披露拟协议转让股份初步信息）。

上市公司依法公开披露国有股东拟协议转让所持股份的信息，包括但不限于：拟转让股份数量及所涉及的上市公司名称及基本情况、拟受让方应当具备的资格条件、拟受让方递交受让申请的截止日期。

(7) 公开征集受让方后进行论证筛选并发布公告。

国有股东收到拟受让方提交的受让申请及受让方案后，应当对受让方案进行充分的研究论证，并在综合考虑各种因素的基础上择优选取受让方。选择完毕后，发布公开征集受让方结果公告。

(8) 核查拟受让方在受让本次股份后是否取得实际控制权。

若拟受让人在受让国有股东所持股份后取得上市公司控制权的，受让方应为法人，且应当具备以下条件：

● 受让方或其实际控制人设立三年以上，最近两年连续盈利且无重大违法违规行为。

● 具有明晰的经营发展战略。

● 具有促进上市公司持续发展和改善上市公司法人治理结构的能力。

(9) 确定本次股份转让价格。

股份转让价格应当以股份转让信息公告日（经批准不须公开股份转让信息的，以股份转让协议签署日为准，下同）前30个交易日的每日加权平均价格算术平均值为基础确定；确需折价的，其最低价格不得低于该算术平均值的90%。

(10) 签订股份转让协议。

国有股东与筛选出的受让方签订股份转让协议。

(11) 发布权益变动报告同时将相关书面材料上报国务院国资委。

股份转让协议签订完毕后，国有股东根据股份变动情况公布权益变动报告书，同时报国务院国有资产监督管理机构审核批准。

（12）股价的支付。

受让方以现金支付股份转让价款的，国有股东应在股份转让协议签订后5个工作日内收取不低于转让收入30%的保证金，其余价款应在股份过户前全部结清。

（13）办理过户手续及变更公司章程。

将取得的国务院国资委关于国有股东转让其所持上市公司股份的批复文件和全部转让款支付凭证向证券交易所、中国证券登记结算有限责任公司和工商管理部门提供，上市公司办理股份过户手续和公司章程变更。

（14）发布实际控制人变更公告（如有）。

若股份的转让导致上市公司实际控制人发生变更的，则还需发布实际控制人变更公告。

第 11 章
并购交易环节中的注意事项

【话题】为什么并购交易要进行资金监管?
收购新三板公司有哪些"坑"

11.1 并购资金监管

【笔者谏言】"有交易才有机会,有交易就有风险,很多并购纠纷中的争议焦点就是股权转让款是否支付的问题,采取资金监管的方法能够有效规避此种风险的发生。"

【并购案例】九龙山"双头董事会"——海航系与李勤夫的股权诉讼大战

2011年3月7日,海航置业、上海海航大新华置业有限公司、香港海航置业控股(集团)有限公司以总计16.53亿元收购了李勤夫及其关联公司持有的九龙山A、B股合计3.9亿股,占九龙山总股本的29.9%,海航系由此成为九龙山第一大股东。如图11-1所示。

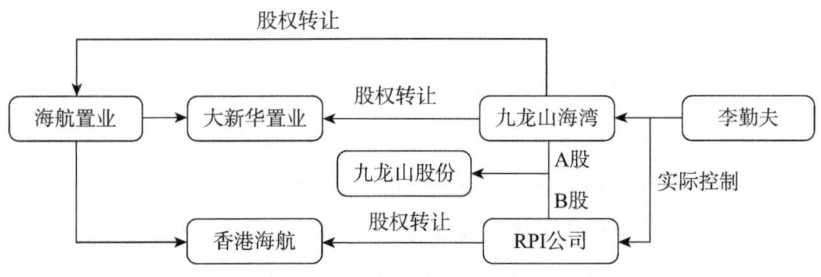

图11-1 九龙山股份

交易后,九龙山原控制人李勤夫的持股比例降至19.2%,但仍为公司第二大股东,同时继续担任九龙山董事长。海航系虽然身为第一大股东,但李勤夫方面一直指称海航系未足额付清股权转让款,因此拒绝让出实际控制人的位置。海航系方面则表示,截至2011年11月9日,九龙山A、B股的转让款16.9亿元已全部付清。2012年8月-9月,上市公司九龙山董事会陆续发布公告,披露了该公司股东之间的诉讼纠纷。其中一些诉讼是围绕股权转让款展开的,下面我们以公告为依据,看其争议。

纠纷一,平湖九龙山海湾度假城休闲服务有限公司起诉海航置业、大新华置业股权转让纠纷,并申请法院冻结了两公司持有的上海九龙山股权。

2012年8月4日,上海九龙山股份有限公司董事会发布公告称公司部分股东持有的股票被司法冻结。根据上海市第一中级人民法院[(2012)沪一中民四(商)初字第38号]民事裁定,由于股权转让纠纷,公司股东平湖九龙山海湾度假城休闲服务有限公司向股东海航置业控股(集团)有限公司、上海大新华实业有限公司提起民事诉讼,并申请冻结海航置业控股(集团)有限公司持有的九龙山A股股票128,682,000股,冻结上海大新华实业有限公司持有的九龙山A股116,928,000股。总计冻结股数为245,69,000股,占九龙山公司总股本的18.84%,冻结期限自2012年7月25日至2014年7月24日。2012年7月25日,上海市第一中级人民法院至中国证券登记结算有限责任公司上海分公司办理了上述冻结事项。

纠纷二,RPI公司(RESORT PROPERTY INTERNATIONAL LIMITED)正式向香港海航发出催款通知书(未付股权转让款)。

2012年9月11日,九龙山股份公告称:上海九龙山股份有限公司于2012年9月7日接公司股东RPI公司于2012年8月30日向香港海航发出的《催款通知书》。"2011年3月7日,RPI公司与香港海航签订了《九龙山收购协议之二股权转让合同(B股)》。根据协议约定,由RPI公司将所持有的上海九龙山股份有限公司B股计93,355,175股转让给香港海航,转让价格为美元4200.983万元。2011年5月25日,RPI公司已将上述股权过户至香港海航名下,但香港海航迟迟未向RPI公司支付相应的股权转让款,现已逾期。"

纠纷三,海航置业、大新华置业、海航集团反诉平湖九龙山海湾度假城休闲服务有限公司,主张违约金、赔偿费,同时要求反诉被告履行合同义务,立即召开标的公司的临时董事会及临时股东大会,改选董事会及监事会。

公告称:上海九龙山股份有限公司(以下简称"公司"或"本公司")于2012年9月7日收到上述三家公司的《民事反诉状》及《上海市第一中级人民法院202缴纳诉讼费用通知》复印件。诉讼请求为:

- 请求判令反诉被告支付违约金人民币500万元，以及按已收款项人民币1,393,174,000元每日万分之四支付自收款日至违约纠正日止的赔偿费（暂计算到2012年8月22日）人民币236,997,606.11元。
- 请求判令反诉被告平湖九龙山公司履行合同义务，立即召开标的公司的临时董事会及临时股东大会，改选董事会及监事会。
- 判令反诉被告承担本案全部诉讼费用。

反诉的事实与理由为：2011年3月7日，九龙山海湾与海航置业、大新华置业签订《九龙山收购协议之一股权转让合同（A股）》。其中，九龙山海湾将其持有的13.77%的标的公司的A股股份转让给海航置业，将其持有的8.97%的标的公司的A股股份转让给大新华置业。

以上合同签订后，海航置业、大新华置业及香港海航及时履行了付款义务，截至2011年11月9日已经向九龙山海湾支付了全部股权转让款。而九龙山海湾虽然已经将A股股份过户至海航置业和大新华置业名下，但至今没有依照以上合同的约定召集标的公司的临时董事会和临时股东大会，改选标的公司董事会和监事会，转移公司控制权，九龙山海湾的实际控制人李勤夫至今仍实际控制标的公司。《A股转让合同》2.1条和4.2条均约定，在股份过户登记并且股权转让款已全部支付后的15天内，九龙山海湾应召集临时董事会和临时股东大会，改选标的公司董事、监事，其中海航系在标的公司有两名独立董事及四名非独立董事的提名权，并有权提名非职工监事的候选人。但虽经海航系多次催促，对方仍拒不履行合同义务，拒绝转移标的公司控制权严重违反上述合同约定，且自2011年11月25日履行期限届满至今已达9个月时间，给海航系造成巨大经济损失。

围绕着买卖双方之间的诉讼进行了多年，股权转让款是否按照合同支付，以及支付前提条件、卖方义务是否履行等问题，成为双方争议的焦点。双方各执一词，诉讼对上市公司造成了巨大的负面影响，并一度出现了罕见的"双头董事会"事件，最终监管机构介入，公司股价大跌。

这是一起典型的股权收购现金支付后引发并购纠纷的案例，表面看是普通的现金支付并购,实施的过程却没有那么简单。海航系没有实现并购的预期目的,李勤夫也苦苦索要股权转让款,双方一场本来可以双赢的交易,变成了多年无休止的诉讼大战。

针对这起并购纠纷,笔者自2012年以来一直关注到2018年,其中提出的一个重要的避免此类并购纠纷的方法就是并购资金监管。

11.1.1　什么是并购资金监管

为防止并购过程中因款项支付及其他事项发生的纠纷,并购买卖双方采取不直接支付现金,而是通过第三方进行独立的资金监管的方式支付对价,即为并购中的资金监管。具体而言,并购交易款项由付款方按照协议要求全部转入第三方监管账户,只要卖方不完全履行合同义务(例如本案中的改选董事会、监事会、移交公司控制权等),第三方便不放款给卖方;若买方不履行付款义务,卖方也可以不配合办理相关过户、交接手续等。这样一来,双方为了实现自己的目标和利益,都会积极履行各自的义务,配合度就比较高,避免发生并购纠纷。

11.1.2　哪种第三方机构适合做并购资金监管

通常并购资金监管机构为金融机构和律师事务所。笔者优先推荐律师事务所担任资金监管的机构,我们的很多并购交易也是通过律师事务所进行资金监管完成的。律师事务所作为第三方资金监管机构有其天然优势:

(1)从业务范围看,律师事务所依法有权从事的民事代理活动理应包含资金监管业务。

(2)从实践经验方面,律师群体由于大量接触各类公司纠纷,深谙其中风险的同时更能够秉持公正的立场,对于交易双方的违约行为往往能够准确识别并判断过错程度,从而更加理性地对待监管资金是否放款的问题。

(3)从物质条件来看,在我国近30年的律师事务所发展过程中,规模不断扩大,其中不乏一些大型国际化品牌律师事务所的涌现,这使律师事务所在从事资金监管业务时具备更强大的风险承担能力。

(4)从国际行业惯例上看,大额资金监管也往往是由律师事务所承担的，属于其业务范围。

11.1.3　资金监管协议的核心内容包括哪些

笔者认为监管协议的核心内容有：项目介绍、监管数额和监管方式、付款条件等。交易方的股权转让合同或者交易合同应作为附件。其中，资料交接为付款条件的，最核心的付款条件、条款可以做如下约定：

买卖双方应首先按照附件《股权转让协议》履行各自的义务，并按照协议要求在完成股权变更登记事项后5个工作日内进行全部资料的交接，交接当日由买方书面通知监管方付款给卖方。

11.1.4　大额交易适用并购资金监管吗

笔者认为，为了防止纠纷，越是大额交易越要进行资金监管。

11.2　新三板公司收购交易中的注意事项

11.2.1　整体收购时要签框架协议吗

新三板公司往往有多名股东，如进行股权收购时须与各股东分别签订股权转让协议，此时若欠缺前期整体框架协议，则易发生整体退出风险及收购目的证明风险。许多买家在收购项目前期没有专业顾问团队参与，更没有结合具体情况制定详细的交易流程方案，急于完成交易，于是仓促签订多份股权转让协议且协议之间缺乏有效衔接。一旦后续发生导致交易无法继续进行的重大事项需要退出时，则：

（1）由于交易涉及的法律关系混乱且相互独立，收购方很难采取整体退出的谈判或诉讼方案。

（2）由于缺少证据证明整体交易目的（如"买壳"目的），导致合同解除缺乏合理依据，使收购方"进退两难"，投资损失难以挽回。

（3）由于大多数收购新三板公司交易中涉及股权转让溢价款，若无整体框架协议证明交易真实目的，则溢价部分的价格构成无法证明，使收购方蒙受不必要的损失。

综上,笔者建议各方在达成明确交易意向的同时签订框架协议,由专业并购团队制作整体的详细收购方案和流程,为确保交易过程中各协议的整体性和协调性,应统一由同一团队设计起草,并在谈判过程中审查把关。

此外,即便部分卖家对签订框架协议明确交易目的比较敏感,亦可选择将体现整体交易目的的协议或条款作为附件签字盖章后各自留存,同时就前述协议或条款的存在签订保密协议和备忘录,明确严格的泄密责任,以便发生实际纠纷时作为证据使用。

> **【术语解读】买壳上市**
>
> 是指非上市公司通过直接购买一家上市公司一定比例的股权来取得上市的地位,然后注入自己有关的业务及资产,实现间接上市的目的。其与借壳上市都是为了达到间接上市的目的,但手段和方法上有一定的区别,借壳上市更侧重于将非上市公司资产直接重组进入上市公司。买壳须分两步走:一是"买壳";二是择机"装资产"。

11.2.2 成为目标公司大股东就一定完成了实际控制吗

实际上,不论是成为第一大股东还是法律上的实际控制人,都不一定能够在事实上妥善接管一家目标公司的控制权。因为公司的背后说到底还是一群人,这群人是否配合,买家能否在客观上真正获得控制权是一个很复杂的问题。买家收购目标公司的最终目的往往为获得实际控制并置入优质资产,而控制权收购的成功与否会受到诸多因素的影响,操作不当时容易发生名义上控股而实际上无法有效控制公司的风险,以致后续交易计划受到阻碍,交易目的无法实现。

这种情况的发生往往是由于不同的公司存在不同的内部股权结构、潜在一致行动人安排、章程特别约定、管理层分离等因素造成的,买方在交易前未对目标公司的前述各方面信息在尽职调查阶段做详细分析,判断控制权的标准时仅考虑股权比例单一因素。此外,公司各类内部资料的交接清单不完整、不充分,交接过程不规范、不严谨也会导致此类风险的发生。

这类情况在并购交易中比较普遍，买方虽投入大笔资金或资产并支付了高额溢价，且在股转系统公司已完成股权交割，但仍由于其他因素无法实际控制公司。这导致后续计划难以推进，甚至使公司陷入僵局，丧失持续经营能力，严重降低交易整体性价比、增加前期融资成本。导致收购失败。

对于此类风险，笔者建议：

（1）先期尽调阶段着重了解目标公司内部体系和管理结构，不但对控制权收购方案的制定提供依据，且有利于明确谈判对象、提高后续谈判效率。

（2）收购前与目标公司所有股东、管理层、财务人员取得联系并面谈，以深入了解公司在此前的管理和决策方式、各方对收购的看法和意见，对核心管理层的聘任来源（每一具体高级管理人员听命于哪一方股东）和对收购方忠诚度进行考核，避免简单的"书面式尽调"。

（3）制定收购方案和计划时综合考虑各种可能影响控制权的因素，同时注重节约融资成本、降低资金风险，争取以较少的收购成本获得实际控制。

（4）制定详细的资料交接清单并作为重大收购相关合同的附件，明确资料交接义务及违约责任，具体应囊括一切可能影响控制权的资料，如公章、银行卡及U盾密码器、会计原始凭证、重大合同等。

11.2.3　如何识别与防范隐藏重大债务

目标公司很可能存在对外签订但尚未完全履行的重大合同，此类合同若在收购完成后无法继续履行，由于终止成本很高，可能导致目标公司负债升高或陷入高额赔偿诉讼的风险。

导致此类隐藏债务突显的一个重要原因其实是尽职调查不仔细或尽调后对其法律后果及违约成本认识不足，买方应该在发现此类重大合同时预估收购完成后继续履行此类合同的风险。因为完成收购并置入资产后公司主营业务很可能发生变更，原业务相关的重大合同可能需要被迫终止。若此类重大合同继续履行成本和违约成本均畸重，则导致目标公司进退两难，甚至增加诉累，最终造成收购方资产贬损。

为了避免在交易后承担隐藏债务,笔者建议:

(1) 尽职调查过程中如有此类重大合同线索,应尽力收集合同文本并审查,尤其对其继续履行和违约成本应做综合分析,以探明是否构成足以阻碍收购的重大法律风险。

(2) 可在前期谈判和部分交易协议中约定,正式评估、进行收购、资产重组之前,应由原股东配合目标公司清理此类合同,收购方可在此基础上视情况承担部分费用。

(3) 若在收购或重组完成后发现此类重大合同,应及时咨询法律顾问,根据专业法律意见与相对方磋商并做应诉准备。

11.2.4 交易中如何识别并应对目标公司财务造假行为

买家往往在收购或重组完成后才发现:目标公司经年度审计的财务报表中存在原始凭证与数据不符、收入成本无基础合同且不能配比、现金去向不明、拖欠工资、税款等情况,导致目标公司实际净资产远低于账面数值。

这往往是由于买方在收购前财务尽职调查不专业、不细致或根本未做财务尽调,轻信目标公司长期合作的第三方机构出具的审计报告造成的。这种财务造假一旦暴露,公司净资产将大幅贬损,收购方实际支付了不合理对价。若造假事项比较严重,可能遭到新三板监管部门问询或调查,导致年度审计工作无法进行,收购方为此支付巨额"过桥"费用,甚至导致目标公司被终止挂牌的严重后果。

对此,笔者根据经验建议:

(1) 收购前聘请业内优秀的会计师事务所对目标公司财务状况进行详细的财务尽职调查,尤其关注"其他应收"及"存货"两个项目,根据财务报表中的可疑信息向目标公司原财务人员进行询问并索要相应的原始凭证,视问题严重程度判断是否对收购构成重大阻碍。

(2) 收购谈判及签约过程中注意约定财务造假的具体化认定标准,同时将其定义为可变更、撤销或解除合同的事由之一。

(3) 及时与合作会计师事务所、辅导券商沟通评估造假事项是否影响公司年度审计工作,是否导致公司持续经营能力存疑。在此基础上首先力图确保公司年度工作顺利进行,同时注意收集相关证据材料和原始凭证。

若问题能够通过财会技术性调整逐步解决，则可以适当投入相关费用；若问题长期存在且难以解决，应及时寻求司法救济。

11.2.5 交易中如何防范信息披露风险

根据新三板规则，公司在发生重大权益变动、收购达一定比例、构成重大资产重组及每年年报时，均要求进行相应的信息披露，如披露不及时或披露质量达不到要求，容易发生相应的监管风险。

由于新三板公司不比上市公司在资本运营方面的人才优势，收购方及目标公司相关工作人员容易对信息披露相关工作不积极、不重视，导致披露效率低下，文件制作不规范，与券商及监管部门对接的相关工作人员经验不足、态度不认真等情况。此类情况发生时，监管部门会对披露信息违法事项进行问询、调查或采取处罚措施，导致目标公司公信力下降、融资能力下降，影响后续经营计划实施，情况严重时或导致高额罚款、终止挂牌等后果。

笔者建议在交易中应做好以下安排以防范此类风险：

（1）确保与券商及监管部门对接人员具备充分的工作经验和相关文件制作、整理能力，重大决策应依法定程序及时出具董事会、股东大会决议等必要文件并归档。

（2）由于重大资产重组涉及须聘请财务顾问和法律顾问，应在重大事项披露前与专业第三方机构建立合作关系，避免因顾问合同问题导致披露不及时，影响收购进度。

（3）与辅导券商及法律顾问、财务顾问保持经常性沟通机制，及时反馈收购进度和问题。

（4）由于新三板公司在监管方面目前还并不严苛，处罚方式以自律监管措施为主，此类问题发生时应及时与主办券商沟通补救方案，尽力补充披露相关信息，避免事态严重化。

11.2.6 收购"限售股"时都有哪些风险

新三板公司对股份转让的限制适用《公司法》第一百四十二条及《全国中小企业股份转让系统业务规则（试行）》之2.8的规定，此外公司章程也可以对股份转让另行限制。前述股份限售期限直接影响收购项目的开展和方案设计，若被收购方配合解禁不及时，易导致收购计划停滞。另外，收购方一旦与被收购方股东发生矛盾，被收购方股东可能利用合同缺陷和限售期限采取不作为方式阻碍收购的顺利进行，甚至引发诉讼纠纷。

对此，买家在收购前应对被收购方股东的股份来源、限售情况和解禁期限进行专业分析，且在协议起草和谈判过程中注意相关条款所附条件或期限的严谨性，避免收购的实际进程受制于被收购方主观配合程度且被收购方违约成本过低。此外，对于客观限售期限，在解禁前可采取"股权质押+预约合同"的方式锁定交易；对于涉及"董监高"身份的限售期限，应在合同条款处理上将主动离职等解禁条件作为合同义务加以明确；同时也可考虑采取资金监管措施或随解禁期限分期支付对价。

第 12 章
并购整合

【话题】并购整合中有哪些注意事项

无论在国内还是国外，都存在巨大的整合难题。

【并购案例】 "三高并购"不慎，买来的鸭子打碎花瓶还单飞

2017年12月26日晚间，上市公司新日恒力600165公告宣布：由于博雅干细胞不配合预审计工作，公司对博雅干细胞已失去控制。如图12-1所示。

证券代码：600165　　　　股票简称：新日恒力　　　　编号：临2017-098

宁夏新日恒力钢丝绳股份有限公司
关于博雅干细胞科技有限公司2017年度预审计
工作不正常进行的公告

本公司董事会及全体董事保证本公告内容不存在任何虚假记载、误导性陈述或者重大遗漏，并以其内容的真实性、准确性和完整性承担个别及连带责任。

重要内容提示：

● 博雅干细胞科技有限公司2017年度预审计工作不能正常进行，公司对博雅干细胞科技有限公司已失去控制，将公对公司2017年度审计报告的审计意见产生影响，对公司将造成重大影响。

宁夏新日恒力钢丝绳股份有限公司（以下简称：公司）根据2017年度审计工作的整体安排，于2017年12月24日邮件通知博雅干细胞科技有限公司（以下简称：博雅干细胞）、许晓椿（总经理）、李指书（首席运营官司）、张心如（财务总监）：公司聘请的信永中和会计师事务所（特殊普通合伙）独银川分所（以下

图12-1　新日恒力600165公告

上市公司称：2017年12月25日、26日，博雅干细胞相关人员对2017年度预审计工作不予配合，致使博雅干细胞2017年度预审计工作不能正常进行，上市公司已失去对博雅干细胞的控制。

博雅干细胞其实是上市公司新日恒力高价并购来的。

交易概述：

新日恒力拟以现金156,560万元收购许晓椿、北京明润、杭州茂

信、西藏福茂、杨利娟、王建荣合计持有的博雅干细胞80%股权，各交易对方转让比例如表12-1所示。

表12-1 博雅干细胞是新日恒力并购来的

序号	股东姓名	出资额（万元）	持股比例	本次股权转让比例
1	许晓椿	8,000.00	80.00%	65.83%
2	北京明润	474.00	4.74%	4.74%
3	杭州茂信	316.00	3.16%	3.16%
4	西藏福茂	316.00	3.16%	3.16%
5	杨利娟	158.00	1.58%	1.58%
6	王建荣	153.00	1.53%	1.53%
	合计	9,417.00	94.17%	80.00%

交易完成后，博雅干细胞将成为新日恒力的控股子公司。

这是中国并购市场又一个典型的失败"三高并购"，即"高估值+高溢价+高业绩"承诺。2015年11月19日，新日恒力公告称，以现金支付的方式按19.57亿元的估值购买博雅干细胞80%股权，交易价格为15.65亿元。交易估值较其账面归属母公司股东净资产（约8771万元）增值约18.88亿元，增值率高达2152.83%，增值部分被买家记为商誉。

高价购买的背后是高业绩对赌。在新日恒力收购博雅干细胞时，博雅干细胞的实际控制人许晓椿曾做出了高业绩承诺：博雅干细胞2015年度、2016年度、2017年度及2018年度合并报表口径下实现归属母公司股东净利润分别不低于3000万元、5000万元、8000万元、1.4亿元。如图12-2所示。

然而，根据新日恒力披露的相关公告显示，博雅干细胞在2015年、2016年实现非经常性损益后归属于母公司股东的净利润分别约为2599.62万元和2877.35万元，仅分别完成业绩承诺的86.65%和57.55%。

根据本公司与标的公司的控股股东、实际控制人许晓椿于2015年10月26日签署的《业绩承诺及补偿协议》，本次交易的业绩承诺及补偿主要条款如下：

1. 业绩承诺

许晓椿承诺，标的公司2015年–2018年（以下简称"承诺期"）合并报表口径下归属于母公司所有者净利润分别（按照扣除非经常性损益前后孰低原则确定）不低于3,000万元、5,000万元、8,000万元、14,000万元（以下简称"承诺净利润"）。并自协议生产之日起，对上述业绩指标的实现承担保证责任。

非经常性损益根据中国《企业会计准则》及中国证监会发布的相关规定界定。

图 12-2　高业绩承诺

据2017年4月26日新日恒力发布的减值公告：截至2016年年底，新日恒力持有博雅干细胞80%股权的减值额为8.88亿元，相当于价值18.88亿元的花瓶碎了一半。减值原因就是子公司博雅干细胞没有完成业绩承诺，依据会计准则，当时购买子公司形成的商誉资产减值了。

更糟糕的是，"打碎花瓶的鸭子还要单飞"。新日恒力2015年12月完成收购后，博雅干细胞80%的股权归了上市公司，而原来的股东许晓椿仍持股20%。博雅干细胞虽然从法律上成为上市公司的子公司，但新日恒力与博雅干细胞前实际控制人许晓椿就重组承诺业绩补偿问题和股权回购问题等发生了巨大争议，双方均向法院提起了诉讼。母子反目的背后是股东的纠纷，即便原股东仅持股20%，其仍然有能力对公司经营审计构成实质性阻碍。

笔者还在继续关注这个纠纷案件的发展，在博雅干细胞这个案例中，跨界是一个最大的陷阱，因为不懂，所以美丽，距离产生美。传统产业的老板，对越是"高大上"的新兴行业，越是不懂，越是喜欢。干细胞，多么"高大上"的行业，但是叫好不叫座。博雅干细胞并没有给买家交出一份满意的答卷，最终双方发生激烈的冲突。

12.1　监管部门对并购整合是否关注

回答无疑是肯定的。在上交所《2017年沪市并购重组及监管情况答记者问》中第四部分有关"更加关注重组后续整合和承诺履行情况"中就提到新日恒力这个案例,具体内容如下:

"将重组问询、年报审核、临时公告监管结合起来,持续监管重组信息披露的前后一致性及业绩承诺的完成情况,重点关注业绩承诺完成率逐年下滑、上市公司无法有效控制重组标的等异常情况,督促相关方及时、足额履行补偿义务。例如某公司2015年收购某干细胞类资产,双方签订有业绩补偿协议,但该资产2015年与2016年均未完成业绩承诺,交易对方未按前期承诺履行业绩补偿及股份回购义务。而后,上市公司又发生与标的资产方的借款纠纷,公司无法审计标的资产的业绩完成情况。发现问题后,前后发出5份问询函,及时向投资者提示标的资产业绩承诺未完成、补偿义务未履行、大额商誉减值、丧失控制力等重大风险。经督促,大股东承诺协助解决相关纠纷并通过收购标的资产,弥补上市公司损失。"

【并购案例】上汽收购韩国双龙汽车整合失败案

2004年10月28日,上海汽车工业(集团)总公司与韩国双龙汽车公司债权团在历经了一年的艰苦谈判后,在汉城签署了双龙汽车公司部分股权买卖协议。上汽集团成功收购双龙汽车公司48.9%的股权,总收购价格约为5亿美元。本来这次收购使双龙汽车公司获得到进入中国市场的重要契机,其发展无可估量;对急于在国内发展自主品牌的上汽集团来说,双龙汽车公司具有技术和研发的优势,上汽集团拥有资金和市场的优势。上汽集团收购双龙汽车公司部分股权,双方共同研发,实现优势和资源互补,可以在很大程度上帮助上汽在国内迅速开发出自主品牌,是双方共同期待的双赢局面。但是上汽集团只是在经济上完成了并购,却在管理层和企业文化层面缺乏应对经验,导致本应双赢的并购最终出现了危机。

危机发生的根本原因首先是人员上的。2005年1月，上汽集团向双龙派出了以蒋志伟为新任代表董事的四名高管，和原双龙社长苏镇王官一起管理双龙。在双龙的4名公司董事中，有3名来自上汽。同时，陈虹接替苏镇王官担任双龙汽车董事会主席。在企业的整合期间，社长苏镇王官不但没有起到正向的推动作用，却不断地在施加反作用力。苏镇王官的潜在对抗，让上汽在进入双龙的第一年里处于被动的无为状态。而更让上汽不能容忍的是，有迹象表明，苏镇王官私下与有关财团达成交易：如果上汽收购失败，该财团会支持苏镇王官以管理层持股的方式继续运作企业。为此，2005年11月5日上汽以企业经营不振为由，罢免了苏镇王官在双龙的职务。

危机发生的另一个原因可以说是人力资源上的也可以说是文化冲突上的。双龙汽车公司出售给中国企业异样地拨动了韩国人的心理。韩国人已习惯于韩国企业到中国投资，不曾想到中国的企业到韩国来收购企业。而且国外对中国威胁的大量报道见诸报端。这使得韩国人担心双龙被上汽集团收购后，其先进的汽车制造技术会流向中国，这种论调被韩国媒体不断大肆渲染。而对苏镇王官的罢免引发了双龙汽车工会与内部员工对于上汽"转移技术"的猜疑，而这种怀疑更在员工与双龙工会的肆意渲染之下，进而扩散到整个韩国社会和舆论界。2005年11月9日，双龙工会举行了记者招待会，主题为"阻止双龙汽车作用降低及汽车产业技术流出的总罢工"，并要求蒋志伟自动辞职。双龙工会不断要求上汽尽快履行"把双龙产能扩建到30万台"和追加投资的承诺。此时的双龙SUV在韩国总体市场中的份额已经从2000年初的35%下降到20%，韩国政府政策调整，结束了对柴油的补贴，而双龙的大部分产品是以柴油为动力的，影响很大。2005年，双龙预计全年销售17万辆的目标，只完成了14.1万辆，亏损达943亿韩元（约1.08亿美元）。上汽集团就此向双龙工会提出，双龙面临经营危机，希望辞退部分员工，中断福利。但双龙工会不认为裁员是解决危机的办法，并以在双龙总部前抗议集会的形式表示愤怒。积蓄已久的质疑与潜在对抗让上汽陷入到并购双龙后最大的信任危机中，裁员行动让对立最终达到沸点，以罢工的形式爆发。2006年7月13日，双龙工人开始了第一轮罢工，工会成立了"爱国斗争实践团"，开始在全韩国范围宣传"技术流出"的严重性。7月21日，150名双龙工人在首尔和平泽的大街上以三步一拜的形式发起抗议，并向平泽市民宣布长期斗争的计划。尽管上汽方面从2006年2月就开始了应对可能发生的罢工的准备工作，但这场持续了49天的罢工还是给这家首次跨出国门的上海企业在精神上、心理上带来了巨大的震撼。以致上汽集团董事长胡茂元曾表示，之前就知道韩国工会厉害，但没想到会到这种程度。8月16日，双龙工会开始实行所谓的"玉碎罢工"。但上汽没有就此表示妥协。8月18日，上汽冻结了双龙汽车包括工资、税金在内的所有现金支付，直到工会罢工结束为止。同时还决定，将对支付期限为60天的、向合作企业支付货款的汇票延长期限。这样，双龙1750多家相关合作企业开始陷入现金流枯竭的境地。这时上汽安排上汽股份副总裁美国人墨斐接替蒋志伟出任上汽双龙的代表理事。墨斐在赴韩上任前就提出裁员计划，这样会激化矛盾，能让工会的底线全部暴露。同时，在韩国，双龙的中方人员开始给双龙的员工包括其家属做思想工作。中国人把善于做思想政治工作的特点充分地发挥了出来，上汽方面也做好了应对持续罢工的准备。长期罢工的疲劳和中方的思想政治工作，使部分员工开始有了松动。就在此时，新的工会换届让罢工出现戏剧性的转机。8月30日，双龙工会终于与上汽签订了协议，在上汽承诺撤回解雇计划，保障雇用，到2009年为止每年投资约3000亿韩元开发新车等条件后，历时49天的双龙"玉碎罢工"就此结束。

12.2　并购整合的基础是什么

并购交易完成后，进行整合的前提条件是：收购方拥有标的公司的控制权，否则无从整合。

12.2.1　什么是公司的控制权

我们以《深圳证券交易所股票上市规则》中的内容为例说明这个

问题。

控制指有权决定一个企业的财务和经营政策,并能据以从该企业的经营活动中获取利益,有以下情形之一的,为拥有上市公司实际控制权:

(一)为上市公司持股50%以上的控股股东;

(二)可以实际支配上市公司股份表决权超过30%;

(三)通过实际支配上市公司股份表决权能够决定公司董事会半数以上成员人选;

(四)依其可实际支配的上市公司股份表决权足以对公司股东大会的决议产生重要影响;

(五)中国证券监督管理委员会或者深圳证券交易所认定的其他情形。

以上内容与《上市公司收购管理办法》中规定拥有上市公司控制权内容是一致的。

12.2.2 控制公司的三个层面是什么

第一个基础是股权控制,通过控制一个公司的股权,从而拥有一家公司的多数表决权,选举董事会、监事会,选择管理者。股权控制是基础。

第二个层面是董事会控制公司。在股权比较分散的公司特别有效,公司实际被董事会控制了。

第三个层面是管理层控制公司。由于股权结构的特点,股东之间的矛盾,大股东出现问题、董事会出现缺陷等事件,有时候,管理层摆脱了股东对其的限制和约束,实际控制了公司。

【并购案例】(续)平安收购上海家化(二)

故事三 大股东和管理层对公司控制权之争

平安进驻家化一年后,在家化召开的临时股东大会上,董事长葛文耀对平安插手上海家化内部事务表示不满。但依据公司法,董事会是公司治理的核心机构,公司大股东可以通过股东大会选举产生董事会,通过控制董事会多数,从而控制公司。董事长排斥大股东插手公司内部事务,显然是不明智的。"胳膊拧不过大腿",葛文耀最终是无法抗衡大股东的。

争权之初,上海家化是基金重仓股。经统计,基金和券商占据多数股权,平安信托并未具有绝对的话语权。葛文耀与基金等机构投资者一直保持着良好沟通,因而占据优势。

笔者点评:管理层对抗大股东的方法,基本上都是这个套路,拜票,获取基金和其他股东的支持,以期待在股东大会上取得票数上的优势。在 2015 年宝万之争之初,媒体报道万科董事长万石也拜访了一些机构投资者,多有拜票之意。

故事四 小金库之谜与罢免董事长

上海家化在 2013 年 5 月 11 日召开的临时董事会上,罢免了葛文耀的董事长和总经理职务。对此平安的解释是,2013 年 3 月以来,集团陆续收到内部员工举报管理层存在私设小金库、侵占公司利益的不法行为,并表示具体事项在进一步调查中。

当时对于这次风波媒体采访了各路大神,其中一种观点是:罢免葛文耀主要是平安为了掌握家化集团的资产处理权,以便于直接出售集团资产。原因在收购家化集团时平安信托采用以银行并购贷款为资金来源的方式,有还贷款的压力,所以平安信托一直有意套现部分物业资产,这遭到了家化管理层反对。

2013 年 9 月下旬,葛文耀宣布因"年龄和身体原因",申请退休,卸任上市公司董事长一职。至此,上海家化的董事长葛文耀和大股东平安信托的矛盾终于画上句号,上海家化控制权争夺战告一段落。

笔者点评:控制权是并购无法回避的坎。上海家化的控制权争夺战产生的缘由,就在于上市公司的股权结构分散,公司无实际控制人。作为一家上市公司,收购别人或被别人收购都是很正常的事情。随着社会发展,上市公司的公众属性越来越高,股权高度分散的概率越来越大,而股权高度分散可能导致上市公司出现无实际控制人的情况,从而导致更多控制权争夺。

无论是王石不欢迎宝能的敌意收购事件,还是收购方与管理层合作初期表面情投意合而最终不欢而散,这个过程基本上都会发生控制权争夺战。而控股权争夺战,对于上市公司来说,会导致股价大幅动荡,最终损害的仍将是中小股东和投资者利益。同时上市公司在这个过程中也会暴露出很多问题,给上市公司招来很多麻烦。比如上海家化小金库事件,就演绎了证监会调查上海家化未披露关联交易,责令整改事件。

因此，笔者建议作为发起收购的一方，应该在制定战略和实施战术时，充分考虑管理层不欢迎、不合作、不配合的情况，提前制定预案，避免控制权争夺战给目标公司带来的损害。

12.2.3　并购交易完成后，收购方就一定能控制公司吗？

未必，因为并购交易的完成，不代表公司控制权的必然转移。新的股东未必能够决定标的公司的财务和经营。

【并购案例】并购实施不当，九龙山出现"双头"董事会

九龙山因为原控股股东进行股权转让，而后发生股权转让纠纷，转让双方各执一词，选举自己的董事会和监事会，导致出现了上市公司"双头"董事会的奇特局面，形成了公司治理的僵局。

这个案例值得我们研究和反思，在这场股权纠纷中，孰是孰非？复杂的法律诉讼能解决问题吗？作为并购，我们认为这是一场失败的、双不利的并购；作为收购方，未能成功、顺利地接管公司；作为出让股权方，同样面临诸多的诉讼争议。两方及其他方面都不得安宁。

缘何出现"双头"董事会？

2011年3月7日，海航置业、上海海航大新华置业有限公司、香港海航置业控股（集团）有限公司共收购了李勤夫及其关联公司持有的上海九龙山旅游股份有限公司（600555）A、B股合计3.9亿股，占总股本的29.9%，海航系在股份比例上成为第一大股东；原控制人李勤夫仍持有2.5亿股，占比19.2%，退居次席。此后，就股权转让款是否付清一事，双方各执一词。发生了多项争端（详见第十一章的相关内容）并先后向法院提出了诉讼（详见该公司的公告事项）。

2012年12月21日，海航置业以持股9%以上股东名义，自行召开了2012年第一次临时股东大会。该次股东大会审议了关于罢免现任董事长李勤夫在内的董监事成员，同时提名了新一届董事会和监事会成员等12项议案。对此，李勤夫方面一直未予认可，仍然领导其董事会和监事会工作。

九龙山出现了"双头"董事会的奇特局面。公司董事会公告以"上海九龙山旅游股份有限公司第五届董事会（由李勤夫等人组成）第30次会议公告"和"上海九龙山旅游股份有限公司第五届董事会（由陈文理等人组成）第30次会议决议公告"两种模板出现。双方你来我往，做出不同的决议。

根据九龙山2013年5月29日公告显示：上海证监局要求九龙山整改"双头"董事会问题。

2013年5月28日，上海九龙山旅游股份有限公司（以下简称"公司"）收到中国证券监督管理委员会上海监管局（以下简称"上海证监局"）发出的《行政监管措施决定书》——《关于对上海九龙山旅游股份有限公司采取责令改正措施的决定》（沪证监决[2013] 16号），具体内容公告如下：

"经查，自2012年12月21日海航置业控股（集团）有限公司自行召开你公司临时股东大会改选董事会和监事会以来，你公司出现了'双头'董事会局面。2013年4月27日，你公司披露了2012年年度报告，年度报告显示'双头'董事会局面仍未得到消除。你公司治理状况不符合《上市公司治理准则》（证监发[2002] 1号）第四十条、四十二条的有关规定。按照《上市公司现场检查办法》（证监会公告[209] 12号）第二十一条的规定，现要求你公司高度重视，采取有效措施，积极推动相关股东尽快解决'双头'董事会问题。你公司应当在2013年6月7日前，向我局提交书面整改报告。如果对本监督管理措施不服，可以在收到本决定书之日起60日内向中国证券监督管理委员会提出行政复议申请，也可以在收到本决定书之日起3个月内向有管辖权的人民法院提起诉讼。复议与诉讼期间，上述监督管理措施不停止执行。"

第13章
收购与反收购

【话题】如何从收购与反收购角度解读万科控股权大战和体检行业"三国杀"？反收购策略在我国都能适用吗

13.1 从万科控股权大战看中国的反收购策略

万科控股大战的启示是什么？

13.1.1 为什么宝能"盯上了"万科

万科的业绩一直非常好，但是股价低迷，同时万科的第一大股东华润持股比例不高。两个因素相结合，为收购者提供了难得的机会。郁亮在一次讲话中就拿了一本《门口的野蛮人》称："现在只要有 200 亿元人民币就可以收购万科。"

13.1.2 宝能的钱从哪里来

从披露情况看，宝能自有资金所占比例有限，大部分钱都是借来的，是典型的杠杆收购。

> 【术语解读】杠杆收购
> 如同买房按揭贷款一样，在自有资金有限的情况下，通过借贷等融资模式获得收购资金并开展收购，被称为杠杆收购。

13.1.3 宝万之争的核心是什么

是上市公司万科的控制权，包括三个层面：

第一个层面是在股权比例上达到对公司的实际控制，超过 30% 意味着可以全面控制一家上市公司。通常收购上市公司的比例都是 29% 以上，临近 30%，因为一旦超过 30% 就触发了强制要约收购，可能会面临需要高额资金和退市的风险。

第二个层面是控制上市公司的董事会，上市公司因为股权分散，董事会权力很大，将自己的人选举为董事，在董事会控制多数席位，就显得极为重要。在董事会层面，宝能曾提案罢免万科的全体董事，之后随着深圳地铁的深度介入，2017年6月万科董事会改选提名的名单里面，宝能没有获得任何一个提名，也放弃了谋求董事会席位的想法。

第三个层面是管理层控制公司，公司的日常运营，靠的是总经理、副总经理及高级管理人员，要想全面控制一家上市公司，最终还要控制管理层。

在万科股权大战中，先后有宝能、安邦、恒大、深圳地铁介入进来，结局是华润退出、恒大退出，最终深圳地铁成为第一大股东，加上深圳地铁是政府支持的国有企业，宝能已经不敢再窥探万科的控制权。

13.1.4 宝能系的收购行动是如何开端的

宝能系收购行动的一个主要策略就是"闪电战"。

（1）不宣而战，"闪电"举牌。

关于宝能在收购前是否主动寻求过磋商的问题，媒体上有各种看法。但不论谈判与否，万科事前并不接受宝能的收购方案是肯定的。据王石披露的信息，宝能的老板曾找王石交流过，中间人是冯仑，但是王石并不接受宝能。于是：

2015年7月13日，宝能系下前海人寿持股万科达到5%，构成了举牌，正式打响收购战；

7月24日，宝能系增持至9%，可谓"闪电战"；

11月19日，宝能系增持至15.04%；

12月6日，宝能系增持至20%；

12月16日，宝能系增持至22.45%，成为万科第一大股东。

面对宝能"不宣而战"的公开举牌行为，2015年12月17日王石正式公开"宣战"，表示不欢迎宝能。双方之间收购与反收购大战就此拉开大幕。

2015年12月18日，万科停牌，开始筹划重大资产重组计划。

（2）复牌再战，增持至25%。

万科A复牌后，宝能立即大举买入，两个交易日就增加持股比例至25%。2016年7月5日至2016年7月6日，钜盛华通过资产管理计划在二级市场增持公司A股股份78,392,300股，占公司总股份的0.79%。本次权益变动完成后，钜盛华及其一致行动人前海人寿保险股份有限公司，合计持有公司 A 股 2,759,788,024 股，占公司总股份的比例为 25.00%。

13.1.5　宝能和万科分别采取了何种收购与反收购策略

宝能主要是不断买入万科的股票，提高持股比例，以便在股东大会中有更多的投票权，同时计划罢免王石等全体董事，控制董事会。

万科王石方面，一是采取白衣骑士策略，引进深圳地铁对抗宝能；二是王石四处拜票，结盟另一个主要股东安邦保险，争取一些投资机构的支持，以便在投票权上保住董事会和管理层。同时，王石的套路是抓对手违规行为进行举报，引来监管部门介入调查。

此外，宝能在资本市场还有一些其他大动作，其大举持股其他上市公司，同时谋求控制上市公司，比较有名的事件就是驱逐了南玻的董事会，因为介入格力电器，引起董明珠的不满。

13.1.6　恶意收购还是敌意收购

万科控股权大战首先是一场口水大战，媒体和微信上充斥着各种段子，其中不乏对王石个人的抹黑和攻击。同时，王石质疑宝能收购款来路不明、短债长投风险大，指责宝能恶意收购。

万科 2016 年 7 月 20 日公告举报宝能，承认公司确于 2016 年 7 月 18 日和 19 日通过电子邮件、现场提交和邮寄快件等方式，向中国证券监督管理委员会、中国证券投资基金业协会、深圳证券交易所和中国证券监督管理委员会深圳监管局提交了《关于提请查处钜盛华及其控制的相关资管计划违法违规行为的报告》（以下简称《报告》），请求相关监管机构对相关资管计划是否存在违反信息披露及资产管理业务等相关法律法规的规定、相关资管计划将表决权让渡给深圳市钜盛华股份有限公司（以下简称"钜盛华"）的合法性，以及钜盛华及其控制的相关资管计划是否存在损害中小股东权益等事项进行核查。

在上市公司收购中，恶意收购一词是被收购方指责收购方的用语。这个词究竟对不对？笔者认为所谓善恶是有立场的，如果站在被收购方而言，没有经过其同意就开始强制性收购，当然是恶的；但是对收购者而言，其做法不存在恶意；站在第三方立场，也无所谓善恶。因此，用敌意收购比较合适。

> **【术语解读】敌意收购**
> 　　未取得被收购方及其董事会、管理层同意的情况下，或者在被收购方拒绝的情况下，开展收购行动。

13.1.7　在中国，王石可以使用"毒丸计划"反击宝能吗

> **【术语解读】毒丸计划**
> 　　毒丸计划是美国马丁律师发明的，简单地讲，就是上市公司面临被收购时，一旦触发预先设定的某种条件，老股东可以有权以低价获得上市公司发行的新股份，这样就稀释了收购者高价从市场买的股份比例，从而吓退收购者。

在宝万之争发生时，很多人在猜测王石会采取哪种反收购策略？会不会用"毒丸"。当时笔者就发布了研究成果，认为王石不采取毒丸策略，非不为也，是不能也。

根据中国的公司法、证券法、万科公司章程等，万科股票同股同权、同次同价，根本没有毒丸计划可供实施的空间。例如万科章程的第十五条："公司股份的发行，实行公平、公正的原则，同种类的每一股份应当具有同等权利。同次发行的同种类股票，每股的发行条件和价格应当相同；任何单位或者个人所认购的股份，每股应当支付相同价额。"

13.1.8　为什么王石说不会用"焦土策略"反收购

> **【术语解读】焦土策略**
> 　　顾名思义，如焦土抗战，将上市公司的价值全部烧毁，不给敌意收购者留下任何有用的东西。

万科是公众公司、上市公司，受到严格的监管和法律的约束，不允许任何人采取破坏性的方式，损害上市公司和股东利益。再说，王石还有其他的合法策略可以使用。

13.1.9　监管方面如何看待敌意收购行为

2016年12月3日，证监会主席刘士余发表讲话："这里我希望资产管理人，不当奢淫无度的土豪、不做兴风作浪的妖精、不做坑民害民的害人精。最近一段时间，资本市场发生了一系列不太正常的现象。你有钱，举牌、要约收购上市公司是可以的，作为对一些治理结构不完善的公司的挑战，这有积极作用。但是，你用来路不当的钱从事杠杆收购，行为上从门口的陌生人变成野蛮人，最后变成行业的强盗，这是不可以的。这是在挑战国家金融法律法规的底线，也是挑战职业操守的底线，这是人性和商业道德的倒退和沦丧，根本不是金融创新。"

随即保监会调查前海人寿、恒大人寿。可见，监管部门对这种放大杠杆进行野蛮收购的行为比较反感。

13.2　从万科控股权大战看"白衣骑士"策略的中国实践

王石最后选择使用了"白衣骑士"策略，引进一个他认同的第三方深圳地铁集团来做万科的大股东、实际控制人，从而对抗他不欢迎的宝能。"白衣骑士"就是这样一种反收购策略，为了不让自己不欢迎的人得逞，找一个自己欢迎的人来当老大，这个自己欢迎的人就是"白衣骑士"。

13.2.1　万科发行股份购买资产为何遭华润董事反对

万科自2015年12月18日停牌，根据万科公司的公告：万科公司计划重大资产重组事项，2016年3月12日万科与深圳市地铁集团有限公司签署了合作备忘录。双方重大资产重组工作小组正积极协商交易方案，推动中介机构开展相关工作。

2016年6月17日下午，万科召开了一次关键性的董事会会议（第十七届董事会第十一次会议决议），核心是万科公司发行股份购买资产暨关联交易方案的议案。根据这项议案，万科拟向深圳地铁发行一定数量的股份，用于购买深圳地铁旗下的资产，从而获得增发后万科第一大股东的地位。

然而，该项议案遭到了董事会华润方面董事的反对。据公告，万科本次发行股份购买资产的交易对方为深圳市地铁集团有限公司，标的资产为地铁集团持有的深圳地铁前海国际发展有限公司90%的股权，该公司名下持有很多土地。对这个购买资产的行为，华润方面的董事是同意的。他们反对的是发行股份去购买，他们认为万科公司可通过债权融资支付全部交易对价，无需发行大量股票。其实质是阻止深圳地铁入主万科，避免增发新股后，华润持有万科的股权比例被稀释。于是华润方面董事以此次并购交易定价不合理为依据，提出一系列反对意见。

在董事会决议时，议案提出鉴于本次交易相关审计、评估工作尚未完成，双方对标的资产的预估值为456.13亿元，经双方（万科与深圳地铁）协商确定标的资产交易价格暂定为456.13亿元。交易双方同意，标的资产的最终交易价格以具有证券期货业务资格的资产评估机构出具的且经深圳市人民政府国有资产监督管理委员会备案的评估值为依据，由交易双方另行协商并签署补充协议予以确定。华润董事对此提出反对意见，理由为：

（1）近期深圳土地市场异常火热，在此时点大举增加深圳土地储备的风险加大。

（2）考虑到税费，本次注入的项目实际土地楼面价格将上升，将对项目盈利能力构成压力。

（3）地铁项目一般会受到多个政府部门监管，同时对地铁上盖物业的规划设计、建筑质量等有一定的限制或特殊要求，将提高对项目开发的技术性要求、增大对整个开发进程控制的难度，从而影响项目的开发进度及开发成本。

（4）本次项目规模较大，开发周期及资金回收期较长，导致短期内难以实现收入，现有股东在2016－2018年的每股盈利将被摊薄。

（5）公司与地铁集团较适合采用在项目层面合作的方式。

13.2.2 万科拟发行的新股是如何定价的？合理吗

这次拟发行股份定价基准日、定价方式和发行价格：本次发行股份购买资产的定价基准日为公司第十七届董事会第十一次会议决议公告日。本次发行股份购买资产的公司股份发行价格以不低于定价基准日前60个交易日公司股票交易均价的90%为基础，经公司与交易对方协商确定为人民币15.88元/股，为定价基准日前60个交易日上市公司股票交易均价的93.61%（注：定价基准日前60个交易日公司股票的交易均价=定价基准日前60个交易日公司股票交易总额÷定价基准日前60个交易日公司股票交易总量），最终发行价格尚需经公司股东大会批准及中国证监会的核准。

合理性分析：从万科股票价格看，主要上涨在停牌的前20个交易日，这20个交易日的价格为14.49至24.43元。相比其他股东，如宝能、恒大在二级市场上的买入价格来看，15.88元是非常便宜的，相比深圳地铁之后从华润手上的购买价格（22元每股）、从恒大手上的购买价格（近20元每股）来看，这15.88元的定价的确是偏低了。

13.2.3 为什么万科这次拟发行股份购买资产不构成借壳上市

> 【术语解读】借壳上市
>
> 根据《上市公司重大资产重组管理办法》第十三条规定：自控制权发生变更之日起，上市公司向收购人及其关联人购买的资产总额，占上市公司控制权发生变更的前一个会计年度经审计的合并财务会计报告期末资产总额的比例达到90%以上的，认定为借壳上市。

之前万科认为其公司不存在控股股东和实际控制人；本次交易完成前，深圳地铁集团不持有万科的股份；本次交易完成后，深圳地铁集团将成为万科公司的重要股东之一，但万科公司仍不存在单一股东能控制股东大会与董事会的情形，公司仍不存在控股股东和实际控制人。根据万科公司与深圳地铁集团签署的《发行股份购买资产协议》，深圳地铁集团持有标的公司90%的股权，对应本次交易对价为456.13亿元（对应标的公司期末未经审计资产总额461.02亿元），占万科公司2015年年末资产总额的

7.54%，未达 90%。除本次交易外，深圳地铁集团不存在其他向万科公司注入资产的情况。本次交易不会导致万科公司控制权的变更，不构成《上市公司重大资产重组管理办法》第十三条①规定的借壳上市。

13.2.4 华润当时采取了什么措施？结果如何

万科董事会于 6 月 17 日万科第 17 届董事会第 11 次会议审议万科重组预案时出现了严重的争议。华润认为，审议及表决重组预案过程中存在问题，发函向两地监管机构反映，并质疑议案审议过程的合规性及议案通过的有效性，同时聘请法律专家出具专家意见书认为决议没有获得通过。

争议主要是针对董事会会议中，有一名董事回避表决造成的董事会表决统计出现分歧。总人数如果按照 11 人统计，7 人同意，没有过三分之二；总人数按照 9 人统计（扣除回避的董事），7 人同意，超过三分之二。

当时张利平独立董事向万科公司董事会书面申明：就本次会议所审议的 12 项议案，由于其本人任职的美国黑石集团正在与公司洽谈在中国的一个大型商业物业项目，带来潜在的关联与利益冲突，存在《公司章程》第 152 条第 2 款所述之关联关系，不得对该等 12 项议案予以表决，特此回避本次会议 12 项议案之投票表决。

2016 年 7 月 2 日万科公告《董事会议事规则修订稿》，修订了董事应当对有关提案回避表决的情形：

（1）本公司《公司章程》规定的因董事与会议提案所涉及的事项有关联关系而须回避的其他情形。

（2）其他法律法规等规定董事应当回避的情形。

此外该稿规定，在董事回避表决的情况下，有关董事会会议由过半数

---

① 《上市公司重大资产重组管理办法》第十三条自控制权发生变更之日起，上市公司向收购人及其关联人购买的资产总额，占上市公司控制权发生变更的前一个会计年度经审计的合并财务会计报告期末资产总额的比例达到 90% 以上的，除符合本办法第十一条、第四十三条规定的要求外，主板（含中小企业板）上市公司购买的资产对应的经营实体应当是股份有限公司或者有限责任公司，且符合《首次公开发行股票并上市管理办法》（证监会令第 32 号）规定的其他发行条件；上市公司购买的资产属于金融、创业投资等特定行业的，由中国证监会另行规定。创业板上市公司不得实施前款规定的交易行为。

的无关联关系董事出席即可举行,形成决议须经无关联关系董事过半数通过。出席会议的无关联关系董事人数不足三人的,不得对有关提案进行表决,而应当将该事项提交股东大会审议。

万科又于同日公告了北京市君合律师事务所《专项法律意见书》,认为董事会决议有效。至此,万科通过事后修改董事会议事规则,解决了争议之处。

但是,万科发行股份购买资产的方案仍然因华润反对而最终宣告失败。2016年12月19日,万科A发布公告宣布经与深圳地铁协商,决定终止本次交易事项。因为本身董事会决议存在争议,再加上股东大会上华润和宝能这两个大股东如果不投支持票,决议同样过不了股东大会。

13.2.5　宝能和华润在反对万科董事会决议时是否构成一致行动人

万科暗示宝能表态与华润表态的前后时间,引起监管机构和舆论的关注。深圳证券交易所果然关注,问询华润和宝能,两家均解释不是一致行动人。

13.2.6　恒大为何低调增持又退出

就在宝能与万科大战中,恒大悄悄进入,根据中国恒大集团(以下简称"中国恒大")于2016年8月15日发布的《须予披露交易——进一步收购万科企业股份有限公司的股份》,截至2016年8月15日,中国恒大通过其附属公司在市场上收购共752,663,291股本公司A股股份,占本公司已发行股本总额约6.82%,收购总代价为人民币14,570,000,000元。

2016年12月17日据财新报道,中国恒大向深圳市委、市政府方面递交书面报告,宣称从大局出发,做出五点表态:"不再增持万科;不做万科控股股东;可将所持股份转让予深圳地铁;也愿遵照深圳市委、市政府安排,暂时持有万科股份;后续坚决听从市委、市政府统一部署,全力支持各种万科重组方案。"

中国恒大1月13日在港交所发布公告,中国恒大目前共持有15.53亿股万科股份,占万科已发行股本14.07%,收购该等股份的总代价为362.73亿元,恒大无意进一步收购万科股份,并将对万科的投资入账为可供出售金融资产。

此时的恒大,已经表明可以退出万科股权大战,自有其原因和打算。之后,万科股份大戏就要收场,2017年6月9日恒大公告,将持有的15.53亿万科A股转让给深圳地铁,对价292亿元,恒大亏损70亿元。于是,深圳地铁持有万科股权比例提升到29.38%,成为万科第一大股东。有评论认为:恒大貌似亏了70亿元,但是恒大有恒大的收益,也是赢家。

13.2.7 为什么说华润成了最大的赢家

华润的反对票带给他们丰厚的回报。鹬蚌相争,渔翁得利。在"宝万大战"的过程中,王石和宝能都还没有获利,而华润就是那个渔翁,获得了丰厚的回报:最后转让的价格是22元每股,比当时的市场交易价格还要高,"白衣骑士"深圳地铁做了华润的"接盘侠"。

万科2017年1月12日晚间公告,公司股东华润股份及其全资子公司中润贸易与深圳地铁集团签署了《股权转让协议》,将合计持有的万科16.9亿股拟以协议转让的方式转让给深圳地铁集团,交易价格为22元/股,转让总价为371.7亿元。转让完成后,华润方面不再持有万科A股份。

在董事投反对票质疑决议的有效性、聘请法律专家论证董事会决议没有通过、发函给监管机构质疑等一系列措施后,华润的一切努力都没有白费。如果王石和深圳地铁策划的最初交易方案实现,深圳地铁拿到万科股票的每股价格会是15.88元,因此华润的董事们提出同意购买资产,而不同意发行股份的意见。他们认可深圳地铁交易的资产——土地,而不认同发行股份购买的方式和股价。

一番博弈之后,万科和深圳地铁不得不终止原来的协议,从而导致深圳地铁通过高价购买华润股票进入万科。

13.2.8 宝万之争的大结局是什么

万科"白衣骑士"策略成功,宝能接受现实。

2017年6月30日,万科召开股东大会,改选董事会。结果当场揭晓,第一大股东深圳地铁提名的11人均当选,组成新一届董事会。标志着已持续两年的万科股权之争告一段落。新一届董事会中,非独立董事共7名。

其中，万科管理层占3席、深圳地铁3席、外部董事1名、独立董事共4名。王石此前表态不进董事会提名。万科股东对董事会换届方案进行了投票，当场公布的计票结果显示，提名11人为董事的提案均获得高票通过。深圳地铁董事长林茂德在万科股东大会上表示，深圳地铁提名万科董事人选，事先与第二大股东宝能系有过沟通，宝能系表态支持深圳地铁提名方案，宝能在网络投票中也投了赞成票。

万科董事会会议以11票选举郁亮为第十八届董事会主席、林茂德为副主席。此外，郁亮将兼任万科总裁、首席执行官。万科公告宣布，为肯定王石先生在过去33年对万科做出的不可替代的贡献，董事会决定王石为万科董事会名誉主席，但是由于王石并非"董监高"，将不参与公司治理。

13.3 爱康国宾私有化收购争夺战：健康体检行业三国杀

健康体检行业的私有化收购过程：

13.3.1 健康体检行业有哪三国？分别是如何布局资本市场的

中国健康体检行业的三国：美年大健康、爱康国宾、慈铭体检。这三家公司成长于中国健康体检行业高速发展的时期，2015年11月它们分别拥有的体检中心数量是94家、73家、53家，形成了三国鼎立的局面。在体检行业，2014年美年大健康的董事长俞熔认为"三分天下已定"。笔者解读为他们三家在整个行业中已经进入第一梯队，形成了竞争的高壁垒，他们的江湖地位不是别人能够轻易模仿并达到的。

巨头一，美年大健康借壳上市。

2006年，俞熔创立美年大健康，通过连续并购，让旗下的医疗服务资产规模一跃成为行业前列，并在短短一年内迅速在全国完成了旗下体检中心的布局。2014年11月，美年大健康与慈铭体检全体股东、慈铭体检签订《关于慈铭健康体检管理集团股份有限公司之股份转让协议》，拟分期收购慈铭体检 90% 股份，慈铭体检总体估值 36 亿元。其中，第一次转让股份占慈铭体检总股本的 27.78%，该部分股份估值 9 亿元。2015 年 3 月，美年大健康成功借壳江苏三友，之后赶上了中国股市疯狂的上涨。

江苏三友（002044）实在是中国资本市场的一个好名字，这个名字简直就是为了一场资本并购大战三国杀准备的。美年大健康可以说是三国里的魏国，地盘最大。

巨头二，爱康国宾率先登陆美国纳斯达克证券交易所。

以下内容摘自爱康国宾官方网站，介绍如下：

爱康集团（iKang Healthcare Group）依托旗下健康医疗服务中心、IT 技术平台和强大的客户服务体系，每年为数百万客户提供健康体检、疾病检测、齿科服务、私人医生、职场医疗、疫苗接种、抗衰老等健康管理服务。

爱康集团 360°健康全面管理是张黎刚先生"从遗传、生活习惯、饮食、生活环境、职业行为等方面出发，对身体健康状况进行预测跟踪、对疾病早期预警，并进行全方位地健康干预"的前瞻性理念，参照国外健康管理行业标准，并结合先进完善的医疗保健服务与信息技术手段，为追求健康生活的员工、个人与家庭提供科学、系统及人性化的全方位的健康管理。

目前，爱康已在中国香港地区、北京、上海、广州、深圳、重庆、天津、南京、苏州、杭州、成都、福州、长春、江阴、常州、沈阳、烟台、银川、长沙、威海、潍坊、武汉 22 大城市设有 80 家体检与医疗中心、20 余家齿科服务中心。从亚洲先进的防癌筛查和心血管疾病检测中心到服务企业员工的中高端体检中心，从涉外高端门诊到连锁齿科服务中心，从私人医生服务到疫苗接种和抗衰老服务，爱康实现了全方位的覆盖。

2013 年 4 月，爱康获得知名的投资银行高盛集团，以及新加坡政府投资公司的联合战略投资，规模接近 1 亿美元。这笔资金助力爱康加快在全国主要中心城市医疗实体的扩张，建立更为完善的客户服务平台，以打造行业领先的健康管理平台。

2014 年 4 月 9 日，爱康成功登陆美国纳斯达克证券交易所，股票代码：KANG。

此时爱康国宾有点像三国里的吴国，实力也可以。爱康国宾虽然率先登陆资本市场，但作为美国中概股纳斯达克给的估值不高，管理层有了回归的计划。

巨头三，慈铭体检，被并购。

慈铭体检经历了五年波折的上市路。2014年IPO过会之后悬而未决。这个过程中，慈铭体检从行业的第一落到了第三。2013年1月至9月，慈铭体检营业收入出现明显下滑，当期营业收入5.1亿元，净利润仅为3300万元，较2012年同期同比降幅达34.95%。为了对多年支持的资本有个交代，重压之下的慈铭体检考虑合并，最终选择了美年大健康。慈铭体检有点像三国里的蜀国，最先并入魏国。

> 【术语解读】中概股回归
>
> 　　2015年上半年，中国股市迎来一波大牛市，指数一度超过5000点。这种大背景下，A股出现了高估值现象：同样的公司，在美国只卖十几倍市盈率，回到A股可以卖几十倍、甚至几百倍的市盈率。融资规模完全不在一个量级上。当两个市场出现了一个套利的机会，先在美国收购已挂牌纳斯达克公司的全部股份，完成公司私有化，再从美国退市，回到中国A股上市，以最快的路径（可以是借壳上市），赚取中间的差价。

13.3.2　美年大健康如何阻碍爱康国宾私有化

> 【术语解读】上市公司私有化
>
> 　　许多企业因为已经在美国发行了股份，如果想回A股上市，必须清理境外的股东，这一步就是私有化。私有化过程中，是可以引入竞价者的，股东们肯定也欢迎更多的竞价者，这样他们的收益能够最大化，这也为美年大健康阻击爱康国宾私有化埋下了伏笔。

2015年8月31日，爱康国宾收到CEO张黎刚及相关私募股权基金方源资本提交的无约束力的私有化初步要约，要约价格为：每份美国存托股份17.80美元。

爱康国宾董事会于 2015 年 9 月 9 日宣布成立特别委员会，于 2015 年 11 月 9 日聘任相关的财务顾问及法律顾问。

美年大健康最大的竞争对手就是爱康国宾，如果爱康国宾登录 A 股市场，双方在融资规模上，又回到了同一起跑线，这对已经取得后发优势的美年大健康来说是不能接受的。于是就在爱康国宾私有化的关键阶段，江苏三友（美年大健康的前身）突然发起狙击：其在 2015 年 11 月 29 日发布公告对爱康国宾发出收购要约，要约价格为每份美国存托股份 22 美元（或每股普通股 44 美元）。自此宣布参加爱康国宾的私有化，而且报价比张黎刚他们高 23.6%。

【笔者谏言】"江苏三友充分利用了 A 股的高估值优势，A＋美股巨大的估值差异有足够大的套利空间，率先发起了收购大战，棋高一着。"

江苏三友公告称，将参与由深圳市平安德成投资有限公司、太平国发（苏州）资本管理有限公司、华泰瑞联基金管理有限公司、北京红杉坤德投资管理中心（有限合伙）和凯辉私募股权投资基金等公司组建的买方团，由买方团向爱康国宾董事会及其特别委员会提交无约束力的私有化交易初步要约。

13.3.3 针对收购涉嫌"恶意竞争"，双方如何发声

（1）张黎刚"公开信"。

在江苏三友公告的同日，张黎刚发布公开信，称："反对任何恶意的竞争，反对一切试图影响爱康发展、扰乱市场秩序的不正当竞争。"

信中说："我和方源资本完成私有化的决心不会有任何变化，我不会将我拥有或控制的股票出售给任何第三方。作为爱康的创始人，我将与爱康共命运、共进退，我本人不会支持任何其他竞争性交易。

"该财团明知该收购得不到我本人及爱康管理团队的支持，却准备在爱康私有化进程的关键时刻发出竞争要约，我相信这无疑是敌意的，也是恶意的。目前，爱康与美年大健康的竞争日趋激烈，这个收购要约可能意图对爱康的员工、客户和合作伙伴造成心理干扰并获得不当的竞争优势。我相信大家能很清楚地看到这一企图，我和爱康的团队会竭尽全力保护爱

康不受到侵害。爱康欢迎竞争，但反对任何恶意的竞争，反对一切试图影响爱康发展、扰乱市场秩序的不正当竞争。"

（2）2015年11月30日，江苏三友董事长俞熔发公开信来表态：

关于此次要约：

第一，要约本身符合中美两国法律法规的规定，公开透明，完全不存在"恶意"收购一说，我们看到不少投资者在论坛中发声："高价私有化"是"恶意"，低价难道是对投资者和股东的"善意"？

第二，此次要约的发出是在我们多次善意沟通没有回应的选择，而且事先也知会了爱康的管理层和部分股东，所有愿望和设想都在阳光下，只有坦荡，没有"企图"。

第三，我们自始至终尊重爱康的股东、管理层和所有同仁。之所以做出要约的决定，是为了保有并创造一个健康产业伟大整合的机会（也是市场上绝大多数机构、客户、合作伙伴，以及我们双方股东和投资者的期待），希望中国的健康体检产业不要因自相损耗和个人好恶而耽误了整体飞跃的进程。

【笔者谏言】"这是关于恶意收购指责最好的辩护词。第一，谈法律，首先看看是否合法，如果是依法办事，就先胜一着；第二，借投资者论坛的名义，提出质问：高价是'恶意'，低价是'善意'？对于要出售股票的人来说，善恶的标准很简单，以后的事情与这批卖股票的人无关，交易时点的价格和条件才是他们最关心的内容；第三，提前沟通过，阳光下操作。其实这只是一家之词而已，虽然沟通了，但人家不同意就是敌意收购，敌意收购不等于恶意收购；第四，高举行业整合大旗、行业发展大旗，取得道德制高点。"

13.3.4 爱康国宾如何反收购？效果如何

2015年12月3日媒体报道：《爱康国宾启动毒丸计划：阻止江苏三友恶意收购》。爱康国宾公布"毒丸"计划，计划触发后，除收购方之外的股东，可以以相当于5折的价格买入新股。

2015年12月15日，江苏三友再次公告提高收购要约价格到每份美国存托股份 23.5 美元。

2016 年 1 月 5 日，爱康国宾宣布此前由公司董事长张黎刚牵头组成的私有化财团加入了新成员，包括阿里巴巴、中国人寿等 6 家机构，但并未公布新的要约收购价格。

2016 年 1 月 6 日，江苏三友再出狠招，提高报价到每份美国存托股份 25 美元（比爱康国宾张黎刚私有化财团最初报价高出 40.4%）。并在此基础上提出新的收购要约方案，全现金购买爱康国宾已发行的全部普通股，同时宣布买方团新增包括纪源资本、赛领资本、海通新创在内的三位成员。江苏三友董事长俞熔表示："我们收购爱康国宾的目标坚定不移，并坚信我方的优化要约能够使爱康国宾的股东价值实现最大化。无论从哪个方面而言我们的要约都更为优越，包括大幅提升的收购价格、更具确定性的交易方案和更加快速的完成时间。我们希望本着诚信的原则与代表全体股东利益的爱康国宾董事会特委会及其顾问进行协商谈判，尽快签订合并协议。中国健康体检行业未来发展空间广阔，行业整合将是大势所趋。我们对中国的健康产业充满信心，并将继续积极推动行业发展。"

对于这场世纪并购战，收购方美年大健康志在必得、大动作频频；爱康国宾张黎刚买方团也是针锋相对，双方都召集了自己的小伙伴加入，背后阵容亦相当豪华，这场国内体检行业的收购战争貌似要血战到底。

附：江苏三友集团股份有限公司关于参与向 iKang Healthcare Group, Inc.（爱康健康医疗集团股份有限公司）提交无约束力的进一步优化收购要约的提示性公告

本公司及董事会全体成员保证公告内容真实、准确和完整，没有虚假记载、误导性陈述或重大遗漏。

江苏三友集团股份有限公司（以下简称"公司"或"本公司"）于 2015 年 11 月 30 日在巨潮资讯网（http://www.cninfo.com.cn）和《上海证券报》发布了关于拟参与向 iKang Healthcare Group, Inc.（爱康健康医疗集团股份有限公司，以下简称"爱康国宾"）提交无约束力的私有化交易要约的公告（公告编号：2015-133）。并于 2015 年 12 月 15 日在上述指定信息披露媒体发布了关于参与向爱康国宾提交无约束力的优化收购要约的公告（公告编号：2015-146）。

现公司参与的买方团向爱康国宾特别委员会呈递进一步优化的无约束力的收购要约（要约的全文请见附件）。本进一步优化的无约束力的收购要约在公司第六届董事会第五次会议相关授权范围内。

一、进一步优化的收购要约主要内容

1. 要约价格

买方团向爱康国宾特别委员会呈递的进一步优化的无约束力的收购要约，会给爱康国宾股东带来更高的现金价值，有利于其各方股东自主做出最有利的选择。买方团将以每份美国存托股份 25 美元或每份普通股（定义如下）50 美元的价格，全现金购买爱康国宾已发行的全部 A 类普通股（"A 类股份"）、C 类普通股（"C 类股份"，与 A 类股份统称为"普通股"）和美国存托股份（每份美国存托股份代表 1/2 的 A 类股份）（"股份购买"）。经买方团进一步优化的收购价格比 2015 年 8 月 28 日（即爱康国宾发布公告收到张黎刚先生报价函的前一个交易日）不受影响的收盘价格溢价约 55.6%，比张黎刚先生及相关私募股权基金（即张黎刚先生牵头的买方集团）报价函溢价约 40.4%。

2. 交易结构

鉴于与张黎刚先生及其买方集团无关联关系的爱康国宾股东（"无关联股东"）拥有爱康国宾超过 64% 的表决权（包括美国存托股份代表的股份），买方团拟将收购结构设计为两步交易的合并，从而使无关联股东有权自行做出决策，并在其支持我们的收购的情况下，及时地以现金方式收到提高后的股份价值，而无需考虑张黎刚先生对买方团收购的立场。尽管买方团认为可以按照进一步优化的收购要约及买方团顾问于 2015 年 12 月 21 日提交给特委会的合并协议的规定成功完成收购，但是买方团对于收购的其他可能的交易结构还是保持着开放和灵活的态度，并将继续与特委会，以及包括张黎刚先生和爱康国宾其他大股东在内的各方合作，从而使爱康国宾的股东通过收购获得最大的价值。

买方团拟按照其顾问于 2015 年 12 月 21 日提交给特委会的合并协议的大体格式订立合并协议（该等合并协议可能会进行修改或修订从而体现本进一步优化收购要约所述条款及买方团与特委会一致同意的其他条款，简称"合并协议"）。根据合并协议，买方团将同意在各方订立合并协议后尽快启动以每份美国存托股份 25 美元或每股普通股 50 美元的价格全现金收购爱康国宾全部已发行普通股的要约收购("要约收购")。

如果张黎刚先生及其关联人愿意在要约收购中出售其持有的股份,并因此使买方团收购超过66.7%(按表决权计算)的爱康国宾已发行普通股,买方团承诺将以要约收购中的合并对价将爱康国宾与买方团设立的一家收购主体进行合并。如果张黎刚先生及其关联人选择不在要约收购中出售其持有的股份,买方团将准备召开股东大会,让爱康国宾股东决定是否批准合并。如果因张黎刚先生反对导致合并未能达成,作为届时爱康国宾的控股股东,买方团将促使爱康国宾采取其他行动,以要约收购的价格全现金收购无关联股东持有的普通股,使无关联股东立即获得现金,从而不会因其未接受要约收购而受到损失。此后,买方团准备将爱康国宾作为一家私营公司运营,其中张黎刚先生及其关联方将是少数股东。

3. 买方团新成员

买方团成员新加入了上海源星胤石股权投资合伙企业(有限合伙)、上海赛领资本管理有限公司和海通新创投资管理有限公司。

二、风险提示

本次公司通过买方团提交进一步优化的无约束力的收购要约并参与爱康国宾的私有化交易,可能面临着爱康国宾董事会之特别委员会就收购要约及相关交易的条款提出疑议、张黎刚先生牵头的买方团提出比本进一步优化的无约束力的收购建议更具吸引力的私有化报价或交易方案等风险。同时,由于买方团拟提交的进一步优化收购报价不具有法律约束力,尚存在一定不确定性。待相关意向确定后,公司董事会将及时披露要约购买进展情况,敬请投资者注意投资风险。

特此公告
江苏三友集团股份有限公司董事会
二〇一六年一月六日

附件:进一步优化的无约束力的收购要约

尊敬的特委会成员:

我们很高兴特委会表示愿意与我们展开对话,并对我们以全现金形式购买爱康健康医疗集团股份有限公司("爱康"或"公司")已发行的全部A类普通股("A类股份")、C类普通股("C类股份",与A类股份统称为

"普通股")和美国存托股份(每份美国存托股份代表 A 类股份,简称"美国存托股份")的要约("收购")给予应有的、适当的考虑。如本函下文所述,我们拟将收购价格提高到每份美国存托股份 25 美元或每股 50 美元,并按照本函及合并协议(定义见下)的条款以全现金方式收购。同时我们于 2016 年 1 月 5 日接纳了三位新成员加入我买方集团,它们分别是上海源星胤石股权投资合伙企业(有限合伙)、上海赛领资本管理有限公司和海通新创投资管理有限公司。我们收购爱康的目标仍坚定不移,并且我们会本着诚信的原则与特委会及其顾问进行协商谈判,从而尽快签订合并协议。

我们认为,本次优化完善的要约及时合理地表明了我方快速完成此项交易能力与决心。同时我们认为交易相对于由公司董事长兼首席执行官张黎刚先生("张先生")领导的买方集团提出的每份美国存托股份 17.8 美元的"私有化"要约("内部要约"),我们的要约将给予爱康股东大幅度高于内部要约的价值。

我们愿意借此机会针对我们的要约向特委会和爱康股东传递我们更为明确的立场,并且说明相对于内部要约您为何应完全相信我们有能力给予爱康,以及与张先生及其买方集团无关联关系的爱康股东("无关联股东")更为优化及确定的交易、更快地完成交易的时间和更高的价值。

更为优厚的要约价格:我们提出的每份美国存托股份 25 美元或每股普通股 50 美元的进一步优化要约价格比内部要约的报价溢价约 40.4%。

交易结构:鉴于无关联股东拥有公司超过 64% 的表决权(包括美国存托股份代表的股份),我们拟将收购结构设计为两步交易的合并,从而使无关联股东有权自行做出决策,并在他们支持我们的收购的情况下,可以及时地以现金方式收到提高后的股份价值,而无需考虑张先生对我们的收购的立场。尽管我们认为我们可以按照本函,以及合并协议的规定成功完成收购,但是我们还是对于交易的其他可能的交易结构保持着开放和灵活的态度,并将继续与特委会,以及包括张先生和爱康其他大股东在内的各方合作,从而使公司的股东通过收购获得最大的价值。

我们拟按照我们的顾问于 2015 年 12 月 21 日呈交给特委会的合并协议的大体格式订立合并协议(该等合并协议可能会进行修改或修订,从而体现本函所述条款及我们与特委会一致同意的其他条款,简称"合并协议")。根据合并协议,我们将同意在各方订立合并协议后尽快启动以每份美国存托股份 25 美元或每股普通股 50 美元的价格全现金收购爱康全部已发行普通股的要约收购（"要约收购"），该要约收购仅以下列各项为前提条件：

- 根据爱康与 American Stock Transfer & Trust Company, L. L. C. 于 2015 年 12 月 2 日订立的认购权协议（"认购权协议"）发行的认购权（定义见该协议）对要约收购，包括任何潜在的"第二步"交易（如下文所述），不适用，或者认购权已由爱康的特委会或董事会赎回。
- 要约收购到的普通股所代表的投票权超过 50%（在完全稀释的基础上）。
- 不存在规定要约收购的完成属于违法或禁止完成要约的指令或禁令。

如果张先生及其关联人愿意在要约收购中出售其持有的股份，并因此使我们收购超过 66.7%（按表决权计算）的公司已发行普通股，我们承诺将以要约收购中的合并对价将爱康与我们设立的一家收购主进行合并（"合并"）。如果张先生及其关联人选择不在要约收购中出售其持有的股份，我们将准备召开股东大会，让股东决定是否批准合并。如果因张先生反对导致合并未能达成，作为届时公司的控股股东，我们将促使公司采取其他行动，以要约收购的价格全现金收购无关联股东持有的普通股，使无关联股东立即获得现金，从而不会因其未接受要约收购而受到损失。此后，我们准备将爱康作为一家私营公司运营，其中张先生及其关联方将是少数股东。

时间安排：我们相信我们最短能够在合并协议签署后尽快完成要约收购（假设届时合并协议，以及与要约收购相关的材料中规定的要约收购全部先决条件得到满足或被放弃）。相对于张先生所涉及的将明显构成"私有化交易"，并将受到美国证监会根据第 13e-3 项规则进行审查的交易，我们的收购，尤其是我们的要约收购，能够更加快速地完成交割。

无监管条件：我们收购的完成将不以任何监管方面的交割条件为前提。

无融资条件：我们的要约或者合并协议均不以融资为前提条件。我买方集团成员包括江苏三友集团股份有限公司（一家中国 A 股上市公司），以及各知名金融机构和私募基金，包括凯辉私募股权投资基金、深圳市平安德成投资有限公司、太平国发（苏州）资本管理有限公司、北京红杉坤德投资管理中心（有限合伙）、华泰瑞联基金管理有限公司、上海源星胤石股权投资合伙企业（有限合伙）、上海赛领资本管理有限公司和海通新创投资管理有限公司。各方均具有雄厚的财务或资金实力，能够通过内部获得所需资金，并已同意在公司接受订立合并协议时提供最终的股权出资承诺并遵守其中的条款和条件。

反向中止协议费：为进一步表明我们有能力按时完成收购的信心，我们可以接受按照相似交易（包括交易金额）的市场惯例条款在合并协议中约定向爱康支付反向中止协议费。

我们坚定地认为与内部要约相比我们的要约更有吸引力且条件更为优越，包括大幅提高的收购价格和更快的交易完成时间。我们希望本着诚信的原则与特委会及其顾问进行协商谈判，从而尽快签订合并协议。

作为一家深圳证券交易所上市的公司，江苏三友可能根据其某些法律义务披露本函，同时我们理解爱康因此也可能会就收到此函而发布公告。

本函不是一份具有约束力的要约、协议或将为在日后做出具有约束力的要约或协议所做出的约定，也未包含达成收购所必须约定的全部事项。各方仅在签署各方同意的合并协议或该等其他最终文件后才受到法律约束。

我们期待您的回复，并希望与您们快速合作成功完成收购。我们的法律顾问——美迈斯律师事务所的耿科先生和世达律师事务所的 Peter Huang 先生可在您们方便时对我们的要约进行讨论。

谨致问候

江苏三友集团股份有限公司

凯辉私募股权投资基金

深圳市平安德成投资有限公司

太平国发（苏州）资本管理有限公司

北京红杉坤德投资管理中心（有限合伙）

华泰瑞联基金管理有限公司

上海源星胤石股权投资合伙企业（有限合伙）

上海赛领资本管理有限公司

海通新创投资管理有限公司

13.3.5 为什么美年大健康不花一分钱，就把竞争对手搞得很难受

爱康国宾张黎刚买方团本来开展私有化工作很顺利，现在美年大健康前来竞购，自然水涨船高，需要提高收购的价格。即使张黎刚买方团获胜，所支付的购买价格和收购成本也高于没有美年大健康参与的情况下的成本。

关键是美年大健康所发出的这些收购要约都是无约束力的，就是不用花钱，除非被收购的股东们愿意签订合并协议。在协议签订前，都只是发这种无约束力的文件和公告。

而最关键的要素是时间，时间被拖延了，后果最严重。

13.3.6 被激怒的爱康国宾如何反击美年大健康

第一个方法：诉讼。

2016年1月，爱康国宾宣称以侵犯商业秘密为由对美年大健康提起民事诉讼，指控其在2014年盗取爱康国宾广州地区的业务数据，要求赔偿所有损失，合计人民币5000万元。此案刑事起诉部分已于2015年9月了结，有人质疑爱康是旧案重提。

2016年5月23日，在美年大健康停牌九个月后公告复牌的首日，爱康国宾集团召开新闻发布会称，已于4月底向上海知识产权法院递交了起诉状，对美年大健康集团及其全资子公司上海美东软件涉嫌侵害爱康国宾健康体检软件系统著作权的行为提起了民事诉讼，要求赔偿损失合计人民币5300万元。

爱康国宾把诉讼作为工具，通过这些扰乱美年大健康的行动。

第二个方法：举报。

2016年3月9日，爱康国宾又发布公开声明，宣布实名举报美年大健康未经反垄断审查违法收购慈铭体检，违反《反垄断法》。商务部反垄断局接受了爱康国宾的相关举报材料。对抗美年大健康的敌意收购，爱康国宾抓住了反垄断法，向反垄断局进行举报。

13.3.7　美年大健康收购慈铭体检是否违反了《反垄断法》相关规定

从爱康国宾举报开始，经过一年时间，商务部对美年大健康收购慈铭一案给出了最终判定：违反了相关申报程序。美年大健康发布的公告显示：公司于 2017 年 4 月 28 日收到商务部出具的《商务部行政处罚告知书》，商务部认为，美年大健康、天亿资管（上海天亿资产管理有限公司）、维途投资（上海维途投资中心）收购慈铭体检股份已经实施，但在实施之前未向商务部申报，违反了《反垄断法》第二十一条，构成未依法申报违法实施的经营者集中。基于相关调查情况和评估结论，商务部拟根据《反垄断法》相关规定，对美年大健康处以 30 万元人民币罚款的行政处罚。

虽然因为违反了程序，商务部进行了处罚。但对实体而言，商务部就美年大健康及其关联方收购慈铭体检股权对市场竞争的影响进行了评估。评估认为，该项经营者集中不会产生排除、限制竞争的影响。

13.3.8　反垄断举报，是否有效地打击了对手

这种打击手段很有效，直接影响并拖延了美年大健康的资本运作计划，扰乱了对手。

这次出击选择的时机很好，2016 年 3 月，美年大健康宣布拟以发行股份方式购买天亿资管、东胜康业、韩小红和李世海等 4 名股东持有的慈铭体检 72.22% 的股权，交易作价 26.97 亿元。因在这次交易前，美年健康已经持有慈铭体检 27.78% 股份，如该收购完成后，慈铭体检将成为美年健康的全资子公司。而就在这个时点，爱康国宾的实名举报美年大健康及其实际控制人俞熔违反反垄断法。

商务部的介入，直接影响了美年大健康的收购进程。2016 年 9 月，美年大健康宣布将向中国证监会申请暂时中止审查这笔交易。

2017 年 7 月 5 日，美年大健康公告：收到中国证券监督管理委员会（以下简称"中国证监会"）的通知，中国证监会上市公司并购重组审核委员会将于近日召开工作会议，审核公司发行股份及支付现金购买资产并募集配套资金暨关联交易事项。

2017年7月12日,美年大健康公告:收到中国证券监督管理委员会(以下简称"中国证监会")的通知,经中国证监会上市公司并购重组审核委员会于2017年7月12日召开的2017年第40次工作会议审核,公司发行股份及支付现金购买资产并募集配套资金暨关联交易事项获得无条件通过。

13.3.9 美年大健康并购慈铭体检是如何实施的

根据2014年11月20日美年大健康与慈铭体检的全体股东、慈铭体检签订的《关于慈铭健康体检管理集团股份有限公司之股份转让协议》,慈铭体检全体股东拟向美年大健康及/或美年大健康指定的第三方转让其持有的慈铭体检90%的股份。

本次交易分两次完成:第一次转让的股份数为33,333,333股(以下简称"目标股份一"),约占慈铭体检总股本的27.78%;第二次转让的股份数为86,666,667股(以下简称"目标股份二"),约占慈铭体检总股本的72.22%。上述两次股份转让完成后,美年大健康及/或其指定的第三方共计持有慈铭体检90%的股份。

目标股份二的转让对价可以采取货币资金支付、股份支付或两者结合的方式进行支付,具体支付方式由各个卖方独立自主决定。目标股份一的转让已于2014年12月19日完成。对于目标股份二中采用货币方式转让的股份,美年大健康应在目标股份一交割日(2014年12月19日)后的12个月内完成;对于以股份或股份与货币资金的结合作为转让对价的,由选择该等支付方式的慈铭体检股东与美年大健康于交割日后的12个月内协商确定有关的进度及支付安排。

2015年12月7日,天亿资管受让健之康业、鼎晖创投等14名慈铭体检股东持有的慈铭体检68.40%股份,同时承诺在其受让慈铭体检68.40%的股份的交割之日起的36个月内,将其所持的标的股份注入上市公司美年健康,并严格履行该等资产注入所需的各项法定程序。

由于爱康国宾的反击,美年的收购计划一直迟延到2017年7月12日才通过证监会审核。

13.3.10 反收购大战的最大影响是什么?谁是赢家

最大的影响是时间,因为美年大健康的阻击,爱康国宾以中概股身份回归 A 股错过此前的最佳时期，政策的时间窗口被错过，中概股回归遇到了政策阻碍。

由于爆发了一系列的口水战、舆论战、诉讼战、揭短和举报，导致双方的声誉都受到了损害。美年大健康的资本计划受到了拖延，爱康国宾回归的政策窗口期被错过。

如同三国末期，司马懿三分归一统，这场体检行业"三国杀"中魏国也没有笑到最后，吴国也没有笑到最后，而是一个叫马云的人成功了。

2016 年 6 月 7 日晚间，爱康国宾宣布收到来自马云旗下云锋基金的私有化要约，准备以每股 ADS20–25 美元价格收购爱康国宾发行在外的 90% 流通股。之后，爱康国宾 CEO 张黎刚撤回了对该公司的私有化提案。2016 年 6 月 8 日早间，美年健康发布公告宣布，退出对爱康国宾的私有化收购。

13.4　从法律视角看我国上市公司章程反收购条款

笔者通过收集、整理、研究 13 家上市公司的章程修改情况，发现我国上市公司新近修改的章程反收购条款内容主要集中在以下几个方面：

- 修改预警条款，让公司有更多的反应时间。
- 股东提案权限制条款，即对股东行使提案权的持股年限提出要求或提高股东行使提案权的持股比例，限制新股东提案。
- 绝对多数决议条款，即特别决议事项提高标准到四分之三以上多数通过，让原股东变相拥有一票否决权。
- 董事监事高管任职条款，使新股东无法进入董事会、高管层。
- 董事会反收购权条款，赋予董事会反收购大权。
- "恶意收购"定义条款，定义"恶意收购"及反对措施。
- 金色降落伞条款等。

13.4.1　上市公司为何积极修改公司章程，有什么共性

仔细观察不难发现，修改章程加入反收购条款的上市公司有一定的共

性：公司股权高度分散，被收购风险高。以伊利股份为例，2016年8月修改公司章程前，其第一大股东呼和浩特投资有限责任公司持股仅占公司总股本8.79%。

可见，上市公司修改章程加入反收购条款的最主要动机是为了防范"敌意收购"。除此之外，维持公司经营战略的连续性、提高股票溢价等因素也可能是常见的动机。

13.4.2 修改章程为何引发了市场和监管部门的关注

2016年8月9日，伊利股份公司董事会临时会议对伊利的公司章程做了修改，并计划于8月26日召开股东大会讨论通过。8月9日，伊利公司收到上交所的问询函。8月12日，伊利公司发布公告称延迟答复该问询函。8月19日，伊利公司再度发布公告称原定于8月26日召开的股东大会取消。这个事件经过媒体报道，引起各界广泛的关注，随后其他上市公司修改章程反收购的问题也引起了公众注意。中国上市公司修改公司章程布局反收购，本无可厚非，关键是修改的程度。伊利股份由于修改的内容比较激进，遭到了监管部门和交易所的质疑。

13.4.3 上市公司可以自由修改公司章程吗

不可以，需要在现行法律法规的框架下进行，一旦与法律相悖时，该条款会遭到监管机构的问询。因为上市公司在设置各种壁垒障碍保护实际控制人管理层利益的同时，也可能侵犯了其他投资人正常的权利，包括中小股民的利益。

在美国，修改公司章程是一种常见的反收购策略。可以修改的程度取决于当地的法律，各州的法律差异性很大。由于股东诉讼，各州的法院也会来裁判修改的有效性。同样，在中国，也存在大量围绕章程条款有效性展开的各种诉讼，由于地域辽阔、案情差异、认识差异，可以想象判决会有差异。

13.4.4 上市公司是如何修改预警条款的，法律上有效吗

> 【术语解读】预警条款
>
> 所谓"预警"，就是提前警示，如同中国古代的烽火台，是最重要的传送敌情方式之一。修建"烽火台"是为了让上市公司和投资者们有所准备，不至于敌意收购者来袭时措手不及，这在我国《证券法》第86条①中也有明确规定。该规定用一句话概括就是：持股到5%的时候，3日内要书面报告、通知、公告，而这个期限内收购者不能再买卖这个股票了。这样一来，上市公司就知道了这个情况，可以采取措施，比如利用这个时间差进行增持，提高持股比例，以避免入侵者扩大战果。预警条款给了上市公司一个缓冲期，对上市公司有利。

多家上市公司将证券法规定的5%修改为3%，好比原来50里一个烽火台，现在前移到30里。例如伊利股份"持有公司已发行股份达到3%时，应当在该事实发生之日起三日内，向公司董事会发出书面通报。在通报期限内和发出通报后两个交易日内，不得再行买卖公司的股票。投资者持有股份达到3%后，其持股比例每增加或者减少3%，应当依照前款规定进行通报"。

同时伊利股份的章程中规定了相关制裁措施，包括"违反上述规定购买、持有公司股份的，在其违规行为改正前，不得行使其所持或所控制的该等股票的表决权，公司董事会有权拒绝其行使除领取该等股票股利以外的其他权利"等。

笔者认为，预警条款以3%的比例限制股东合法的股份转让权利，显

---

① 第八十六条 通过证券交易所的证券交易，投资者持有或者通过协议、其他安排与他人共同持有一个上市公司已发行的股份达到百分之五时，应当在该事实发生之日起三日内，向国务院证券监督管理机构、证券交易所做出书面报告，通知该上市公司，并予公告；在上述期限内，不得再行买卖该上市公司的股票。投资者持有或者通过协议、其他安排与他人共同持有一个上市公司已发行的股份达到百分之五后，其所持该上市公司已发行的股份比例每增加或者减少百分之五，应当依照前款规定进行报告和公告。在报告期限内和做出报告，公告后二日内，不得再行买卖该上市公司的股票。

然违反了《证券法》第 86 条的规定。至于对应的"制裁措施",更是违反了《公司法》第 126 条规定的"同股同权"基本原则。值得一提的是,虽然《公司法》第 131 条为可能存在的不同种类股票开了后门,但这并不意味着此种几乎完全剥夺股东权利的做法能够得到认可。

13.4.5 将"警戒线"从 5%修改为 3%,监管部门是什么态度

对伊利股份前述章程修改条款,上海证券交易所要求其补充披露:修改是否符合相关法律法规规定;是否存在限制投资者依法收购及转让股份的情形;相关"制裁措施"的法律依据及合理性;是否不当限制公司股东表决权。该章程修正案最后因此不了了之。

同样的,世联行在进行类似章程条款修改时亦遭到深交所问询函,最后虽保留了 3%的比例,但被迫删去"不得再行买卖公司的股票"的内容。也就是说,监管方的底线是不能够在法律规定之外对股份转让做更加严格的限制。

13.4.6 上市公司如何通过修改章程限制股东提案权

上市公司通过修改章程限制股东提案权主要包括两个方案:一是对提案股东的持股比例提高了;二是要求提案的股东必须持股满足一定的期限。这样就排除了新股东的提案权。

举例一,世联行的修订公司章程的相关条款里:董事会可以向股东大会提出董事、非职工监事候选人的提名议案。连续两年以上单独或合计持有公司 9%以上股份的股东、监事会可以向董事会书面提名董事、非职工监事的候选人。而原条款中规定的持股比例仅为 3%,这里他们使用了"可以"这个词,那么如果不满两年,是否为"不可以"?

举例二,伊利股份修订后的《公司章程》第五十三条规定:"关于更换及提名董事会、监事会成员及修改公司章程的提案,须连续两年以上单独或合计持有公司 15%以上股份的股东才有权提出提案"。

13.4.7 限制股东提案权的条款有效吗

有法定从法定,无法定从约定。法律既然已经有了明确的规定,就应该严格准守,根据公司法和证券法,持有 3%的股东就有提案权,持股年

限无要求，上市公司通过修改公司章程，改变了公司法明确的规定比例，这种对股东权利进行缩水、限制的行为成立的话，意味着从此公司股东分为两种，一种是正式股东，一种是非正式股东（需要等两年试用期满后才能成为正式股东，享有正式股东选择管理者的权利），类似股东需要"试用期"，而股东当然没有"试用期"。同时，交易所也是质疑这种修改的合法性、合理性。

在上海证券交易所《关于对内蒙古伊利实业集团股份有限公司修改公司章程事项的问询函》中提到了：公司修订后的《公司章程》第五十三条规定："关于更换及提名董事会、监事会成员及修改公司章程的提案，须连续两年以上单独或合计持有公司15%以上股份的股东才有权提出提案。"请公司补充披露该条款修改是否符合《公司法》的规定，是否不当提高了股东行使提案权的法定资格标准，是否构成对股东提名权的限制，并结合你公司目前的前9大股东持股比例情况，说明上述修改是否不利于股东督促公司董事、监事勤勉尽职。

13.4.8 法定的股东大会特别表决事项有哪些？上市公司是如何修改的

《公司法》规定，股东会会议做出修改公司章程、增加或者减少注册资本的决议，以及公司合并、分立、解散或者变更公司形式的决议，必须经代表三分之二以上表决权的股东通过。

修改公司章程、增加或者减少注册资本的决议，以及公司合并、分立、解散或者变更公司形式，这些就属于公司法规定的特别事项。

上市公司可以通过对特别表决事项的增加和表决权比例的提高来达到反收购的目的，具体包括：

（1）选举和更换非由职工代表担任的董事及监事由四分之三以上表决权通过。

（2）公司被恶意收购时对收购方（包括其关联方或一致行动人）与公司进行的任何交易事项，以及收购方为实施恶意收购而提交的交易议案由四分之三以上表决权通过等。

（3）把公司法规定的三分之二以上通过事项提高到四分之三以上通过。

如伊利股份的"须由出席股东大会的股东（包括股东代理人）所持表决权的四分之三以上通过的事项，包括章程修改、选举和更换非由职工代表担任的董事及监事、公司被恶意收购时对收购方（包括其关联方或一致行动人）与公司进行的任何交易事项，以及收购方为实施恶意收购而提交的交易议案等"。

这样的修改，提高了收购门槛，收购方选举和更换董事所需要的表决权的比例要求过高（改前只需要过半数，修改后需要四分之三以上），让董事和监事的选举和更换变得更困难，降低收购方的改选董事会的可能性，增加了收购方控制董事会和公司的难度。

13.4.9 提高特别事项表决标准是否符合法律规定

该条款会导致赋予部分股东一票否决权（在股东大会只要有四分之一的表决权就可以否决这些特别事项），实质是影响了公司治理，很容易形成公司僵局。是以牺牲公司治理来实现防止公司被敌意收购，虽然保护了原来的实际控制人，但是可能损害公司其他股东的利益。

其他上市公司也有类似修改内容，其聘请律师出具的法律意见书都是肯定这种提高不违法，《公司法》第104条赋予了公司章程对需股东大会表决事项做补充规定的权利，《章程指引》第77条也明确赋予了公司章程对特别决议事项进行扩大的权利。

13.4.10 关于董事监事高管条款有哪些修改？是否合理

这些修改都是防止一旦大股东易主，董事会不失守，阻止收购方进入董事会。笔者认为修改后的很多条款法律效力都值得商榷，下面一一道来。

（1）执行董事的更换不得超出全体董事的三分之一。

这样规定的好处是维持了公司董事会的稳定性，原控制人的董事不被一次性替换掉，继续掌控董事会。收购方提名的董事想进入董事会的时间被大大拖延，让收购方控制董事会的时间被拖延。笔者认为这一条款在法律上是有效的，可以作为反收购条款存在。

（2）新股东所提候选人不得超过全体董事的五分之一。

具体规定是：连续两年以上单独或者合并持有公司15%以上股份的股

东提名董事时,每一提案(提案人及其关联方或一致行动人分别提出的提案应当合并计算)所提候选人不得超过全体董事的五分之一,且不得多于拟更换或补选人数。

这一条规定就太明显了,完全限制了收购方的董事提名权,法律上不成立。这一条首先打破了公司法3%股东提案权,同时人为发明了新股东的概念,上市公司同股同权的规定被破坏,没有任何法律依据。候选人五分之一之说,也不能成立,公司法只有累计投票制的规定,而没有五分之一之说。

(3)除非换届选举,年度股东大会或临时股东大会选举或更换董事人数不得超过现任董事的四分之一。并且在连续12个月内,选举或更换董事只能进行一次。

这一条维护了董事的稳定性。可以借鉴,但是如果董事本身有问题,罢免董事应该不受限制。

(4)在发生公司被恶意收购,收购方或提议方(包括其关联方或一致行动人)在符合提案条件后,其提名的董事候选人应当具有至少五年以上与公司主营业务相同的业务管理经验,以及与其履行董事职责相适应的专业能力和知识水平。

首先,公司法并没有定义恶意收购这个词汇,因此如果有野蛮人入侵,他们的律师团肯定不认为其是恶意收购,口水战在所难免。法院也不会认定恶意收购的,因为于法无据。另外,关于董事候选人的五年同业管理经验,这个也有问题。董事会管的是公司战略性的问题和其他重大事项,不是从事公司日常运营。此外,为了改善上市公司的公司治理,法律专门规定了独立董事制度,而独立董事中可能有法律和财务人员,他们就未必有同业的管理经验。

(5)董事会成员中应有公司职工代表,职工代表担任董事的名额为5人。

公司法对职工董事的人数没有上线规定,这的确是上市公司想出来的一个好办法。不过,这简直就是为内部人控制公司铺平了道路。董事会成员基本上都是公司管理层了,是对收购方的重要阻力。

(6)执行董事的任职条件包括"在公司任职9年以上"。

如果成立,估计"野蛮人"们都会望而却步了。但《公司法》对于董事任职的资格并没有这么高的要求,"野蛮人"不会承认,也不会认可,能够通过股东大会决议就可以战胜这个条款。

(7)总裁聘任的条件包括"在公司任高级管理职务十年以上"。

公司法规定了"经理"这个职位,因为上市公司很大,里面的总经理太多了,就有了总裁一词,这个总裁就是公司法里的经理,经理由董事会聘任。这个游戏规则估计也没有什么用途,就算成立,难免不会产生一个与收购方友好的高管。当与不当,看谁控制了董事会,控制不了董事会,也可以控制管理层。

(8)监事会换届选举时,更换监事不得超过全体监事的三分之一。连续两年以上单独或者合并持有公司15%以上股份的股东提名监事时,每一提案(提案人及其关联方或一致行动人分别提出的提案应当合并计算)可提名人数不超过全体监事五分之一,且不得多于拟更换或补选人数。除非换届选举,年度股东大会或临时股东大会选举或更换监事人数不得超过现任监事的四分之一。并且在连续12个月内,选举或更换监事只能进行一次。

监事会的事情可以比照前面董事会内容加以理解。

13.4.11 上市公司章程中的董事会反收购大权有哪些

举例一:伊利股份"当公司面临恶意收购情况时,董事会可以采取本章程规定的,以及虽未规定于本章程但法律、行政法规未予禁止的且不损害公司和股东合法权益的反收购措施,而无需另行单独获得股东大会的决议授权。董事会在采取和实施反收购措施后,应及时以公告方式向全体股东做出公开说明"。

举例二:世联行"采取以阻止恶意收购者实施收购为目标的包括对抗性反向收购、法律诉讼策略等在内的其他符合法律法规及本章程规定的反收购行动。当公司面临恶意收购情况时,连续180日持有公司百分之十以上股份的股东还有权采取或以书面形式要求董事会采取本章程规定的,以及虽未规定于本章程但法律、行政法规未予禁止的且不损害公司和股东合法权益的反收购措施;董事会接到该书面文件后应立即按本章程的规定采取和实施反收购措施,而无需另行单独获得股东大会的决议授权,但董事会的行动不得损害公司和股东的合法权益,并且董事会在采取和实施反收购措施后,应当立即以公告方式向全体股东做出公开说明"。

针对类似的修改公司章程，交易所问询中关注：

（1）上述关于董事会代为履行股东大会职权的条款，是否符合《公司法》的相关规定。

（2）董事会自主采取"为公司选择其他收购者""对公司的股权结构进行适当调整""对抗性反向收购、法律诉讼策略等反收购行动"的具体标准和程序，并详细说明在采取上述反收购措施时，确保公司及股东整体利益不受损害的应对措施。

【笔者谏言】董事会反收购，这个无可厚非，但"无需获得股东大会的决议授权"一句，缺乏法律依据，如果本身是属于股东大会的权限，董事会不应该越权，越权则属于无效。法律时代，收购也好，反收购也好，一切按照法律规则办事。如果董事会可以越权，把股东大会放在一边当花盆，则公司治理何在？这样的董事会和章程太危险。反收购必须合法合规，并保证公司和股东整体利益不受损害，这是董事会反收购的底线，也是原股东反收购的底线，底线不能突破。

13.4.12 修改公司章程中是如何定义"恶意收购"的？如何看待

我们以伊利股份的例子说明。在伊利股份的修改章程中，多次提到了恶意收购这个词，分三种情况。

第一种恶意收购，是指在未经公司董事会同意的情况下通过收购或一致行动等方式取得公司 3% 及以上股份或控制权的行为。

第二种恶意收购，违反下列行为被认为是恶意收购：

- 通过证券交易所证券交易，投资者持有，或者通过协议、其他安排与他人共同持有公司已发行的股份达到 3% 时，应当在该事实发生之日起三日内，向公司董事会发出书面通报。在通报期限内和发出通报后两个交易日内，不得再行买卖公司的股票。

- 投资者持有或者通过协议、其他安排与他人共同持有公司已发行的股份达到 3% 后，其所持公司已发行的股份比例每增加或者减少 3%，应当依照前款规定进行通报。通报内容应包括但不限于，信息披露义务人介绍、本次权益变动的目的、本次权益变动方式、本次交易的资金来源、后续计划、对上市公司影响的分析、前六个月内买卖公司股份的情况、信息披露义务人的财务资料、其他重要事项、备查文件、信息披露义务人及其法定代表人声明。

违反上述规定，或者在信息披露过程中存在虚假记载、误导性陈述、重大遗漏的应承担如下法律责任：

（1）公司其他股东有权要求其赔偿因其恶意收购而造成的所有经济损失（含直接和间接损失）。

（2）公司董事会有权依据本章程主动采取反收购措施，并公告该等收购行为为恶意收购，该公告的发布与否不影响前述反收购措施的执行。

（3）违反上述规定购买、持有公司股份的，在其违规行为改正前，不得行使其所持或所控制的该等股票的表决权，公司董事会有权拒绝其行使除领取该等股票股利以外的其他权利。

（4）公司董事会及其他股东有权向证券监督管理机构、证券交易所等反映情况并请求追究其法律责任。

第三种恶意收购情况，公司董事会决议认定的属于恶意收购的其他行为。

交易所给伊利股份问询函中针对上市公司定义的"恶意收购"，要求上市公司补充披露：

（1）上述条款对"恶意收购"界定的法律或规则依据，对"收购"的认定标准是否符合《收购管理办法》的相关规定。

（2）在公司章程中将该等行为定义为"恶意收购"，是否违反公平原则，是否存在不当限制投资者依法买卖公司股票及行使股东权利的情形。

（3）以"董事会是否同意"作为认定"恶意收购"标准的法律依据及合理性。

针对上市公司定义的三种恶意收购情况，交易所问询了每种情况后面的问题，这些问题本身就代表了一种观点和看法。

【笔者谏言】首先，公司法及《上市公司收购管理办法》并没有定义恶意收购这个词汇。

其次，从资本角度讲，资本就是资本，没有善恶之分。

最后，收购也好，反收购也好，必须合法合规。

《上市公司收购管理办法》第八条明确要求被收购公司的董事、监事、高级管理人员应当公平对待本公司的所有收购人（无论是否欢迎），被收购公司董事会不得滥用职权对收购设置不适当的障碍。关于上市公司定义的恶意收购条款，显然限制了收购人买卖股票，这种限制没有法律上的依据。如果事前需要上市公司董事会同意才能买到3%，这算不算内部交易？所以，单纯考虑原控制人的利益，忽视其他收购人、投资者利益，就会产生这种严重的漏洞。

13.4.13 在中国上市公司中有金色降落伞吗

> 【术语解读】金色降落伞
>
> 金色降落伞是典型的舶来品，当公司被收购时，公司提供给原高级管理层的一种特殊补偿性条款，运用"金色"一词形容补偿金的丰厚。因为通常情况下，收购完成后需要尽快进行整合。整合的过程中，一部分的被收购公司的高管会面临被解聘，或者明升暗降、平调等方式替换掉，设置金色降落伞可以保护原来高管的利益，同时能够在一定程度上对敌意收购形成阻碍。

此条款也被众多上市公司在修订章程中所采用，世联行、雅化集团、中国宝安、多氟多、海印股份、友好集团等公司的章程中也存在类似条款。我们还是以伊利股份为例，其修改公司章程中明确加入了金色降落伞条款。其新章程规定：在发生公司被恶意收购时，公司须一次性向董事、监事、高级管理人员按其在公司的上一年度应得税前全部薪酬和福利待遇总额的十倍支付现金经济补偿金。在发生公司被恶意收购时，与公司签订有劳动合同的经理级以上管理人员、核心技术及业务人员可以主动提出辞职。针对上述辞职人员，董事会有权根据其在公司发展中做出的贡献进行研究确定是否需给予经济补偿，对于确定给予经济补偿的人员，公司应一次性支付相当于其上一年度应得税前全部薪酬和福利待遇总额的十倍的现金经济补偿金。

在宝万之争发生前,有公司已经在章程中悄然引入了金色降落伞的措施。比如兰州黄河,2014年12月12日,兰州黄河公司发出召开临时股东大会的通知,讨论事宜中包含公司章程的修改。后通过的章程中包括:当发生公司被并购接管的情形时,在公司董事、监事、总裁和其他高级管理人员任期未届满前如确需终止或解除职务,必须得到本人的认可,且公司须一次性支付其相当于前一年年薪总和十倍以上的经济补偿。(正常的工作变动或解聘情况除外)。

13.4.14 金色降落伞条款有效吗

针对不同的金色降落伞,交易所问询的内容也不同。针对伊利股份,要求其补充披露:

(1) 上述赔偿金支付标准的法律依据及合理性。

(2) 因被补偿人员多为公司董事、监事、高级管理人员,上述赔偿金的支付是否构成关联交易,应履行哪些决策程序。

(3) 公司以所称的被"恶意收购"由支付9倍赔偿金的法律依据及合理性,是否侵害公司及全体股东利益,是否涉嫌利益输送。

(4) 测算支付赔偿金对公司经营业绩的影响并充分提示相关风险。

【笔者谏言】关于金色降落伞的实施,会受到监管部门的约束、股东诉讼的约束、劳动合同法及相关配套规定的约束。比如一律采取9倍模式,与劳动合同法按照工作年限支付经济补偿金的规定相悖。此外,劳动合同法还规定了违法解除劳动合同双倍赔偿金制度,如果按照这个制度,可能有些高管9倍赔偿金还不够。劳动合同法还有最高赔偿制度的限制[1]。

从最高赔偿制度上看,上市公司的高管估计工资都超过了当地平均工资的三倍,所以金色降落伞的条款真正细化去看,可能有部分无效的情形。当个案发生时,劳动仲裁庭和法庭会根据具体的案情和规定做出适当的裁决,这种裁决将是对上市公司金色降落伞策略的调整。

---

[1] "劳动者月工资高于用人单位所在直辖市、设区的市级人民政府公布的本地区上年度职工月平均工资三倍的,向其支付经济补偿的标准按职工月平均工资三倍的数额支付,向其支付经济补偿的年限最高不超过十二年。"

第14章
秘密收购上市公司

【话题】如何看待秘密收购上市公司？
秘密收购上市公司都隐瞒了什么

14.1　为何有秘密收购上市公司的现象

想要说明这一问题,还要从收购上市公司的规则谈起。上市好比一辆"高速列车",车上的人借助上市完成了财富快速积累后,一些企业控股股东开始谋求套现离场;而没上车的人,又想用最快的时间依靠上市公司平台达成高效融资、迅速壮大、品牌背书等目的。但是,收购上市公司肯定是一件要求很高的事情,需要严格按照法律法规、部门规章、交易所规定执行,同时在不同时期监管政策会有变化和调整,收购上市公司还需要符合这些政策的要求。

【术语解读】收购上市公司

是指通过收购控制一个上市公司的行为。收购人可以通过取得股份的方式成为一个上市公司的控股股东,可以通过投资关系、协议、其他安排的途径成为一个上市公司的实际控制人,也可以同时采取上述方式和途径取得上市公司控制权。收购人包括投资者及与其一致行动的他人。

【术语解读】上市公司控制权

我们以《深圳证券交易所股票上市规则》中的内容为例说明这个概念。

控制指有权决定一个企业的财务和经营政策,并能据以从该企业的经营活动中获取利益,有以下情形之一的,为拥有上市公司实际控制权:

(1)为上市公司持股50%以上的控股股东。

(2)可以实际支配上市公司股份表决权超过30%。

(3)通过实际支配上市公司股份表决权能够决定公司董事会半数以上成员人选。

(4)依其可实际支配的上市公司股份表决权足以对公司股东大会的决议产生重要影响。

(5)中国证券监督管理委员会或者深圳证券交易所认定的其他情形。

14.1.1　收购上市公司的主要法律、法规、规章有哪些

主要包括《中华人民共和国公司法》《中华人民共和国证券法》《中华人民共和国合同法》《上市公司收购管理办法》《上市公司重大资产重组管理办法》《上市公司信息披露管理办法》《上海证券交易所股票上市规则》《深圳证券交易所股票上市规则》《上海证券交易所上市公司股东及董事、监事、高级管理人员减持股份实施细则》《深圳证券交易所上市公司股东及董事、监事、高级管理人员减持股份实施细则》《上市公司董事、监事和高级管理人员所持本公司股份及其变动管理规定》等。

14.1.2　如遇控制权变动，上市公司控股股东、实际控制人应该如何做

根据上交所发布的《上海证券交易所上市公司控股股东、实际控制人行为指引》第3.4.1条，上市公司控制权变动，控股股东、实际控制人应当在该事件发生当日书面通知上市公司，并配合上市公司的信息披露工作。事件出现重大进展或者变化的，控股股东、实际控制人应当立即将进展或者变化情况、可能产生的影响告知上市公司。

14.1.3　哪些人不能够收购上市公司

根据证监会发布的《非上市公众公司收购管理办法》第六条规定，有下列情形之一的，不得收购上市公司：

（1）收购人负有数额较大债务，到期未清偿，且处于持续状态。

（2）收购人最近3年有重大违法行为或者涉嫌有重大违法行为。

（3）收购人最近3年有严重的证券市场失信行为。

（4）收购人为自然人的，存在《公司法》第一百四十六条规定的情形。

（5）法律、行政法规规定，以及中国证监会认定的不得收购上市公司的其他情形。

在秘密收购上市公司的案例中，其中就有一些收购人因为本身存在的问题，不能收购上市公司，而采取换马甲模式，找一个合适的主体去收购上市公司。

14.1.4 限售规则对收购上市公司有什么影响

限售规则主要是指《公司法》第一百四十二条：

发起人持有的本公司股份，自公司成立之日起一年内不得转让。公司公开发行股份前已发行的股份，自公司股票在证券交易所上市交易之日起一年内不得转让。

公司董事、监事、高级管理人员应当向公司申报所持有的本公司的股份及其变动情况，在任职期间每年转让的股份不得超过其所持有本公司股份总数的百分之二十五；所持本公司股份自公司股票上市交易之日起一年内不得转让。上述人员离职后半年内，不得转让其所持有的本公司股份。公司章程可以对公司董事、监事、高级管理人员转让其所持有的本公司股份做出其他限制性规定。

这一条对于上市公司收购影响最大，很多上市公司的控股股东、实际控制人都担任着上市公司的董事长、总经理这些重要的岗位。由于"董监高"转让股份的比例限制，所以没有办法完成一次性的股权转让。而在买壳案中，作为购买上市公司控股权的买家，其需求是获得上市公司的控制权，购买的核心也是控股权，由此造成了股权不能一次性交易的情况。

14.1.5 秘密收购上市公司的动机

由于重要股东减持的政策限制、借壳上市的限制，或者法律法规的其他限制，急于交易的买卖双方无法合规地进行控制权交易，个别实控人转而选择"暗度陈仓"、打"擦边球"的方式，通过一些变通的手段——例如签署远期协议、质押股权等——实施对上市公司的收购，借而实际转让了上市公司的控制权。但相关方出于各种目的，故意隐瞒股权转让协议的重要内容或股权质押的交易实质，规避信息披露义务，这也就是本章所称的"秘密收购"的由来。

【笔者谏言】"秘密收购上市公司的本质是规避监管，是违规行为。"

14.2 秘密收购上市公司都是如何操作的

秘密收购上市公司是怎么做的？

14.2.1 针对股票限售，并购双方是如何考虑的

买家为了保护自身的利益，希望能够锁定全部股票的交易，因为他们担心一旦购买了部分股权，原来的实际控制人若反悔而不再出售剩余的股权，其"买壳"的目的就无法实现了。此时的买方会很大程度上受制于原来的实际控制人，动辄十亿为单位的投资就可能被困在那里，风险实在太大了。

而卖家则考虑，如果只是与买家签订了部分股权的转让合同，万一市场行业变化，上市公司股价下跌，自己手上留的那些股票在没有合同保障的情况下，岂不是会烂在手里了？

所以，尽管有股票限售规则，但买卖双方都有动力通过签订其他协议的方式来锁定全部的股权转让事项，以保证交易的完成。

14.2.2 为规避股票限售，秘密收购上市公司的方法有哪些

常见方法一：借款+股票质押+司法仲裁。

【并购案例】同洲电子：借款+股票质押+司法仲裁秘密收购上市公司

以借款名义支付股权转让款，然后为保障钱款安全，卖方将持有的股票质押给买方，届时若仍受限于股票限售规则，就通过司法诉讼仲裁方式解决。比较典型的是同洲电子的案例。如表14-1所示。

表14-1 同洲电子的案例

2015.12.27	同洲电子完成增发，袁明及一致行动人累计持股1.23亿股，直接持股18.5%，间接持股0.35%
2016.1.12	袁明向国元证券质押的1.22亿股同洲电子股份接近警戒线平仓线；同洲电子紧急停牌

续表

日期	事件
2016.1.19	袁明称6个交易日内提出解决方案
2016.1.26	袁明称已募捐一定资金用于追加保证金，同时拟转同洲电子部分股份
2016.2.2	袁明与小牛资本达成初步意向
2016.3.10	袁明通过质押1.26亿股同洲电子股份向小牛龙行协议借入8.7亿元，控股子公司同舟共创提供连带担保
2016.3.21	袁明将质押给国元证券的1.22亿同洲电子股份解除质押，次日质押给小牛龙行
2016.3.24	小牛龙行要求袁明在两日内追加质押股份，并要求同舟共创提供连带担保。袁明不予回应
2016.3.27	小牛龙行向深圳仲裁委员会提出仲裁申请，要求袁明提前偿本付息
2016.3.31	袁明与小牛龙行达成和解，向深圳仲裁委员会申请制作裁决书
2016.4.6	袁明将155万股同洲电子股份质押给小牛龙行，质押股份数额已达1.23亿股
2016.4.9	深圳仲裁委员会裁决袁明将质押给小牛龙兴的股份转让，以偿还债务；小牛龙行拟向袁明支付3.3亿元补偿金及3亿元奖励金

在上述事件发展过程中，双方最终通过仲裁方式，公开了上市公司控制权的变更计划。

从借款到股权转让结束，不到一个月的时间。有分析人士猜测：从双方默契十足的配合来看，或许早已达成协议，袁明资不抵债，而小牛刚好看中其手中的"壳"资源，仲裁不过是"走过场"而已。

深交所于2016年4月12日发出问询函，要求同洲电子回答"袁明所持1.23亿股均为高管锁定股，通过仲裁方式转让公司实际控制权是否合规""3亿元奖励金"等问题。4月15日，同洲电子就问询函进行了回复，按照同洲电子的说法，仲裁裁决的结果是袁明在不能偿还债务的情形下而被动承受的，并不是袁明想要主动通过仲裁方式转让公司股份及实际控制权。

2016年6月18日上市公司公告称：6月16日收到袁明的书面辞职报告，袁明以身体原因无法履职为由，申请辞去公司董事长等职务。

袁明先生对于股权转让过户事宜，提交了《关于本人股权转让过户的承诺函》，内容如下：

（1）就本人因向深圳市小牛龙行量化投资企业（有限合伙）（"小牛龙行"）借款人民币8.7亿元（"本次借款"）发生违约并导致仲裁（"本次仲裁"）说明如下：

本次仲裁结果是因本人由于真实客观原因而不能履行本次借款协议项下相关义务所导致，其具体的原因已经公告，本人在主观上不存在任何规避限售股转让限制相关法律规定的想法。

（2）对于股权转让过户事宜，本人承诺如下：

在本人辞去同洲电子董事及董事长等公司职务后6个月内，不会办理股权转让过户手续；在本人辞去同洲电子董事及董事长等公司职务后6个月后，在符合相关的法律、法规的规定的前提下，办理股权转让过户手续。

常见方法二：借款+股票质押+投票权委托。

借款+股票质押的方法与前面一样，然后同时通过投票权委托的方式转移公司的控制权。该方法背后的逻辑是：受限于股票限售，双方暂时无法办理过户手续，于是通过签订"抽屉协议"（即不公开的合同）预约未来的股权转让事项，这种合同也被称为远期合同。

【术语解读】投票权

根据《公司法》相关规定，公司进行股东大会决议时需要进行表决，上市公司表决权是"同股同权"的，也就是一股对应一个表决权。同样道理，董事会做出决议的时候也需要进行表决，每个董事拥有一票。这就是公司里的投票权。

那么，投票权该如何委托呢？根据《公司法》，股东可以委托他人出席股东会并代为表决，董事也可以委托其他董事代为表决，只要签订委托协议并且形式上符合法律要求即可。

常见方法三：分期股权转让+披露部分信息+抽屉协议。

【并购案例】亿晶光电部分披露股权转让信息事件

一、公告前后矛盾，证监会立案披露违规

2017年6月21日，证监会以涉嫌信息披露违法违规立案调查上市公司亿晶光电。原因涉及亿晶光电"涉嫌信息披露违法违规"，这背后的故事是上市公司实际控制人易主风波。买卖双方从情投意合到隐瞒信息违规不披露，再到矛盾暴露、发生纠纷，后续应该还有很多故事可看。

回溯亿晶光电之前的公告，亿晶光电董事长兼总经理荀建华先前已经将所持8928.8万股股份以15亿元的转让价格转让给勤诚达投资，这部分股份占总股本的7.59%。而针对这次交易的后续，亿晶光电宣称，勤诚达投资交易后仍持有亿晶光电22.77%的股权，不导致上市公司实际控制人变更。但在5月26日，亿晶光电却再次公告：荀建华在1月10日就与勤诚达投资签署了协议，将公司总股本的20%转让给对方，价款为30亿元。可见，亿晶光电及收购方违规隐瞒交易信息、私自签署"抽屉协议"，控制权实际已经易主的事实暴露无遗。

二、隐瞒二期交易，签订"抽屉协议"

还原事件原委，2016年12月26日，勤诚达集团与亿晶光电控股股东、实际控制人荀建华签订《合作框架协议》，2017年1月9日、2017年3月17日及2017年3月23日，勤诚达投资与荀建华分别签订《股权转让协议》《补充协议》及《备忘录》，勤诚达投资以人民币29亿元为对价，受让荀建华合法持有的亿晶光电235,271,854股股份（占协议签订时亿晶光电总股本的20%）。其中，第一期标的股权为89,287,992股股份（占协议签订时亿晶光电总股本的7.59%），对价为15亿元；第二期标的股权为145,983,862股股份（占协议签订时亿晶光电总股本的12.41%），对价为14亿元。交易如果完成，亿晶光电实际控制人将由荀建华变更为古耀明。

对此，上市公司的信息披露只披露了第一期交易，双方未同时披露关于第二期标的股权转让的相关安排，信息披露存在瑕疵。在媒体深究及监管多次询问后，亿晶光电方于2017年5月发布《关于控股股东协议转让股份暨实际控制人可能发生变更的提示性公告》。

2017年6月2日，勤诚达投资收到中国证监会宁波监管局出具的《关于对深圳市勤诚达投资管理有限公司采取责令改正监管措施的决定》（2017〔11〕号），决定书中明确勤诚达投资的上述行为已违反《上市公司信息披露管理办法》第二条、第三十四条和《上市公司收购管理办法》第十四、十七条的规定，宁波证监局决定对信息披露义务人采取责令改正的监管措施。

荀建华本人对此事件在2017年6月27日《荀建华关于未如实披露股权转让事项的说明及道歉》文件中称：由于任职期间不能立即执行本次转让涉及的全部股份，因此双方同意分两期进行本次转让；承认其本人在本次交易过程中违反了《上市公司收购管理办法》第十七条，《上海证券交易所上市公司控股股东、实际控制人行为指引》第3.4.1条，《上海证券交易所股票上市规则》第1.4条、第2.1条、第2.3条、第2.7条、第2.22条等相关规定。

三、纠纷难平，买家举报

2017年6月13日，亿晶光电发布了公告，暴露了买卖双方可能已经发生了分歧和纠纷。事实上，也正是买家的举报才导致了卖方上市公司信息披露违规的事件。从上述公告中可以看出，双方都表示了是否继续履行股权转让合同存在不确定性。由于违法违规披露信息，证监会已经介入调查，后续结果不会理想。

附：关于对深圳市勤诚达投资管理有限公司《详式权益变动报告书》相关内容的澄清公告

亿晶光电科技股份有限公司（以下简称"公司"或"上市公司"）于2017年6月9日收到公司股东深圳市勤诚达投资管理有限公司（以下简称"勤诚达"）发来的《详式权益变动报告书》（以下简称《报告书》），在《报告书》的声明和其他重大事项章节，勤诚达说明其拟分两期受让荀建华持有的公司235,271,854股股份交易（以下简称"本次股份转让"）是否继续履行（包含前后两期标的股权的转让行为）尚需交易双方进一步协商、确认，存在双方，或协议任一方提出解除股权转让协议的可能性，并列述了相关理由，其中部分内容涉及上市公司的信息披露和2016年度分红事宜，上市公司特此澄清如下：

（1）就《报告书》所称上市公司未向其披露杭锦后旗光伏电站总承包纠纷仲裁事项，上市公司认为，上市公司不是苟建华与勤诚达本次股份转让的交易主体，上市公司无义务向勤诚达单独披露诉讼仲裁事项，上市公司是否披露相关仲裁事项与交易双方的商业判断没有因果关系，且上市公司已履行信息披露义务。

（2）勤诚达认为，上市公司2016年度分配股利超过当年可分配利润的50%，苟建华未向其他董事披露其与勤诚达在《股份转让协议》及《补充协议》中关于促使上市公司分红比例不超过30%的承诺，也未回避表决，违反了《董事会议事规则》第二十条有关回避表决及第十六条有关董事独立、审慎发表意见的规定，上市公司第五届董事会第二十三次会议关于分红预案决议的表决程序违反《公司章程》所附《董事会议事规则》的规定，属于可撤销的董事会决议。公司认为，《股份转让协议》及《补充协议》中的分红约定是勤诚达与苟建华之间的私下安排，上市公司和董事会无义务对此负责；公司分红事项不属于交易事项，无需适用关联交易的回避表决规定，董事会决议不存在可撤销情形。上市公司认为相关董事会决议和股东大会决议是有效的，上市公司将按照董事会和股东大会决议实施2016年度分红方案。

（3）关于苟建华书面表明"暂停履行股份转让协议下后续义务"，根据苟建华发来的说明函，说明其给勤诚达的书面回复已指出对方违约的事实，告知对方在纠正违约行为之前，苟建华将合法行使权利，暂停履行《股权转让协议》及相关合同项下的后续义务。

综上所述，根据《报告书》披露内容，勤诚达与苟建华是否继续履行本次股份转让存在不确定性，特此提请投资者注意相关投资风险，同时，有关上市公司信息披露及分红等事项均以上市公司在指定信息披露媒体刊登的公告为准。

常见方法四：受让+增持+更换董事会。

14.3 对于秘密收购上市公司行为，监管有什么应对措施

针对种种乱象，交易所实施"看穿式"监管，通过抽丝剥茧般的层层问询，揭开隐匿幕后的实际控制人，并提示投资者充分关注其中的风险。

"马甲"从此被穿透——重大资产重组须披露到最终出资人。2017年9月21日，中国证监会公布《公开发行证券的公司信息披露内容与格式准则第26号——上市公司重大资产重组（2017年修订）》，准则采取"看穿式"监管要求，对于交易对方采取穿透性原则，要求披露到最终出资人，对三类股东问题、有限合伙问题给出了明确的要求。具体内容如下：

（1）交易对方为法人的，应当披露其名称、企业性质、注册地、主要办公地点、法定代表人、注册资本、统一社会信用代码、历史沿革、经营范围，最近三年注册资本变化情况、主要业务发展状况和最近两年主要财务指标，最近一年简要财务报表并注明是否已经审计。

以方框图或者其他有效形式，全面披露交易对方相关的产权及控制关系，包括交易对方的主要股东或权益持有人、股权或权益的间接控制人及各层之间的产权关系结构图，直至自然人、国有资产管理部门或者股东之间达成某种协议或安排的其他机构；以文字简要介绍交易对方的主要股东及其他关联人的基本情况；列示交易对方按产业类别划分的下属企业名目。

交易对方成立不足一个完整会计年度、没有具体经营业务或者是专为本次交易而设立的，则应按照上述要求披露交易对方的实际控制人或者控股公司的相关资料。

（2）交易对方为自然人的，应当披露其姓名（包括曾用名）、性别、国籍、身份证号码、住所、通讯地址、是否取得其他国家或者地区的居留权、最近三年的职业和职务，并注明每份职业的起止日期和任职单位，是否与任职单位存在产权关系，以及其控制的企业和关联企业的基本情况。

(3) 交易对方为其他主体的，应当披露其名称、性质及相关协议安排，并比照本条第（1）项相关要求，披露该主体的基本情况及其相关产权及控制关系，以及该主体下属企业名目等情况：

• 如为合伙企业，应当穿透披露至最终出资人，同时还应披露合伙人、最终出资人与参与本次交易的其他有关主体的关联关系（如有）。

• 交易完成后合伙企业成为上市公司第一大股东或持股5%以上股东的，还应当披露最终出资人的资金来源，合伙企业利润分配、亏损负担及合伙事务执行（含表决权行使）的有关协议安排，本次交易停牌前六个月内及停牌期间合伙人入伙、退伙、转让财产份额、有限合伙人与普通合伙人转变身份的情况及未来存续期间内的类似变动安排（如有）。

• 如为契约型私募基金、券商资产管理计划、基金专户及基金子公司产品、信托计划、理财产品、保险资管计划、专为本次交易设立的公司等，应当比照对合伙企业的上述要求进行披露。

(4) 交易对方为多个主体的，应当披露交易对方之间是否存在关联关系及其情况说明。

(5) 交易对方与上市公司之间是否存在关联关系及其情况说明，交易对方向上市公司推荐董事或者高级管理人员的情况。

(6) 交易对方及其主要管理人员最近五年内受过行政处罚（与证券市场明显无关的除外）、刑事处罚，或者涉及与经济纠纷有关的重大民事诉讼或仲裁的，应当披露处罚机关或者受理机构的名称、处罚种类、诉讼或者仲裁结果，以及日期、原因和执行情况。

(7) 交易对方及其主要管理人员最近五年的诚信情况，包括但不限于：交易对方及其主要管理人员未按期偿还大额债务、未履行承诺、被中国证监会采取行政监管措施或受到证券交易所纪律处分的情况等。

第 15 章
海外并购

【话题】海外并购中应注意哪些问题

15.1　海外并购如何找到合适的并购对象

海外并购要先找到合适的并购的对象。

15.1.1　寻找海外标的五部曲

市场分析→确定筛选的标准→根据筛选的标准对潜在目标进行打分→制作潜在目标公司的名单（短名单）→搜集潜在目标公司的主要信息。

在并购时，应优先选择短名单内的公司作为并购的对象。

15.1.2　如何看待目标公司的价值

海外并购也分为财务并购和产业并购两大类，两者的关注点不同。财务并购看中被并购标的所产生的直接投资回报高低，此时看中目标公司内在的价值。产业并购关注并购后形成的协同效应，看重目标公司在收购方心目中的价值。

15.2　海外并购要注意哪些要点

海外并购的注意事项：

15.2.1　海外并购的尽职调查五大关注问题是什么

（1）目标公司是如何走到今天这一步的？
（2）目标公司近期前景如何？
（3）目标公司近期需要多少资金？
（4）目标公司有多少负债，特别关注表外账外的部分？
（5）目标公司是否有买方最关注和最看重的东西？

15.2.2　海外并购常见的问题有哪些

（1）沟通困难。

(2) 尽职调查如何理解业务驱动及风险。
(3) 目标公司的专利权属及使用问题。
(4) 与并购有关的潜在税务成本。
(5) 人员流失造成无法顺利完成整合。
(6) 外国工会组织的影响。
(7) 外国政府的监管和审批。

15.2.3 如何看待海外并购的法律风险

近年来，中国企业的海外并购可谓风起云涌，取得成效者不胜枚举。我们在这里重点谈到的问题，还是中国企业海外并购的法律风险问题，此处可参见本书第一章相关内容。

15.2.4 什么是法律管辖问题

任何一个企业总归有一个注册的地址，从而受该法律注册地址所在国的法律管辖，实体运营性企业更是如此。因此，中国企业要进行海外并购，首先就是要搞清楚目标公司所在国的有关法律规定，尤其是与企业经营相关联的一些法律，比如投资法、公司法、矿业法律、环境法、劳动法、行业法、商标专利等方面的法律。一个成功的并购必然是对这些法律熟知而又能够不违法的前提下实施的。

15.3 我国对美投资并购的效果如何

美国因为雄霸全球，市场广大，很被中国人看好，移民的、留学的、旅游访问的，大量的中国企业家都在美国寻找机会。但是在美国，中国企业也遭遇最严格的法律问题。

【并购案例】华为在美国并购频频遇阻

2008年2月，因美国相关部门对国家安全的担忧，华为联手贝恩资本竞购3Com公司受阻。

2011年2月，受迫于国家安全考虑，华为放弃收购美国公司3Leaf Systems特定资产。

两次并购被美国外国投资委员会（CFIUS）否决后，2011年2月，华为向美国政府发出了一封请求调查的公开信。主动请求调查，是华为做出的开放式努力。众议院情报委员会的调查则正式启动于2011年11月，指向在美国有业务的中国电信企业的反间谍和安全威胁。调查将华为和它的同城对手中兴纳入其中。

情报委员会经调查得出结论：华为与中兴未能提供足够材料以打消美国方面的国家安全疑虑。为此，委员会建议美国政府应排除使用中兴和华为的设备与零部件，外国投资委员会（CFIUS）必须阻止这两家公司参与的并购；强烈建议美国网络提供商和系统开发商寻找其他供应商。

此外，在报告中华为还被指涉嫌违反了移民法、就业歧视，华为的部分设备涉嫌"在未经用户授权的情况"下自动将用户的"有价值的个人重要信息"传回中国，以及华为曾试图通过贿赂方式在美国获取商业合同，报告称将把贿赂信息移交美国联邦调查局跟进。

2012年9月8日，美国众议院情报委员会以一份52页的调查报告，贴出了禁止华为等中国公司进入美国系统设备领域。

【术语解读】美国外国投资委员会（CFIUS）

美国管理外国投资的专管部门，设立于1988年，初衷是为了保障国家安全。与该委员会配套的，则是特别设立的外国投资审批制度。从操作层面看，美国政府一般会从是否涉及美国国防生产能力，是否涉及向特定国家销售、转售军事技术，以及是否影响美国在国家安全领域的技术领先地位这三大因素，来考虑是否审核通过该投资项目。

美国外国投资委员会是一个跨部门的机构。办公机构设在财政部，财政部也作为主席单位负责总牵头。该委员会涉及8个行政部门和7个白宫机构。委员会成员中因各自代表的行业利益不同，对外资并购也存在分歧。通常说来，在接到关于并购的通知后，委员会一般会有用30天展开调查。如果成员一致认为不存在安全威胁，审查到此为止，协议继续履行。哪怕只有一名成员反对，委员会也必须展开历时45天的正式调查，然后围绕是否阻止收购的问题向总统提出建议，总统随后要在15天内做出决定。

【并购案例】三一遭禁令，状告奥巴马

基于总统决定的问题，就有了中国企业状告奥巴马的故事，在中国还被炒得沸沸扬扬的。

2012年4月，罗尔斯公司收购美国Butter Creek风电项目。先后投入了约1300万美元之后，三一突然收到一纸禁令，称其"涉嫌威胁美国国家安全"。如图15-1所示。

图15-1 三一集团收到一纸禁令

2012年9月，罗尔斯公司向CFIUS提起诉讼。美国总统奥巴马签发总统令支持CFIUS的裁决后，罗尔斯追加奥巴马为被告，但在随后的一审中，三一集团败诉并继续上诉。2014年，法院最终认为奥巴马的总统令违反了程序正义。如图15-2所示。

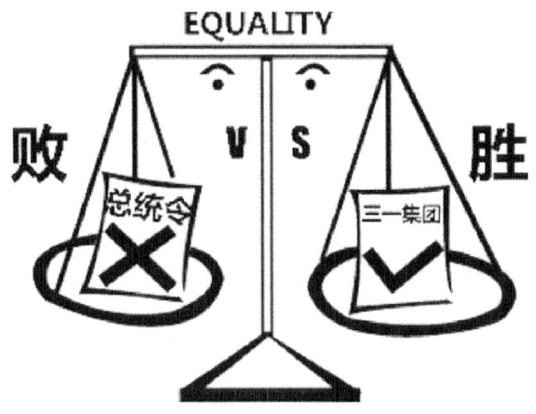

图15-2 三一集团胜诉

2015年,美国东部时间11月4日,作为原告的三一集团在美关联公司罗尔斯(Ralls)宣布,罗尔斯公司与美国政府正式就罗尔斯公司收购位于俄勒冈州四个美国风电项目的法律纠纷达成全面和解。和解协议明确指出,美国外国投资委员会已认定,罗尔斯公司在美进行的其他风电项目收购交易不涉及国家安全问题。如图15-3所示。

图15-3　和解

15.3.1　为什么说中国企业在美投资被"特别关照"了

从1988年到2011年,CFIUS递交给总统的案例有34起,只有两起被总统禁止,都与中国企业有关。1990年2月,布什总统禁止中国航空技术进出口总公司收购美国MAMCO公司,另外一起就是三一集团在美国建设的涉案风电项目。

2005年联想收购IBM个人电脑过程中,CFIUS也启动了调查程序,最后联想与他们签署了一系列关于美国政府客户的严格保密协议,交易才得以完成。还有其他一些事例,在此就不再一一展开。

15.3.2　美国与并购有关的法律有哪些

对美国企业的兼并活动影响最大就是反垄断类法律,即反托拉斯法。

(1)1890年颁布的《谢尔曼法》。

《谢尔曼法》是美国国会通过的第一部反垄断法律。主要内容是禁止垄断协议和独占行为。其中有两个关键的条款:一是任何以托拉斯或其他方式限制州际贸易或对外贸易的合同、联合或共谋为非法;二是任何垄断者或企图垄断者，与他人联合或共谋垄断州际或与外国的贸易或商业之任何一部分者，均被视为犯罪。

（2）1914年颁布的《联邦贸易委员会法》。

1914年的《联邦贸易委员会法》授权建立联邦贸易委员会，作为负责执行各项反托拉斯法律的行政机构。其职责范围包括：搜集和编纂情报资料、对商业组织和商业活动进行调查、对不正当的商业活动发布命令阻止不公平竞争。

（3）《克莱顿反托拉斯法》。

1914年，美国国会制定了第二部重要的反垄断法律——《克莱顿反托拉斯法》。该法的主要内容是限制集中、合并等行为，并明确了价格歧视、独家交易、会严重削弱竞争的并购活动等不允许的做法。

（4）《塞勒-凯弗维尔反兼并法》。

1950年美国国会于1950年通过了《塞勒-凯弗维尔反兼并法》（Celler-Kefauver Antimerger Act），对《克莱顿反托拉斯法》的第七条进行了修正，增加了关于取得财产的规定。该规定禁止任何公司购买其他公司的股票或资产，增加了关于取得财产的规定。如果任何公司购买其他公司股票或者资产的行为有可能导致竞争的大幅度削弱或产生垄断，则该行为应被禁止。

（5）《哈特-斯科特-罗迪诺反托拉斯改进法》。

1976年，美国国会又通过了《哈特-斯科特-罗迪诺反托拉斯改进法》（Hart-Scott-Rodino Antitrust Improvement Act），该法规定：大型企业的合并必须在合并之前向联邦委员会或司法部反垄断局申报批准。1980年《反托拉斯程序修订法》（Antitrust Procedural Improvements Act of 1980）把反垄断的对象从对公司并购行为的适用扩展到一些未经注册的社团，如总销售额超过5亿美元的合伙企业，或一些出于企业责任方面的考虑没有进行注册登记的"合营企业"。

根据美国这一系列反垄断法，一旦企业被裁定有垄断嫌疑，将可能面临罚款、监禁、赔偿、民事制裁、强制解散、分离等多种惩罚。罚款的数额很高，一旦企业被认定违犯反垄断法，就要被判罚三倍于损害数额的罚金。

15.3.3 美国反托拉斯法的实践

针对垄断行为，一般有三种渠道进行司法救济：

（1）司法部直接对涉嫌垄断企业提起民事诉讼和刑事诉讼，许多经典案例都是在美国司法部诉讼下得以完成的。

（2）联邦贸易委员会直接进行裁决或提起民事诉讼，但该部门不能提起刑事诉讼。

（3）此外，受损企业或普通消费者也可直接对涉嫌垄断企业提起民事诉讼，并要求三倍的损失赔偿。

在 90 多年的司法实践中，美国在反垄断裁决上产生了一系列对美国乃至世界经济产生深远影响的著名案例。比如美国洛克菲勒家族的"石油王国"，因垄断市场最终于 1911 年被肢解为 30 多个独立石油公司；曾垄断美国电话市场的美国电报电话公司，也于 1984 年被分离成一个继承母公司名称的电报电话公司（专营长途电话业务）和 7 个地区性电话公司；美国司法部于 20 世纪 90 年代起诉微软公司，称其通过 windows 操作系统"捆绑"销售其他软件从而构成了市场垄断，微软一度面临被一分为二的命运，在经过漫长的法律诉讼后，微软虽逃脱了解体的命运，但也向遭受损失的竞争对手付出了 7.5 亿美元的巨额赔偿。

第 16 章
并购经验与故事

16.1　上市公司并购

本章中的浩德与瑞安达均为虚构公司名称。

16.1.1　创业板上市在即，巧并购一举过会

陈　嵩

【故事关键词】上市　并购标的　尽职调查　担保　关照费

东方公司是华东地区的一家高科技制造型独角兽企业，经过近十年的发展，产品销售渠道逐年拓展，技术含量也得到快速增长。2012年引入券商的前期辅导，顺利完成股份制改造，蓄势瞄准深市创业板目标冲刺。

但是由于自身规模所限，东方公司财报反映的数据与已上市创业板的同类型企业相比稍显不尽如人意。为促使顺利过会、提升发行市值，券商建议东方公司董事会尽快寻找并购标的公司，赶在上报过会材料之前合并财务报表，使IPO发行价格达到理想的估值。

通过初步筛选，有三家公司纳入拟并购标的。东方公司董事会委派律师在收集了解这三家公司基本信息的基础上，分别进行尽职调查。

A公司是东方公司的上游原材料供应企业，但此前并未向东方公司实际供货，所生产的原材料可以提供给东方公司使用。东方公司厂房十分壮观，是当地镇区的骨干企业，创办十余年来产销两旺，知名度颇高。初次登门，A公司的法定代表人对律师远道相迎，并特意邀请了当地某银行的行长、镇政府领导等相陪设宴款待。席间宾主尽欢，轮番举杯，酒酣耳热之际，出席的某副镇长与A公司的法定代表人频频窃窃私语，喜悦之情溢于言表，引起在座律师的注意。律师正好略懂当地较难听懂的方言，仔细聆听后不免吃惊，原来这位副镇长右手夹菜、左手拍着A公司法定代表人的肩膀用方言大喊着：A公司为该镇另一家公司提供的已逾期的数千万元担保终于有人"买单"了，可以从此解脱了！

后续对 A 公司财务主管和当地某银行的现场访谈中，财务主管和行长对 A 公司的担保一概否认，A 公司的法定代表人更是拍着胸脯愿意签字画押，保证 A 公司不存在未了结的担保事项，并保证如发生担保坏账由他负责向东方公司赔偿。虽然目标公司的账面比较正常、尽调的其他情况亦无明显异常，律师将欢迎酒宴上镇领导与 A 公司法定代表人的对话如实反馈后，东方公司董事会经慎重讨论一致否决了对 A 公司的并购动议。

接下来对 B、C 公司进行的尽职调查中，C 公司所在的地方首长表示将来可以对东方公司投资并购的 C 公司给予税收上的特别优惠，但前提是必须在并购时另向 C 公司老板支付一笔并购款项之外的账外"关照费"。律师随后及时建议东方公司董事会终止了对 C 公司的并购进程。

律师参与对 B 公司的尽职调查和并购谈判，顺利协助东方公司完成了对 B 公司的吸收合并。东方公司在 2016 年如愿登陆创业板，上市首日股价跃到 30 元/股以上。

【后记】 东方公司敲响上市金锣一年后，A 公司担保违约被银行起诉，生产经营陷入困境，已濒于破产；C 公司所在的地方首长因受贿案发被刚成立的监察委列入首案，C 公司的老板也因行贿已被监察官找去数次做笔录，而律师则正在准备为东方公司寻访下一个被并购企业，谋划着东方公司的市值管理。

【军师点评】 这是一个成功并购的故事，总结其原因有三点：

第一，有明确的并购目的，为了企业发展、扩大规模，符合上市的指标。

第二，委托了专业律师进行了尽职调查，项目律师明察秋毫，在席间听到了被调查方的有关担保的谈话，为收购方决策提供了依据。事后证明 A 公司担保违约被银行起诉，生产经营陷入困境，已濒于破产。如果不是项目律师的睿智，收购 A 公司的后果将不堪设想，不仅损失惨重，可能连上市大业也被拖累。面对另外一家标的 C 公司地方首长提出的关照费，项目律师发现了风险，避免了企业卷入商业贿赂的风险，排除了企业上市的地雷阵。可以说，律师功不可没。

第三，收购方充分信任项目律师，合规收购，这样的公司越多越好。

【作者小传】 陈嵩律师，江苏滨江律师事务所合伙人，执业 20 多年已成功代理 1000 多宗各类诉讼案件，同时担任多家上市及拟上市公司的常年法律顾问。擅长公司、合同、投融资、股份制改造、并购重整等诉讼与非诉讼业务。电话/微信：13306161360，邮箱：573720018@qq.com。

16.1.2 从兄弟科技并购中华化工失败看并购中的几个要点

王爱民

【故事关键词】上市公司并购　家族传承　并购纠纷　接管　内幕交易

2012 年，上市公司兄弟科技收购嘉兴市中华化工有限公司的风波，曾引起了并购界较大的关注。

嘉兴市中华化工有限公司是全球最大的香兰素生产商，当时占据全球约 70% 的市场份额，年利润最高时近两亿。中华化工创始人、董事长当时已经年逾八旬，企业面临传承问题，后决定将公司 72% 股权卖给上市公司兄弟科技。

兄弟科技（002562）是一家 A 股上市公司，主要从事皮革化学品，精细化工品，维生素 K3、维生素 B1 和维生素 B3 的研发、生产与销售等业务。中华化工的主营业务与兄弟科技的业务有一定关联，并且业绩表现良好，对兄弟科技而言是一个难得的收购标的。

交易双方很快达成初步意见，并迅速草签了一份协议，约定兄弟科技以 9.79 亿元收购中华化工 72% 股权。协议签订后，兄弟科技先预付部分股权转让款作为"定金"，并且立即派遣团队接管了中华化工。

2012 年 3 月 26 日，《兄弟科技股份有限公司 2012 年度非公开发行股票预案公司声明》：（五）本次非公开发行股票的募集资金总量不超过 50,000 万元（含发行费用），兄弟科技将扣除发行费用后的募集资金用于收购嘉兴市中华化工有限责任公司（以下简称"中华化工"）72% 股权，目前公司与转让方暂定该股权转让价款为 97,920 万元人民币，募集资金不足部分将由公司以自筹或向海宁兄弟投资有限公司（以下简称"兄弟投资"）借款的方式解决。由于中介机构对中华化工的审计和评估工作尚在进行之中，其股权转让价格最终将参考评估后的股东全部权益价值确定。

兄弟科技的团队入驻中华化工后，双方之间发生了一系列争议。比如价格问题：中华化工有一块土地，市场价值很高，由于没有产权证，兄弟科技聘请的会计师对该块土地的价值做了较大压缩。另外，对于中华化工应收账款等的处理，双方也存在重大分歧。双方不仅没有达成一致，争议反而愈演愈烈，导致交易难以继续履行。

兄弟股份收购信息予以公告后，引发了本该在并购安排中，却没有事前知悉和预判的情况——中华化工董事长朱贵法及子女等所持有中华化工的股份，以及转让后家族获得的巨额转让款也公之于众。很多与中华化工企业历史有关联的其他利益人心理上出现了极大不平衡，甚至发生群体事件。

从上市公司方面来看，收购中华化工的消息公告后，兄弟科技的股价迅猛上涨，后来牵涉出一起内幕交易案件。（详见嘉兴市中级人民法院（2013）浙嘉刑初字第49号《金建平、吕悦明内幕交易、泄露内幕信息罪一审刑事判决书》）涉案者为兄弟科技原董事、副总经理、董秘金建平和他的海宁商人朋友吕悦明，金建平也是兄弟科技托管中华化工的负责人。浙江省高级人民法院二审判决认为：根据证券法第七十四条、七十五条之规定，上市公司兄弟科技收购中华化工，是上市公司的重大投资行为，对公司证券的市场价格有重大影响且尚未公开的信息，属于内幕信息；被告人金某系上市公司兄弟科技公司的董事，参与了兄弟科技收购中华化工的事项，属于内幕信息知情人员。被告人金某在兄弟科技收购中华化工这一内幕信息未依法公开前，故意泄露给被告人吕某，并授意吕某利用该内幕信息买卖兄弟科技的股票，其行为已构成泄露内幕信息、内幕交易罪；被告人吕某从内幕信息知情人员金某处非法获取内幕信息，利用该内幕信息买卖兄弟科技股票，非法获取巨额利益，其行为已构成内幕交易罪，均依法应予惩处。

仲裁与诉讼：

2012年9月17日，兄弟科技向嘉兴仲裁委提出仲裁，试图通过仲裁解决争议。仲裁请求刚开始是要求中华化工股东履行股权转让义务，后来变更为要求终止交易、退还收购款，并赔偿9.79亿元收购价款所产生的利息。原来，兄弟科技的收购资金也是通过定向增发募集而来，并非自有资金，为了本次收购，公司一直背负着较为沉重的财务负担。

中华化工的股东表示，一开始并不关心兄弟科技收购的钱从何而来，后来才知道是通过银行融资，而且这些资金来源很有问题，兄弟科技一开始并没有资金实力收购。因此，中华化工股东认为，收购不成，不应该让中华化工股东来承担融资成本。

双方此后多次在仲裁机构和法院反复角逐，当地政府也介入调解，双方都付出了相当大的代价。以巨大损失和相关刑事处罚告终。本次交易，明显是一次失败的并购，不仅对于双方而言都是惨痛的教训，也给我们一个反面的案例，提醒企业并购中需要注意的重大事项。纵观整个事件，这是一个仓促促成交易、交易主体主观专断，甚至怀有不良企图、以非专业方式盲目操作并购的案例。就笔者研究，本次交易主要存在以下大的问题：

（1）并购战略不清晰。

并购有如结婚，如果没有形成共同生活的强烈的共同愿望，是不可能美满的。中华化工部分资产收入上市公司后，如何发挥中华化工的资产价值？利用上市公司的优势，实现上市公司和中华化工的双赢，这应该是上市公司和中华化工股东思考和布局的战略重点。对上市公司来说，还面临着如何整合中华化工的问题；对于中华化工，当时最大的问题是可持续发展或者家族传承的问题，通过股权交易，引进公众公司持股，是解决内部问题比较好的办法。

事实证明，双方关注的层次根本达不到并购战略层次，只是在争议收购中的简单、固化的资产交易价格，甚至是证券市场操作收益、不规范操作上获取蝇头小利，没能在产业并购的大局上形成足以支持本次并购、消化本次并购的战略方案。

（2）并购操作的准备工作严重不足，前期缺乏全面深入的尽职调查、交易方案的整体设计、交易内容的深度研究。

"目标股权的转让总价款暂定为人民币玖亿柒仟玖佰贰拾万元整（￥979,200,000元）。由于中介机构对中华化工的审计和评估工作尚在进行之中，本次股权转让之总价款最终将参考评估后的股东全部权益价值确定。（2012年3月16日《兄弟科技股份有限公司2012年度非公开发行股票预案公司声明》）但从当时交易的操作看，对于拟交易股权所对应的资产核算原则、估值等，并没有形成有关资产确认、估值、交易定价的一致观点和方式，对于并购交易的内容仍然比较含糊，根本无法形成相应的交易价值核算。而且，资产交易的过程也是一个动态工程，涉及资产价值的变动、资产经营决策与经营收益变量之间的协调，这样交易的资产可能会有损失，动用的交易资金也有成本，对于交易内容的确定和交易风险的责任承担没有严格界定，必然会造成并购交易操作意见的分歧、交易成本的分担等矛盾。

这起并购交易过程严重失控，缺乏并购交易专业团队操作。利用专业的法律、财务等团队参与并购，将并购的全部过程有规划、分类别、按阶段操作，是资产并购的不二法门。相关的人员也不够专业。由于合同内容很多，页数也多，合同签字上没有逐页签字确认，导致双方签订后，对合同内容认识不同发生纠纷，彻底颠覆了双方交易的诚信基础。

【作者小传】王爱民律师，法律硕士、工商管理硕士，从诉讼律师到商业律师的转型典范。通过深度参与企业运营与管理，提供法律、战略、投资、投后管理等综合服务。主张：亦法亦商、当仁不让，咨询和投资并进。

16.1.3　我们如何为公司规避了2.7亿元的亏损

陈继展

【故事关键词】上市公司　投资并购　内在价值　价值创造　评估逻辑　并购评估　重大资产重组　跨境电商　协同价值　投后管控

笔者在经营自己的公司之前，曾在A股上市集团从业10多年，历经营销部、投资部、总裁秘书兼集团运营计划部等多个部门，熟悉上市企业的经营、管理、投资等多方位工作。

在集团投资部任职期间，我为自己那些成功实现并购的项目感到骄傲，而对于那些否决掉的项目，同样让我感到骄傲。

在投资并购的"选、投、管、退"过程中，能进入投资部"法眼"的，一般从商业模式、项目稳定性及成长性方面都具备一定的基础，在被我们选中但最终被领导、董事会否决掉的项目中，有后来成功上市的，有实现多轮融资的，有通过被并购实现退出的，不管成功与否，我们都会定期进行项目复盘。

这里给大家分享的并购案例,就是一个被我亲自否决掉的 NASDQ 上市公司的并购项目。2015 年 1 月,这家企业的控股股东通过集团董事渠道找到公司,有意将公司的控股权整体出售给我司,基于对标的"内在价值的评估"及"该并购对公司价值创造的影响"的评估逻辑,最终我们把该标的否决掉了。事后复盘发现,这次并购的评估与否决,帮我们成功规避了近 3 个亿的投资损失,可以说,当时的评估逻辑同样适用于后续的项目决策。

市场背景:

笔者所在的上市公司于 1993 年在上交所上市,是中国最早一批上市的实体零售集团,公司旗下业务包括百货、超市、购物中心、商业地产开发等业务,自 2012 年起,受电商的冲击与影响,实体零售从销售、净利润到企业市值,普遍受到影响,行业内以银泰商业、百圆裤业、步步高等为代表的零售企业,纷纷通过投资或并购的形式参与电商业务。

以百圆裤业(002640,后更名为跨境通)为例,公司于 2014 年通过收购跨境电商平台"环球易购",实现企业的转型与"触电"。2014 年 4 月 4 日,公司以"正在筹措重大资产重组"为名进行了停牌,2014 年 7 月 17 日复牌,复牌后,在公司发布完成对环球易购的并购公告后的一个月内,公司股价从 15.37 元/股直接飙升到最高 50.10 元/股,短短一个月时间,公司股价提高了 300% 多。如图 16-1 所示。

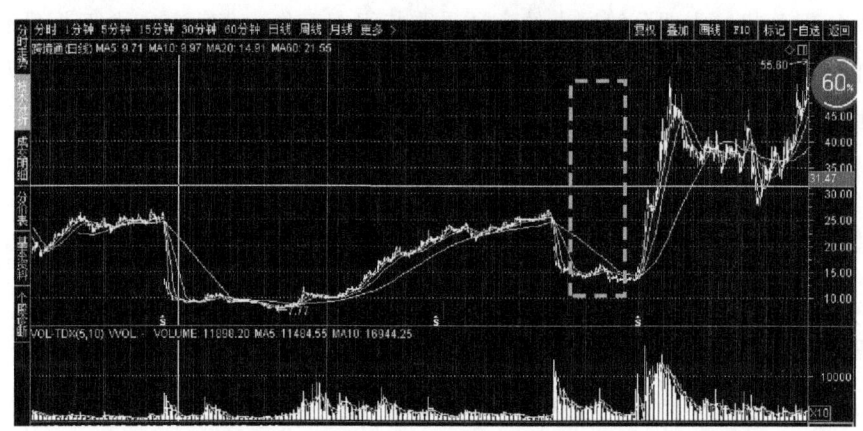

图 16-1　百圆裤业收购跨境电商企业"环球易购"后的市值表现

在实体零售转型方向不明,电商、跨境电商甚嚣尘上之际,实体零售上市企业只要"触电",资本市场均会给予热烈的响应与追捧。除了百圆裤业外,新华都宣布与阿里巴巴合作开展 B2B 业务,步步高集团高调尝试"云猴网"全球购业务(两家企业的电商业务事后都表明成效不佳,概念大于实效),公司股价均迎来一波连续涨停的行情。

因此,在其时的大背景下,全国的实体上市零售企业及公司寻求电商/跨境电商项目进行投资并购的需求十分强烈。

项目概况:

标的 L 公司为一家在 NASDQ 上市的中国跨境电商企业,创始人为 GOOGLE 核心搜索技术团队成员,因此 L 公司在搜索与网络营销方面较竞争对手有明显优势,其获客成本平均比其他电商低 30% 左右。

公司拥有自有跨境电商销售平台"L",经营模式以自营 B2C(国内商品线上跨境销售)为主,正尝试开放平台给第三方供应商进行 B2B2C 联营。公司主要消费市场以美国为主,共包括欧洲、日本、韩国等 10 多个国家,企业年销售总额达 3 亿多美元。商品以中国制造的婚纱、服饰、五金等特色、高毛利商品为主,毛利率普遍在 30% 以上,由于企业还在成长培育期,因此截至上一自然年,公司净利润为负 400 多万美元。

1 年半前,为提高企业的全球化管理水平、顺应社交电商的发展趋势,企业在美国当地聘请了在社交电商领域拥有先进经验的美国本土团队分别担任企业的总裁、营销副总裁,公司大股东任董事长,原创始团队成员高管(副总裁)主要分管国内的商品采购与组织工作。半年前,由于业绩不佳等原因,新任的两位美国本土的总裁、副总裁均辞职,目前仍由创始人担任公司总裁。

公司创始人拟将公司控股权整体转让出售,转战其他智能技术市场。

并购评估:

基于其时的市场背景及 L 公司的状况,我们分别从跨境电商行业的格局、趋势,L 公司的经营历史、现状及趋势、企业与 L 公司业务的协同度、投后(价值挖掘)管控等多个维度对项目进行评估,评估结果大致如下:

(1)产业格局与趋势——前景可期,任重道远。

● "跨境电商"(含进口型/出口型两种)市场拥有巨大发展空间,前景可期。

● 现有行业竞争格局主要以 B2B2C(亚马逊、易趣、天猫全球购等)平台型模式为主,少量 B2C 垂直电商为辅,后者需清晰独特定位方有机会。

- 市场呈快速发展之势,但交易环境仍存在诸多待解决问题,市场仍处于跑马圈地阶段,属于"递增迅速、培育周期长、持续回报"特征的产业。

(2) 项目结论——定位摇摆,稳定不足。

- 以亚马逊、天猫全球购为代表的主要竞争对手在综合实力方面有较大优势,目前 L 公司仍在垂直自营与开放平台联营之间摇摆,不够聚焦。
- 3 亿多美元年销售额,分布在全国 10 多个国家,市场集中度低,过于零散。
- 平台定位不清晰,婚纱、服饰、五金等不同品类跨度巨大,缺乏清晰的品牌定位及认知。
- 团队稳定性不足,创始团队拟转型,职业经理人流动性大,存在巨大不确定性。

(3) 协同价值与投后管控——协同一般,难以管控。

- 标的项目当前规模有限,模式仍未定性,培育周期长,存在半途夭折及被绞杀的风险,短期内为投资方带来现金流及收益可能性不大。
- 结合我司现状,企业对跨境电商了解不足,资源匹配度有限,对 NASDQ 市场不够了解,如果仅作为财务投资,不参与项目相关战略规划及运营管理,该公司团队稳定性、未来发展方向及战略、需追加投资额及投资年限等均存在巨大不可确定性。

结论:行业前景可期,标的质量存在严重不确定性,存在巨大风险,与我公司战略发展不匹配,建议放弃。

事后复盘:

虽然该项目被我们否决掉了,但按照公司的投资制度,我们仍需对接触过的项目进行持续的总结及跟踪复盘。

在 L 公司被我们否决后的不久,国内另一家零售上市企业,以接近当初我们接到的报价投资控股了 L 公司,依我们的判断,收购这个标的,可能会给该投资方挖个不小的坑。

果不其然,在该并购结束后不到一年时间,该 L 公司的业绩、股价双双下跌,而投资方也以浮亏 2 亿多元的方式退出第一大股东的宝座。

在笔者看来,该笔收购对投资方企业价值的损害是明显的,虽然 2015 年跨境电商行业仍处于成长趋势,但从 L 公司的商业模式、发展路径、团队稳定性及收购方投后管控角度来看，都存在巨大的挑战，以近5亿元的价格（虽然是资本市场的钱），收购控股一家未来存在巨大不确定性的公司，并购方的项目研评能力值得商榷。

经验总结：

（1）成功的并购始于投资方自身强大的综合实力："打铁还需自身硬"，成功的并购，需要投资方自身具备强大的综合实力，包括资金实力、研判能力与整合能力等。

● 资金是前提：如专业的投行、产业并购基金、上市企业或拥有其他高收益、高现金流业务支撑的企业等，充裕的资金是成功并购的前提。

● 战略赋能是催化剂：如LV集团投资卓雅服饰，除资金外，LV的品牌附加值、全球分销渠道、设计师、运营团队等均给后者带来直接的价值提升；阿里巴巴投资银泰商业、三江购物等，阿里巴巴的资本、信息技术、流量数据、供应链等也同样具有直接的价值提升效能。

● 团队及人才：如投资方拥有被投资并购企业所不具备的资本运作、资产重组、产业战略整合、管控等系统团队及高端资源等。

（2）对于被并购标的而言：

● 盈利性、可持续性、成长性，自由现金流情况，所处的产业位势等，均影响到企业的估值。

● 内在价值与价格之间的差异。

● 与收购方的协同性及对收购方的并购价值。

其中最关键的就是第三点，同一家标的，在拥有不同能力及资源的投资并购方眼里，其价值完全不同，一家盈利性企业，对一个不合适的收购买家而言，可能不是蜜糖，而是毒药；而另一家亏损型企业，对于高匹配企业而言，可能却具备高并购价值（如拥有土地、品牌商号、供应链、专利技术、高级团队、上市公司壳资源等）。

（3）结论：综合上述买卖双方来看，核心还是收购方自身的综合势能与实力，如果自身具备强势能、高能量，则点石成金、变废为宝都不在话下，至少能：

● 在进行并购评估时，能慧眼识珠，把没价值的鱼眼挡在外面，而不是花钱给自己挖坑。

● 看中合适标的，有合理估值能力，不会给出不合理的估值、给高价，损害企业整体价值。

- 并购后，有较强购后整合、管控及价值挖掘能力。

所以，致所有想参与投资并购的企业——任何时候，提升企业自身的综合实力才是最重要的发展路径！

【作者小传】陈继展，全球泛零售投资并购联盟秘书长，泛零售（商业地产/零售/连锁/电商）资深讲师、咨询师、投资并购顾问。联商网、北京 IBMG 国际商业集团、北京大学零售研究中心、福州大学 EDP 中心特聘讲师、咨询师。微信：c8888 8888 66666。

16.1.4 "腾笼换鸟"扶贫通道上市之"天路八步"

万　征

【故事关键词】上市　增资　减资　税迁址　股权转让

"那是一条神奇的天路，把祖国的温暖送到边疆，从此山不再高，路不再漫长，各族儿女欢聚一堂。"

歌手韩红原唱的《天路》就是西藏卫信康医药股份有限公司上市之路的真实写照，它带给业内人太多的感慨和启迪。西藏卫信康医药股份有限公司（证券代码：603676；证券简称：卫信康）注册在西藏自治区拉萨经济技术开发区，于 2017 年 7 月 21 日在上交所主板成功上市。

卫信康在走向资本市场的过程中，采取"腾笼换鸟""四两拨千斤""乾坤大挪移"之术，经过八个关键步骤的运作，终圆上市之梦，可谓波澜壮阔，精彩纷呈。

2006 年 3 月 10 日，自然人张宏、刘烽以现金设立大同市普康医药科技有限公司（以下称"大同普康"），公司注册资本 5 万元。其中，张宏出资 3 万元（持股 60%），刘烽出资 2 万元（持股 40%）。由于货币为一般等价物，属于非应税事项，股东以货币出资不会产生任何损益，不存在缴纳所得税，但股东对目标公司长期投资的财务确认关系到未来转让该投资时或目标公司重组时，出资股东计算所得税时的扣除额，本次出资全体发起人股东仅承担印花税。此后，目标公司开始一系列惊心动魄的资本运作，一步步走向上市，堪称"天路八步"。

"天路八步"之一：交易性增资。

2009年4月，北京京卫信康医药科技发展有限公司（以下称"北京京卫信康"）控股的北京中卫康医药投资管理有限公司（以下称"北京中卫康"）以货币方式对大同普康增资995万元。其中，实缴205万元、认缴790万元，本次增资完成后，大同普康注册资本增至1000万元，北京中卫康持股99.5%、张宏持股0.3%、刘烽持股0.2%。

笔者认为，本次增资最少可以达到以下目的：

一是引进战略投资者，优化目标公司股权结构，提升公司市场形象。

二是增加目标公司净资产，进而增加未来股份公司的股本规模，提高公司整体实力。由于北京中卫康以货币增资，本次交易只发生印花税。

"天路八步"之二：名义减资。

2011年6月，大同普康注册资本由1000万元减资至210万元，即北京中卫康认缴的790万元做减资处理，本次减资完成后，北京中卫康持股97.62%、张宏持股1.43%、刘烽持股0.95%。发行人在《招股说明书》中披露，大同普康原计划的业务不再开展，无需资本投入，本次减资已经按规定履行了必要的减资程序，且并未影响公司实收资本，不存在损害债权人利益的情形。笔者认为，本次减资为名义减资，因为只减少公司的注册资本，股东不从公司取得减资的对价，北京中卫康通过减资方式对尚未缴纳的出资790万元不再承担出资义务，此后大同普康注册资本与实收资本均为210万元。名义减资不需进行财务处理，也不涉及税收问题，只需要修改公司章程即可。

"天路八步"之三：内部转股。

2011年12月，自然人股东张宏和刘峰分别按出资额将持有的大同普康的股权转让给北京中卫康，本次股权转让后，大同普康为北京中卫康100%直接控制的全资子公司，为北京京卫信康的孙公司。本次转股意义非常，一方面，北京中卫康与大同普康成为100%直接控制的居民企业，为今后的资产重组做准备；另一方面，因大同普康尚未实际经营，标的股权进行平价转让，交易双方除发生印花税外，转让方没有应税所得，目标公司无需代扣代缴。

"天路八步"之四：迁址西藏。

2013年8月，大同普康由山西大同迁址到西藏拉萨，并更名为西藏中卫康医药科技有限公司（以下称"西藏中卫康"）（2014年4月名称变更为"西藏中卫信康医药科技发展有限公司"、2015年10月名称变更为"西藏卫信康医药有限公司"、2015年12月名称变更为"西藏卫信康医药股份有限公司"）。卫信康成功迁址，笔者认为，内外皆有因。外因是大同普康并未在山西实际开展运营，当地政府不会过多干预公司迁移；内因是公司迁址西藏可享受证监会出台的"即报即审"的优惠政策，缩短漫长等待期，这也是不乏内地企业孜孜不倦，舍近求远的初衷。

"天路八步"之五：同比例减资。

2013年9月，北京京卫信康股东会同意北京京卫信康注册资本从850万元减至85万元，各股东持股比例保持不变，并通过新的公司章程。发行人在《招股说明书》中披露，本次减资目的是为减轻进行卫信康有限（即西藏中卫康）上市架构搭建涉及的资金周转压力，即为下一步资本运作做好充分准备。笔者认为，其目的远非如此，避税才是本次减资的最大亮点，采用减资可以规避直接转让产生的巨大税负和增资需要的大量资金，各股东按照原持股比例减少出资，不需要对公司估值，公司不需要支付对价，股东之间没有利益冲突。

"天路八步"之六：对外转股。

2013年10月，北京中卫康将持有的西藏中卫康100%股权转让给北京京卫信康的所有股东。本次股权转让完成后，北京京卫信康（母公司）与西藏中卫康（孙公司）变成了同一控制下的兄弟公司，实际控制人为自然人张勇。发行人在《招股说明书》中披露，2013年之前，张勇控制的相关业务的持股主体为北京京卫信康。2013年公司实际控制人将西藏中卫康确定为持股主体，需要据此进行业务架构和持股形式调整，并将西藏中卫康的股权转让给该时点北京京卫信康的所有股东。笔者认为，此次股权转让可谓神来之笔，令人叹服。

其一，上市主体（西藏中卫康）和业务主体（北京京卫信康）拥有相同的股东，并由同一实际控制人张勇控制，未来两公司合并构成同一控制下的企业合并。

其二，西藏中卫康经审计的净资产低于公司实收资本210万元，交易各方确定转让价款合计137万元，可认定本次转让属于低价转让，转让方不需缴纳企业所得税。

"天路八步"之七:增资并购。

2013年11月,西藏中卫康以货币方式对北京京卫信康增资1915万元,本次增资完成后,北京京卫信康注册资本为2000万元,其中西藏中卫康持股95.75%、北京京卫信康原股东合计持股4.25%,西藏中卫康与北京京卫信康由原来的兄弟公司演变成为母子公司。西藏中卫康通过对北京京卫信康的增资,使自己成为目标公司的控股股东,从而达到并购目标公司的目的,堪称经典。笔者认为,对比股权转让和增资扩股两种方式,股权转让会产生大量的所得税,增资没有税负,当然印花税还是不能少的。

"天路八步"之八:内部转股。

2014年11月,西藏中卫康收购北京京卫信康原股东合计持有的4.25%股权,并支付转让价款1065万元,本次股权转让后,北京京卫信康为西藏卫信康100%直接控制。发行人在《招股说明书》中披露,北京京卫信康成为西藏卫信康的全资子公司,相关业务均纳入上市主体,本次资产重组系同一控制下的重组,两家企业受同一实际控制人控制,且报告期内未发生变化。笔者认为,将股权统一到拟上市主体为母公司的企业集团里,核心是股权控制,股权控制中至少是拥有过半数股权的控股子公司,最好核心资产都是全资子公司,卫信康步步为赢,成功做到了这一点。

以上资产重组路径,包括:

(1) 两次增资,北京中卫康对大同普康增资995万元、西藏中卫康对北京京卫信康增资1915万元。

(二) 两次减资,大同普康注册资本由1000万元减至210万元、北京京卫信康注册资本由850万元减至85万元。

(三) 三次股权转让,张宏和刘烽将合计持有的大同普康2.38%的股权转让给北京中卫康、北京中卫康将持有的西藏中卫康100%的股权转让给北京京卫信康原股东、北京京卫信康原股东将合计持有的北京京卫信康4.25%的股权给西藏中卫康。

(四) 一次迁址。

不可不提的还有,北京京卫信康作为业务主体,在西藏卫信康上市历程中,具有无可替代的地位,起着不可或缺的作用,只是角色的反差让人始料未及。重组前,北京京卫信康是母公司,西藏卫信康是孙公司;重组后,蓦然回首,西藏卫信康俨然升格为母公司,北京京卫信康已屈居为子公司了。

【军师点评】经营者非常熟悉国家政策,借国家扶贫上市绿色通道,实现了成功上市。这个过程中,通过增资、减资、股权转让等方法,利用税务的政策,让所有的环节做了最大限度的节税,堪称经典。研读这些案例,启发很多。笔者经常见到一些企业,为了充面子,把注册资本动辄搞得很大,知进而不知退,往往是作茧自缚。减资原来也能为股东创造价值。建议那些虚胖的企业,赶紧瘦身。

【作者小传】万征律师,就职于北京大成(南昌)律师事务所。

16.1.5　筑巢引凤:以上市促并购

雷振斌

【故事关键词】瓶颈　寻求被并购　谈判优势　新三板　公众公司　上市公司

我们一直给一家做胶类的企业担任常年法律顾问,合作五六年的时间,企业对我们的法律服务非常满意。

过去企业一直发展得很好,最近两三年,企业似乎发展到了一个瓶颈期,很难跨上一个大的台阶。企业老总是一个有魄力、有雄心的人,虽然企业稳步发展下去也衣食无忧,但老总还是一直想突破这个瓶颈,想融合企业上游或者下游的企业,整合各方面资源,使企业继续做大。但是公司的情况是,如果并购别的优质的公司,企业并没有那么强的实力;公司想直接上 IPO,也是天方夜谭。那么最好的办法,就是能够被同行业的上游或者下游的有实力的上市公司并购,这样公司就能够迅速发展。但是受制于各方因素,找一个能够并购我们公司的上市公司也并不容易。一方面,公司影响力有限,很难吸引优秀公司的注意;另一方面,我们直接寻求被并购,在谈判中也会被动,失去谈判优势。

公司老总就让律师想办法,我们调研之后分析:最大的困难不外乎资金不够、产品升级、管理规范化。作为一个从家族发展起来的中型企业,单单依靠引进管理层并不能解决问题，关键是要融入现代化的管理机制，并且在资源上与市场先入者形成互补。我们的律师提出一个方案，就是先操作公司上新三板，采用"筑巢引凤"的思路，解决公司的影响力有限问题，并且节约交易成本。同时考虑到，即使暂时并购重组不成，上市也是促进企业规范化的良机，还可以通过市场融资。

2016年左右，新三板挂牌如火如荼，新三板整合了众多优质的制造型企业，影响也越来越大，如果能挂牌成功，那么被并购的可能性就非常大。最终企业老总在我们的建议下决定先挂牌新三板，因为最终目标为被并购，所以券商、律师、会计师在推荐企业挂牌的过程中，不放过任何一个问题，企业股改、尽职调查等都做得非常彻底，力争为以后并购打下一个坚实的基础。经过券商、律师半年持续不懈的努力，最终公司成功挂牌新三板，公司也变成了公众公司，从之前的家族式企业变成多人持股的股份公司，股权架构更加合理，企业更加生机勃勃。

同律师预想的一样，没到半年的时间，就有几家A股上市公司来洽谈并购的事宜，这下老总心里乐开了花，非常感谢我们。老板最终选择了上海一家A股上市公司，请我们继续参与并购法律事宜，由于之前上新三板打下的良好基础，并购事宜进行得非常顺利，很快就完成了。现在企业的规模不能同日而语了，已经成为本市数一数二的胶类行业的大公司。

企业被并购了，由于各种原因，我们的常年法律顾问也无法继续下去。虽然我们暂时失去了一个客户，但是看到企业突破瓶颈、越做越强，我们也由衷地高兴。

【军师点评】 面对企业发展中的瓶颈，本故事中的胶类公司选择积极的并购或者被并购，为了实现目标，他们选择先上新三板，筑巢引凤。通过上新三板这个模式，规范了企业自身的运营和公司治理，从家族企业华丽转身为公众公司，真的引来了多家A股上市公司的关注和青睐，接受并购后，为企业发展吸引了各种突破瓶颈的要素，成为当地数一数二的胶类行业的大公司。

【作者小传】 雷振斌，法学博士、资深律师、仲裁员、鲁东大学法学家、中国法学会会员，曾任检察官，发表论文二十余篇，专著两部。研究方向：刑法、刑事诉讼法、法理学、民事诉讼法。

16.1.6　买方草率并购赔了夫人又折兵

崇雨晨

【故事关键词】 上市公司　纵向并购　分销渠道　关联交易　同业竞争　业绩对赌

在从事并购工作之前，我曾在一家大型律师事务所从事重大商事诉讼项目。在参与过的许多案件中不乏一些因并购引发的纠纷，我觉得对这些纠纷的复盘和研究有助于发现并购中更加真实、迫切的风险点，从而指导我们未来的并购实务。所以，在这里以并购故事的形式写出来（为保守商业秘密，其中涉及的地区、人名、企业名称、交易金额等信息均经过技术处理），以资借鉴，希望能够对操作类似并购案的同仁有所帮助。

浩德公司是一家国有企业上市公司，其于 2010 年制定了纵向并购分销渠道商的战略布局，并在之后的 5 年间不断通过股权收购＋增资＋业绩对赌的模式，先后在湖南、浙江、江苏、山东等地区操作了一系列并购项目。由于并购尽职调查过于书面化、相关协议条款设计不周，对目标公司老股东、关联企业、潜在债务等问题了解得不够深入，对风险的预估和化解方案考虑不周，导致其中几个项目发生了严重的纠纷。

其中一个纠纷使我印象深刻。作为我们客户的浩德公司于 2010 年在浙江一个地方收购了一家分销公司，希望利用自身强大的资金和产品实力结合目标公司在当地强大的销售渠道，拓展业绩，实现双赢。

浩德公司与目标公司股东首先达成的《框架协议》，包含以下的条款：

● 鉴于双方就浩德公司有意参与目标公司重组并对其实施股权收购及增资事宜达成共识。

● 浩德公司以现金方式暂定出资 1.98 亿元人民币收购目标公司部分股权（股权出让人及比例待定）。

● 浩德公司以现金方式暂定出资 8000 万元人民币对目标公司进行增资扩股，目标公司注册资本由原来的 2000 万元人民币增加到 1 亿元。

● 股权转让及增资扩股后，浩德公司持有目标公司 60% 股权，标的公司原股东方持有 40% 股权。

未来三年的业绩承诺；

浩德公司作为背书向银行争取授信的承诺。

一个月后，各方很快通过具体协议的方式确定了《框架协议》中的收购安排，而关于违约责任，仅笼统的约定"双方违反本协议的陈述、保证或允诺的，应当承担违约责任，给对方或目标公司造成损失的，由违约方赔偿全部损失"。

各协议签订后，浩德公司很快展开了对标的公司的实际控制，先是修改了公司章程、变更了公司经营范围。其次依照新章程的规定完成了财务总监和董事长、总经理的改选工作，整合有条不紊，标的公司也在该国有企业规范的管理体系下继续运营。

2012年，浩德公司拟继续进行股权收购，以股东会决议的方式确定了标的公司老股东将剩余40%的股权转让给浩德公司，以完成100%股权的收购。但就在第二阶段收购的具体协议签订前，这次并购中的隐患开始显露。

第一个争端：目标公司业绩对赌未达成，买卖双方相互推卸责任。

对于业绩未达成的原因，目标公司称，因为浩德公司控股后组建了几个新部门增大了成本投入，且其委派人员经营掌控力不足，公司管理混乱，直接影响了公司利润；而浩德公司则认为设立两部门是正常投入，且通过内部审计发现目标公司存在报销不规范、台账记录不全、部分应收账款难以收回等诸多问题。

第二个争端：老股东同业竞争，目标公司利益严重受损。

经过进一步深入调查后浩德公司才发现，目标公司老股东中的汪某同时是另一家经营范围与目标公司高度重合的公司的控股股东、法定代表人和总经理。汪某利用关联关系，以另外渠道销售同类产品并获利，严重影响了目标公司的营业利润。

第三个争端：纠纷恶化引发群体性事件，公司经营陷入瘫痪。

不久后，目标公司向浩德公司发出函件称：公司目前资金周转困难，浩德公司违背框架协议及股东会、董事会精神，若其仍不履行控股股东责任争取银行5亿元的授信，一切损失应由浩德公司承担。该函件并未得到回应。不曾想，目标公司老股东借机暗中组织农民工，围堵公司工作场所并封锁公司仓库，使得公司正常生产经营活动无法开展。为避免事件进一步恶化，浩德公司无奈借款1000万余元以代目标公司偿还"工资款"。

【军师点评】一次失败的并购重组极有可能使原本是摇钱树的目标公司成为吸金的"黑洞"。本故事的买方已经骑虎难下,一方面,老股东设置不当阻碍,以谋取更多的私人利益;另一方面,"人傻钱多"的买方为了不至于前功尽弃而继续投钱,反而使并购黑洞越来越大。

可见,并购是一件极为专业的工程,一定要很深厚的专项经验积累才能做,即便是有高端团队服务的国有企业上市公司也会栽跟头。而做并购有时更主要的是做好风险控制,此外防止老股东关联交易、同业竞争和潜在债务、隐蔽性风险。

有不少买家为节省交易时间或交易成本,在收购前或收购过程中未全面与各方充分沟通了解意见和诉求,存在各方利益分配不均且保密措施不到位的情况,这都会导致整合过程中出现隐患。此时利益诉求未得到满足的一方可能采取作为或不作为的方式,故意设置阻碍干扰公司的正常经营,导致经营成本增加甚至引发公司僵局风险。

对此,我们在收购前应确保与各方充分访谈并了解意见和诉求,提前识别内部潜在矛盾,条件允许时可采取"软性条款"或"承诺与保证"等形式书面确定下来,以维护未来公司利益,并同时尽可能细化违约责任,预留"退出通道"。此外,收购方案和议价过程中应尽量避免不公正、不透明的情况,尤其在涉及各方重大利益的谈判过程中做好事中、事后保密工作,签订保密协议。

最后,即便是发生了重大纠纷,也应该尽早咨询专业律师意见,注意留存有利证据,采取诉讼手段甚至提前寻求刑事救济以防止损失扩大化。

【作者小传】崇雨晨律师始终专注于并购重组尤其是并购纠纷领域,曾直接参与、代理标的金额过亿、法律关系极其复杂的并购纠纷系列案件10余起,并多次参加重大并购交易谈判、并购相关法律尽职调查。

16.1.7 完美的买壳合同保护了买家的利益

沈永锋

【故事关键词】上市公司　买壳　并购谈判　诚意金　抽屉协议　公告

一个周六的下午,笔者正在听学术讲座,突然接到一名律师的电话,邀请笔者参加在周日进行的一场谈判。该并购谈判涉及上市公司壳交易，交易金额 30 亿元。事情重要且紧急，希望笔者务必参加并购谈判。

于是笔者周日应邀参加了谈判。我方是一家上市公司的控股股东 A，对方是一家投资集团。由于特殊的原因，控股股东 A 突然面临巨大的压力，于是决定卖掉上市公司壳。一方面，可以让别人继续经营；另一方面，自己可以套现离场。消息经小范围传播，控股股东 A 很快就接触了多家买壳方，但真真假假很难识别，而目前谈判的这家投资集团已经预付了一笔诚意金，因此被视为重点交易对象。双方签订了意向书后，上市公司已经发布停牌的公告，还有三天就需要复牌了，因此需要双方就交易条件尽快达成一致，以便复牌并发布相关公告。

投资集团邀请了很专业的中介机构，在参与谈判时由于涉及的内容非常敏感，独立财务顾问可能有意回避了，只有他们的律师参加了并购谈判。由于相关法规政策限制，股票的过户手续在一定时间内无法完成，所以买壳方提出了如下交易方案：

买方借款 10 亿元给上市公司的控股股东 A，以股票质押作为担保，法律文件为《借款协议》。

上市公司的控股股东 A 将其持有的部分投票权（占上市公司总比例 29.99%）委托给买方，法律文件为《投票权委托协议》及其附件《授权委托书》文本。

在符合股票过户条件时，上市公司的控股股东 A 将其持有的部分股票（占上市公司总比例 29.99%）按照事先确认的转让合同文本与买家签订正式的交易合同，将股票过户给买家，法律文件为《备忘录》及其《股权转让合同文本》。

所有法律文件买方要求一次性签署，但是对于文件《备忘录》及其《股权转让合同文本》，买方提议暂不公开，而是作为"抽屉协议"。待符合股票过户条件时，直接签《股权转让合同》，只公告签订的《借款协议》《投票权委托协议》。

以上交易方案和交易文件，都是由买方设计的，对于买方利益的保护非常充分，可谓是非常完美的合同。

在这次并购谈判中，笔者意识到："抽屉协议"存在严重的法律风险。从法律上看，买方设计的《备忘录》及其《股权转让合同文本》的主要内容是买卖双方就转让在上市公司的股份事项达成一致，包括转让股份的时间、数量、价格、违约责任等，属于预约合同性质或者附生效条件的股权转让合同。

但是按照上市公司监管的法律法规政策，这些文件是必须要公告的，否则就涉及违法违规。而公告后，这些文件由于规避了股票转让的限制，监管肯定不会同意，整个交易就无法完成。

所以，买方提出了部分公告的方案，对最敏感的《备忘录》及其《股权转让合同文本》进行"抽屉协议"处理。

如果按照买方方案去操作，对卖方来说存在如下的风险：
- 信息披露违规的风险。
- 违反证券法律法规的风险。
- 证券民事赔偿的风险。
- 刑事法律风险。

经过几轮谈判，卖方坚持不签署"抽屉协议"，买方没有其他可替代方案，双方最终决定终止谈判。依照意向书，卖方返还了买方的诚意金。

后来，卖方找到另一家买壳方，采取以时间换空间的模式，按照规则依法完成了交易。

【军师点评】上市公司的壳资源交易一直存在，而且可能以后还会继续有，无论是A股的壳、港股的壳、新三板的壳，甚至海外市场的各种壳交易都存在。

买壳时，因为交易金额大，风险大，监管严格，纠纷一旦发生，解决纠纷往往旷日持久，纠纷方投入人力、物力、财力，"摇钱树"可能成为"无底洞"。本故事中的买方请了专业的中介机构帮助他们来设计合同、参与谈判，如果不是遇到了更加专业的团队，可能卖方就会妥协；如果遇到意外纠纷，那么这对双方来说或许都是一场灾难。

卖方采纳了笔者的意见，最终避免了风险，实现了交易的安全，也最终实现了安全交易的目的。

【作者小传】沈永锋，金融EMBA \ 法学学士、浩德并购军师联盟总干事、上海市中浩律师事务所合伙人、上海市律师协会并购重组专业委员会委员。2012年5月以来专注于企业并购重组，先后为众多公司处理过各类并购重组的经典案例。电话：13918468199。

16.2　房地产并购

房地产并购案例如下：

16.2.1　一宗成交后失败的并购

尚永海

【故事关键词】 房地产并购　家族传承　并购贷款　交易结构设计

2013年年初，我受理了东北一家著名房地产公司A集团的委托，为其股权整体转让担任专项法律顾问。A集团由于涉及集体企业改制，历史遗留问题较多，而A集团大股东的孩子立志于独角兽行业投资，有更好的发展，不愿意接管家族企业，导致A集团后继无人，为此集团股东决定对外出售。

该宗并购实际上涉猎了很多并购专业比较少见的情况，比如委托我先行对目标公司进行了尽职调查，其目的是发现存在的问题和加快收购方的收购尽职调查进程，这是一个典型的目标公司尽职调查。比如委托四大会计师事务所进行推介和担任财务顾问，采用基本费用和风险费用相结合的封顶收费办法等。但这些都没有并购贷款教训深刻。正由于并购贷款的交易模式设置不当，最终导致该宗并购失败，其教训值得总结。

A集团是一家重资产公司，总资产约50亿元人民币，其中净资产超过30亿元人民币，大股东出售所设定的目标价格为30亿元。而拟支付的中介费用为1亿元人民币。经过艰苦卓绝的谈判，具有重大背景的B公司最终在众多竞争者中脱颖而出，以30亿元的税前价格成交，双方签署了《股权转让协议》。

2013年正是中国资本市场非常活跃的时期，各地并购活动非常频繁，其中不乏险资和资产管理公司的身影。而作为大资管时代的特殊角色险资最终成为本次交易的并购贷款方，具体由保险公司C通过渠道信托公司D

向 B 公司贷款 30 亿元，分三次支付，首期贷款 10 亿元人民币。A 集团以其价值 40 亿元的房地产（评估值超过 80 亿元）为本次贷款提供抵押，商业银行 E 成为贷款的监管方。

在设定上述并购贷款交易模式时，我提出了明确的反对意见，不同意首期贷款以目标公司 A 集团的资产做抵押，而建议按照《商业银行并购贷款指引》的规定要求并购方交付首付款，余款再以并购贷款支付，且交易价款中并购贷款所占比例不应高于 60%。但非常遗憾，A 集团最终没有听取我的建议，仅基于对 B 公司背景、险资资金雄厚实力和渠道商信托公司良好的信誉的信任，不顾我的强烈反对，轻易相信并购方的承诺签署了《股权转让协议》。协议签署后，并购方如期支付了首期转让款，协议正式生效。事情的发展似乎证明我的担心是多余的。

天有不测之风云，正当并购双方接洽公司整合与交接事宜时，噩耗传来：与 B 公司具有特殊关系的保险公司 C 法定代表人发生重大变故，被中纪委双规，随即被罢免。而新的法定代表人在就职后立即停止了本宗并购的贷款业务，导致后续并购贷款落空。此后尽管 B 公司和 A 集团也想了很多办法解决后续付款问题，但由于所涉款项数额过大，最终没能找到新的贷款方。A 集团被迫自救，采用自身资产抵押贷款的形式，偿还了保险公司 C 和渠道商信托公司 D 的贷款，赎回了抵押物。目标公司因此背上了沉重的贷款债务，本次并购也从一宗成功的并购沦落为一宗典型的失败案例。

一次成功的并购，交易结构的设计非常重要。在涉及并购贷款时，出售方不应贪图眼前利益，应该尊重并购贷款的原则和市场规律，不能过于轻信所谓资源和背景的能量及效应，而采用并购贷款作为主要支付方式时应特别强调并购方必须为此支付首付款且其非贷款支付比例不应低于 40%。那种把成功支付完全寄予以目标公司抵押所产生的银行贷款的期望无异于"镜中月，水中花"！

实践告诉我们，这样的悲剧至今还在不断上演，目前有太多的掮客奔波在并购方、银行和目标公司间，企图利用目标公司的高估值将并购所涉及的股权转让款项贷出，从而完成其"空手套白狼"的壮举。其目的就是套取银行贷款和骗取高额中介费用，这是典型的"庞氏骗局"投资陷阱，请大家务必警惕！

【作者小传】尚永海,北京大成律师事务所高级合伙人、大连所执行主任。辽宁省优秀律师、辽宁省工商联专家委员、大连市人民满意律师、大连市政府专家库专家、大连仲裁委员会仲裁员。

2005年作为香港青年律师培训计划的一员曾在香港律师事务所短暂工作,主修投资并购和尽职调查。2006年完成首例并购尽职调查,至今已经完成上百例公司并购。曾经主编出版多本专著和发表专业论文,在企业并购及其尽职调查领域具有丰富经验,是并购领域的资深专家。

16.2.2 我是如何发现他们3亿元的虚假债务的

李 军

【故事关键词】虚假债务　房地产并购　非诉　尽职调查

那是2016年的一天,单位同事接到上市公司浩德公司的委托,对并购某地一家房地产企业瑞安达公司进行前期尽职调查。对于房地产企业的尽职调查一般比较复杂,投资额度又非常巨大,所以工作量和工作压力可想而知。幸亏瑞安达公司还没有对土地进行开发,只是一片空地而已。

进场后,按照既定并购项目流程,我们先和瑞安达公司"实际控制人"刘总进行了沟通、了解,瑞安达公司也按照我们前期提供的《尽职调查清单》提供了部分基本材料。然后,我们又去现场对土地进行了实地查看并拍照,又亲自前往法院、工商局、税务局、国土局等相关机关调取材料,进行了必要的拍照、录音、走访等程序。

通过尽职调查我们发现瑞安达公司可能存在虚假债务的情况:即安信公司(刘总为实际控制人)将3亿元借给瑞安达公司(刘总为实际控制人),瑞安达公司将土地抵押给了安信公司。安信公司不久就将该债权转让给了赵某(受刘总控制),并将该土地的抵押权也一并转让。赵某随后将瑞安达公司告上法庭,要求瑞安达公司偿还3亿元债务,双方在法院进行了调解,法院做出了调解书。瑞安达公司对投资方浩德公司表示其公司欠赵某3亿元的债务应当由浩德公司在并购时一并偿还。如图16-2所示。

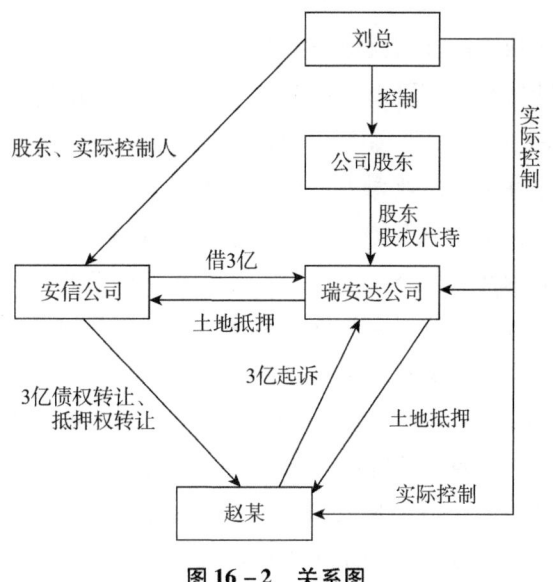

图 16－2　关系图

经律师深入尽职调查，发现瑞安达公司在收到3亿元后没有实际经营，公司一直处于停业状态，而刘总说目前公司账上无一分钱，3亿元不翼而飞了吗？

自称是公司实际控制人的刘总多次表示瑞安达公司早已不再经营，多年未办理工商、税务手续，公司只是一个空壳。但是，当律师陪同刘总在工商局、税务局走访的时候，税务局工作人员表示瑞安达公司财务人员刚刚办理过税务申报，并且每个月的税务申报都很正常，当时刘总脸上流露出短暂的惊慌，被律师捕捉到。同样在工商局，我们发现瑞安达公司每年都进行年报，不存在无人办理的情况。另外，我们在瑞安达公司的内档中发现，瑞安达公司有两枚公章交替使用。很显然，对接并购、尽职调查的是一套人马，每年进行税务申报、工商年报的还有另外一套人马，一个公司两个运行机制。到底谁说了算？谁能真正代表瑞安达公司？

鉴于瑞安达公司存在的诸多问题及复杂程度，律师向投资方浩德公司建议：如果要进行并购，最安全稳妥的办法就是瑞安达公司进行破产重整，浩德公司再以战略投资者的身份对瑞安达公司进行投资。另外，如果浩德公司非要并购瑞安达公司，建议聘请会计师事务所对瑞安达公司的财务进行审计，真正厘清瑞安达公司的财务状况后再并购。最终，浩德公司考虑到存在的巨大风险而放弃了本次并购。

结语：一次成功的并购就像一场婚姻，婚姻是否成功、是否幸福，前期的尽职调查非常重要。可以说：得尽调者，得成功并购！

【军师点评】一个并购项目是否成功的关键是尽职调查是否勤勉尽责、是否真正履行了律师在尽职调查阶段应尽的审慎义务，全面、细心、认真地核实相关材料并进行现场核查是不可缺少的必要步骤。本篇并购故事，李律师运用娴熟的尽职调查技巧、丰富的尽职调查经验，发现了一般人难以发现的蛛丝马迹，为投资方的最终决策提供了有利的证据支撑，是一篇非常优秀的并购案例，其经验值得大家学习、借鉴。

【作者小传】李军，北京大成（南京）律师事务所律师、合伙人。江苏省法学会会员，南京市律师协会公司法委员会委员，江苏省山东商会法律委员会副主任。非讼方面擅长公司并购、尽职调查、投融资等。电话：13451902285，电子邮箱：525545288@qq.com。

16.2.3 房地产收购不能忽视尽职调查

车　玲

【故事关键词】*房地产项目收购　尽职调查　海南*

我代理的并购项目案件均是房地产并购项目，在提供法律服务的过程中，我发现当事人老板们对项目的法律尽职调查重视不够，凭借经验主义判断，从而对并购项目的认知信息不够准确，对存在的隐患及法律风险掌握不够，最终可能造成了不必要的财产损失。

2017 年 1 月，海南某公司与海南某目标公司并购项目，我为其提供该并购项目的专项法律服务。在律师未参与的情况下，对项目及公司均未进行尽职调查的情况下，公司负责人已经准备直接和对方签署对方提供的合同。我接受委托后，通过与当事人的沟通，及对对方提供合同的审查，发现合同条款设计及支付款项等重要条款内容存在重大法律风险，鉴于项目资金约 2 亿元，建议当事人慎重补漏尽职调查环节。我与团队查阅资料、现场调查等方式进行了尽职调查，对公司的主体资质、经营状况、资金实力调查发现收购方提供的款项支付方式存在较大风险，收购方及其提供的担保方企业被海口市工商局列入经营异常名录，原因为隐瞒真实情况、弄虚作假，列入时间为 2016 年 11 月 25 日，且对企业注册地址实地调查，发现该企业极大可能就是家皮包公司，根本不具备收购资格及资金实力。结合其他信息，当事人慎重考虑了我们出具的尽职调查报告及项目审查法律意见书，避免了损失，并促成另行顺利完成并购。

2018 年我接受顾问单位海南某房地产公司的委托，为其提供北京某并购项目，仅提供项目洽谈、合同起草、签署及项目法律意见等部分法律服务，不涉及尽职调查环节工作，但是鉴于项目资金约 3 亿元，我仍然自己做了基本的尽职调查，向当事人提示了交易风险使其心中有数。虽然本次并购项目顺利完成，但是我从内心还是感慨，当事人老板在并购中对尽职调查的重视确实不够。

近年来，海南房地产项目火热，大型企业进驻海南市场，在近期洽谈或代理的并购项目中，我发现北京、上海等地客户较海南本地人法律风险意识更强，对尽职调查更为重视。

虽然尽职调查也有其局限性，但尽可能穷尽掌握准确信息，对标的价值的确定与发掘及摒除信息不对称降低交易风险，对并购项目的顺利完成具有重要作用，希望老板们予以更多重视。

【军师点评】正如车律师提到的，希望老板们对尽职调查给予更多的重视。一项并购中，律师的法律尽职调查费、会计师事务所的审计费，对企业来说，的确是一项成本，但也仅仅是企业手指上的一枚钻戒而已，而动辄几亿、几十亿以及更大金额的收购款，可能就是企业的全部身家性命。孰重孰轻，不言而喻。

【作者小传】车玲　海南瑞来律师事务所律师，海南省律师协会金融证券委员会委员、海南省律师协会青年律师工作委员会副主任，湛江仲裁委、湛江国际仲裁院仲裁员。

16.2.4　八招解决房地产项目收购的风险

杨华年

对于房地产企业，如何获得开发土地，是其生存、发展基础中的基础。现在土地的来源就两个：一个是"招拍挂"；另一个就是买项目。

现实中的"招拍挂"犹如一把"双刃剑":一方面,"招拍挂"出让土地本意是创造一个公平的环境,但"价高者得"的游戏规则却无意之中助推了地价的上升,制造出大批虚胖房企,并反过来拉动了房价的攀升;另一方面,有了"招拍挂",土地获得来之不易,虽然有利于入市的房地产企业素质的提高,但对于土地资源紧张的预期,使得越来越多的地产商难以从"招拍挂"中拿到土地。而且通过"招拍挂"推出的土地越来越少,越来越难以满足数量众多的开发商的需要。

(1) 聚集房地产项目股权收购。

在目前房地产企业优胜劣汰更为明显的情况下,房地产企业拿地和获取资金的代价更大,股权转让成为房地产行业实现资源重组的重要方式。通过收购股权获取项目公司的土地,已成为不少大型房地产公司在"招拍挂"之外获取土地的重要途径。

随着宏观调控对资金的收紧,房地产开发成本的增加,使得很多开发商难以为继,很多房地产开发企业也愿意出售项目资源。房地产企业股权转让更多的受制于其所拥有的土地资源。"有地就有钱,没地就没钱。没地的公司股权根本就卖不出去。"这正是目前房地产公司股权转让的现状。

(2) 股权收购风险点。

股权合作方式的不利之处在于陌生团队进入需要时间整合,而整合不能很强势,只能采取缓慢整合的方式,另外不是所有项目的手续都很完善。经过近几年市场洗礼,股权转让和"招拍挂"之间的价格差几乎抹平。现在大部分开发商洽购闲置土地,在乎的不仅仅是合适的价格,需要重点关注以下几个问题:

- 土地、规划、建设、验收等手续的齐备程度。
- 土地的产权关系。产权关系错综复杂的土地,接手需要慎之又慎。
- 项目的拆迁难度和拆迁费用支出的规范性。重点评估拆迁风险,关注拆迁费用能否合规取得税务部门认可的票据。
- 项目开发的进度与前期开发形成的债权债务。重点关注已经形成的债权债务是否与开发形成的资产、负债相匹配,是否存在隐性债务。
- 目标公司股权结构。拟收购的房地产公司股权结构是否过于分散,大小股东在股权转让上能否达成一致。

- 目标公司是否存在其他与拟开发土地无关项目。

(3) 防控股权收购风险的关键招数。

股权收购房地产公司需重点防控法律风险、资金风险、税务风险等。本文作者结合年初就对城中村改造项目开发公司股权收购实例，在风险防控设计方案中明确以下关键点：

- 由目标公司大股东先行收购其他小股东股权，解决股权过于分散的问题。

- 对目标公司前期支付的土地出让金、征迁费用、前期工程费、建筑安装费、基础设施与公共配套设施费、开发间接费用进行审计，重点关注合规性和合理性。

- 对目标公司与拟收购开发土地无关的项目要先行剥离，可以派生分立方式，将这些无关项目资产负债剥入新设主体，将拟开发的土地资产保留在老主体。

- 由目标公司设立全资子公司，目标公司通过"招拍挂"拿地后，无偿划转子公司，由全资子公司进行开发，设立防火墙，规避前期开发项目的风险向后续开发项目漫延。

- 收购全资子公司股权与对目标公司增资扩股并重，对开发公司增资扩股的目的是为了控制全资子公司股权的收购进程。

- 通过股东借款并办理股权质押、土地使用权抵押方式进一步降低投资风险。

- 在股权收购合同中明确公司债权债务的处理，结合业绩对赌明确转让总价款及支付方式、股权转让程序。

- 对债权债务无法明晰的目标公司可在破产程序框架内进行股权收购重组。

【作者小传】杨华年，律师顾问，高级经济师，FRM 持证人，全国税务高端人才，受聘国有商业银行与安徽省多家类金融企业风险管理专家，安徽阜阳师院客座教授。主要擅长企业并购重组、金融风险管理、境内外融资与税务筹划等实务。编著《涉税刑事案件实务》。

16.3　行业并购

行业并购案例如下：

16.3.1　"毛孩子"医院的并购故事

陈庆广

【故事关键词】宠物医院　整合　管理连锁机构　尽职调查　估值　净资产

随着人们生活水平的提高，宠物对于人们生活的重要性日渐提高，被视为家庭成员，昵称为"毛孩子"。因为有宠物医院的客户聘请我们担任常年法律顾问，经过一段时间的服务，对于这一行业日常涉及的法律问题有了一定的了解。经过系统的梳理，我于2016年年中举办了一场宠物诊疗常见法律纠纷专题讲座，吸引了不少宠物诊疗行业的老板前来参加，因此对这个行业有了更为深入的了解。

2015年、2016年是资本大举进入宠物诊疗行业的年头，虽然宠物诊疗机构通常投资小，单店营业收入数百万元，一般不会超过一千万。但是因为其利润率高，市场需求增长旺盛，仍然吸引了不少著名投资机构加入了这一场角逐。

2017年，浩德宠物医院的院长找到我们，表示打算联合几家医院一起整合成具有一定规模的宠物诊疗管理连锁机构，谋求后续的融资和发展。

（1）愿景。

接受委托以后，五位打算整合的院长和我们的律师团队召开了第一次会议。院长们的心愿是通过整合，实现资产和企业估值的提升，融入发展资金，稳扎稳打开新店，立足本市、面向周边省份，实现规模化发展。

（2）尽职调查。

宠物诊疗医院通常是个人企业，有的是个体工商户，有的虽然登记成有限责任公司，但实际是账外运营，资产和负债并不进入公司资产负债表。

医院医生对于医院的运营具有至关重要的作用，院长为吸引和留住人才，会给有能力的医生一定的股份。但因为宠物医院人少，管理不规范，给予骨干医生的股权并没完善的法律文件。

尽调过程中，我们发现其中有一名股东的两家医院存在潜在的股权争议和债务纠纷。经过慎重对委托人明示，未引起足够重视，并购工作继续推进。

（3）估值。

宠物诊疗行业的主要资产是一些医疗设备和房屋租赁合同。净资产的价值一般难以直接反映公司的价值，我们给客户设计了净资产加现金流折现的方法。并根据估值金额，大概确定了股权分配的比例。

（4）股权结构设计。

根据估值确定好股权比例以后，接下来就是如何将这些医院以资产或者股权的性质装入控股公司。

因为公司的估值主要是现金流折现法，为便于后续融资估值的提升，需要对资产和股权的收购价格做适当处理，以便能够在账面上反应相应的资产净值。

经过反复研究和论证，我们提出了增资、借款、资产与股权分别收购的设计方案，解决了原来医院财务不健全、提升估值等难题，得到委托人的认可。

（5）个体工商户。

宠物诊疗行业具有特殊性，属于特殊行政许可行业。一些开办年代比较久远的企业，营业执照是采用个体工商户的形式登记。如果重新原地注册面临房屋租赁合同变更和行政许可重新审批等问题，变更企业形式是一条无法走通的路。

因为个体工商户宠物医院往往开办年代久，位于黄金地段，市场认知度高，成为本次整合并购绕不过的坎。

经过反复研究和认证，我们吸取了国内互联网企业境外上市的成功经验，为客户设计了类似于 VIE（可变利益实体）的合同模式，成功将个体工商户的资产和收益装入了控股公司。

（6）论证。

方案确定以后，团队召集客户股东、会计、税务等相关专业人士就方案的可行性进行了论证，包括资金流向、产权界定、资产转移、财务记账、税务合规等。最终我们的方案得到了各方一致的认可，并迅速予以执行。

后记：

并购完成不到两个月，存在潜在股权纠纷的那两家医院的债权人终于找上门了，这两家医院的股东希望总公司能够提供借款，以便度过资金难关。经过股东会再三研究，决定将这两家医院剥离，原股东退出。根据委托人的决定，我们起草了相关的文本。

整合以后的规模效应还是很明显的，公司吸引了高端的优秀人才，投资机构纷至沓来，分店扩张稳步推进，公司的估值也是数倍增长。

【军师点评】俗话说："同行是冤家。"但有了专业律师指导后就变成了合作伙伴，结成了联盟，这是一个典型的合并案例，通过整合，形成规模效应，吸引了高端的人才，分店扩张，估值提升。

在整合过程中，律师的作用不容小视，交易机会的发现（是律师把合并对象们召集到一起的）、尽职调查（发现了问题）、巧妙灵活的估值、股权结构设计、个体工商户无法变更问题的解决方案、交易方案（资金流向、产权界定、资产转移、财务记账、税务合规等）设计和论证，以及实施过程中的问题解决（剥离），每一步都需要专业律师的工作。可以说，律师是天生的并购达人。

【作者小传】京师上海公司金融实战团联合发起人，京师上海公司控制权与争议解决部副主任，上海京师国际总部合伙人，上海长三角股权研究中心创始人，英国中央兰开夏大学法学硕士，曾任沃尔玛中国高级合规官。

16.3.2　房屋中介公司并购故事的两个亮点

兰海涛

【故事关键词】横向并购　区域扩张、现场调查　并购谈判　派员参与　收购流程　反担保　股权查封　办案心得浩德公司是一家房地产中介公司，通过十年的发展，在重庆沙坪坝地区占有较大的市场份额，创始人张总年富力强，希望对外扩张获取更多的利润。2017 年，重庆北碚有一家 B 房地产中介公司（以下简称 B 公司）的负责人刘总经朋友介绍结识了张总，希望把 B 公司的股权转让给张总。为此，张总多次赴北碚区考察 B 公司，觉得 B 公司的八个分店地理位置优越和工作人员精神面貌较好。张总与公司的几名核心高管商量后决定收购 B 公司，实施对外扩展战略。在签署股权转让协议前，张总安排公司法务将《股权转让协议》发给本律师审核，顾问律师对此事高度重视。

房地产中介公司的核心资源是门店的房屋租赁合同、销售团队、客户资料，实施对外扩张战略是否必须通过收购其他房地产中介公司的股权？拟收购 B 公司的股权是否存在风险？律师提出的这两个问题，使即将签约的合同文本被搁置起来。为了防范风险和不错失商业机会，本律师赴北碚实地考察，通过与 B 公司人员交流和查阅档案资料，发现 B 公司财务混乱、印章使用随意、销售人员大多没有签订劳动合同。顾问律师如实向浩德公司负责人张总披露了这些问题，张总因此对股权收购有所顾忌但也坦然地说这是房地产中介行业的普遍现象。

并购工作，律师不能只提出问题，必须要有解决问题的方法。我们建议浩德公司收购股权过程中，按以下流程开展工作：

（1）双方先签署股权转让意向协议，允许浩德公司派人员在 B 公司工作数月，以便进一步了解北碚区域市场和 B 公司的业绩。

（2）请 B 公司将开办以来所有的重大合同及法律文件（复印并加盖 B 公司印章）供浩德公司核查。

（3）委托审计机构对 B 公司开展税务、财务的审计工作。

（4）与 B 公司股东磋商，要求其为 B 公司经营期间产生的债务向浩德公司承担保证反担保。

（5）律师起草相关法律文件（股权转让协议、修改章程等）。

（6）双方签署相关法律文件。

（7）交割（包括相关变更、证照移交等）。

在谈判过程中，B 公司股东只对第（4）项不同意，双方先开展了其他相关工作。两个月后，指派到 B 公司的浩德公司管理人员反映：B 公司人员流动很大，业绩持续下滑，听说刘总多处负债。在正式签署股权转让协议前,得知刘总在 B 公司名下的股权被债权人查封,双方的股权转让工作搁浅。浩德公司的负责人张总深深叹了一口气说:"股权收购差点拍脑袋决策了。"

【军师点评】这是一起典型的横向并购案例,横向并购是发生在同业之间的,浩德公司在获得 B 房产中介公司有转让意向时,决定进行收购,目的是区域扩张,利用被收购对象的现有门店资源、市场资源、人力资源实现快速扩张。

在房产中介领域,这种策略显然是有效的,比如链家地产,在扩张阶段,收购了上海的德佑地产,实现在上海进行区域扩张的目的。收购后,统一使用链家地产的品牌开拓市场,实现了快速扩张和整合。

本案的主办律师首先进行了实地考察,这是典型的现场尽调,发现 B 公司财务混乱、印章使用随意、销售人员大多没有签订劳动合同。这些蛛丝马迹显示了 B 公司工作人员精神面貌较好只是表面现象。其后派到 B 公司的浩德公司管理人员反映:B 公司人员流动很大,业绩持续下滑,听说刘总多处负债。这才是 B 公司的真相。见微知著,尽职调查者就是要从一些蛛丝马迹中发现各种潜在的问题。

主办律师最经典的思想在于:并购工作,律师不能只提出问题,必须要有解决问题的方法。这个思路不仅对于并购律师,对于其他律师,对于任何工作者都是有帮助的。

主办律师提出了收购的流程。其中有两大亮点可以供我们借鉴。

第一个亮点是:双方先签署股权转让意向协议,允许浩德公司派人员在 B 公司工作数月,以便进一步了解北碚区域市场和 B 公司的业绩。这一措施,对于解决并购中的信息不对称问题有很好的效果,俗话说:"买的没有卖的精""只有错买的,没有错卖的",并购本质上就是一场交易,是买家和卖家之间的买卖行为,卖家对于自己标的公司往往更熟悉,拥有更多的信息资源,其决策往往更加精准。买家的信息相对少于卖家,所以这种派员参与的模式很好地解决了信息不对称的问题,使买家获得了大量的信息。

第二个亮点是:与 B 公司股东磋商,要求其为 B 公司经营期间产生的债务向买方浩德公司承担保证反担保。反担保的提出,解决了一旦交易完成,发现了未披露债务、潜在债务时,原来的卖方因为提供了反担保,不得不给予解决的措施。这一点卖方股东没有接受,也说明了卖方股东自身存在的债务危机。

本次交易的后续,建议持续跟踪,浩德公司应该继续与 B 公司接触,与债权人进行谈判,寻找以低风险的模式收购 B 公司的可能性,毕竟地理位置优越的八个门店也是有一定价值的,对于浩德公司实现区域扩张是有帮助的。在房地产中介这个行业,未来一定是大品牌有规模的中介机构的天下。人无远虑,必有近忧。浩德公司要抓住机遇,及时扩张,否则未来会有经营的压力。

【作者小传】兰海涛,重庆坤源衡泰律师事务所合伙人,研究生学历,从事法律工作 10 多年,曾在法院、国有企业工作,具有企业法律顾问和经济师资格。目前担任数十家政府、企业的常年法律顾问,成功代理了上百件民商事案件。

16.3.3 并购游戏企业的故事,游戏不得

郭志宇

【故事关键词】 游戏行业　尽职调查　团队锁定　连带责任

2012 年,国内某知名投资机构拟投资浩德网络公司。浩德网络公司的主要业务为开发运营各类网络游戏。本律师领衔的服务团队接受投资机构的委托负责对浩德网络公司进行尽职调查,并根据尽职调查的结果安排交易方案,起草交易文件。

本律师在此之前曾多次接受其他客户的委托对航运、物流、矿业、气体生产、房地产等多个行业的目标公司进行尽职调查,起草投资、收购或兼并文件,但对于网络游戏行业却根本没有任何理解或认识,再加上基本上从来没有打过游戏,对整个行业缺乏起码的感性认识。但客户找到了我,没有理由往外推,更何况这是一家国内知名的投资机构,如果首次合作愉快,相信后期还有更多的合作机会。为此,我们确定了首先快速恶补行业知识,对客户的投资原因进行重点分析和研究,在尽职调查和交易过程中对行业特殊风险予以重点调查和关注的服务思路。

(1) 行业知识和投资原因。

投资机构之所以考虑投资以网络游戏为主营业务的浩德网络公司,主

要基于以下几点考虑：

第一，中国网络游戏行业环境趋于成熟，市场继续保持良好的发展势头。文化部公布的《2011中国网络游戏市场年度报告》显示，中国网游市场用户规模持续增长、网页游戏及移动游戏发展迅猛、海外出口进一步扩大、投融资行为日趋活跃。其中，最值得关注的是，包括互联网游戏和移动网游戏市场的总规模已经达到了468.5亿元，同比增长34.4%。国产游戏出口规模在2011年继续维持稳步扩大的态势，收入达到4.03亿美元，同比增长76%；新增92款网络游戏出口海外，总数超过150款。未来几年，中国网络游戏市场将沿着客户端游戏扁平化、网页游戏移动化、移动互联网游戏规范化的趋势发展。文化部重点扶持发展的11个行业中，特别重视推动网游的数字文化内容的消费；当时国内已经有超过11家网游企业在海内外成功上市，毛利率高值可达90%以上。

第二，浩德网络公司研发的第一款跨多平台操作（PC与苹果iOS系统同步）的策略类网页游戏《××世界》于2012年5月完成，并在5月18日开始收费测试，每日自营的收入已超过1.5万元。《×者》是浩德网络公司自主研发的一款大型多人在线角色扮演游戏，2012年7月完成游戏制作，并计划在9月初上线收费。

（3）浩德网络公司是一家流淌着创新创业激情血液的老团队新公司。浩德网络公司拥有非常好的经验，非常丰富的各项积累，在网络游戏市场这个充满竞争和火药味的市场里，只有深刻懂得和理解这个市场的人才会把握好公司发展的方向，才会开发出人人都喜欢的产品。网络游戏公司最大的优势就是优秀的团队，而浩德网络公司最大的优势是拥有这样一支令人羡慕的优秀团队。浩德网络公司在CEO葛总的带领下，成为中国网络游戏产品的领军开发团队。浩德网络公司将着手于大型网络游戏，网页游戏和手机游戏三个方面，设计的游戏在将来会在三个平台同时实现互动的体验。

（2）行业特殊规定。

当时针对互联网文化管理、网络游戏管理的主要规定包括《网络游戏管理暂行办法》和《互联网文化管理暂行规定》。根据上述《暂行办法》和《暂行规定》的有关规定，文化部负责制定互联网文化发展与管理的方针、政策和规划，监督管理全国互联网文化活动。省、自治区、直辖市人民政府文化行政部门对申请从事经营性互联网文化活动的单位进行审批。从事网络游戏的企业，需依法取得《网络文化经营许可证》。通过相关规定和主管部门现场调查，我们核实了浩德网络公司《网络文化经营许可证》的真实性。另外，根据浩德网络公司的陈述并结合有关文件，并经主管部门的网上核查，我们核实确认浩德公司对《××世界》和《×者》两部软件作品拥有著作权。

（3）特殊风险。

经调查发现，葛总作为浩德网络公司的创始人和实际控制人目前并不是工商管理部门登记的股东。其与当时第一大股东和法定代表人李某系夫妻关系。

如上所述，网络游戏公司最大的优势就是优秀的团队，而浩德网络公司最大的优势是拥有这样一支令人羡慕葛总领衔的优秀团队。葛总对浩德网络公司的重要性是不言而喻的。因此，必须把葛总锁定，否则本次投资完全没有任何可能性。

但葛总确实有不宜出面担任浩德网络公司股东的理由。考虑到种种因素，为尽可能降低客户风险的同时为促成交易，最后我们在交易文件中约定：投资协议中涉及第一大股东李总的所有规定，同样适用并约束葛总；无论葛总与李总的婚姻关系是否存续，葛总、李总就投资协议下的义务和责任始终承担连带责任。

（4）结语。

最终，投资机构根据我们尽职调查的结果和制定的交易方案，对浩德网络公司进行了投资并购。浩德网络公司目前发展态势良好，业已成为国内网络游戏行业的佼佼者。投资机构对我们的服务非常满意，后续多次委托我们办理投资并购业务。

郭志宇律师结语：面对完全陌生的行业，要善于学习，通过"恶补"使自己对该行业有较为全面的认知；对行业的特殊规定，要通过各种途径进行查明并核实，否则可能会闹笑话。

【作者小传】郭志宇，上海市汇盛律师事务所高级合伙人。在公司并购领域，郭律师代表客户对目标公司进行法律尽职调查，起草全套并购文件，曾全程参与的项目包括中国航油集团海天航运公司收购重庆某内资船公司等几十个项目。

16.3.4 做到这5点,传统企业并购创新企业不再难

黄富青

【经验关键词】 传统企业转型　创新增长点　业务协同　市值管理　估值预期　文化融合　组织结构　投后管理

目前对于传统企业而言,受到了很多新模式新业态的冲击,而如何在这个过程中寻找未来的增长点,很多传统企业选择了对创新企业进行投资甚至并购,从而曲线进行战略布局。

我在金融行业这些年,先后做过 VC、PE,现阶段更多的在为上市公司寻找并购的标的,因此对于财务投资与战略投资有比较多直观的感受。上市公司并购的标的业务模式成熟,一般要求有过亿的收入和过千万的利润,并购的目标往往是服务于现有生态体系或进行市值管理,因此估值上也比较公允。但更多的创新型企业还是处于业务增长阶段,利润往往比较少甚至为负。面对尴尬局面,如何达成并购交易?我有以下五点思考,供大家参考。

(1) 了解企业双方的战略定位及增长诉求,特别是对于未来 3~5 年的发展思路。如果未来战略定位不清晰,很难匹配合适的标的和收购方,同时要有战略投资的耐心与决心。

(2) 合理看待估值。从行业对标企业,以及未来企业增长、现有用户规模等指标上综合进行考量,而不仅仅从收入和利润的角度考量。

(3) 量化协同效应。如何在 synegy 协同上产生业务的增量,而且能定量的分析。当然,这个过程中重要的不是数据的呈现,而是更多的底层逻辑的展示,从而让双方决策层面看得清。更实质的是商业模式上带来的变化和创新。

(4) 对于收购方还是要有一个积极开放的心态,对创新业态有包容和平等的对话机制,否则因为文化的冲突,很难融合。充分考虑被收购企业的现有管理层利益安排及留任机制,这也是保证企业在收购后可以稳定运行的关键,同时也是对方管理层积极配合的关键。

(5) 搭建创新性的交易架构,可以采用基金的模式,先将创新企业装

入基金，待成熟后再装入传统企业主体，从而减少现阶段对主体的利润冲击。同时，可以在基金的框架下引入其他财务投资人，减少一定资金的压力。

传统企业并购创新企业，对于双方都是一个挑战，在传统式企业的管理土壤下，如何培育孕育出新的增长极，需要在战略、文化、交易架构、组织模式、商业模式上充分考量，真正的挑战是在收购后的投后整合、融合，所以并购不易整合更不易，需要有足够的眼光和耐心、魄力才能获得成功。

【作者小传】黄富青，觅特资本创始合伙人，投融资及并购交易、战略咨询。近15年创投、战投及跨国企业运营管理经验。北京大学光华MBA、南开大学法学学士，基金从业、中国健康委员会投资分会理事、南开大学旅游校友会常务理事，深交所路演常态评委。18601026997。

16.4　并购调查

怎么做并购调查？有哪些程序？

16.4.1　充分尽调是并购前的必经程序

张　敏

【故事关键词】收购背景　尽职调查　先期侦察　团队协同

一次成功的并购，关乎于从根本上维护客户的利益。有时，看似并购的"不成功"，往往也会呈现出利益的最大化状态。

一年前，TD公司根据其发展规划，拟在新三板挂牌前收购一家具有品牌影响力的同行业公司（以下简称"目标公司"）。湖北今天（宜昌）律师事务所（以下简称"本所"）接受TD公司的委托，由我率团队并联合上海市中浩律师事务所，就TD公司拟收购目标公司提供专项法律服务。

我们代表TD公司与目标公司签订并购意向协议后，迅速组建包括收购方代表、律师、会计师、评估师在内一行15人的收购团队，历时半月，对目标公司及其大小股东、目标公司高管、主要债权人及相关政府部门展开全面的尽职调查，并结合调查结果评估风险、设计方案。本所律师通过回顾本次收购项目的全过程，希望将经验分享给每一位读者。

(1) 收购背景。

鉴于目标公司是一家已成立二十多年的专业调节阀生产型企业，在调节阀行业是民营企业领先品牌，收购方欲通过收购方式参与目标公司调节阀产品的生产经营，提升目标公司价值的同时拓展收购方在调节阀行业的地位。收购方作为即将在新三板挂牌企业，通过对目标公司的股权收购，扩大生产经营规模和市场占有率，实现业绩大幅增涨，获取溢价收益和提升收购方的盈利及盈利能力。

(2) 尽职调查。

• 先期侦察。

收购团队出发前一周，先期派人到公司外围观察公司的生产经营、人员进出情况等。通过观察，公司生产经营量小，但无明显影响正常经营的情形。

• 团队协同。

多机构合作：团队均由专业人士组成，包括收购方代表、律师、会计师、评估师等专业机构，此前专业机构多次合作，团队成员对彼此的工作特点和方式了解，配合默契高，为本次尽调项目的高效完成奠定了基础。

多地联动：因目标公司对外投资多家公司且投资的公司分布于重庆、上海、四川等地，本次尽调有很大难度。为更彻底尽调，项目团队与上海市中浩律师事务所联动，对目标公司采取实地尽调办法，将项目团队划分为三个小组，就近进行调查。

同步梳理：项目团队驻场后，每天早上8点开始进行半个小时的碰头会，就各方发现的问题商讨关键点和后续方案；遇重大问题时，由团队核心专业人员单独组建临时团队，重点解决。

公司访谈：团队在根据自身专业尽调的同时，开启"案件审讯"模式，与目标公司的实际控制人、大股东、高管多角度多次数反复访谈，然后根据沟通情况外围同步进行补充尽调，对前后陈述不一、矛盾的地方重点排查。

外围举措：与重要债权人当面沟通，寻求债务解决最佳方案。

- 重大问题发现。
- 出资及股权结构：

目标公司经过历年的注册资本及股东变更，可以认定目标公司存在股东部分出资没有到位或者抽逃出资的风险；

目标公司的股东中，其中两位是投资公司，合计持有 25% 的股份。公司实际控制人对此两位股东的持股有附条件的回购义务；

股权出质约占 25%；冻结约占 30%。

- 关联公司：

大股东、实际控制人从开始陈述对外投资 3 家公司，尽调半月后发现对外投资有 18 家公司，且其中一家子公司存在可能破产的风险；

目标公司与部分关联公司存在人员管理、财务混同，存在同业竞争、利益冲突；

若发生剥离关联公司的情况，债权人、目标公司其他股东可能会持有异议，引发法律纠纷。

- 组织结构：

目标公司治理基本处于瘫痪状态，董事长大权独揽，很多重大事项都是越权行事，股东会、董事会、监事会已经形同虚设。

- 资产状况：

目标公司资产均已被抵押、查封；在建工程存在欠款；债务问题严重，民间借贷情况复杂；存在给关联公司提供担保的情形。

公司账目反应对外负债 6000 余万元，尽调结束后发现对外负债共计 1.3 亿元。

- 经营状况：

大额合同不多，以现在的业务量维持公司的运营较为困难。

(3) 交易方案。

剥离及债务重组后，收购方再接受股权。如图 16-3 所示。

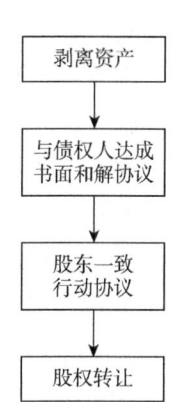

图 16-3 交易方案

根据尽调情况，结合上述第三部分"重大问题发现"，本所律师出具专项法律意见书，收购方认为并购过程中风险较大且难度较大，尤其是对外担保情况不可控,最终决定放弃收购。

【军师点评】尽调律师及整个项目团队本着"零疑问、零隐患"的精神,对目标公司进行了详细的尽调,提出问题并评估风险。本次并购项目虽以放弃并购为结局,但从项目团队为收购方成功避免千万甚至上亿的损失,实为一次成功的并购专项法律服务。

【作者小传】张敏,主任律师,大学副教授,宜昌仲裁委仲裁员。《成功并购300问》编委,2013年中国人大律师学院并购高级研修班结业,之后专项从事并购等非诉法律事务,已完成并购、上市、股权融资项目百余家,包括央企、国企并购,新三板公司并购重组、股权融资等,在并购等非诉领域具有丰富经验。

16.4.2 财税尽调是并购谈判的重要筹码(虚拟公司名称雷同)

朱鱼翔

【故事关键词】财税尽调　整体尽调　资质　接盘侠　职工安置

(1)尽调机构。

瑞安达财税,具有会计师事务所、税务师事务所执业资质,专业从事财税、税务咨询服务机构,为企业提供上市辅导、并购重组咨询、税务策划咨询服务。为本并购故事提供并购尽调咨询服务,通过实际案例介绍企业并购的财税尽调事项。

(2)被收购方背景。

浩德水建公司,隶属于某水利局下属股份制企业,成立于1990年。2000年实行改制,由15位自然人股东出资,取得了股东变更的各项目手续,并未进行工商变更登记。

具有水利水电工程总承包壹级资质,全省共有4家水利工程一级资质企业,全国也只有十几家企业,资质比较稀缺。主要经营水利局发包的水利建设工程,每年约10几亿工程总额。在全国各省市有25分公司,基本上是挂靠性质,只有三四个分公司正常运营,其他分公司处于半歇业状态。

水建公司一直由老王担任总经理兼法定代表人,并负责经营管理,此时因为老王挪用公款、卷入资金纠纷等原因，已被司法机关监视居住。由于管理不善导致水电公司欠银行贷款到期无法偿还，工人拿不到工资而多次上访。水利局领导多次被市委领导约谈，故被要求妥善处理水建事件。

时任水利局副局长的 L 局长分管水建公司整改工作，由于贷款到期、资质年检到期、工人上访、资不抵债等现状，濒临破产。如果采用破产解决水建问题，则会引起各类社会矛盾的爆发，对水利部门相当不利，于是寻求外部"接盘侠"成了最理想的方案。

水建公司唯一能打动"接盘侠"的就是水电施工一级资质和水利局的发包工程，于是水建公司开启了并购之路。

（3）收购方背景。

兴华建设公司，民营企业，主要从事公路、桥梁、市政工程的建设施工，实际控制人兼法定代表人 M 总。

M 总的好友 Z 是水建公司一分公司的负责人，向 M 总提供水建公司寻"接盘侠"的信息，并希望 M 总收购水建公司。

M 先生一直是做路桥建设工程，积累了大量人脉资源，水利工程施工与路桥施工正好互补，可以扩大公司的经营范围，而且水利工程基本处于半垄断状态，项目利润空间可观，而且投资风险较小。经过再三思考，产生了收购水建公司的想法，于是委托 Z 牵线搭桥。

（4）初次见面。

两家公司相距 200 公里，经过 Z 的来回沟通，促成双方第一次见面。邀请水建公司来兴华公司考察，毕竟是政府关注项目，水建公司对收购方的情况一定要做好充分的了解。

为了使初次见面的洽谈能顺利，M 先生请来他的笔者团队——瑞安达财税集团朱先生和律师事务所蒋律师，朱先生与蒋律师是 M 先生的长期顾问团队，彼此配合默契。三个人在一个茶社商议并购双方初次见面需要了解的相关事项。

某日下午两点，水建公司一行五人来 A 市对兴华公司进行初次考察，由 L 局长亲自带队，队员包括：法律顾问、代理总经理、清算组代表、财务总监。兴华公司派出四名代表，分别是兴华公司老板 M 总、法律顾问蒋律师、财税顾问朱先生、兴华公司总经理李先生。

双方第一次正式沟通，彼此寒暄，天文地理，名家典故，半小时后方进入主题，关于一些项目概况不再多述。作为财税顾问，我主要关心的是目标公司的历史背景、公司架构、经营状况、债权债务、资产情况，或有负债或权益等。从双方的商谈中，讨论更多的是债务的偿还，主要需偿还银行借款和人员工资。水建公司的诉求是希望接盘方承担所有债务及清算费用，兴华公司需要测算收购代价，即水建公司究竟有多少债务，实际收购双方的结合点是水建公司有一张壹级水利资质。彼此互有诚意，洽谈愉快。

首次谈判结束，兴华公司宴请来宾，席间谈笑风生、觥筹交错，中国的酒文化真是博大精深，西方是红酒派对，咱们是红白黄三种全会，拉近谈判双方的距离，促进了彼此的感情交流，真是无酒不成席，无话不成交友。

（5）深入尽调。

根据初次见面的沟通，瑞安达公司作为财税代理人制作了财税调查方案，主要测算收购成本，需要梳理水建公司的现有债务和潜在债务。现有债务比较复杂，由于原法人老王操作不规范，个人与公司之间的资金往来比较繁多，涉及个人借贷、银行借贷、民间融资、P2P资金、高利贷等，几乎所有的金融工具都用上了。弄清目标公司的实际债务是我们工作的重中之重。

由于专业的敏感性，目标公司的潜在债务主要是税务风险，因为施工企业的特征，诸多挂靠分公司的存在，可能会存在税务风险，主要会涉及目标公司本身及20多个分公司。为此，我们有必要对税务风险进行认真地尽调。

鉴于上述两方面，我们把尽调工作计划发给了水建公司，并要求提供相关的资料数据。由于水建公司来访考察后，感觉兴华公司有很大的收购兴趣，并且有实力承接水建公司的各项债务，水利局作为主管单位当然是希望尽早完成收购，摆脱沉重的水建包袱。于是，要求我们三周内完成尽调。

1990年成立的公司，25年的账务，下属25个分公司，要在两周内完成尽调，任务非常艰巨。怎么办？只能硬着头皮做，通过发现问题来换时间。于是，我们立即组织工作人员入场，还聘请了瑞安达公司在当地的合作伙伴火速派员支援。兵分两路，一路直接清理所有债务明细，另一路审计企业税务风险。

（6）发现问题。

我们要求水建公司提供 25 个分公司的财务账目，各分公司分散全国各地，水建公司经过协调，要求全体分公司负责人带上财务账目来公司总部开会，同时提供总分公司之间的往来对账。我们的尽调人员向各分公司负责人要财务账册时，分公司负责人基本回复：没有账。听到这话，我的头快炸了，怎么分公司就是你个人的呢。一点法律知识也不懂。

一个安徽分公司负责人情绪激动地说："分公司的账是我自己的，又不是公司的，凭什么要给你呢？反正我们的税都交了，该付给公司的管理费也付了，现在公司还欠我们的保证金还没有给呢。"哇，信息量太大了。听闻此言，财税朱先生立即吩咐尽调人员：一是统计分公司历年收入总和，分析税负；二是统计总公司收取的分公司投标保证金，确认应付款项；三是核查总公司管理费收入，确认总公司纳税依据。谢天谢地，分公司负责人一句话让我们有了明确的调查方向，具体问题如下：

分公司自营业务：分公司在各地自营部分零星承包工程，分公司直接到地方税务局代开建安发票，自行纳税。据了解，各分公司在分公司所在地核定征收企业所得税，即按开票金额核定税率计算缴纳企业所得税，由于管理人员对税务知识的缺乏，他们认为：所得税已经按核定税率缴纳税，相应的成本发票就无需再取得，分公司就不用做账了。这对总公司来说真的很可怕，核定征收的企业也是需要按企业核算要求建账的，除非是《中华人民共和国税收征收管理法》规定的不需建账的企业，对核定征收的企业税务局也是进行正常的纳税检查。

分公司招标业务：分公司用总公司资质招投标承接业务，分公司组织施工，发包方（甲方）将工程款汇入水建总公司账户，总公司收款开具票给发包方。总公司按照实际收款金额扣除税费、管理费（开票额的2%）后，把余款转给分公司负责人。这就是当时建筑施工企业常用的挂靠模式。挂靠模式下，水建总公司应该按照开票金额作为工程施工收入，实际发生的施工成本或者分包价款作为工程施工成本，并入利润表计算各月应纳税所得额。然而，经调查发现：水建公司账面只按照收取的管理费记账业务收入，其中的税务风险可想而知了。

项目保证金：每次分公司借用总公司资质投标时，需要向总公司招标公司支付投标保证金；由于公司账目混乱，账面其他应付款——分公司保证金余额与各分公司提供的保证金余额不一致。我们派人进行详细的核对、审查。功夫不负有心人，终于发现原因：

一是老王以个人名义向分公司负责人的借款，分公司负责人作为总公司欠分公司的款项。

二是总公司收取分公司管理费用，记入其他应付款，未做业务收入。果然，其他应付款是个藏污纳垢的科目。

整体尽调过程非常艰巨：

- 会计凭证历时20年，有手工账、有电脑账。
- 财务人员已换了多人，现有财务对历史数据不知情。
- 往来核对比较多，需要逐一进行函证。为此，我们调兵遣将增加人手，终于在25天内完成了尽调工作。

（7）收购成本。

我们作为兴华公司的财税顾问，有责任协助委托方控制收购风险，降低收购成本。我们在内部通气会上，为M总提供了三个数据：账面可变现资产总额、应付账款总额（包括账外应付款项）、税收成本（包括潜在纳税义务）。M总对我们的尽调结果非常满意，每个数据来源有理有据，这将构成收购成本，同时也是我们与水建公司进行下轮谈判的依据。说实话，我自己对收购风险及成本都比较惊讶，为何M总还那么有信心呢？M总见我苦恼状，安慰我道："老朱，你们帮了我一个大忙，这次的尽调很彻底，虽然挖掘了很多的财税风险，但我们不能见风险就回避呀！""老蒋。"M总转身对旁边的蒋律师说："我们启动第二轮谈判，你拟定收购合同，通过合同约定尽可能化解风险。"M总接着分析道："这是水利局的下属企业，关系到100多名员工的安置，我们可以请求水利局对我们未来五年的工程量支持。我们的收购成本可以在未来五年消化！""哇——"我与蒋律师异口同声，太高明了。

（8）并购成功。

由于前期的财、税、法的尽调工作比较彻底，双方第二轮谈判相当顺利并成功签约。签字仪式上，水利局L局长深情地说："感谢兴华公司的收购团队，你们为水建公司解决了100多名员工的生计，我们将在未来5年内，全力支持水建公司的发展……"

【军师点评】水建公司虽然经历了改制，但是由于公司治理不健全，管理混乱，法人老王的乱作为，经济效益必然出问题，进而形成了债务危机，员工上访等问题。对外出售，引入有实力的第三方接盘，应该是一个好办法，这样做不仅可以盘活资产，还可以解决债务问题、员工安置问题，化解社会矛盾。

收购方兴华公司的M总是非常有眼光的，他准确判断了水建公司的资质价值，获得了一个水利工程施工的一级资质，资质收购虽然常见，但好的资质往往都是"可遇不可求"。更重要的是，这个资质正好与兴华公司所长期从事的路桥工程有互补之处，对M总的业务可谓"如虎添翼"，能够实现并购的协同效应。

M总同时是一个会用人的企业家，他聘请了专业的律师、专业的财税团队。本故事中，专业的财税团队在最短的时限内有效聚集力量，有针对性地开展了财税的尽调，提供了准确的三大数据，包括账面可变现资产总额、应付账款总额（包括账外应付款项）、税收成本（包括潜在纳税义务）。这些数据为收购方的第二轮谈判提供了充足的筹码。

面对风险，专业人士往往考虑知难而退，作为企业家需要一定的冒险精神，笔者认为：这种冒险需要在风险可控、专业人士保驾护航的情况下进行。"通过合同约定尽可能化解风险"，这是专业律师的强项。通过满足政府方面的诉求：解决员工安置问题，来争取政府提供资源——未来5年的工程量。如果真能做到，自然化解了收购成本高形成的收购风险，这是企业家的思维。

【作者小传】朱鱼翔，瑞安达财税创始人，全国税务高端人才，东北财经大学硕士生导师。擅长税收风险管理、纳税筹划、并购重组、房地产税收等实务。受聘多家大型集团税务顾问。编著《税务年鉴》《全行业增值税操作实务与案例分析》。电话：13626191789。

16.4.3　面对项目方敷衍审计的三个套路

程迎春

我们处在一个收购成风的年代，在各类收购业务中，中介机构扮演着重要的角色。面对被尽调单位的各色人种，我们成天在收购的大戏中上演斗智斗勇的桥段。

总结近年来做过的项目，被收购方的惯用三招：压缩时间、拖延、干扰工作。

先说压缩时间，从委托方找到我们时开始，我们得到的信息就是项目时间非常紧张，被收购方只有哪几天有空。然后项目团队在约定的时间集中到被收购方的现场，被收购方第一次会谈时会强调时间非常紧张：我们的项目主要经手人是某总，他几天后要出国；想收购这个项目的人排着队，你们走后还有一波人进场。

面对此情此景，此时我们不用慌，一切按程序来，没有充分尽调，肯定出不了报告，让委托方去争取时间。

再说拖延，虽然资料清单早早就给了，但是被收购方的办事人员要么隔三岔五请假；要么其他公务繁忙，不准备资料；去查征信报告需要提供法人身份证原件，而法人前几天不方便；要么虽然资料准备好了，但是要层层审批，就是拖着不给资料。

此时别无他法，找委托方协调，但是还需明白"阎王易见、小鬼难缠"的道理，一定要硬的不行来软的，各种和办事人员套近乎、拉家常，表现出己方的公正，搞好了关系也可以对收购标的、收购目的等了解得更彻底。

最后说说干扰工作，我们有一个项目尽调时，被收购方的一位同志一直陪着我们，找我们瞎聊天、各种套近乎，给我们各种暗示不要太辛苦、注意休息，还提供另一个中介机构的尽调报告，建议我们抄抄就行了，后来才知道这个人是中间人，在这个项目里拿成交额1%的佣金，而这个交易标的高达17亿。记住一句话：无事献殷勤，非奸即盗。面对这种人，要么当他是空气，要么直接怒怼，否则后患无穷。

其实收购时的各种专业问题、鉴定是否造假等就足够头痛了，如果收购方再各种方式挤兑时间、拖延、干扰，真心压力很大，容易出错，因此，快施展三十六计吧！

【作者小传】程迎春，大华会计师事务所（特殊普通合伙）授薪合伙人，注册会计师，曾在大型制造业从事企业管理，后转行至会计师事务所，近年来专注于房地产行业的并购，主要服务于万达、中南等地产公司，另外服务于多个并购基金。

16.4.4 走马观花的"高效"调查

沈永锋

【故事关键词】尽职调查　土地证　债权人　交易合同

作为一名并购人,我有 13 年的并购经历,最难忘的是处女作,笔者第一次接触并购 case 是 2005 年夏天。

(1) 被同行抢了生意。

当时笔者在上海的律师业务,主要是民事案件、经济纠纷,发展一些常年法律顾问客户。上海 DD 公司是笔者的客户,有一天,正好 DD 公司老板 Q 总在陕西的工厂出了一桩事件,笔者介绍了一位在上海执业的陕西籍 K 律师和 Q 总见面,我们希望借助 K 律师的人脉资源解决 Q 总陕西工厂的问题。当天晚上 Q 总请 K 律师吃饭,我介绍 K 律师时,对 Q 总说:"Q 总,K 律师是做并购的。"Q 总马很兴奋:"好呀,我正好要去山西收购一个工厂,就请 K 律师帮忙了。"当时我心中无限的痛苦,肠子都悔青了,这等于是把本来自己的律师业务送给了 K 律师。而我确实不知道 Q 总有收购的计划,只是听 K 律师说他是做并购的律师,也就是随口一说,没想到说者无心,听者有意。反而让 K 律师抢走了一单业务。

(2) 去上党的小飞机。

K 律师介绍了他的老大 Z 主任见了潘总,很快签下了法律服务合同,调查时,Q 总让我和他们一起去山西长治。当时每天只有一个航班的往返那个叫山西长治的地方,是虹桥机场(现在叫虹桥机场 1 号航站楼),我印象很深,是一个很小的飞机。晚点就不说了,还在空中颤悠悠的,好不容易飞越了太行山,傍晚飞机降落在一个盆地里。被收购工厂的厂长,还有政府的一干人等在机场迎接了我们。

(3) 得上党者得天下。

到达上党的第一个晚上,政府安排了热情的欢迎晚宴。那个时候,到内地投资的少,也没有现在的八项规定。晚宴区委书记、区长亲自参加,规格还是蛮高的。我记得区委书记当时讲了一个故事给我留下了很深的印象。

说曹操北伐匈奴,从河南出发,行军往山西走,爬山。一天突然眼前的景象让曹操大兵惊呆了。他们看见眼前是一个大平原、大盆地。在茫茫太行山发现了上党，曹操大呼："得上党者得天下"。区委书记的意思大概就是上党是一个好地方，上海 DD 公司投资上党是有战略眼光的。于是大家一片欢呼，气氛十分友好。我还记得当地人敬酒的规矩是需要连敬两杯。祖国地大物博，并购让我们能够了解那么多风土民俗。

（4）政府会议。

之后两天我们开展了紧锣密鼓的调查工作，当时笔者也没有尽职调查这个概念，只是跟着 Z 主任、K 律师走。第一天看了整个工厂，了解各种情况。K 律师要了各种文件资料和证件。第二天政府临时通知当地各个局的领导开会，现场答疑，Z 主任、K 律师提出了一些问题，貌似集中在当地有哪些优惠的政策？局长们现场答疑。

（5）驴肉包子。

整个调查的过程，区长是全程陪同我们的，中午去吃上党驴肉包子，非常好吃，给我留下了深刻的印象。晚上好像是什么窑洞农家乐，记不清楚了。

（6）土地证。

在政府会议上，后来回想起来，有一个细节，就是工厂厂长拿不出土地证，只拿了一个银行的他项权证。当时土地局局长好像非常愤慨，他对厂长说，你把土地证拿出来给他们看，可厂长就是拿不出来。为了这件事情，第三天上午 K 律师专门去了土地局，查了工厂土地的原始档案，证明确实是有土地证。

第三天的中午，Z 主任、K 律师决定马上回上海。当时我还提议："我们的机票是后天，为什么要着急回去呢？我们可以继续调查呀。"Z 主任说："我们已经完成了工作！飞机票提前改签。"

（7）汾酒。

回上海仍然是那趟小飞机。厂长送给我们每人 2 瓶汾酒。笔者对汾酒的印象很好，这两天半的时间，山西主人招待我们的时候，就用汾酒。笔者从年轻到现在一直都对酒精过敏、喝酒如中毒一般，一杯啤酒就会让笔者满脸通红。招待我们的汾酒，喝起来，口感舒适绵长，而且不醉。

（8）并购失败。

回到上海以后，并购的后续工作笔者就没有再参与了。法律文件的起草这些事情都是 Z 主任、K 律师的事务所去做了。到冬天的时候，Q 总才叫我去，告诉我这个项目已经失败了，他们从山西撤回来了。当时没有付转让款就先接收工厂，为了恢复生产添置了 40 多万元的新设备，也扔在那里了。Q 总决定放弃这个收购，撤销已经生效的合同，原因是上海 DD 公司入住工厂后，当地的债权人天天上门要债，还有堵门、堵车辆、不让进出的事情发生。Q 总特别讲了当地信用社的主任，工厂借了信用社两百多万，把土地证押在信用社了。因为长期不还款，信用社主任被单位免职，听说工厂卖给上海企业，原主任就带着土地证上门找潘总陈述血泪史，而这两百万元的债务没有列入债务清单里面。调查的时候都不知道这些债务，所以担心会有更多的债务，Q 总放弃了收购。笔者也终于知道政府会议时，为什么土地局长让厂长拿出土地证，而厂长始终拿不出来的原因。

（9）事后诸葛亮。

这是笔者的第一个并购案，上来就失败的一个并购案，印象深刻，事后诸葛亮吧。现在总结：当时因为经验少，并购"重交易合同，轻尽职调查"，据说 K 律师他们为了写收购合同，在上海的宾馆里包了房间写了一周，最后完成的合同是几十页主文加上附件厚厚一本。而原定五天的现场尽职调查工作，两天半就完成了。表面上高效率，实际走马观花。重合同轻调查，是整个并购案失败的关键原因。

（10）尽职调查的问题。

而我们整个尽职调查的过程中。有三大致命缺陷：一是时间短；二是整个调查过程在对方的包围之下（包括好吃好喝）；三是调查的范围太小（局限在工厂和政府）。

要想成功并购，你必须与保守主义价值观为伍，以有罪推定的眼光去审视目标公司的一切，进行最严苛的尽职调查。

16.4.5 360 度尽职调查破除信息不对称

郑　刚

【故事关键词】上市公司　战略　桌面研究　实地调查　精确访问　诉讼纠纷

【角色介绍】锐眼君——笔者，上市公司委托人A总，被并购企业b，被并购企业创办人B总

锐眼君嗜茶，每日耽饮。一日，某上市公司总裁A总来访，坐定后愁眉不展。锐眼君问其原因，A总说到近日公司委派其为一并购项目负责人，计划收购某省一家涂料化工研发、生产、销售一体的企业b。目前处于外部评估阶段，A总派出的公司调研小组和外部顾问在前期均未从外部获得有价值的信息，因而无法洞察b公司实际运营情况，无法判断收购整合是否能对公司业务进行战略性支撑，并介绍了前期所进行的调查操作云云。一番言罢，A总问道："不知锐眼兄有良策否？"锐眼君饮一口茶，略作思忖后计上心来，于是答道："良策在胸！并购乃企业大计，交易双方信息不对称则是所有风险之源，A兄所安排的前期调查囿于多种限制而成果寥寥，目前状况，需进行全面的360度尽职调查，以使A兄无限接近信息对称的状态。"A总听罢，愁眉稍解，答道："甚好！便请锐眼兄助我。"锐眼君欣然答应，而后A总邀锐眼君当晚推杯换盏。

翌日，锐眼君升帐，召集同事伙伴一同商议，制定了具体的尽职调查操作方案。

第一，桌面研究。

在这一环节，锐眼君团队主要是通过系统的中英文网络检索收集b企业的所有公开的网络讯息，包括其公司网站中发布的公司动态、与其他知名公司、研究机构的重大合作事件；公司管理层的博客、离职员工在网上所发的抱怨等。结合对b公司工商档案、信用数据、海关数据的分析，项目小组对b公司在涂料化工行业整体声誉、行业地位、市场份额，特别是企业发展历程、主要客户和供应商状况形成了一个基本的认识，并且针对实地调研需要接触的上下游关联方、合作机构、离职员工编制了一份详尽的实地调研指引，项目小组全体成员对行业本身的背景知识（发展历程、行业格局、交易习惯等）有了针对性的了解，从而为进一步的实地调查、精确访问奠定了基础。

第二，实地调查。

实地调查在整个调研中的作用是无可替代的——只有到了实地，才会对b企业的厂区规模、员工数量、厂房布局、生产物流情况等有真正直观的感受，并通过进一步观察询问了解对b企业的客户、供应商的名字。另

外，也只有到了实地，才能通过周密设计的角色扮演，针对 b 公司员工、所在工业区的管理人员、周边商家或其他机构人士进行有效的访问，从而对 b 公司的运营状况、社区声誉、曾经发生过的各种纠纷、事故做出有效地了解。

在对 b 公司本身开展实地调查的基础上，也可以通过人脉网络和适当的角色扮演，对 b 公司的供应商、竞争对手与客户开展更进一步的询问。根据以往操作经验，如果能对三家以上有代表性的 b 企业的供应商、竞争对手与客户进行卓有成效地访问，然后把多个渠道获得的信息进行综合印证，往往能够对 b 企业的行业地位、信用状况、优点与不足做出相对全面、客观的评判。

具体到这个案例中：首先，由于 b 公司所在涂料化工行业的营销特性，在全国各地都分布有代理商、经销商，为此，我们通过现场观察、电话了解和正面拜访获取了 b 公司的分布在本市、本区和一类城市的共七家分销商的名单与联系方式，以客户的身份一一进行拜访，从而对 b 公司的品牌声誉、营销框架、市场地位、营销策略布局、销售管理方面信息有了一个整相对全面的了解；其次，我们设法接触了 b 公司的三家主要原材料供应商，从而对目标公司的供应链策略、生产周期、信用状况，也包括几位高管的个人情况也有了一个直观的了解。

在某些情况下，实地调查也包括对目标公司创办人或高管的当前或曾经的居住地进行调查。在本案中，由于 b 公司创办人 B 目前居住地很难开展接触，在了解到企业创办人 B 的出生地后，锐眼调查小组遂赶到其出生地的所在村庄和曾经就读的学校——由于 B 在当地人心目中是知名的成功人士，因此提起他在这个村庄可谓是无人不知。调研小组通过适当的角色扮演从其早年邻居、村干部处了解到了 B 早期创业的经历、遇到的坎坷及如何突破困境的大概过程，同时也掌握了颇能说明 B 性格特质的若干具体事例。这些资讯与之前已掌握的 B 的教育与职业经历结合起来分析，可以对 B 的决策风格、经营理念、赚得人生第一桶金的过程等做出一个比较清晰地勾勒。

第三，精确访问。

通过"桌面研究""实地调查"后，调研小组对于 b 企业的情况已经掌握大量的一手资料，包括 b 企业发展历程、现状、产业布局、信用状况等。"精确访问"环节的设置，主要是希望通过对于 b 企业重点人员和行业专家的接触访问，可以更加真实地反馈目标公司的经营现状及特定风险方面的信息。在本案中，调研小组通过自身长期布建的专家网络，与长期跟踪研究涂料化工行业，并对 b 公司有深度了解的一位专家取得了联系，通过有针对性的询问，调研小组尚不明了的几个关键性问题得到了圆满的解答，并且与从其他渠道获得的资讯得到了相互印证。

第四，诉讼纠纷查询。

要了解一家公司或一个人已经存在或有可能发生什么风险，看看他曾经是否打过官司或正在发生哪些诉讼纠纷就可以一见端倪了。因此，通过法院和当地警方了解一下被并购企业高管及其股东的是否有过犯罪记录、目标企业是否有着无法脱离关系的官司纠纷，抑或是企业重要管理人员是否与一些犯罪组织有着千丝万缕的关系等，对于预见可能的风险非常关键。在本案中，通过调取目标人 B 和目标企业 b 在当地法院的几个诉讼记录，可以比较明显地看出 b 企业在合同管理、知识产权方面的不足。一方面，有助于投资方在谈判中取得更有利的地位；另一方面，对于 b 企业并购后的整合改进也提供了参考依据。

最后，由锐眼君团队根据调查信息和分析所得的调查报告摆在了 A 总的办公桌上。A 总阅毕，拍案叫好，对锐眼君说道："这份报告入木三分，让我对 b 企业和 B 总的重要信息简直洞若观火，这样一来，不仅能判断 b 企业确有相当的收购价值，而且对于正式接触后对方 B 总的谈判底牌也一目了然。我可以马上给公司做整体汇报和下一步工作建议了。"锐眼君答道："并购交易中万不可雾里看花水中望月，只进行泛泛的表面了解。全面细致的尽职调查，绘制出关于交易对手的完整图景，首先看到潜藏在表面之下的风险，其次摸清对手的决策习惯和谈判底牌，如此操作并购，可谓无往而不利。"当晚，A 总又邀锐眼君共进晚餐，席间更是觥筹交错。

【军师点评】并购尽调无止境但是有套路，套路对，效果就好。除了明面上的尽调之外，锐眼君带领他的小伙伴又开辟了第二战场，客户收到报告后，认为尽调报告入木三分，对目标公司的重要信息简直洞若观火。因此，做并购一定要安排 360 度全景的尽调。

【作者小传】郑刚，国务院国资委一带一路课题组专家，东方锐眼（KRS）执行董事。长期从事第三方并购尽职调查及风险管理，曾主导和参与欧洲及中国境内近百个并购项目,提出了"基于产业链框架的360度并购尽职调查"方法体系。邮箱:frank@keen-rs.com;电话:0755-26451071。

16.5 并购谈判

并购谈判案例如下:

16.5.1 直奔主题,开启一段并购之旅

葛恒敏

【故事关键词】产业并购　门当户对 TMT 行业　收购价格　效率

有人将并购比喻成谈恋爱,看对眼了结婚,我认为此比喻很恰当。并购交易与谈恋爱结婚确实有许多相似之处,但并购这个恋爱怎么谈,彼此是否有吸引力?谈了能否步入婚姻的殿堂?我认为在并购案件中"谈"字亦很重要。公司老板的个性及公司化运营水平决定了"谈"方法。

下面,我从经手的一个 TMT 产业并购案例的初次见面着手,提炼出一些经验供大家共同思考。

(1) 见面之前即对交易对方品牌及实力身份有所限定,"门当户对"不仅可以减少交易成本,也可以提高并购的成功率。

在并购双方见面之前,被收购方瑞安达公司总经理反复强调:"我们经营公司很透明,没有那么多的曲曲绕绕,行就行,大家都很忙,还有很多重要的事情做。另外,没有实力的公司,也不必谈了。"显然,被收购方对于收购方的品牌和实力是有所要求的,收购方浩德公司对此亦表示认同。实际上,这样的态度对双方而言均有责任,特别是如果被并购的是优质资源,对双方而言都是考验,一方是否舍得放?另一方能否接手壮大?此时,门当户对有利于双方互相理解、达成共识,更有利于收购后并购标的的长远发展。

(2) 初次见面被收购方即抛出卖价,对其而言,在卖与不卖之间是机

会成本，掌舵者既要具备较强的决策判断能力，又要具备雷厉风行之行事风格。

对于这个并购案件而言，被收购方是一家业绩良好且经营管理完善的TMT行业公司，精心培育运作多年。初次见面，被收购方总经理即报出了并购标的整体收购价格，并同时表明："如果有部分资产不要，可以剥离，价格当然可以根据收购方尽调之后的测算再商量，但希望测算时间不要太长。"

机会总是垂青那些有准备的人，对于商场上的一些老手来说，认为让交易对方先报价会抢得先机，如果彼此试探，则可能会导致交易时间人为拉长，相互诚意也会大打折扣。我认为，对于并购案件，并购价格是比较重要的决定性因素，低了被收购方不愿意，高了收购方又不愿意。在这个案例中，被收购方谈判之初即抛出自己的卖价，我认为其行为非常值得欣赏，一方面是被收购方知道自己公司所持有的企业的价值；另一方面，也让收购方对报价进行整体的预测与判断，从而决定并购洽谈是否要继续进行，提高了效率。

（3）双方均有诚意，时间节点成熟，机会恰当，各取所需，有利于并购进展的顺利进行。

瑞安达公司是被收购方。公司十年前就进入TMT产业，精心耕耘，至今已小有成就，再加上全球经济热点及政策的影响，产业前景非常乐观。同时，公司基础战略明确，各个部门工作规范，已形成现代化公司运营制度。

浩德公司是收购方，是国内知名公司，业绩斐然。

浩德公司非常有意愿了解瑞安达公司业务经营情况，而对于瑞安达公司来说，如果可以引进既有创意创新能力又有资金实力的合作伙伴，未来商业机会将会大大增加。

因此，对于双方而言，各有其商业利益，瑞安达公司产业及公司管理经营均做得相当不错，如并购成功，借助浩德公司的资本与资源优势，势必会有较强发力。

初次见面，大家都表现不俗，自此开启了一段并购恋爱之旅。

【军师点评】本故事的亮点就是效率，直奔主题，不绕弯。并购的目的是企业的战略、战术。有时候拖泥带水，反而达不到目标，直奔主题在此有其独特的价值。

【作者小传】 葛恒敏律师是大成（Dentons）律师事务所高级合伙人，资本市场部理事，大成中国区资本市场证券内核委员。长期从事金融及资本市场相关法律的研究与实践，擅长公司治理、股权架构、公司融资及并购、境内外上市、新三板挂牌等。

16.5.2 经过八轮艰难谈判，拿到上市公司的股票

蓝飞腾

【故事关键词】 并购谈判　公司战略　团队激励　整合　估值　支付

2012年5月，经过一个朋友介绍，我们出资收购了一个既能给汽车节能，又能给汽车尾气减排的发明专利技术。经过与发明专利人沟通，同意由我们组建新公司——晨龙环保作为主体，将这个利国利民的项目快速推向市场。

我出资占股40%，担任总裁，董事长王总出资占股60%，发明专利人预留20%股权（用专利入股）。我和王总长期从事金融，对生产、研发和营销并不熟悉，于是高薪挖了一个懂技术的总工邬总，虽然技术前景很好，媒体报道很多，但就是销售不出去。

两年转眼过去了，公司入不敷出。经过朋友介绍，有一家准备去美国上市的零配件公司——齐达配件股份公司找到我们，他们声称有强大的客户资源，就是缺我们拥有的技术；还有一家准备在国内上市的公司——方大信息与我们进行接触。经过初步沟通，我们选择了拟在国内上市的方大信息，主要有以下三点原因：

第一，他们拥有国内运输车辆40万台的客户资源。

第二，在国内上市，市盈率比较高。

第三，方大信息的团队年纪和我们差不多。

拟上市公司（并购方）方大信息成立于2005年9月，现有员工600余人，是专业提供卫星定位服务及解决方案的高新技术企业。公司先后研发出具有自主知识产权的地理信息系统平台、通讯服务平台以及车载终端等

多项软硬件产品，具有为政府、危运、客运、出租、物流、石化、公安等行业提供整套解决方案的长期经验，并形成了完善的技、工、贸经营体系，在行业内具备核心竞争优势。

并购谈判开始，原以为很快就能有结果，但是没有想到小小的项目，一谈就是三个月，前后谈了8次，每次都在10个小时以上。

谈判的动机和意向很简单，晨龙环保拥有方大信息想要的技术，方大信息拥有40万汽车资源，且市场人员400人，实力比较强，年利润超过2000万元，获得多家国际知名风险投资机构的投资。双方期待通过并购，快速整合各自的资源，提升双方公司的业绩。

记得第一次接到方大信息的电话是下午2点，他们约我们晚上8点商谈并购事宜。

第一次谈判——关于晨龙环保未来5年的战略。我们从晚上8点一直讨论到早上6点，中间累了就躺在沙发上，饿了就泡方便面，围绕着一块白板展开辩论。双方讨论的焦点：公司重点是定位于做B端——做汽车运输集团的生意，还是面对C端，直接做汽车尾气检测不达标车主的生意。讨论的结果是，各找一个渠道和客户进行试点。双方约定过10天，展开第二次谈判。

第二次谈判——关于技术原理和产品节油的可靠性。又是从晚上8点谈起，因为方大信息的高层认为白天事多，晚上可以头脑风暴，于是我们又仓促应战了。我们和技术总监邬总（1980年华南理工发动机专业毕业），这次就谈技术的原理、这两年来实验的数据分析、产品节油的数据等，于是又谈了整整一晚，直到早上6点才结束。

第三次谈判——关于组织架构和未来的人事安排。方大信息董事长、总裁、两个分管副总裁参与了这次谈判，他们对晨龙环保王董事长、发明专利人、我和邬总工程师的全部履历一一进行分析，对公司重要岗位人员一一进行分析，得出结论——目前的团队还缺乏一个懂营销的人才，缺乏市场资源，方大信息提出必须委派一个做市场的副总裁，负责晨龙环保的市场运营，对此我们表示同意。

第四次谈判——关于行业前景和政府支持。我记得我们带了很多国家和地方政府对汽车尾气减排的政策，大家就此展开了一夜的讨论。国家政策我们如何理解、对公司有什么具体利好、能否做出样板市场、让政府和行业商会参观等。

第五次谈判——关于产品定价。又是一个不眠之夜，我们讨论产品定价，定价在999元、1999元还是3999元，经过讨论，我们决定把售后服务做好，一定要有可观的利润。于是小型产品（用于小汽车）定价1999元，大型产品（用于公交车和运输车辆）定价在3999元。因为产品有特殊性，我们有自己的定价权。

第六次谈判——关于运营团队业绩激励。经过前几次卓有成效的谈判，我们已经喜欢上这样的深夜头脑风暴了。方大信息高层和我们一起协商，制定几个档次，500万元以下，无任何奖励；利润达到1000万元，20%现金作为年终奖金；利润达到1500万元以上，30%作为年终奖金，业绩每年递增50%计算。为此我们计算了产品销售的毛利润，测算出未来每个月要完成的销售进度。

第七次谈判——关于控股并购还是全资收购。两个月过去了，双方又迎来了一次谈判，方大信息高层提出两个方案：一个是控股51%；另一个是100%全资收购。控股收购的好处是我们还有49%的股份，不好的地方是方大信息的支持力度不像全资收购那么大，毕竟是两个独立的公司。相反全资收购可以充分发挥方大信息的全部资源，一句话，要人给人，要钱给钱，要市场给市场。于是经过一夜的讨论，我们同意被全资收购。

这次谈判后方大信息派了第三方会计机构进场尽调。我们公司全体人员进行了配合。

第八次谈判——关于收购价格和付款方案。这是最后一次谈判了，谈到公司估值，双方同意晨龙环保估值（保密），100万元定金签合同当晚付，20%现金在递交工商变更当天支付，其余80%股权置换成方大信息的股权（按方大信息最后一轮获风险投资的估值作为换股定价标准），于是我们拥有了拟上市公司方大信息10%的股权，双方约定根据未来三年晨龙环保的净利润进行动态调整股权。

经过两年总裁岗位磨砺和八次并购谈判，让我一个金融从业人员更加了解了实体制造业公司的运作，为今后做股权投资和投行奠定了坚实基础。至今我个人已主投、跟投了20多家优秀公司的股权。而收购我们的方大信息最终也被一家上市公司并购，估值8亿元。我们持有的股权也实现了升值，分享了资本市场的红利。

【军师点评】 做企业,究竟是当儿子养还是当猪养?很多企业家常常都在思考这个问题。当儿子养,一天天看着他成长,最终独立上市;当猪养,在适当的时候就要卖掉,实现利益,看着它归了别人。

这个故事提供了一个很好的案例。当企业自身发展遇到瓶颈无法突破的时候,如果能被并购也是一条好的路子。否则别人凭什么"要人给人,要钱给钱,要市场给市场",帮助你发展公司。

与其让企业永远长不大,企业股东们投入资本、时间、精力,获得回报却遥遥无期,不如把企业交给更有资源和能力的人去操盘,成就别人的同时也就成就了自己。本文作者和他的股东们选择了全盘卖掉公司,不仅获得了直接的收益,作者也因此转战自己最擅长的投资领域,获得了新的发展机遇。而作为收购方的方大信息最终也被一家上市公司并购,估值8亿元,为其股东创造了价值。

按照西方经济学的理论,公司存在的使命只有一个:为股东创造价值。从这个角度来看,被并购不是一件丢人的事情,也不是一件被迫的事情,出售是一次价值的实现。出售后,股东可以有更多的选择机会。

本故事精彩的地方还包括:并购谈判的内容和过程,双方不是一上来就谈婚论嫁,而是从目标公司未来5年的战略、技术、组织架构未来人事安排(已经在为并购后的整合做准备)、行业、产品定价、运行团队业绩激励这些企业经营最基础的问题谈起。这个过程中,收购方更多地了解了要收购的对象,作为被收购方的股东和高管也明确了企业的未来,双方互相了解,统一了思想。在此基础上,第七次谈判到底是控股51%,还是100%收购,就迎刃而解了,为了实现双方协同效应的最大化,双方都选择了百分百收购,合为一体,共同发展。

最后的谈判是估值、价格和支付问题。这也是并购中最难达成一致的问题,很多并购谈判就因此而破裂。本故事中,由于有了双方七轮基础问题的谈判,加上收购方安排的专业机构审计,被收购方的全力配合,估值问题和价格问题双方很好地达成了一致。

关于支付方式,采取了20%的现金+80%的股份模式。对收购方来说,最小的现金投入,控制了收购的风险。对被收购方股东来说,获得了一家比自己更优秀公司的股权,最终的结果也证明了,这些股权最后转换为上市公司的股票,分享了资本市场的红利。双方的选择都是明智的。

【作者小传】蓝飞腾，深圳市启富汇投资管理有限公司联合创始人。投资及跟投创业项目28个，70%获得多轮风险投资；管理基金超过10亿元，担任8个国内顶级创业大赛总决赛评委，担任清华、北大等10多所大学资本班、金融班实战导师。电话：13829764883。

16.5.3 高调"炫富"——"高富帅"吓走"灰姑娘"

程秉琴

【故事关键词】并购谈判　纵向并购　尽职调查　办案心得

在我小的时候，我就很喜欢神笔马良的故事。后来作为一名诉讼律师，我依然幻想有一天也有一支这样的神笔，能够帮我实现我的人生理想——从事专业的并购法律服务业务。于是我"断臂"传统业务，只身来到上海转型做并购，沈永锋律师得知我的决心后，曾送给我一支精美的签字笔，让我就用这支笔去签我的并购第一单。谁知很快，我就用这支"神笔"签约了这篇故事中并购案的卖家，成为其融资专项顾问。

这起并购的买家是一间优秀的销售型公司，理念超前、平台创新、业绩惊人，可谓典型的"高富帅"。通常情况下，"高富帅"的标配一定是"白富美"，但我所代理的卖方却是一间糟糕的生产型公司，观念落后、模式传统、亏损严重，不但不白不富不美，甚至是典型的"灰姑娘"企业。问题的关键是："高富帅"竟然看中了"灰姑娘"，而且是志在必得。然而，现实总会给我们惊奇，"灰姑娘"的故事有了新结局。

本着对并购事业的热爱和激情，我很快撮合买卖双方完成了第一次会面。依照常规，首次会面往往是双方公司的法定代表人相互审视，彼此介绍公司的历史沿革、发展历程、当前现状等。这次会面中，双方可谓诚意至极，局面相当温馨，不知不觉几个小时就过去了。会谈后，"高富帅"买方大尽地主之谊，炊金馔玉的宴请一番，席间双方更是无所不谈，相见恨晚。

但面对突然袭来的"幸福"，"灰姑娘"卖家还是选择了谨慎，同时显示出对买方铺张浪费的质疑。第二次会面，我随卖家一同接待了买方应邀前来参观、考察，并了解卖方企业当地的风土人情和历史文化。当然，这些都是务虚，双方真正的目的在于"谈婚论嫁"——洽谈合作意向。这一点从双方的代表组成可以看出，因为来的都是"家人"，不但有法定代表人，双方股东也都悉数到场。于是会谈中，双方进一步详尽介绍了各自的"家底"：买家多金，卖家堆债；买家有平台，卖家少量物；买家有新模式，卖家有思想束缚。双方很快达成初步合作意向，并且安排了相关的决策程序，包括股东会和董事会的召开。

签约当日，卖家如同高高在上的王子，再次极尽奢华，盛大晚会、溢彩流光、歌舞升平……然而，"灰姑娘"早已消失不见，连水晶鞋都没扔下。

惊愕之余，此次并购洽谈究其失败原因，是前期买方过于在乎排场和实力展示，并未回到活生生的现实，也毫不顾忌作为传统生产型企业的卖方的固有观念和顾虑：节约成本和增加营业收入才是企业的根本。这样铺张浪费会不会是外强中干？其财富来源会不会不合法？

"清醒"之后，回顾本次并购中"灰姑娘"的担心，作为服务方恰恰可以说服客户展开"尽职调查"，从而打消卖方的疑虑并提高交易成功率。即便真的发现了买家有"硬伤"，也大可以更为"优雅地"结束交易而非中途逃跑，况且尽职调查的成本相比并购交易金额而言实在是九牛一毛。

尽管电影结局不完美，但也算给了我的并购业务一个记忆深刻的"彩蛋"，那就是"无尽调不合作"。

【作者小传】程秉琴，北京盈科（上海）律师事务所合伙人。2002年考取中国律师执业资格。擅长公司债券发行、私募基金备案、多层次资本市场挂牌，以及并购重组等法律业务。电话：15000217107。

16.6　交易方案

怎样制定最优交易方案？

16.6.1　承债并购一举三得化玉帛

刘　雷

【故事关键词】承债并购　房地产并购　负债　诉求　接盘侠

（1）三方困境。

天津某置业公司（以下简称置业公司）随着房地产市场的火热，大规模加杠杆发展业务，斥巨资在天津滨海新区 CBD 区域建起了两座联体高层写字楼。谁料市场风云突变，该公司业绩逐渐下滑，到了 2017 年已是负债累累，旗下资产几乎抵押或者用于抵债殆尽，只有两栋连体高层写字楼上尚不负担担保物权。债主每日追索，公司股东压力巨大。

作为置业公司最大债权人的某银行，也向该公司提起诉讼，但银行心知肚明，该公司对银行的抵押物短时间内不易变现，即使变现其价格也必大打折扣，该笔债权即将成为坏账，银行也是十分无奈。

同时，一家资信评级 AA+ 的国有企业需要完成资产增值，优化资产结构，具有并购优质资产的需求。然而，由于投资规模增长迅速，现金流不足以支持资产并购成本，而年度资产并购计划尚未完成，也面临困扰。

在银行与置业公司即将走入诉讼程序的阶段，我作为置业公司的专项顾问开始介入。进场后经过调查了解置业公司资产负债情况、经营情况及银行诉求，得出诉讼并非解决双方问题的最佳途径。

（2）剖析利害。

法庭辩论式的谈判显然无助于解决问题，促使双方耐心谈判，是找到双赢方案的前提，而让剑拔弩张的双方能够坐下来耐心谈，又是以公允合理的利害分析为前提的。我首先向银行方表明置业公司完全认可债务并愿意尽一切可能偿还，以获得缓冲。接着通过财务报表等资料分析，置业公司总体资不抵债且其他资产均已设置他项权，可供执行的资产极其有限；唯一的优质资产评估价值又高于银行债权额度。诉讼的结果，可能导致债权人连锁反应，最终导致置业公司破产清算，银行实际止损额度十分有限。该笔债权一旦纳入坏账，银行不免要遭受损失。

对置业公司股东，我分析公司经营不善已经进入绝境，股东也承认没有能力挽回局面。一旦破产，股东们多年心血将付之东流。

在双方认可上述现状的前提下，我提出通过寻求承债并购解决问题的思路。对银行而言，找到资信良好的"接盘侠"，债务就不必纳入坏账，而且本息有望得到足额清偿，实现完全止损；对置业公司股东而言，解脱了债务且可以获得一部分股权价款，挽回了部分损失。

双方对总的方向均无异议，但同时提出一个疑问，"接盘侠"在哪呢？

(3)"接盘侠"不吃亏。

本人关注到几家国有企业集团近年来大规模并购资产的案例较多,心中对"接盘侠"已有选择范围。通过努力,了解到上文中有并购需求国有企业的具体情况并对接到对方。一番分析后,使得该国有企业认可以下情况:

● 目标企业在天津滨海新区的商业物业持续增值,且具有良好远期收益。在目标企业面临困境时特殊介入,可以以极低价格获得该资产。

● 目标企业债务虽多,但相当一部分债务可以通过已经设立的他项权覆盖,接盘目标企业在滨海新区的物业的经营收益在几年后就可以覆盖剩余债务。

● 目标企业债权人中有银行,凭国有企业现有财务指标和资信条件,完全有可能从该银行获取授信或贷款,不仅可能覆盖并购成本,还可能获得一笔可观的资金。

(4)方案落定。

在三方均有意向的基础上,我们会同银行风控部门对"接盘侠",以及目标企业开展尽调,对滨海新区物业的价值进行了评估,我们向"接盘侠"友情提供了该物业周边的写字间售价、租金及两年内的增值情况。银行认为,"接盘侠"的财务情况和盈利能力符合授信条件;"接盘侠"认为,腰斩价格入手的滨海新区物业实际价值及未来收益本身就可以覆盖并购成本。三方同意了我设计的并购方案框架:国有企业"接盘侠"按滨海新区物业评估价值50%的价格收购置业公司股权;银行按滨海新区物业评估价值的一倍规模向国有企业授信。

大局已定,三方可以喘口气了。在协助各方完成切割置业公司诉讼纠纷、或有债务、要求置业公司股东声明承诺、设计公允的支付交割方式等一系列常规动作后,终于获得了三方共赢的局面:银行有了优质"接盘侠",其债权不仅不再面临成为坏账的危机,而且有了全额收回本息的可能;国有企业获得的授信额度不仅覆盖了并购成本还有额外份额可供支配,又获得了性价比极高的资产;置业公司股东不仅摆脱了债务噩梦,还取得股权价款,赢得了二次创业的本钱。

这正是:多方纠结山重水复疑无路,巧用并购柳暗花明又一村。

【并购军师点评】 并购不仅可以锦上添花,还可以雪中送炭。企业在顺境中需要并购实现飞跃发展，在逆境中也可以运用并购实现止损解困。准确分析各方利害得失，公允设计交易结构，充分运用并购整合资金资产，将给企业带来无穷妙用。

【作者小传】刘雷，陕西睿和律师事务所管理合伙人、金融团队负责人，中贸投（深圳）商业管理有限公司法务负责人。带领团队办理过多起企业挂牌新三板业务，私募基金设立及重大事项变更业务，企业并购重整业务。电话：13909295890。

16.6.2 曲线并购，交易方案智控风险

唐建人

【故事关键词】并购方案　并购融资

在风起云涌的并购时代，对乙公司来说，其一宗并购案纯属偶遇，既为巧取，更是智得。

请看这宗并购案后面的故事：

甲公司为一家由两名中国香港永久性居民和一名内地居民共同投资的从事电镀业务的中外合资公司，现有土地、房产、排污权等资产，其21个车间以承包经营方式运作。现甲公司的三名股东一致同意转让其拥有的全部土地、房产、排污权等资产，转让价为人民币三千五百万元。作为车间承包方之一的自然人张某欲受让，甲公司同意转让给张某。但张某资金缺口较大，且融资渠道不畅，故欲向资金雄厚的内资企业乙公司借款。而乙公司经初步了解后认为甲公司有并购价值，遂着手策划并购融资方案和并购相关事宜。

乙公司考虑到并购的可行性和安全性，遂聘请本律师会同其他相关人员全程处理本并购案。

本律师在做了尽职调查后，与乙公司就并购过程中可能存在的风险及风险控制进行了沟通交流，并设计了如下并购方案：

甲公司以资产出资，乙公司以现金出资共同组建一家新公司（注册资本尽可能少），乙公司为绝对控股股东。新公司向乙公司的自然人股东王某借钱收购甲公司，张某和乙公司向王某负连带偿还责任（张某需提供相

应担保)。同时张某与新公司签署附条件的股权转让协议,协议约定如张某在三个月内无法偿还乙公司自然人股东王某的本息,则乙公司成为甲公司的股东。

另外,如新公司无法在约定时间内向王某偿还全部本息,则王某或王某的控股公司或全资公司受让新公司应受让的甲公司全部资产。甲公司在承担资产交割前的全部债务的前提下予以解散、注销登记。

通过上述曲线运作,乙公司、王某及其控股公司或全资公司实现以新公司并购甲公司,受让甲公司的全部资产的并购意图。

上述曲线并购在规避隐性的潜在债务的同时,王某的债权既有担保可供实现,又可以转为股权。

乙公司、王某及其控股公司或全资公司巧妙地抓住了偶然获得的一次并购机会,在律师专业指导下的曲线并购不仅风险可控、便于操作,还实现了利益最大化。

【作者小传】唐建人,律师,合伙人,兼具法学、经济学和理学复合型专业知识背景,积极倡导"以法律护管理、以管理防风险、以效益为统领"的公司(企业)法律风险防范理念,受聘于多家综合类、集团化企业。

16.6.3 信周郎妙计不如信律师意见

林清城

【故事关键词】偿债方案 产权分割 资产收购 股权收购 银行贷款 连带保证责任

2015年11月,笔者任法务维权部长的商会中的两位副会长突然造访笔者,要笔者帮他们参谋一个以并购的形式解决2000多万元债务偿还的项目问题。两个副会长老家都是同一地区的,在老家中,两位副会长均有较高知名度,唐会长经营一家有着将近30年历史的食品企业(以下称唐品公司),其生产的速食食品在超市中长期属于主流品牌,但近几年因经营不善,对外负有巨额债务,其中拖欠田会长的债务高达2000多万元。

(1) 偿债方案。

为能部分偿还田会长的债务,双方协商形成了一个以厂房还债的方案。这个方案分两步走:第一步,将唐品公司位于开发区的1号厂房(经评估市场价为3000万元)注入唐品公司名下的全资子公司新生公司(新生公司系一家在筹建期的公司,营业执照载明两年内不得开展经营活动)。第二步,将新生公司的100%股权作价3000万元转让给田会长控股的春田公司,股权转让款用于偿还田会长的部分债务。

(2) 实施。

由于唐品公司位于开发区的三幢厂房(包括1号厂房)共同拥有一本国有土地使用证,且三幢厂房均分别抵押给了A银行及B银行,其中1号厂房抵押给了B银行,债权本金为2000万元。2号、3号厂房抵押给了A银行,债权本金3000万元。为部分解决唐品公司的欠款问题,唐品公司向开发区管理委员会(以下称"开发区管委会")求助,请求开发区管委会同意办理土地证分割手续,并协调相关银行配合。开发区管委会同意进行协调。而后两位会长与各相关银行协商,各相关银行负责人当时口头均表示支持唐品公司土地证分割。

(3) 律师风险提示。

笔者当时向田会长提出,虽然新生公司将来会有资产,但采取股权转让形式取得新生公司,并不意味着股权转让之前新生公司的债务不需要承担。如新生公司对外负有隐性债务的,则股权转让后,仍要继续承担还款责任,我建议直接购买分割后的房产,这样不会存在风险。但田会长坚持认为,新生公司刚成立,至今未经营,更未办理过税务许可证,同时认为唐会长是多年的老乡,不会"坑他",认为风险较低,如采用资产转让形式,则需承担较高的转让税费。因此,对我的分析,不甚在意。

(4) 顺利交易。

2015年12月26日,新生公司及原法定代表人新大、唐品公司和唐会长向田会长做出书面承诺,承诺新生公司在股权转让手续办理完毕前,决不以新生公司名义开展任何经营活动,对外及对内的借贷、担保,以及有损新生公司企业声誉和经济利益的行为。

2015年12月28日,开发区管委会召集相关部门、银行、唐品公司及其法定代表人唐会长、春田公司及其法定代表人田会长,对新品公司土地证分割相关事宜进行专题协调。会议中，所有银行均同意对唐品公司的授信要保持不变，做到不抽贷、不压贷、不附加抵押或担保条件等。会议后，开发区管委会制作了《会议纪要》，并交予参会的各方。各方仅在会议签到表中签名，对于《会议纪要》，各方都没有签字。

2016 年 1 月 15 日，春田公司、田会长基于对唐品公司、唐会长及相关金融机构在会议中的表态，以及对政府的信任，春田公司、田会长与唐品公司及其法定代表人唐会长、新生公司签订合同，合同主要约定：春田公司代唐品公司还清唐品公司名下 1 号厂房的抵押贷款 2000 万元，银行抵押注销后，将 1 号厂房资产注入新生公司。最后，唐品公司将其持有的新生公司 100% 的股权转让给春田公司，转让价相当于 1 号厂房的市场评估价 3000 万元。如果顺利完成，田会长等于拿 2000 万元换回 3000 万元资产，债权收回了 1000 万元（新增）。

2016 年 1 月 25 日，春田公司代唐品公司归还了以 1 号厂房作为抵押物的 B 银行贷款 2000 万元。同日，1 号厂房土地证单独分割后过户至新生公司名下。2016 年 1 月 30 日，唐品公司持有的新生公司的 100% 股权变更登记至春田公司名下，春田公司依约付清了所有股权转让款（为何还要付款），唐品公司将新生公司的公章及所有营业执照交给春田公司。

（5）风险爆发。

2016 年 6 月，A 银行在杭州市某区法院起诉新生公司，要求新生公司为唐品公司的银行贷款承担连带保证责任。此时春田公司才知悉，2016 年 1 月 21 日，唐品公司利用当时新生公司公章尚控制在他们手中的便利条件，与 A 银行串通，瞒着春田公司、田会长，瞒着开发区管委会，以新生公司名义向春田公司出具《关联企业保证函》，对唐品公司向其贷款提供连带保证责任。

收到传票后，春田公司认为唐品公司、唐会长、新生公司原法定代表人新大与银行恶意串通，损害春田公司的合法权益，根据《合同法》第 52 条规定系无效合同。因此，也向法院另行起诉唐品公司及 B 银行，要求确认抵押条款无效。

这个案例，田会长想以并购唐品公司名下全资子公司新生公司的方式实现收回部分债权。乍一看，仿佛占尽天时（唐品公司正处于无法归还债务之时，田会长可以低价取得唐品公司的资产）、地利（田会长与唐会长系老乡，两方熟悉，认为唐会长不敢"坑他"）、人和（政府、银行支持），但实际上，采取股权并购形式取得对方资产的方式，最大的隐患就在于被并购企业的隐性债务无法核实，特别是给别人提供保证责任时更难以查清。即使被并购企业的实际控制人及股东法律上做出无数保证条款或者保证书、承诺书，都是没有用的。风险爆发后，被并购企业的实际控制人及股东如无任何财产可供执行的，则投资方可能将血本无归。本案中，现唐品公司已进入破产程序，据管理人核查资产，唐品公司的所有资产可能连银行有抵押权的金融债务都无法还清，因此，新生公司需要对担保承担保证责任的可能性极大，这也意味着田会长的损失将无可避免。

【作者小传】林清城律师，北京炜衡（杭州）律师事务所合伙人，现为杭州律协公司业务专业委员会委员、杭州市福建商会法务部长，华融、长城、浙商等AMC入库律师。在金融不良债权处置、公司并购重组方面有丰富实战经验。电话：13325716519。

16.7　并购纠纷

解决并购纠纷经验如下：

16.7.1　资产与人哪个更重要

沈永锋

【故事关键词】网上法律尽职调查　风险　清算纠纷　交易对手

2014年，笔者团队接触了一家上海客户，他们看中了外地一家海大汽车检测公司，海大公司在筹建的阶段，建成后业务就是汽车每年年检需要做的检查项目。当时海大公司的股东建设到一半，资金困难，需要引进新的投资人，经过当地人牵线搭桥，我们的客户看中了这个项目，感觉项目就是一座金山，只要项目开业，现金回报就会源源不断，于是决定投资一千多万元，占股51%。

（1）客户的尽职调查。

上海的客户看中了这样一个生意的机会。客户公司碰巧招聘到一位财务经理，以前做审计出身的，有非常丰富的项目尽调经验，所以客户首先对项目做了比较充分的财务尽职调查。

（2）客户的需求。

客户找到笔者团队谈法律服务，我们试图说服客户在投资前进行一个法律尽职调查，客户却始终没有接受。客户反复强调："你们就帮我们写一个交易合同就好了。"于是我们法律服务的范围就限于交易合同的起草。

（3）网上法律尽职调查。

尽管客户只要求我们写合同，但笔者还是不放心，合作的对方（我们叫他们合伙伙伴也好，交易对手也好），他们的资信情况究竟怎么样？如果对方没有财产能力，不具备履约能力，合同无法执行；如果对方没有信用，违约又成为大概率事件，这些都会造成合同无法获得执行，客户订立合同的目的就无法实现，投资的风险就很大。思前想后，笔者还是决定在客户没有付费的情况下，做一个网络的简化法律尽职调查。一查不得了，通过法院执行网和汇法网，发现海大公司原来的股东个人竟然有十几个法律纠纷，七八个被执行案件，被执行的总金额超过了一千五百万元，而客户的投资额也没有达到这个金额。

于是我们紧急约见了客户，告诉他们这些信息和资料，我们指出：对方的诚信度非常差，没有法律意识，与对方合作风险极大。

（4）商人重利轻风险。

但是我们的客户不以为然，认为对方的纠纷是个人的纠纷，不是公司的案件，对方私人的事情与收购案的关联度不大。我们提醒客户对方没有法律的精神，建议客户不要与对方合作。

商人重利轻风险。尽管我们反复建议，但是客户仍然坚持投资了这个项目。

（5）报销。

客户投入了一千多万元，刚开始，我们客户投钱的时候，他们双方的合作还是比较愉快的，不久就出现了问题。对方不停地报销各种各样的费用，让我们的客户感觉很不爽。后来项目的预算的超了，需要股东追加资金。这时候对方表示没有资金投入了。

（6）公司僵局。

没有了资金，项目就停顿了，这时候股东形成的公司僵局，客户跟对方谈判，对方不理不睬。客户想去告对方，其实对方也没有任何可执行能力了。

（7）清算纠纷。

这个项目一直没有开业。最终他们双方谈判的重点是对整个项目进行清算。

一起收购案最终变成了一起清算纠纷。客户的一千多万元资金就这样的沉淀在上面。

【军师点评】项目究竟是金山还是陷阱？究竟是资产重要，还是人的因素更重要？笔者认为合伙对象非常关键，术语称合作对象为"交易对手"，交易对手这个词用得非常好，表面上是合作伙伴，实际利益上是交易对手，我们时刻都需要提防并购的交易对手，需要通过尽职调查了解交易对手。如果遇到的是没有法律意识的交易对手，没有诚信的交易对手，我们应该果断选择离开，因为这样的项目肯定不是金山，只能是陷阱。人永远比资产更重要。

16.7.2　并购中的"土豪"

王延甫

【故事关键词】债转股　债务纠纷　银行贷款　法院查封　失信人名单　刑事犯罪　蹦极式收购

2018年新年伊始，我在办公室接待了一位客户刘总。他咨询的是一起债转股后发现巨额债务的纠纷。

经主导询问得知基本案情：

刘总原本是瑞达公司债权人，拥有对瑞达公司的300万元债权。在进行催账的过程中，瑞达公司的原股东老王提出债转股，瑞达公司股权全部转让给刘总，作价300万元，抵消欠刘总的300万元。刘总考虑后同意了，双方达成协议，由债权300万元债转股取得瑞达公司100%的股权，随后按照工商行政部门求提供了格式《股权转让协议》并办理了股权过户手续。刘总成为瑞达公司控股股东和法定代表人。

刘总很高兴,债等于要到了,可是好景不长,该客户发现瑞达公司有银行贷款近9千万元即将到期。刘总不干了,找到老王,双方补签了一份《股份转让协议》,协议列明在协议签订之前,瑞达公司所涉债权债务、银行贷款,由老王负责追要及偿还,以保证瑞达公司的正常运营。

刘总感觉不妙的情况下,安排会计查阅瑞达公司的财务账册,发现:老王在本次股权转让前一年内通过借款形式将瑞达公司现金借出一个多亿。而瑞达公司的债务人均是濒临破产或涉嫌刑事犯罪被侦查或判刑的。

面对各种到期的债务,刘总自己筹钱偿还了银行贷款3000余万元,但对于瑞达公司来说是杯水车薪。瑞达公司先后被40多家债权人起诉,公司账户已经被法院查封,公司上了失信人名单17次。

经过对整个案件的案情有了初步了解后,我给出四个解决方案:

第一,提起解除《股权转让协议》的诉讼,解除此次债转股的行为。

第二,申请目标公司破产或进行资产重组。

第三,向原股东和债务人进行追偿。

第四,以刑事犯罪申请公安机关进行立案侦查。

客户经过再三权衡后,选择了以刑事犯罪申请公安机关进行立案侦查的方案,目前公安机关正在立案审查过程中。

同时,通过闲聊,我还得知刘总还有一宗遭遇了"一女二嫁"的股权转让案件,损失数千万人民币,也仍然在案件审理期间。

纵观刘总的惨痛经历,我对并购提出一些建议:

一是并购中一些专业的问题一定要找专业人士去解决,切勿自以为是、自作聪明,最终结果只是省了几元的停车费,交了200元的罚款。

二是蹦极式收购带来的问题最终去寻求刑事手段解决,看起来成本很低,但毕竟是亡羊补牢。如果能在收购前找一个专业的并购律师咨询一下,这样的事情就能避免发生,客户付出的成本才是最低的。

【并购交易中的土豪】

(1) 土豪,之所以叫"土豪",不是因为"豪",而是因为"土"。

(2) 并购交易中的土豪善于:

● 自以为是,总是以自己的固有思路去办事,把一些偶然的成功当作可复制的经验。

- 蹦极式收购，想到哪里做到哪里，在并购前不找律师。
- 被骗就报案，简单粗暴型。

（3）如果自己没有相应的专业技能，完全可以找一些具备相应专业技能的人来帮忙。毕竟在社会分工越来越细的今天，没有人能成为一通百通的全才，找人帮助自己解决专业的问题才是最好的策略。

（4）并购是"印钞机"也是"绞肉机"，不要等到在公安机关门前报案时才去反思。

【作者小传】王延甫律师，河南焦点律师事务所合伙人。专业从事房地产法律顾问十余年，2015年加入浩德并购联盟，从事企业并购、重组等公司类法务及公司类犯罪的辩护业务。坚持以诚信和正直取信于委托人。电话：13592029203。

16.7.3 一桩并购引发的刑事案件

龚清华

【故事关键词】纵向并购　债转股　债务　整合　刑事责任

甲公司是乙公司的上游供应商，因经营不善等多方面的问题，乙公司拖欠了甲公司一千多万元货款，长期未能清偿。通过洽谈，甲公司的负责人了解到，乙公司目前债务缠身，所有的土地、厂房和设备均已经抵押给了银行，每年的收入还不够偿还银行贷款所产生的利息。但通过对乙公司所在行业进行考察，甲公司的管理层认为乙公司的生产能力和相关设备，在其行业内仍处于先进地位，只是由于经营管理不善才导致的销售乏力，公司业绩做不起来。

恰好，甲公司也不满足于在该行业内做一个上游的供应商，于是甲公司向乙公司提出了债转股的想法，乙公司唯一的自然人股东Q总同意了。于是，甲公司指派公司的两位业务经理小D和小F，以个人身份拿到了乙公司的全部股权，并到工商行政部门做了变更登记。

拿到股权之后，甲公司派遣小D和小F到乙公司分别担任法定代表人和财务总监，对公司的财务和业务进行监控，Q总仍负责公司的日常管理。为使乙公司转亏为盈，甲公司又借款2000万元给乙公司，用于日常运营。

但自从小 D 和小 F 进入公司后，问题逐渐开始暴露：

（1）Q 总的个人资产和公司资产严重混同。公司有大量的收款直接进到了 Q 总个人账户中，而通过 Q 总个人账户也为公司支付了部分货款。Q 总女儿、女婿等亲属的房贷、车贷等也都是从乙公司支付。小 D 和小 F 力图对此进行规范化，但势单力薄，遭到乙公司原班人马的阻拦。

（2）乙公司突然冒出一大批债主，这些债主号称乙公司签了他们大量民间高利贷，现在小 D 和小 F 是"上海大老板"派来的，肯定有钱，都来找他们要钱。小 D 和小 F 被堵在宾馆，受尽委屈，被迫报警解决。

（3）乙公司已经拖欠了上百名员工的工资，目前无力解决，员工开始逐渐产生情绪，开始有人去公安报案、去政府信访。后来，担任乙公司法定代表人的小 D 被当地公安以涉嫌拒不支付劳动报酬罪立案侦查。

本律师作为小 D 的律师介入了该刑事案件的处理，通过努力，该案后来在审查起诉阶段被检察院决定不起诉。

纵观本起案件，甲公司所犯的最大错误就是没有尽调，没有对乙公司进行财务、法律的尽职调查，就匆忙拿下了乙公司的全部股权。这样的失误导致甲公司不仅填进去了超过 3000 万元的资金，还连累公司员工为此遭受各种委屈，甚至涉入刑事案件。可见，在股权收购之前的尽调工作是多么重要。如果甲公司聘请会计师和律师到现场哪怕只做最简单最基础的尽调工作，也能发现乙公司存在的风险，不至于遭受如此损失惨重。

【军师点评】这是一起典型的纵向并购，上下游产业链之间的整合。由于没有正规的尽职调查，导致收购方对被收购企业存在的严重问题不掌握，盲目同意债转股，又陆续投入新的巨额资金，还导致员工被卷入刑事责任。

通过故事，读者可以看到被收购方存在的问题：

● 债务缠身。往往新的买家一进场，所有的债权人都知道了，上门要债、逼债。

● 公司治理混乱。公司有大量的收款直接进到了股东个人账户中，而通过股东个人账户也为公司支付了部分货款。股东女儿、女婿等亲属的房贷、车贷等也都是从公司支付。这种现象大量存在于各类公司中。缺乏有效的公司整理，也为收购失败奠定了基础。

【笔者观点】并购是"印钞机"，好的并购可以创造超额的价值。同时，并购也是"绞肉机"，操作不当、选择不当，会将公司的利益吞噬掉，很多公司因为并购不当，损失惨重，从此一蹶不振。

【作者小传】 龚清华，现任上海市中浩律师事务所负责人，主任律师。业务方向为经济纠纷及刑事诉讼。执业至今，受托为逾百家企业提供过法律相关服务。代理过多起名人明星案件，以及疑难复杂经济、刑事案件，有诸多经典成功案例。

16.7.4 一起并购引发系列纠纷

廖滔滔

【按】 一方是专业的医疗运营方，具有丰富的行业经验、洞察力及行业资源；另一方是专业的投资方，具有资金和管理优势。二者原系郎有情、妾有意，本可珠联璧合，却因合作前的看似顺畅、牵手太容易，落实到的交易文件却略显粗糙，你虽有情我有意却情意无合，最终双方不得不决战法庭，引出案中案、系列案……

（1）案情简介。

浩德医疗管理公司系甲、乙两股东投资设立，管理公司独资设立一家诊所公司；经多次沟通、商洽，投资方拟控股收购诊所公司的股权，与甲、乙签订了《协议书》，约定了各方的权利、义务。其中，甲方、乙方应保证取得相关的医疗资质，按市价提供经营用房，在服务期内提供服务等；投资方主要是支付股权转让款、运营项目、保障运营收益等。

（2）争议缘起。

根据《协议书》约定，协议签订后约定时间内应办理股权转让的变更登记，在办理变更登记时投资方应支付相应的款项；甲、乙双方不断催促投资方支付款项，投资方仅支付了定金部分，因其认为某诊所应取得的资质至今未取得，其虽然同意支付款项，也愿意继续履行协议，双方未能谈妥，甲、乙双方起诉要求支付股权转让款。

（3）案中案、系列案。

上述案件起诉到法院后，投资方到工商部门查询才得知，其已然是某诊所公司的大股东了，他人以投资方名义与管理公司签订了《股权转让协议》，做出了《股东会决议》等文件。投资方认为工商部门未审查股权转让协议、股东会决议等的真实性擅自办理了变更登记，拟起诉该工商部门；工商部门的答复是其只进行形式审查，相关文件的真实性由提交文件方负责，如需确认文件是否真实可起诉到法院，由法院审理。

为此，投资方拟起诉甲、乙和管理公司，要求确认股权转让协议、股东会决议等无效。

诊所公司虽认缴注册资本××元，但并没有实缴资本，投资方投资后除了运营，对资本由谁缴纳、如何缴纳也大有意见……

上述案件，从诉讼的主体，管辖的法院，证据的调查、搜集、制作，诉讼方案的研究等均在紧锣密鼓的开展中。虽然人民法院不会拒绝裁判、法院总可以解决纠纷，但每一个良好的案件结果必然是建立在适当的案件证据之上的，因此法院裁判的结果是否是双方想要的，却未可尽知。

办案心得：

投资人具有明确的投资意愿、运营能力，转让方也具有很强的交易意愿，双方更有良好合作的契合度、成长的可能性，双方也签订了交易文件，但最终还是毁在了一份糟糕的交易文件上。

交易文件中的内容极不严谨，有矛盾和冲突的地方，而对交易文件中所涉及的各方工作规划节点、股权转让协议、劳动合同、服务期协议、保密协议等均有缺陷，双方签订的协议没有可操作性，导致双方事后对交易文件的可理解性、可执行性上争议不断。

或许是各方认为交易金额不大，没有参照并购交易的流程、程序进行操作，双方属于"一见钟情"的无恋爱过程的结婚，没有尽职调查、没有律师参与等。双方没有认识到这种简易操作后果的严重性，对各方而言均丧失了交易机会、租赁房屋空置、业务停滞，损失惨重。交易时没有聘请律师，离婚时却需要支付大量的诉讼费、律师费、损失费，而"离婚"的过程也将异常痛苦、艰辛而漫长。

回看有关本交易的一系列案件，我们的建议仍然一如既往的平实、实用、有效，那就是遵循并购交易的规律，聘请专业的团队进行尽职调查、交易结构设计、交易文件起草等。毕竟，交易成功才是关键。

【作者小传】廖滔滔律师主要从事公司法（股权、股权激励、公司诉讼与仲裁）、房产（买卖、租赁、融资）和民间金融（典当、小额贷款、融资租赁、融资担保、P2P等）三方面的法律服务，代表客户处理各类案件和提供常年法律顾问服务。

16.7.5　买方没付钱，协议就作废了吗

庞华东

【故事关键词】 股权转让协议　合同终止　定金　双倍返还

浩德公司作为一家经营清洁能源的公司，经营项目符合国家产业发展政策，获得当地政府支持，公司具备经营的各种证照手续，且具有稳定的市场资源。因此，公司股东欲转让股权的消息一经流出，就吸引了众多同行业及投资行业的青睐。向公司股东发出磋商谈判请求的投资人陆续不断，众多人的关注，也促使了股东大幅度提高交易价格。

瑞安达投资公司作为一家投资企业，从一开始就没有把谈判重点放在收购价格上，对于浩德公司股东提出的高额交易价格，买家瑞安达公司并没有过多还价。既没有委托会计师审计、资产评估机构对浩德公司进行资产评估，也没有委托律师事务所对浩德公司进行法律尽职调查。他们一再表示其看好了浩德公司经营项目符合国家产业政策，且市场稳定，欲收购浩德公司，以达到借瑞安达公司上市的目的。仅经过三轮谈判，就催促浩德公司股东签订了股权转让协议。

在双方谈判过程中，还有一家丙公司与浩德公司进行了磋商。

签协议很痛快的瑞安达公司，并没有按照协议约定支付第一笔股权转让款。因为还有其他的交易机会，浩德公司的股东们想"对方没付钱，协议就作废了"。于是他们继续与丙公司谈判。合同条款谈判过程中，丙公司提出的设立定金条款，浩德公司股东考虑到瑞安达草率违约的事情，就同意设立定金条款，定金金额2000万元。双方签订了正式的股权转让合同，丙公司很讲信誉，合同签好，2000万元定金就付了。

正当浩德公司的股东们忙着为办理过户手续做准备时，突然收到一封律师函，原来是丙公司聘请律师发来的。内容：要求浩德公司股东双倍退还定金，理由是浩德公司股东与其他收购方签订了股权转让协议，股权有纠纷。

浩德公司股东急忙请来律师顾问查看合同，在股权转让协议里确实有一条："浩德公司股东保证其股权合法有效，不与第三方存在纠纷，没有抵押，没有被冻结，没有诉讼或执行。浩德公司保证没有签订有处分其股

权的法律文件。"浩德公司股东这时才知道后果的严重性。股东们都说自己没有将与瑞安达公司签订协议告知过别人，与瑞安达的协议里也约定了保密条款。

随后，浩德公司股东答复丙公司："股权没有纠纷，没有与其他公司签订股权转让协议。"浩德公司股东答复不久，丙公司律师打来电话，讲明了浩德公司股东与瑞安达公司签订过股权转让协议的情况，并且说明了要到法院起诉。

【军师点评】股权交易和大多数交易有共同之处，但也有其特性：无形、不易发现瑕疵、价值不易确定、本身既含有权利又含有义务风险。这个股权交易故事说明了不可以用买卖普通物品的思维模式去做股权交易，卖方在出售股权转让公司时的大意和疏忽，先是草率与瑞安达公司签约，造成了没有收到股权转让款。

这个时候，本应该与瑞安达公司依法交涉。如果判定瑞安达公司没有履约能力，应该依法解除双方之间的股权转让协议。

缺乏法律意识的卖方，简单地认为："买方没付钱，协议就作废了。"与新的买家签订了股权转让协议，并收取了定金。这次虽然钱进了口袋，但是引来了更大的麻烦，新买家的索赔律师函不期而至。

卖方不重视买方的资信，认为自己是收钱的，高价钱就卖，低价钱就不卖，在谈判时只看重价格，缺少对收购人资信调查分析，更缺少对整个交易过程及协议等法律文件的全面法律分析，往往会导致交易的失败，甚至陷入圈套。

【作者小传】庞华东，河南节节高律师事务所主任，擅长处理和解决经济、商务法律事务，对企业股权、资产的收购与出售有丰富的法律理论和实践经验，防范和化解企业在收购、兼并重组等资源整合、资本运作过程中的法律风险。

16.7.6 股权过户六年后的官司

陆红霞

【故事关键词】并购纠纷　意向书　授权委托书　股权转让协议　支付

2017年9月的一天，女老总陈某急匆匆地来到我们律师事务所，说自己摊上了官司。经过了解，事情起源于六年前的一起并购案，陈某收购了一家新材料公司。

这件事情听起来简单，但是操作上却出现了多份法律文件，而且人物众多，初看者眼花缭乱。

我们抽丝剥茧，按照时间顺序，一一罗列这些文件和事件。

（1）《意向书》。2011年5月23日，在宁波某新材料有限公司，叶某以宁波某新材料有限公司代理人的名义与陈某签订关于土地厂房转让的意向书一份，并邀请杨某某作为证明人签字。

（2）《授权委托书》。2011年6月2日，叶某将盖有宁波某新材料有限公司印鉴的委托书交给邵某。同日，邵某将该委托书交予陈某。委托书载明：兹委托邵某办理宁波某新材料有限公司经营项目变更手续，委托期限：2011年6月2日至2011年8月31日，委托书上有叶某及邵某的签名。

（3）2011年6月2日《股权转让协议书》。在宁波某涂料有限公司，邵某以香港某投资有限公司委托代理人的名义与陈某签订股权转让协议书一份，约定：

转让方（甲方）：香港某投资有限公司委托代理人邵某

受让方（乙方）：陈某

甲方同意转让宁波某新材料有限公司全部股权给乙方，乙方同意出资1135万元受让。

协议生效后，乙方预付股权转让金50万元，乙方要求办理公司股权过户时，支付股权转让金950万元，过户手续办结时，支付股权转让金135万元等。邵某、叶某共同在甲方处签字，陈某在乙方处签字，杨某某在"签订于宁波某涂料有限公司"处签字。

（4）2011年6月19日《股权转让协议书》。香港某投资有限公司与C公司签订股权转让协议书一份，约定：香港某投资有限公司将其拥有的宁波某新材料有限公司的100%股权转让给C公司，股权转让总价为120万美元，于2011年7月15日前支付给香港某投资有限公司；于2011年6月20日前完成股权交割全部事宜等。香港某投资有限公司法定代表人胡某某、C公司法定代表人陈某在协议上签字。2011年6月26日，经工商部门核准，宁波某新材料有限公司股东变更登记为C公司。

协议签订后,陈某分别于 2011 年 6 月 2 日、11 日、21 日向叶某银行账户汇款 50 万元、500 万元、450 万元,但是剩余 100 多万元陈某没有以转账的方式支付,而是以现金及承兑的方式支付。

六年后邵某讨债。2017 年 7 月 11 日,邵某等人去宁波某新材料有限公司向陈某催讨款项,之后陈某报警。2017 年 8 月,邵某向法院提起诉讼,要求陈某芬立即支付其剩余股权转让款 135 万元及相应的利息损失。

小麦第一团队在对案件材料进行全面分析,理清了事实与法律,并经过努力帮助陈某打赢了官司。

【军师点评】

这是一起典型的并购款纠纷案,虽然在律师的努力下,陈某获得了胜诉。但打官司是很麻烦的一件事,劳民伤财,而且胜败常在转瞬之间,稍有不慎,满盘皆输。在六年前的收购中,陈某只是请了第三方作为协调人,没请专业律师参与,从而使股权转让的协议繁多且合同主体错乱,同时部分转让款未选择正确的支付方式,最终导致了纠纷的产生,而且差一点就有败诉的风险。为了避免纠纷和损失,并购还是要请专业律师介入,为您保驾护航。

【作者小传】陆红霞,浙江麦田律师事务所创始人,律协慈溪分会副会长,曾获浙江省律师行业模范党员律师、宁波市优秀律师,优秀公益律师等荣誉称号。在律师行业深耕 20 多年,有着非常丰富的企业法律服务实战经验。邮箱:maitian88@163.com;电话:13706741198。

推荐作者得新书!

博瑞森征稿启事

亲爱的读者朋友：

感谢您选择了博瑞森图书！希望您手中的这本书能给您带来实实在在的帮助！

博瑞森一直致力于发掘好作者、好内容，希望能把您最需要的思想、方法，一字一句地交到您手中，成为管理知识与管理实践的桥梁。

但是我们也知道，有很多深入企业一线、经验丰富、乐于分享的优秀专家，或者忙于实战没时间，或者缺少专业的写作指导和便捷的出版途径，只能茫然以待……

还有很多在竞争大潮中坚守的企业，有着异常宝贵的实践经验和独特的洞察，但缺少专业的记录和整理者，无法让企业的经验和故事被更多的人了解、学习……

对读者而言，这些都太遗憾了！

博瑞森非常希望能将这些埋藏的"宝藏"发掘出来，贡献给广大读者，让更多的人从中受益。

所以，我们真心地邀请您，我们的老读者，帮我们搜寻：

推荐作者

可以是您自己或您的朋友，只要对本土管理有实践、有思考；可以是您通过网络、杂志、书籍或其他途径了解的某位专家，不管名气大小，只要他的思想和方法曾让您深受启发。

可以是管理类作品，也可以超出管理，各类优秀的社科作品或学术作品。

推荐企业

可以是您自己所在的企业，或者是您熟悉的某家企业，其创业过程、运营经历、产品研发、机制创新，等等。无论企业大小，只要乐于分享、有值得借鉴书写之处。

总之，好内容就是一切！

博瑞森绝非"自费出书"，出版费用完全由我们承担。您推荐的作者或企业案例一经采用，我们会立刻向您赠送书币 1000 元，可直接换取任何博瑞森图书的纸书或电子书。

感谢您对本土管理原创、博瑞森图书的支持！

推荐投稿邮箱：bookgood@126.com　　　推荐手机：13611149991

1120 本土管理实践与创新论坛

这是由 100 多位本土管理专家联合创立的企业管理实践学术交流组织,旨在孵化本土管理思想、促进企业管理实践、加强专家间交流与协作。

论坛每年集中力量办好两件大事:第一,"**出一本书**",汇聚一年的思考和实践,把最原创、最前沿、最实战的内容集结成册,贡献给读者;第二,"**办一次会**",每年 11 月 20 日本土管理专家们汇聚一堂,碰撞思想、研讨案例、交流切磋、回馈社会。

论坛理事名单(以年龄为序,以示传承之意)

首届常务理事:

彭志雄	曾 伟	施 炜	杨 涛	张学军	郭 晓	程绍珊	胡八一
王祥伍	李志华	陈立云	杨永华				

理　事:

张再林	卢根鑫	刘文瑞	王铁仁	周荣辉	罗 珉	房西苑	曾令同
黄民兴	陆和平	孟广桥	宋柠宸	张国祥	刘承元	叶兴平	曹子祥
宋新宇	吴越舟	吴 坚	杜建君	戴欣明	仲昭川	刘春雄	刘祖轲
张茂泽	段继东	陈立胜	梁 涛	何 慕	秦国伟	贺兵一	罗海容
张小虎	陈忠建	郭 剑	余晓雷	黄中强	朱玉童	沈 坤	阎立忠
张 进	丁兴良	朱仁健	薛宝峰	史贤龙	卢 强	史幼波	黄剑黎
叶敦明	王 涛	李文才	王 强	张远凤	陈 明	廖信琳	岑立聪
方 刚	何足奇	周 俊	杨 奕	孙行健	孙嘉晖	张东利	郭富才
叶 宁	何 屹	沈 奎	王明胤	王 超	马宝琳	谭长春	杨竣雄
夏惊鸣	张 博	段传敏	李洪道	胡浪球	孙 波	唐江华	程 翔
翟玉忠	刘红明	杨鸿贵	伯建新	高可为	李 蓓	王春强	孔祥云
戴 勇	贾同领	罗宏文	张兵武	史立臣	李政权	余 盛	陈小龙
尚 锋	邢 雷	余伟辉	李小勇	苗庆显	孙 巍	陈继展	全怀周
林延君	王清华	初勇钢	陈 锐	高继中	聂志新	黄 屹	沈 拓
徐伟泽	潦 寒	谭洪华	崔自三	王玉荣	蒋 军	侯军伟	黄润霖
朱伟杰	金国华	吴 之	葛新红	周 剑	崔海鹏	李治江	陈海超
柏 龑	唐道明	刘书生	朱志明	曲宗恺	杜 忠	黄渊明	王献永
范月明	吕 林	刘文新	赵晓萌	张 伟	韩 旭	韩友诚	熊亚柱
秦海林	孙彩军	刘 雷	贺小林	王庆云	黄 娜	俞士耀	田 军
丁 昀	张小峰	黄 磊	罗晓慧	赵海永	伏泓霖	任彭枞	梁小平
鄢圣安	马方旭	乐 涛	杨晓燕	欧阳莉华	陈 慧	张 璐	

企业案例·老板传记

	书名．作者	内容/特色	读者价值
企业案例·老板传记	你不知道的加多宝：原市场部高管讲述 曲宗恺　牛玮娜　著	前加多宝高管解读加多宝	全景式解读，原汁原味
	借力咨询：德邦成长背后的秘密 官同良　王祥伍　著	讲述德邦是如何借助咨询公司的力量进行自身与发展的	来自德邦内部的第一线资料，真实、珍贵，令人受益匪浅
	娃哈哈区域标杆：豫北市场营销实录 罗宏文　赵晓萌　等著	本书从区域的角度来写娃哈哈河南分公司豫北市场是怎么进行区域市场营销，成为娃哈哈全国第一大市场、全国增量第一高市场的一些操作方法	参考性、指导性，一线真实资料
	六个核桃凭什么：从0过100亿 张学军　著	首部全面揭秘养元六个核桃裂变式成长的巨著	学习优秀企业的成长路径，了解其背后的理论体系
	像六个核桃一样：打造畅销品的36个简明法则 王　超　范　萍　著	本书分上下两篇：包括"六个核桃"的营销战略历程和36条畅销法则	知名企业的战略历程极具参考价值，36条法则提供操作方法
	解决方案营销实战案例 刘祖轲　著	用10个真案例讲明白什么是工业品的解决方案式营销，实战、实用	有干货、真正操作过的才能写得出来
	招招见销量的营销常识 刘文新　著	如何让每一个营销动作都直指销量	适合中小企业，看了就能用
	我们的营销真案例 联纵智达研究院　著	五芳斋粽子从区域到全国/诺贝尔瓷砖门店销量提升/利豪家具出口转内销/汤臣倍健的营销模式	选择的案例都很有代表性，实在、实操！
	中国营销战实录：令人拍案叫绝的营销真案例 联纵智达　著	51个案例，42家企业，38万字，18年，累计2000余人次参与……	最真实的营销案例，全是一线记录，开阔眼界
	双剑破局：沈坤营销策划案例集 沈　坤　著	双剑公司多年来的精选案例解析集，阐述了项目策划中每一个营销策略的诞生过程，策划角度和方法	一线真实案例，与众不同的策划角度令人拍案叫绝、受益匪浅
	宗：一位制造业企业家的思考 杨　涛　著	1993年创业，引领企业平稳发展20多年，分享独到的心得体会	难得的一本老板分享经验的书
	简单思考：AMT咨询创始人自述 孔祥云　著	著名咨询公司（AMT）的CEO创业历程中点点滴滴的经验与思考	每一位咨询人，每一位创业者和管理经营者，都值得一读
	边干边学做老板 黄中强　著	创业20多年的老板，有经验、能写、又愿意分享，这样的书很少	处处共鸣，帮助中小企业老板少走弯路
	三四线城市超市如何快速成长：解密甘雨亭 IBMG国际商业管理集团　著	国内外标杆企业的经验+本土实践量化数据+操作步骤、方法	通俗易懂，行业经验丰富，宝贵的行业量化数据，关键思路和步骤
	中国首家未来超市：解密安徽乐城 IBMG国际商业管理集团　著	本书深入挖掘了安徽乐城超市的试验案例，为零售企业未来的发展提供了一条可借鉴之路	通俗易懂，行业经验丰富，宝贵的行业量化数据，关键思路和步骤
互联网+	新营销 刘春雄　著	新营销的新框架体系是场景是产品逻辑，IP是品牌逻辑，社群是连接逻辑，传播是营销逻辑	助力品牌商实现由传统营销到新营销的理念和行动的跨越，助力企业打赢升级转型之仗
	企业微信营销全指导 孙　巍　著	专门给企业看到的微信营销书，手把手教企业从小白到微信营销专家	企业想学微信营销现在还不晚，两眼一抹黑也不怕，有这本书就够
	企业网络营销这样做才对：B2B　大宗B2C 张　进　著	简单直白拿来就用，各种窍门信手拈来，企业网络营销不麻烦也不用再头疼，一般人不告诉他	B2B、大宗B2C企业有福了，看了就能学会网络营销

续表

互联网+			
	书名·作者	内容/特色	读者价值
互联网+	互联网时代的银行转型 韩友诚 著	以大量案例形式为读者全面展示和分析了银行的互联网金融转型应对之道	结合本土银行转型发展案例的书籍
	正在发生的转型升级·实践 本土管理实践与创新论坛 著	企业在快速变革期所展现出的管理变革新成果、新方法、新案例	重点突出对于未来企业管理相关领域的趋势研判
	触发需求：互联网新营销样本·水产 何足奇 著	传统产业都在苦闷中挣扎前行，本书通过鲜活的案例告诉你如何以需求链整合供应链，从而把大家熟知的传统行业打碎了重构、重做一遍	全是干货，值得细读学习，并且作者的理论已经经过了他亲自操刀的实践检验，效果惊人，就在书中全景展示
	移动互联新玩法：未来商业的格局和趋势 史贤龙 著	传统商业、电商、移动互联，三个世界并存，这种新格局的玩法一定要懂	看清热点的本质，把握行业先机，一本书搞定移动互联网
	微商生意经：真实再现33个成功案例操作全程 伏泓霖 罗晓慧 著	本书为33个真实案例，分享案例主人公在做微商过程中的经验教训	案例真实，有借鉴意义
	阿里巴巴实战运营——14招玩转诚信通 聂志新 著	本书主要介绍阿里巴巴诚信通的十四个基本推广操作，从而帮助使用诚信通的用户及企业更好地提升业绩	基本操作，很多可以边学边用，简单易学
	互联网精准营销：创造爆发式的商业价值 蒋军 著	怎么在互联网时代整体策划、包装品牌和产品，并在此基础上为企业设计商业模式，技术实现并运营落地	为有基础的小微企业（大企业的新项目）1年实现销售额过亿，2年对接资本，3年左右准IPO
	今后这样做品牌：移动互联时代的品牌营销策略 蒋军 著	与移动互联紧密结合，告诉你老方法还能不能用，新方法怎么用	今后这样做品牌就对了
	互联网+"变"与"不变"：本土管理实践与创新论坛集萃·2016 本土管理实践与创新论坛 著	本土管理领域正在产生自己独特的理论和模式，尤其在移动互联时代，有很多新课题需要本土专家们一起研究	帮助读者拓宽眼界、突破思维
	创造增量市场：传统企业互联网转型之道 刘红明 著	传统企业需要用互联网思维去创造增量，而不是用电子商务去转移传统业务的存量	教你怎么在"互联网+"的海洋中创造实实在在的增量
	重生战略：移动互联网和大数据时代的转型法则 沈拓 著	在移动互联网和大数据时代，传统企业转型如同生命体打算与再造，称之为"重生战略"	帮助企业认清移动互联网环境下的变化和应对之道
	画出公司的互联网进化路线图：用互联网思维重塑产品、客户和价值 李蓓 著	18个问题帮助企业一步步梳理出互联网转型思路	思路清晰，案例丰富，非常有启发性
	7个转变，让公司3年胜出 李蓓 著	消费者主权时代，企业该怎么办	这就是互联网思维，老板有能这样想，肯定倒不了
	跳出同质思维，从跟随到领先 郭剑 著	66个精彩案例剖析，帮助老板突破行业长期思维惯性	做企业竟然有这么多玩法，开眼界

续表

行业类：零售、白酒、食品/快消品、农业、医药、建材家居等			
	书名．作者	内容/特色	读者价值
零售·超市·餐饮·服装	总部有多强大，门店就能走多远 IBMG 国际商业管理集团　著	如何把总部做强，成为门店的坚实后盾	了解总部建设的方法与经验
	超市卖场定价策略与品类管理 IBMG 国际商业管理集团　著	超市定价策略与品类管理实操案例和方法	拿来就能用的理论和工具
	连锁零售企业招聘与培训破解之道 IBMG 国际商业管理集团　著	围绕零售企业组织架构、培训体系建设等内容进行深刻探讨	破解人才发现和培养瓶颈的关键点
	中国首家未来超市：解密安徽乐城 IBMG 国际商业管理集团　著	介绍了乐城作为中国首家未来超市从无到有的传奇经历	了解新型零售超市的运作方式及管理特色
	三四线城市超市如何快速成长：解密甘雨亭 IBMG 国际商业管理集团　著	揭秘一家三四线连锁超市的经验策略	不但可以欣赏它的优点，而且可以学会它成功的方法
	涨价也能卖到翻 村松达夫　【日】	提升客单价的 15 种实用、有效的方法	日本企业在这方面非常值得学习和借鉴
	移动互联下的超市升级 联商网专栏频道　著	深度解析超市转型升级重点	帮助零售企业把握全局、看清方向
	手把手教你做专业督导：专卖店、连锁店 熊亚柱　著	从督导的职能、作用，在工作中需要的专业技能、方法，都提供了详细的解读和训练办法，同时附有大量的表单工具	无论是店铺需要统一培训，还是个人想成为优秀的督导，有这一本就够了
	百货零售全渠道营销策略 陈继展　著	没有照本宣科、说教式的絮叨，只有以笔者对行业的认知与理解，庖丁解牛式的逐项解析、展开	通俗易懂，花极少的时间快速掌握该领域的知识及趋势
	零售：把客流变成购买力 丁昀　著	如何通过不断升级产品和体验式服务来经营客流	如何进行体验营销，国外的好经营，这方面有启发
	餐饮企业经营策略第一书 吴坚　著	分别从产品、顾客、市场、盈利模式等几个方面，对现阶段餐饮企业的发展提出策略和思路	第一本专业的、高端的餐饮企业经营指导书
	电影院的下一个黄金十年：开发·差异化·案例 李保煜　著	对目前电影院市场存大的问题及如何解决进行了探讨与解读	多角度了解电影院运营方式及代表性案例
	赚不赚钱靠店长：从懂管理到会经营 孙彩军　著	通过生动的案例来进行剖析，注重门店管理细节方面的能力提升	帮助终端门店店长在管理门店的过程中实现经营思路的拓展与突破
耐消品	商用车经销商运营实战 杜建君　王朝阳　章晓青　等著	从管理到经营，从销售到服务，系统化运作全指导	为经销商经营开阔思路，掌握方法
	汽车配件这样卖：汽车后市场销售秘诀 100 条 俞士耀　著	汽配销售业务员必读，手把手教授最实用的方法，轻松得来好业绩	快速上岗，专业实效，业绩无忧
	跟行业老手学经销商开发与管理：家电、耐消品、建材家居 黄润霖　著	全部来源于经销商管理的一线问题，作者用丰富的经验将每一个问题落实到最便捷快速的操作方法上去	书中每一个问题都是普通营销人亲口提出的，这些问题你也会遇到，作者进行的解答则精彩实用

续表

白酒	酒水饮料快消品餐饮渠道营销手册 朱伟杰 著	主要针对快消品(酒水、饮料)的餐饮渠道,提供了区域、商圈、不同业态的规划和促销安排等多种工具,并提出了经销商、批发商等相关人员的管理方法	一本酒水饮料如何在餐饮渠道销售的全能手册,内容深入翔实,可以直接照搬套用,这样的便利简直千金不换
	白酒到底如何卖 赵海永 著	以市场实战为主,多层次、全方位、多角度地阐述了白酒一线市场操作的最新模式和方法,接地气	实操性强,37个方法、6大案例帮你成功卖酒
	变局下的白酒企业重构 杨永华 著	帮助白酒企业从产业视角看清趋势,找准位置,实现弯道超车的书	行业内企业要减少90%,自己在什么位置,怎么做,都清楚了
	1. 白酒营销的第一本书(升级版) 2. 白酒经销商的第一本书 唐江华 著	华泽集团湖南开口笑公司品牌部长,擅长酒类新品推广、新市场拓展	扎根一线,实战
	区域型白酒企业营销必胜法则 朱志明 著	为区域型白酒企业提供35条必胜法则,在竞争中赢销的葵花宝典	丰富的一线经验和深厚积累,实操实用
	10步成功运作白酒区域市场 朱志明 著	白酒区域操盘者必备,掌握区域市场运作的战略、战术、兵法	在区域市场的攻伐防守中运筹帷幄,立于不败之地
	酒业转型大时代:微酒精选2014—2015 微酒 主编	本书分为五个部分:当年大事件、那些酒业营销工具、微酒独立策划、业内大调查和十大经典案例	了解行业新动态、新观点,学习营销方法
快消品·食品	中国快消品营销的这些年 史贤龙 著	作者精华文章的合集,一本书浓缩了过去十五年,中国营销的实战历程与前沿思考	快消品营销行业的案例和方法都原汁原味呈现,在反映当时风貌的同时,展望与反思
	营销中国茶:2小时读懂茶叶营销 史贤龙 著	从不同视角对中国的茶营销进行了思考,内容涉及中国茶产业战略困境、茶企规模化、茶品牌崛起、茶文化、茶营销、茶消费、茶零售、茶道等	内容丰富扎实,文字流畅,浓缩的都是精华,让你2小时读懂茶叶营销
	这样打造快消品标杆市场 罗宏文 著	帮助你解决如何成功打造标杆市场和进行持续增量管理两大问题	一套系统的方法论,通俗易懂,可以直接套用
	5小时读懂快消品营销:中国快消品案例观察 陈海超 著	多年营销经验的一线老手把案例掰开了、揉碎了,从中得出的各种手段和方法给读者以帮助和启发	营销那些事儿的个中秘辛,求人还不一定告诉你,这本书里就有
	快消品招商的第一本书:从入门到精通 刘雷 著	深入浅出,不说废话,有工具方法,通俗易懂	让零基础的招商新人快速学习书中最实用的招商技能,成长为骨干人才
	乳业营销第一书 侯军伟 著	对区域乳品企业生存发展关键性问题的梳理	唯一的区域乳业营销书,区域乳品企业一定要看
	食用油营销第一书 余盛 著	10多年油脂企业工作经验,从行业到具体实操	食用油行业第一书,当之无愧
	中国茶叶营销第一书 柏龑 著	如何跳出茶行业"大文化小产业"的困境,作者给出了自己的观察和思考	不是传统做茶的思路,而是现在商业做茶的思路
	调味品营销第一书 陈小龙 著	国内唯一一本调味品营销的书	唯一的调味品营销书,调味品的从业者一定要看
	快消品营销人的第一本书:从入门到精通 刘雷 伯建新 著	快消行业必读书,从入门到专业	深入细致,易学易懂
	变局下的快消品营销实战策略 杨永华 著	通胀了,成本增加,如何从被动应战变成主动的"系统战"	作者对快消品行业非常熟悉、非常实战

续表

快消品·食品	快消品经销商如何快速做大 杨永华 著	本书完全从实战的角度,评述现象,解析误区,揭示原理,传授方法	为转型期的经销商提供了解决思路,指出了发展方向
	一位销售经理的工作心得 蒋军 著	一线营销管理人员想提升业绩却无从下手时,可以看看这本书	一线的真实感悟
	快消品营销:一位销售经理的工作心得2 蒋军 著	快消品、食品饮料营销的经验之谈,重点图书	来源与实战的精华总结
	快消品营销与渠道管理 谭长春 著	将快消品标杆企业渠道管理的经验和方法分享出来	可口可乐、华润的一些具体的渠道管理经验,实战
	成为优秀的快消品区域经理(升级版) 伯建新 著	用"怎么办"分析区域经理的工作关键点,增加30%全新内容,更贴近环境变化	可以作为区域经理的"速成催化器"
	销售轨迹:一位快消品营销总监的拼搏之路 秦国伟 著	本书讲述了一个普通销售员打拼成为跨国企业营销总监的真实奋斗历程	激励人心,给广大销售员以力量和鼓舞
	快消老手都在这样做:区域经理操盘锦囊 方刚 著	非常接地气,全是多年沉淀下来的干货,丰富的一线经验和实操方法不可多得	在市场摸爬滚打的"老油条",那些独家绝招妙招一般你问都是问不来的
	动销四维:全程辅导与新品上市 高继中 著	从产品、渠道、促销和新品上市详细讲解提高动销的具体方法,总结作者18年的快消品行业经验,方法实操	内容全面系统,方法实操
农业	新农资如何换道超车 刘祖轲 等著	从农业产业化、互联网转型、行业营销与经营突破四个方面阐述如何让农资企业占领先机、提前布局	南方略专家告诉你如何应对资源浪费、生产效率低下、产能严重过剩、价格与价值严重扭曲等
	中国牧场管理实战:畜牧业、乳业必读 黄剑黎 著	本书不仅提供了来自一线的实际经验,还收入了丰富的工具文档与表单	填补空白的行业必读作品
	中小农业企业品牌战法 韩旭 著	将中小农业企业品牌建设的方法,从理论讲到实践,具有指导性	全面把握品牌规划,传播推广,落地执行的具体措施
	农资营销实战全指导 张博 著	农资如何向"深度营销"转型,从理论到实践进行系统剖析,经验资深	朴实、使用!不可多得的农资营销实战指导
	农产品营销第一书 胡浪球 著	从农业企业战略到市场开拓、营销、品牌、模式等	来源于实践中的思考,有启发
	变局下的农牧企业9大成长策略 彭志雄 著	食品安全、纵向延伸、横向联合、品牌建设……	唯一的农牧企业经营实操的书,农牧企业一定要看
医药	在中国,医药营销这样做:时代方略精选文集 段继东 主编	专注于医药营销咨询15年,将医药营销方法的精华文章合编,深入全面	可谓医药营销领域的顶尖著作,医药界读者的必读书
	医药新营销:制药企业、医药商业企业营销模式转型 史立臣 著	医药生产企业和商业企业在新环境下如何做营销?老方法还有没有用?如何寻找新方法?新方法怎么用?本书给你答案	内容非常现实接地气,踏实谈问题说方法
	医药企业转型升级战略 史立臣 著	药企转型升级有5大途径,并给出落地步骤及风险控制方法	实操性强,有作者个人经验总结及分析
	新医改下的医药营销与团队管理 史立臣 著	探讨新医改对医药行业的系列影响和医药团队管理	帮助理清思路,有一个框架
	医药营销与处方药学术推广 马宝琳 著	如何用医学策划把"平民产品"变成"明星产品"	有真货、讲真话的作者,堪称处方药营销的经典!
	医药行业大洗牌与药企创新 林延君 沈斌 著	一方面,围绕着变革,多角度阐述药企的应对之道;另一方面,紧扣实践,介绍近百家医药企业创新实践案例	医改变革10年,医药企业如何应对大洗牌?重磅出击的药企人必读书
	新医改了,药店就要这样开 尚锋 著	药店经营、管理、营销全攻略	有很强的实战性和可操作性

续表

分类	书名/作者	内容简介	特点
医药	电商来了,实体药店如何突围 尚 锋 著	电商崛起,药店该如何突围?本书从促销、会员服务、专业性、客单价等多重角度给出了指导方向	实战攻略,拿来就能用
医药	OTC医药代表药店销售36计 鄢圣安 著	以《三十六计》为线,写OTC医药代表向药店销售的一些技巧与策略	案例丰富,生动真实,实操性强
医药	OTC医药代表药店开发与维护 鄢圣安 著	要做到一名专业的医药代表,需要做什么、准备什么、知识储备、操作技巧等	医药代表药店拜访的指导手册,手把手教你快速上手
医药	引爆药店成交率1:店员导购实战 范月明 著	一本书解决药店导购所有难题	情景化、真实化、实战化
医药	引爆药店成交率2:经营落地实战 范月明 著	最接地气的经营方法全指导	揭示了药店经营的几类关键问题
医药	引爆药店成交率:专业化销售解决方案 范月明 著	药品搭配分析与关联销售	为药店人专业化助力
医药	处方药零售这样做 田 军 著	阐述了处方药零售的重要性,以及做处方药零售市场的具体措施和方法	系统性了解和掌握处方药零售方法
建材家居	成为最赚钱的家具建材经销商 李治江 著	从销售模式、产品、门店等老板们最关注和最需要的方面解决问题、提供方法	只要你是建材、家具、家居用品的经销商老板,这就是一本必读的书
建材家居	家具行业操盘手 王献永 著	家具行业问题的终结者	解决了干家具还有没有前途?为什么同城多店的家具经销商很难做大做强等问题
建材家居	建材家居营销:除了促销还能做什么 孙嘉晖 著	一线老手的深度思考,告诉你在建材家居营销模式基本停滞的今天,除了促销,营销还能怎么做	给你的想法一场革命
建材家居	建材家居营销实务 程绍珊 杨鸿贵 主编	价值营销运用到建材家居,每一步都让客户增值	有自己的系统、实战
建材家居	家居建材门店6力爆破 贾同领 著	合盘道出一线品牌销量秘籍	6力招招见血,既有招数,又有策略
建材家居	建材家居门店销量提升 贾同领 著	店面选址、广告投放、推广助销、空间布局、生动展示、店面运营等	门店销量提升是一个系统工程,非常系统、实战
建材家居	10步成为最棒的建材家居门店店长 徐伟泽 著	实际方法易学易用,让员工能够迅速成长,成为独当一面的好店长	只要坚持这样干,一定能成为好店长
建材家居	手把手帮建材家居导购业绩倍增:成为顶尖的门店店员 熊亚柱 著	生动的表现形式,让普通人也能成为优秀的导购员,让门店业绩长红	读着有趣、用着简单,一本在手、业绩无忧
建材家居	建材家居经销商实战42章经 王庆云 著	告诉经销商:老板怎么当、团队怎么带、生意怎么做	忠言逆耳,看着不舒服就对了,实战总结,用一招半式就值了
工业品	销售是门专业活:B2B、工业品 陆和平 著	销售流程就应该跟着客户的采购流程和关注点的变化向前推进,将一个完整的销售过程分成十个阶段,提供具体方法	销售不是请客吃饭拉关系,是个专业的活计!方法在手,走遍天下不愁
工业品	解决方案营销实战案例 刘祖轲 著	用10个真案例讲明白什么是工业品的解决方案式营销,实战、实用	有干货、真正操作过的才能写得出来
工业品	变局下的工业品企业7大机遇 叶敦明 著	产业链条的整合机会、盈利模式的复制机会、营销红利的机会、工业服务商转型机会……	工业品企业还可以这样做,思维大突破
工业品	工业品市场部实战全指导 杜 忠 著	工业品市场部经理工作内容全指导	系统、全面、有理论、有方法,帮助工业品市场部经理更快提升专业能力

续表

类别	书名·作者	内容/特色	读者价值
工业品	工业品营销管理实务 李洪道 著	中国特色工业品营销体系的全面深化、工业品营销管理体系优化升级	工具更实战,案例更鲜活,内容更深化
工业品	工业品企业如何做品牌 张东利 著	为工业品企业提供最全面的品牌建设思路	有策略、有方法、有思路、有工具
工业品	丁兴良讲工业4.0 丁兴良 著	没有枯燥的理论和说教,用朴实直白的语言告诉你工业4.0的全貌	工业4.0是什么?本书告诉你答案
工业品	资深大客户经理:策略准,执行狠 叶敦明 著	从业务开发、发起攻势、关系培育、职业成长四个方面,详述了大客户营销的精髓	满满的全是干货
工业品	一切为了订单:订单驱动下的工业品营销实战 唐道明 著	其实,所有的企业都在围绕着两个字在开展全部的经营和管理工作,那就是"订单"	开发订单、满足订单、扩大订单。本书全是实操方法,字字珠玑、句句干货,教你获得营销的胜利
金融	交易心理分析 (美)马克·道格拉斯 著 刘真如 译	作者一语道破赢家的思考方式,并提供了具体的训练方法	不愧是投资心理的第一书,绝对经典
金融	精品银行管理之道 崔海鹏 何屹 主编	中小银行转型的实战经验总结	中小银行的教材很多,实战类的书很少,可以看看
金融	支付战争 Eric M. Jackson 著 徐彬 王晓 译	PayPal创业期营销官,亲身讲述PayPal从诞生到壮大到成功出售的整个历史	激烈、有趣的内幕商战故事!了解美国支付市场的风云巨变
金融	中外并购名著专业阅读指南 叶兴平 等著	在5000多本并购类图书中精选的200著作,在阅读的基础上写的读书评价	精挑细选200本并一一评介,省去读者挑选的烦恼,快捷、高效
金融	互联网时代的银行转型 韩友诚 著	以大量案例形式为读者全面展示和分析了银行的互联网金融转型应对之道	结合本土银行转型发展案例的书籍
房地产	产业园区/产业地产规划、招商、运营实战 阎立忠 著	目前中国第一本系统解读产业园区和产业地产建设运营的实战宝典	从认知、策划、招商到运营全面了解地产策划
房地产	人文商业地产策划 戴欣明 著	城市与商业地产战略定位的关键是不可复制性,要发现独一无二的"味道"	突破千城一面的策划困局
房地产	电影院的下一个黄金十年:开发·差异化·案例 李保煜 著	对目前电影院市场存大的问题及如何解决进行了探讨与解读	多角度了解电影院运营方式及代表性案例
能源	全能型班组:城市能源互联网与电力班组升级 国网天津市电力公司 编著	借鉴国内外优秀企业的转型升级思路,通过对于新型班组组织模式和运行机制的大胆设想,力图构建充分适应内外环境变化的全能型班组	看看庞大的国企在新环境下是如何顺应时代的
能源	国网天津电力全能型班组建设实务 国网天津市电力公司 编著	本书聚焦于天津电力公司在探索全能型班组转型升级时的优秀实践	电力行业的班组实践,具体、可操作性强

经营类:企业如何赚钱,如何抓机会,如何突破,如何"开源"

类别	书名·作者	内容/特色	读者价值
抓方向	让经营回归简单.升级版 宋新宇 著	化繁为简抓住经营本质:战略、客户、产品、员工、成长	经典,做企业就这几个关键点!
抓方向	混沌与秩序Ⅰ:变革时代企业领先之道 混沌与秩序Ⅱ:变革时代管理新思维 彭剑锋 尚艳玲 主编	汇集华夏基石专家团队10年来研究成果,集中选择了其中的精华文章编纂成册	作者都是既有深厚理论积淀又有实践经验的重磅专家,为中国企业和企业家的未来提出了高屋建瓴的观点
抓方向	活系统:跟任正非学当老板 孙行健 尹贤 著	以任正非的独到视角,教企业老板如何经营公司	看透公司经营本质,激活企业活力

续表

抓方向	重构:快消品企业重生之道 杨永华 著	从7个角度,帮助企业实现系统性的改造	提供转型思想与方法,值得参考
	公司由小到大要过哪些坎 卢 强 著	老板手里的一张"企业成长路线图"	现在我在哪儿,未来还要走哪些路,都清楚了
	企业二次创业成功路线图 夏惊鸣 著	企业曾经抓住机会成功了,但下一步该怎么办?	企业怎样获得第二次成功,心里有个大框架了
	老板经理人双赢之道 陈 明 著	经理人怎样选平台、怎么开局,老板怎样选/育/用/留	老板生闷气,经理人牢骚大,这次知道该怎么办了
	简单思考:AMT咨询创始人自述 孔祥云 著	著名咨询公司(AMT)的CEO创业历程中点点滴滴的经验与思考	每一位咨询人,每一位创业者和管理经营者,都值得一读
	企业文化的逻辑 王祥伍 黄健江 著	为什么企业绩效如此不同,解开绩效背后的文化密码	少有的深刻,有品质,读起来很流畅
	使命驱动企业成长 高可为 著	钱能让一个人今天努力,使命能让一群人长期努力	对于想做事业的人,'使命'是绕不过去的
思维突破	盈利原本就这么简单 高可为 著	从财务的角度揭示企业盈利的秘密	多方面解读商业模式与盈利的关系,通俗易懂,受益匪浅
	移动互联新玩法:未来商业的格局和趋势 史贤龙 著	传统商业、电商、移动互联,三个世界并存,这种新格局的玩法一定要懂	看清热点的本质,把握行业先机,一本书搞定移动互联网
	画出公司的互联网进化路线图:用互联网思维重塑产品、客户和价值 李 蓓 著	18个问题帮助企业一步步梳理出互联网转型思路	思路清晰、案例丰富,非常有启发性
	重生战略:移动互联网和大数据时代的转型法则 沈 拓 著	在移动互联网和大数据时代,传统企业转型如同生命体打算与再造,称之为"重生战略"	帮助企业认清移动互联网环境下的变化和应对之道
	创造增量市场:传统企业互联网转型之道 刘红明 著	传统企业需要用互联网思维去创造增量,而不是用电子商务去转移传统业务的存量	教你怎么在"互联网+"的海洋中创造实实在在的增量
	7个转变,让公司3年胜出 李 蓓 著	消费者主权时代,企业该怎么办	这就是互联网思维,老板有能这样想,肯定倒不了
	跳出同质思维,从跟随到领先 郭 剑 著	66个精彩案例剖析,帮助老板突破行业长期思维惯性	做企业竟然有这么多玩法,开眼界
	麻烦就是需求 难题就是商机 卢根鑫 著	如何借助客户的眼睛发现商机	什么是真商机,怎么判断、怎么抓,有借鉴
	互联网+"变"与"不变":本土管理实践与创新论坛集萃·2016 本土管理实践与创新论坛 著	加速本土管理思想的孕育诞生,促进本土管理创新成果更好地服务企业、贡献社会	各个作者本年度最新思想,帮助读者拓宽眼界、突破思维
	消费升级:实践 研究(文集) 本土管理实践与创新论坛 著	38位管理专家及7位学者的精华思想,从经营、管理、行业及思想研究四个方面阐述中国企业在消费升级下的实践与研究	思想启发,行业借鉴
财务	写给企业家的公司与家庭财务规划——从创业成功到富足退休 周荣辉 著	本书以企业的发展周期为主线,写各阶段企业与企业主家庭的财务规划	为读者处理人生各阶段企业与家庭的财务问题提供建议及方法,让家庭成员真正享受财富带来的益处
	互联网时代的成本观 程 翔 著	本书结合互联网时代提出了成本的多维观,揭示了多维组合成本的互联网精神和大数据特征,论述了其产生背景、实现思路和应用价值	在传统成本观下为盈利的业务,在新环境下也许就成为亏损业务。帮助管理者从新的角度来看待成本,进一步做好精益管理

续表

	书名·作者	内容/特色	读者价值
财务	财报背后的投资机会 蒋豹 著	以具体的公司案例分析,教你迅速看出财务报表与企业经营的关系、所反映的企业经营现状,从而找到投资机会	前四大会计所员工为读者解密财报,发现投资机会

管理类:效率如何提升,如何实现经营目标,如何"节流"

	书名·作者	内容/特色	读者价值
通用管理	让管理回归简单·升级版 宋新宇 著	从目标、组织、决策、授权、人才和老板自己层面教你怎样做管理	帮助管理抓住管理的要害,让管理变得简单
	让经营回归简单·升级版 宋新宇 著	从战略、客户、产品、员工、成长、经营者自身等七个方面,归纳总结出简单有效的经营法则	总结出的真正优秀企业的成功之道:简单
	让用人回归简单 宋新宇 著	从用人的原则、用人的难题与误区、用人的方法和用人者的修炼四大方面,总结出适合中小企业做好人才管理工作的法则	帮助管理者抓住用人的要害,让用人变得简单
	历史深处的管理智慧1:组织建设与用人之道 刘文瑞 著	对历史之典故、政事、人事、政制进行管理解析,鉴照企业人才的选用育留	推动理论与实践的对接,实现理性与情感的渗透,用中国话语说明管理智慧
	历史深处的管理智慧2:战略决策与经营运作 刘文瑞 著	对历史之典故、政事、人事、政制进行管理解析,鉴照企业战略设计与经营实践	推动理论与实践的对接,实现理性与情感的渗透,用中国话语说明管理智慧
	历史深处的管理智慧3:领导修炼与文化素养 刘文瑞 著	对历史之典故、政事、人事、政制进行管理解析,鉴照企业领导职业能力提升与文化修养	推动理论与实践的对接,实现理性与情感的渗透,用中国话语说明管理智慧
	管理的尺度 刘文瑞 著	对管理中的种种普遍性问题进行了批评	提高把握管理尺度的能力
	管理学在中国 刘文瑞 著	系统性介绍了管理学在中国的发展和演变	了解管理学在中国的发展脉络,更清晰理解管理学的本质
	看电影,懂管理 刘文瑞 著	16部经典电影,带你感悟管理智慧	能够帮助读者放松身心,驰骋想象,在不知不觉中增长智慧
	管理:以规则驾驭人性 王春强 著	详细解读企业规则的制定方法	从人与人博弈角度提升管理的有效性
	员工心理学超级漫画版 邢雷 著	以漫画的形式深度剖析员工心理	帮助管理者更了解员工,从而更轻松地管理员工
	老板有想法,高层有干法:企业中的将帅之道 王清华 著	深入剖析老板与高管的异同	各司其职,各行其是,相辅相成
	分股合心:股权激励这样做 段磊 周剑 著	通过丰富的案例,详细介绍了股权激励的知识和实行方法	内容丰富全面、易读易懂,了解股权激励,有这一本就够了
	边干边学做老板 黄中强 著	创业20多年的老板,有经验、能写、又愿意分享,这样的书很少	处处共鸣,帮助中小企业老板少走弯路
	成为敏感而体贴的公司 王涛 著	本书是作者对企业的观察和冥想的随笔记录。从生活中的一个现象入手,进而探索现象背后的本质	从全新角度认识公司
	中国企业的觉醒:正直 善良 成长 王涛 著	围绕着企业人如何发生转化展开,对中国人、中国文化及由此导致的企业现状的观察和思考	企业除了要利润,还需要道德
	有意识的思考:轻松化解问题的7个思考习惯 王涛 著	本书是对思想、思考过程、思考方式进行的细致观察	养成好的思考习惯,更深刻地看问题
	中国式阿米巴落地实践之从交付到交易 胡八一 著	本书主要讲述阿米巴经营会计,"从交付到交易",这是成功实施了阿米巴的标志	阿米巴经营会计的工作是有逻辑关联的,一本书就能搞定

续表

通用管理	中国式阿米巴落地实践之激活组织 胡八一 著	重点讲解如何科学划分阿米巴单元,阐述划分的实操要领、思路、方法、技术与工具	最大限度减少"推行风险"和"摸索成本",利于公司成功搭建适合自身的个性化阿米巴经营体系
	中国式阿米巴落地实践之持续盈利 胡八一 著	把企业做成平台,企业才能做大(格局);把平台做成阿米巴,企业才能做强(专业);把阿米巴做成合伙制,企业才能做久(机制)	中国式阿米巴落地实践三部曲的最后一部,告诉你企业如何做大做强做久
	集团化企业阿米巴实战案例 初勇钢 著	一家集团化企业阿米巴实施案例	指导集团化企业系统实施阿米巴
	阿米巴经营的中国模式 李志华 著	让员工从"要我干"到"我要干",价值量化出来	阿米巴在企业如何落地,明白思路了
	欧博心法:好管理靠修行 曾伟 著	用佛家的智慧,深刻剖析管理问题,见解独到	如果真的有'中国式管理',曾老师是其中标志性人物
	领导这样点燃你的下属 孟广桥 著	领导者如何才能让员工积极主动地工作?如何让你的员工和下属保持工作的热情,自动自发?看了这本书就知道	只要你希望手下的"兵将"永远充满工作的斗志,这本书将使你获益良多
流程管理	1. 用流程解放管理者 2. 用流程解放管理者2 张国祥 著	中小企业阅读的流程管理、企业规范化的书	通俗易懂,理论和实践的结合恰到好处
	跟我们学建流程体系 陈立云 著	畅销书《跟我们学做流程管理》系列,更实操,更细致,更深入	更多地分享实践,分享感悟,从实践总结出来的方法论
	人人都要懂流程 金国华 余雅丽 著	当前各企业流程管理方面最为典型的痛点现象及问题案例	通俗易懂,适合企业全员阅读
质量管理	IATF16949 质量管理体系详解与案例文件汇编:TS16949 转版 IATF16949:2016 谭洪华 著	针对IATF的新标准做了详细的解说,同时指出了一些推行中容易犯的错误,提供了大量的表单、案例	案例、表单丰富,拿来就用
	五大质量工具详解及运用案例:APQP/FMEA/PPAP/MSA/SPC 谭洪华 著	对制造业必备的五大质量工具中每个文件的制作要求、注意事项、制作流程、成功案例等进行了解读	通俗易懂、简便易行,能真正实现学以致用
	ISO9001:2015 新版质量管理体系详解与案例文件汇编 谭洪华 著	紧密围绕2015年新版质量管理体系文件逐条详细解读,并提供可以直接套用的案例工具,易学易上手	企业质量管理认证、内审必备
	ISO14001:2015 新版环境管理体系详解与案例文件汇编 谭洪华 著	紧密围绕2015年新版环境管理体系文件逐条详细解读,并提供可以直接套用的案例工具,易学易上手	企业环境管理认证、内审必备
	SA8000:2014 社会责任管理体系认证实战 吕林 著	作者根据自己的操作经验,按认证的流程,以相关案例进行说明SA8000认证体系	简单,实操性强,拿来就能用
	精益质量管理实战工具 贺小林 著	制造类企业日常工作中所需要的精益管理工具的归纳整理,并进行案例操作的细致分析	可以直接参考,实际解决生产中的具体问题
战略落地	重生——中国企业的战略转型 施炜 著	从前瞻和适用的角度,对中国企业战略转型的方向、路径及策略性举措提出了一些概要性的建议和意见	对企业有战略指导意义
	公司大了怎么管:从靠英雄到靠组织 AMT 金国华 著	第一次详尽阐释中国快速成长型企业的特点、问题及解决之道	帮助快速成长型企业领导及管理团队理清思路,突破瓶颈

续表

战略落地	低效会议怎么改:每年节省一半会议成本的秘密 AMT 王玉荣 著	教你如何系统规划公司的各级会议,一本工具书	教会你科学管理会议的办法
	年初订计划,年尾有结果:战略落地七步成诗 AMT 郭晓 著	7个步骤教会你怎么让公司制定的战略转变为行动	系统规划,有效指导计划实现
人力资源	HRBP 是这样炼成的之"菜鸟起飞" 新 海 著	以小说的形式,具体解析 HRBP 的职责,应该如何操作,如何为业务服务	实践者的经验分享,内容实务具体,形式有趣
	HRBP 是这样炼成的之中级修炼 新 海 著	本书以案例故事的方式,介绍了 HRBP 在实际工作中碰到的问题和挑战	书中的 HR 解决方案讲究因时因地制宜、简单有效的原则,重在启发读者思路,可供各类企业 HRBP 借鉴
	HRBP 是这样炼成的之高级修炼 新 海 著	以故事的形式,展现了 HRBP 工作者在职业发展路上的层层深入和递进	为读者提供 HRBP 在实际工作中遇到种种问题的解决方案
	把面试做到极致:首席面试官的人才甄选法 孟广桥 著	作者用自己几十年的人力资源经验总结出的一套实用的确定岗位招聘标准、提升面试官技能素质的简便方法	面试官必备,没有空泛理论,只有巧妙的实操技能
	人力资源体系与 e-HR 信息化建设 刘书生 陈 莹 王美佳 著	将作者经历的人力资源管理变革、人力资源管理信息化咨询项目方法论、工具和成果全面展现给读者,使大家能够将其快速应用到管理实践中	系统性非常强,没有废话,全部是浓缩的干货
	回归本源看绩效 孙 波 著	让绩效回顾"改进工具"的本源,真正为企业所用	确实是来源于实践的思考,有共鸣
	世界500强资深培训经理人教你做培训管理 陈 锐 著	从7大角度具体细致地讲解了培训管理的核心内容	专业、实用、接地气
	曹子祥教你做激励性薪酬设计 曹子祥 著	以激励性为指导,系统性地介绍了薪酬体系及关键岗位的薪酬设计模式	深入浅出,一本书学会薪酬设计
	曹子祥教你做绩效管理 曹子祥 著	复杂的理论通俗化,专业的知识简单化,企业绩效管理共性问题的解决方案	轻松掌握绩效管理
	把招聘做到极致 远 鸣 著	作为世界500强高级招聘经理,作者数十年招聘经验的总结分享	带来职场思考境界的提升和具体招聘方法的学习
	人才评价中心.超级漫画版 邢 雷 著	专业的主题,漫画的形式,只此一本	没想到一本专业的书,能写成这效果
	走出薪酬管理误区 全怀周 著	剖析薪酬管理的8大误区,真正发挥好枢纽作用	值得企业深读的实用教案
	集团化人力资源管理实践 李小勇 著	对搭建集团化的企业很有帮助,务实,实用	最大的亮点不是理论,而是结合实际的深入剖析
	我的人力资源咨询笔记 张 伟 著	管理咨询师的视角,思考企业的 HR 管理	通过咨询师的眼睛对比很多企业,有启发
	本土化人力资源管理8大思维 周 剑 著	成熟 HR 理论,在本土中小企业实践中的探索和思考	对企业的现实困境有真切体会,有启发

续表

	书名/作者	内容简介	推荐理由
企业文化	36个拿来就用的企业文化建设工具 海融心胜 主编	数十个工具，为了方便拿来就用，每一个工具都严格按照工具属性、操作方法、案例解读划分，实用、好用	企业文化工作者的案头必备书，方法都在里面，简单易操作
	企业文化建设超级漫画版 邢雷 著	以漫画的形式系统教你企业文化建设方法	轻松易懂好操作
	华夏基石方法：企业文化落地本土实践 王祥伍 谭俊峰 著	十年积累、原创方法、一线资料，和盘托出	在文化落地方面真正有洞察，有实操价值的书
	企业文化的逻辑 王祥伍 著	为什么企业之间如此不同，解开绩效背后的文化密码	少有的深刻，有品质，读起来很流畅
	企业文化激活沟通 宋梓宸 安琪 著	透过新任HR总经理的眼睛，揭示出沟通与企业文化的关系	有实际指导作用的文化落地读本
	在组织中绽放自我：从专业化到职业化 朱仁健 王祥伍 著	个人如何融入组织，组织如何助力个人成长	帮助企业员工快速认同并投入到组织中去，为企业发展贡献力量
	企业文化定位·落地一本通 王明胤 著	把高深枯燥的专业理论创建成一套系统化、实操化、简单化的企业文化缔造方法	对企业文化不了解，不会做？有这一本从概念到实操，就够了
生产管理	精益思维：中国精益如何落地 刘承元 著	笔者二十余年企业经营和咨询管理的经验总结	中国企业需要灵活运用精益思维，推动经营要素与管理机制的有机结合，推动企业管理向前发展
	300张现场图看懂精益5S管理 乐涛 编著	5S现场实操详解	案例图解，易懂易学
	高员工流失率下的精益生产 余伟辉 著	中国的精益生产必须面对和解决高员工流失率问题	确实来源于本土的工厂车间，很务实
	车间人员管理那些事儿 岑立聪 著	车间人员管理中处理各种"疑难杂症"的经验和方法	基层车间管理者最闹心、头疼的事，'打包'解决
	1. 欧博心法：好管理靠修行 2. 欧博心法：好工厂这样管 曾伟 著	他是本土最大的制造业管理咨询机构创始人，他从400多个项目、上万家企业实践中锤炼出的欧博心法	中小制造型企业，一定会有很强的共鸣
	欧博工厂案例1：生产计划管控对话录 欧博工厂案例2：品质技术改善对话录 欧博工厂案例3：员工执行力提升对话录 曾伟 著	最典型的问题、最详尽的解析，工厂管理9大问题27个经典案例	没想到说得这么细，超出想象，案例很典型，照搬都可以了
	工厂管理实战工具 欧博企管 编著	以传统文化为核心的管理工具	适合中国工厂
	苦中得乐：管理者的第一堂必修课 曾伟 编著	曾伟与师傅大愿法师的对话，佛学与管理实践的碰撞，管理禅的修行之道	用佛学最高智慧看透管理
	比日本工厂更高效1：管理提升无极限 刘承元 著	指出制造型企业管理的六大积弊；颠覆流行的错误认知；掌握精益管理的精髓	每一个企业都有自己不同的问题，管理没有一剑封喉的秘笈，要从现场、现物、现实出发
	比日本工厂更高效2：超强经营力 刘承元 著	企业要获得持续盈利，就要开源和节流，即实现销售最大化，费用最小化	掌握提升工厂效率的全新方法

分类	书名/作者	内容简介	推荐理由
生产管理	比日本工厂更高效3：精益改善力的成功实践 刘承元 著	工厂全面改善系统有其独特的目的取向特征，着眼于企业经营体质（持续竞争力）的建设与提升	用持续改善力来飞速提升工厂的效率，高效率能够带来意想不到的高效益
	3A顾问精益实践1：IE与效率提升 党新民 苏迎斌 蓝旭日 著	系统的阐述了IE技术的来龙去脉以及操作方法	使员工与企业持续获利
	3A顾问精益实践2：JIT与精益改善 肖志军 党新民 著	只在需要的时候，按需要的量，生产所需的产品	提升工厂效率
	手把手教你做专业的生产经理 黄娜 著	物流、信息流、资金流，让生产经理管理有抓手	从菜鸟到能把控全局
员工素质提升	TTT培训师精进三部曲（上）：深度改善现场培训效果 廖信琳 著	现场把控不用慌，这里有妙招一用就灵	课程现场无论遇到什么样的情况都能游刃有余
	TTT培训师精进三部曲（中）：构建最有价值的课程内容 廖信琳 著	这样做课程内容，学员有收获培训师也有收获	优质的课程内容是树立个人品牌的保证
	TTT培训师精进三部曲（下）：职业功力沉淀与修为提升 廖信琳 著	从内而外提升自己，职业的道路一帆风顺	走上职业TTT内训师的康庄大道
	培训师，如何让你的事业长青：自我管理的10项法则 廖信琳 著	建立了一套完整的培训师自我管理体系，为培训师的职业成长与发展提供有益的指引	培训师如何在自己的职业道路上越走越高，事业长青，一直有所收获与成长？本书将给你答案
	管理咨询师的第一本书：百万年薪 千万身价 熊亚柱 著	从问题出发，发现问题、分析问题、解决问题，让两眼一抹黑的新人快速成长	管理咨询师初入职场，让这本书开启百万年薪之路
	手把手教你做专业督导：专卖店、连锁店 熊亚柱 著	从督导的职能、作用，在工作中需要的专业技能、方法，都提供了详细的解读和训练办法，同时附有大量的表单工具	无论是店铺需要统一培训，还是个人想成为优秀的督导，有这一本就够了
	跟老板"偷师"学创业 吴江萍 余晓雷 著	边学边干，边观察边成长，你也可以当老板	不同于其他类型的创业书，让你在工作中积累创业经验，一举成功
	销售轨迹：一位快消品营销总监的拼搏之路 秦国伟 著	本书讲述了一个普通销售员打拼成为跨国企业营销总监的真实奋斗历程	激励人心，给广大销售员以力量和鼓舞
	在组织中绽放自我：从专业化到职业化 朱仁健 王祥伍 著	个人如何融入组织，组织如何助力个人成长	帮助企业员工快速认同并投入到组织中去，为企业发展贡献力量
	企业员工弟子规：用心做小事，成就大事业 贾同领 著	从传统文化《弟子规》中学习企业中为人处事的办法，从自身做起	点滴小事，修养自身，从自身的改善得到事业的提升
	手把手教你做顶尖企业内训师：TTT培训师宝典 熊亚柱 著	从课程研发到现场把控、个人提升都有涉及，易读易懂，内容丰富全面	想要做企业内训师的员工有福了，本书教你如何抓住关键，从入门到精通
	客诉处理金手指：客户投诉的应对与管理 孟广桥 著	立足于投诉处理的实践，剖析了不同投诉者投诉的特点和应对措施，并提供各种技巧方法、赢得客户信赖所需培养的品质修炼、处理投诉应掌握的法律法规等工具	是投诉处理人员适应岗位职能需要、提升工作技能的良师益友，是企业变诉为金、培养业务骨干的法宝

续表

营销类:把客户需求融入企业各环节,提供"客户认为"有价值的东西			
	书名、作者	内容/特色	读者价值
营销模式	精品营销战略 杜建君 著	以精品理念为核心的精益战略和营销策略	用精品思维赢得高端市场
	变局下的营销模式升级 程绍珊 叶宁 著	客户驱动模式、技术驱动模式、资源驱动模式	很多行业的营销模式被颠覆,调整的思路有了!
	卖轮子 科克斯【美】	小说版的营销学!营销理念巧妙贯穿其中,贵在既有趣,又有深度	经典、有趣!一个故事读懂营销精髓
	动销操盘:节奏掌控与社群时代新战法 朱志明 著	在社群时代把握好产品生产销售的节奏,解析动销的症结,寻找动销的规律与方法	都是易读易懂的干货!对动销方法的全面解析和操盘
	弱势品牌如何做营销 李政权 著	中小企业虽有品牌但没名气,营销照样做的有声有色	没有丰富的实操经验,写不出这么具体、详实的案例和步骤,很有启发
	老板如何管营销 史贤龙 著	高段位营销16招,好学好用	老板能看,营销人也能看
	洞察人性的营销战术:沈坤教你28式 沈坤 著	28个匪夷所思的营销怪招令人拍案叫绝,涉及商业竞争的方方面面,大部分战术可以直接应用到企业营销中	各种谋略得益于作者的横向思维方式,将其操作过的案例结合其中,提供的战术对读者有参考价值
	动销:产品是如何畅销起来的 吴江萍 余晓雷 著	真真切切告诉你,产品究竟怎么才能卖出去	击中痛点,提供方法,你值得拥有
	1000铁杆女粉丝 张兵武 著	连接是女性与生俱来的特质。能善用连接的营销人员,就像拿到打开女性荷包的钥匙	重新认识女性的传播力量
	360°谈营销:一位营销咨询师20年实战洞察 王清华 古怀亮 著	各个角度,全方位,多视点剥营销	思路单一,此书帮你破
	营销按钮:扣动一触即发的力量 老苗 著	提供各种奇形怪状的营销武器	一定会带给你不一样的思维震撼
销售	资深大客户经理:策略准,执行狠 叶敦明 著	从业务开发、发起攻势、关系培育、职业成长四个方面,详述了大客户营销的精髓	满满的全是干货
	成为资深的销售经理:B2B、工业品 陆和平 著	围绕"销售管理的六个关键控制点"一一展开,提供销售管理的专业、高效方法	方法和技术接地气,拿来就用,从销售员成长为经理不再犯难
	销售是门专业活:B2B、工业品 陆和平 著	销售流程就应该跟着客户的采购流程和关注点的变化向前推进,将一个完整的销售过程分成十个阶段,提供具体方法	销售不是请客吃饭拉关系,是个专业的活计!方法在手,走遍天下不愁
	向高层销售:与决策者有效打交道 贺兵一 著	一套完整有效的销售策略	有工具,有方法,有案例,通俗易懂
	卖轮子 科克斯【美】	小说版的营销学!营销理念巧妙贯穿其中,贵在既有趣,又有深度	经典、有趣!一个故事读懂营销精髓
	学话术 卖产品 张小虎 著	分析常见的顾客异议,将优秀的话术模块化	让普通导购员也能成为销售精英
组织和团队	升级你的营销组织 程绍珊 吴越舟 著	用"有机性"的营销组织替代"营销能人",营销团队变成"铁营盘"	营销队伍最难管,程老师不愧是营销第1操盘手,步骤方法都很成熟
	用数字解放营销人 黄润霖 著	通过量化帮助营销人员提高工作效率	作者很用心,很好的常备工具书

续表

分类	书名/作者	内容简介	推荐理由
组织和团队	成为优秀的快消品区域经理（升级版） 伯建新 著	用"怎么办"分析区域经理的工作关键点，增加30%全新内容，更贴近环境变化	可以作为区域经理的"速成催化器"
	成为资深的销售经理：B2B、工业品 陆和平 著	围绕"销售管理的六个关键控制点"——展开，提供销售管理的专业、高效方法	方法和技术接地气，拿来就用，从销售员成长为经理不再犯难
	一位销售经理的工作心得 蒋军 著	一线营销管理人员想提升业绩却无从下手时，可以看看这本书	一线的真实感悟
	快消品营销：一位销售经理的工作心得2 蒋军 著	快消品、食品饮料营销的经验之谈，重点突出	来源于实战的精华总结
	销售轨迹：一位快消品营销总监的拼搏之路 秦国伟 著	本书讲述了一个普通销售员拼搏成为跨国企业营销总监的真实奋斗历程	激励人心，给广大销售员以力量和鼓舞
	用营销计划锁定胜局：用数字解放营销人2 黄润霖 著	全方位教你怎么做好营销计划，好学好用真简单	照搬套用就行，做营销计划再也不头痛
	快消品营销人的第一本书：从入门到精通 刘雷 伯建新 著	快消行业必读书，从入门到专业	深入细致，易学易懂
产品	产品开发管理方法·流程·工具：从作坊式到规范化 任彭枞 著	产品研发管理体系全指导	既有工具，又能开拓思路
	新产品开发管理，就用IPD（升级版） 郭富才 著	10年IPD研发管理咨询总结，国内首部IPD专业著作	一本书掌握IPD管理精髓
	这样打造大单品：案例 策略 方法 迪智成咨询团队 著	囊括十三个不同行业、企业的实际案例，从不同角度详细剖析、总结了这些品牌厂家打造大单品的成功经验或者失败教训	厘清大单品打造的策划与路径，得出持续经营的思路与方法
	资深项目经理这样做新产品开发管理 秦海林 著	以IPD为思想，系统讲解新产品开管理的细节	提供管理思路和实用工具
	产品炼金术Ⅰ：如何打造畅销产品 史贤龙 著	满足不同阶段、不同体量、不同行业企业对产品的完整需求	必须具备的思维和方法，避免在产品问题上走弯路
	产品炼金术Ⅱ：如何用产品驱动企业成长 史贤龙 著	做好产品、关注产品的品质，就是企业成功的第一步	必须具备的思维和方法，避免在产品问题上走弯路
品牌	中小企业如何建品牌 梁小平 著	中小企业建品牌的入门读本，通俗、易懂	对建品牌有了一个整体框架
	采纳方法：破解本土营销8大难题 朱玉童 编著	全面、系统、案例丰富、图文并茂	希望在品牌营销方面有所突破的人，应该看看
	中国品牌营销十三战法 朱玉童 编著	采纳20年来的品牌策划方法，同时配有大量的案例	众包方式写作，丰富案例给人启发，极具价值
	今后这样做品牌：移动互联时代的品牌营销策略 蒋军 著	与移动互联紧密结合，告诉你老方法还能不能用，新方法怎么用	今后这样做品牌就对了
	中小企业如何打造区域强势品牌 吴之 著	帮助区域的中小企业打造自身品牌，如何在强壮自身的基础上往外拓展	梳理误区，系统思考品牌问题，切实符合中小区域品牌的自身特点进行阐述
渠道通路	深度分销：掌控渠道价值链 施炜 著	制造商通过掌控渠道价值链，将管理触角延伸至零售层面及顾客现场，对市场根部精耕细作，从而挖掘需求，构筑区域市场尤其是三四级市场的竞争壁垒	深度分销是中国企业对世界营销的独特贡献。实践证明，互联网时代深度分销仍有生命力
	快消品营销与渠道管理 谭长春 著	将快消品标杆企业渠道管理的经验和方法分享出来	可口可乐、华润的一些具体的渠道管理经验，实战

续表

	书名.作者	内容/特色	读者价值
渠道通路	传统行业如何用网络拿订单 张 进 著	给老板看的第一本网络营销书	适合不懂网络技术的经营决策者看
	采纳方法:化解渠道冲突 朱玉童 编著	系统剖析渠道冲突,21个渠道冲突案例、情景式讲解,37篇讲义	系统、全面
	学话术 卖产品 张小虎 著	分析常见的顾客异议,将优秀的话术模块化	让普通导购员也能成为销售精英
	向高层销售:与决策者有效打交道 贺兵一 著	一套完整有效的销售策略	有工具,有方法,有案例,通俗易懂
	通路精耕操作全解:快消品20年实战精华 周 俊 陈小龙 著	通路精耕的详细全解,每一步的具体操作方法和表单全部无保留提供	康师傅二十年的经验和精华,实践证明的最有效方法,教你如何主宰通路

管理者读的文史哲·生活

	书名.作者	内容/特色	读者价值
思想·文化	德鲁克管理思想解读 罗 珉 著	用独特视角和研究方法,对德鲁克的管理理论进行了深度解读与剖析	不仅是摘引和粗浅分析,还是作者多年深入研究的成果,非常可贵
	德鲁克与他的论敌们:马斯洛、戴明、彼得斯 罗 珉 著	几位大师之间的论战和思想碰撞令人受益匪浅	对大师们的观点和著作进行了大量的理论加工,去伪存真、去粗存精,同时有自己独特的体系深度
	德鲁克管理学 张远凤 著	本书以德鲁克管理思想的发展为线索,从一个侧面展示了20世纪管理学的发展历程	通俗易懂,脉络清晰
	王阳明"万物一体"论:从"身-体"的立场看(修订版) 陈立胜 著	以身体哲学分析王阳明思想中的"仁"与"乐"	进一步了解传统文化,了解王阳明的思想
	自我与世界:以问题为中心的现象学运动研究 陈立胜 著	以问题为中心,对现象学运动中的"意向性""自我""他人""身体"及"世界"各核心议题之思想史背景与内在发展理路进行深入细致的分析	深入了解现象学中的几个主要问题
	作为身体哲学的中国古代哲学 张再林 著	上篇为中国古代身体哲学理论体系奠基性部分,下篇对由"上篇"所开出的中国身体哲学理论体系的进一步的阐发和拓展	了解什么是真正原生态意义上的中国哲学,把中国传统哲学与西方传统哲学加以严格区别
	中西哲学的歧异与会通 张再林 著	本书以一种现代解释学的方法,对中国传统哲学内在本质尝试一种全新的和全方位的解读	发掘出掩埋在古老传统形式下的现代特质和活的生命,在此基础上揭示中西哲学"你中有我,我中有你"之旨
	治论:中国古代管理思想 张再林 著	本书主要从儒、法墨三家阐述中国古代管理思想	看人本主义的管理理论如何不留斧痕地克服似乎无法调解的存在于人类社会行为与社会组织中的种种两难和对立
	车过麻城 再晤李贽 张再林 著	系统全面而又简明扼要地展示了李贽独到的学术眼力和超拔的理论建树	帮助读者重新认识李贽的思想
	中国古代政治制度(修订版)上:皇帝制度与中央政府 刘文瑞 著	全面论证了古代皇帝制度的形成和演变的历程	有助于读者从政治制度角度了解中国国情的历史渊源
	中国古代政治制度(修订版)下:地方体制与官僚制度 刘文瑞 著	全面论证了古代地方政府的发展演变过程	有助于读者从政治制度角度了解中国国情的历史渊源
	中国思想文化十八讲(修订版) 张茂泽 著	中国古代的宗教思想文化,如对祖先崇拜、儒家天命观、中国古代关于"神"的讨论等	宗教文化和人生信仰或信念紧密相联,在文化转型时期学习和研究中国宗教文化就有特别的现实意义

续表

思想·文化	史幼波《大学》讲记 史幼波 著	用儒释道的观点阐述大学的深刻思想	一本书读懂传统文化经典
	史幼波《周子通书》《太极图说》讲记 史幼波 著	把形而上的宇宙、天地,与形而下的社会、人生、经济、文化等融合在一起	将儒家的一整套学修系统融合起来
	史幼波《中庸》讲记(上下册) 史幼波 著	全面、深入浅出地揭示儒家中庸文化的真谛	儒释道三家思想融会贯通
	梁涛讲《孟子》之万章篇 梁涛 著	《万章》主要记录孟子与万章的对话,涉及孝道、亲情、友情、出仕为官等	作者的解读能帮助读者更好地理解孟子及儒学
	两晋南北朝十二讲(修订版) 李文才 著	作为一本普及性读物,作者尊重史实,运用"历史心理学"的叙事方法,分12个专题对两晋南北朝的历史进行阐述	让读者轻松了解两晋南北朝的历史
	每个中国人身上的春秋基因 史贤龙 著	春秋368年(公元前770-公元前403年),每一个中国人都可以在这段时期的历史中找到自己的祖先,看到真实发生的事件,同时也看到自己	长情商、识人心
	与《老子》一起思考:德篇 史贤龙 著	打通文史,回归哲慧,纵贯古今,放眼中外,妙语迭出,在当今的老子读本中别具一格	深读有深读的回味,浅尝有浅尝的机敏,可给读者不同的启发
	说服天下:《鬼谷子》的中国沟通术 翟玉忠 著	由内圣而外王,从心力的培育到具体的说服理论,再到生动的说服案例	从商业到军事再到日常生活,沟通说服已经变得越来越重要
	读《管子》,知天下财富:轻重术与中国古典经济思想 翟玉忠 著	中国农业社会规模庞大的市场产生了复杂发展的经济理论——以《管子》轻重十六篇为核心的轻重术	本书分为道、术两大部分,有思想、有谋略,相信你会从中有所收获
	中国商道:从古典商书说开去 翟玉忠 著	对中国先秦和明清两个商品经济大发展时期商业典籍的第一次系统整理和诠释	中华商道一脉相承,造就了无数商业奇迹,成就了无数商业巨子。今人读之,必能获益
	跟陈忠建学写名家书法Ⅰ 跟陈忠建学写名家书法Ⅱ 陈忠建 著	中国台湾著名书法教育家,用视频手把手教你摹写历代名家笔触	用拟古千字文的形式,学习名家的技巧
	像美国人一样讲话:教你记住800句最地道的美语 马方旭 著	本书基本囊括了在美国最常用最地道的800习惯用语表达,包含中英双语翻译,以及清晰明了的注解帮助增强记忆,加入视频等流行的记忆方法	易读易懂,趣味十足
	郑子太极拳理拳法 杨竣雄 著	走进郑子太极拳完整训练体系的大门,随着书中另一主角——师父的课程安排与每日功课的练习	当您学完这套书后,在掌握拳架的同时具备诸多正确的太极理念与系统知识
	内功太极拳训练教程 王铁仁 编著	杨式(内功)太极拳(俗称老六路)的详细介绍及具体修炼方法,身心的一次升华	书中含有大量图解并有相关视频供读者同步学习
	中医治心脏病 马宝琳 著	引用众多真实案例,客观真实地讲述了中西医对于心脏病的认识及治疗方法	看完这本书,能为您节约10万元医药费